普通高等院校本科应用型规划教材——经管类
Putong Gaodeng Yuanxiao Benke Yingyongxing Guihua Jiaocai · Jingguanlei

管理学基础

主　编　刘瑞明　王国平
副主编　阮娴静　肖俊辉　陈辉　周梅芳

西南交通大学出版社
·成　都·

图书在版编目（CIP）数据

管理学基础 / 刘瑞明，王国平主编. —成都：西南交通大学出版社，2016.8（2018.7 重印）
普通高等院校本科应用型规划教材. 经管类
ISBN 978-7-5643-4977-6

Ⅰ. ①管… Ⅱ. ①刘… ②王… Ⅲ. ①管理学－高等学校－教材 Ⅳ. ①C93

中国版本图书馆 CIP 数据核字（2016）第 205519 号

普通高等院校本科应用型规划教材——经管类

管理学基础

主编 刘瑞明 王国平

责任编辑	孟秀芝
封面设计	墨创文化
出版发行	西南交通大学出版社 （四川省成都市二环路北一段 111 号 西南交通大学创新大厦 21 楼）
发行部电话	028-87600564 028-87600533
邮政编码	610031
网址	http://www.xnjdcbs.com
印刷	四川煤田地质制图印刷厂
成品尺寸	185 mm × 260 mm
印张	22.25
字数	554 千
版次	2016 年 8 月第 1 版
印次	2018 年 7 月第 2 次
书号	ISBN 978-7-5643-4977-6
定价	49.50 元

课件咨询电话：028-87600533
图书如有印装质量问题 本社负责退换

《管理学基础》编委会

主　编　刘瑞明　王国平

副主编　阮娴静　肖俊辉　陈辉　周梅芳

编　委（按姓氏笔划排序）

曹　咏（广东医科大学）
陈　辉（桂林医学院）
陈　琴（广东医科大学）
戴　平（桂林医学院）
刘瑞明（广东医科大学）
刘钰曦（广东医科大学）
江艳华（皖南医学院）
肖俊辉（广东医科大学）
沈　枫（广东药科大学）
阮娴静（广东药科大学）
王国平（皖南医学院）
杨　风（桂林医学院）
张利周（广东医科大学）
周梅芳（广州医科大学）
朱晓荣（遵义医学院）
庄国宝（广西师范大学政治与公共管理学院）

前　言

目前我国高校使用的管理学系列教材，大多以西方发达国家的教材体系为蓝本。毋庸置疑，西方国家，尤其是西方发达国家，经过工业经济特别是后工业经济时期的发展，产生并完善了较为系统的符合其国情的管理学理论，这些理论体系为西方国家乃至于世界都做出了突出贡献。

西方国家的国情与我国的实际毕竟不同。加之，我们以前使用的教材是管理学这一大门类，与我们医学类院校的情况有一定的差异。鉴于此，我们在借鉴国外管理理论和实践的基础上，综合了国内管理门类的知识结构，对结构和内容进行了技巧安排，主要表现为：首先，结构和内容编排。我们对过于抽象的理论进行了适当删减，如古代的个别管理理论思想；对一些一线生产作业的流程，传统操作性事物中的人员控制进行了压缩处理，更倾向于预算、财务、审计和管理信息系统等内容。特别地，管理信息系统是医疗大数据的基础，将成为医疗市场竞争的趋势；同时对国内外最新的学术思想、学术成果进行了综合、诠释和完善，内容更为精炼。其次，相关知识点链接。针对与内容有机结合的知识点，我们采用了知识链接的方式进行介绍说明。再次，案例。我们在尽可能方便的情况下，考虑使用医药卫生领域的案例，来帮助教材使用者更好地理解和运用。最后，师资。我们的编者大多来自医学院校的一线教师，他们大多具有丰富的教学科研经验，其思想、方法和经验共同融入教材编写当中，使我们的教材具有自己的鲜明特色。概言之，本书突出“实用性”“应用性”和“针对性”三个主要特点。

第一，实用性。本书可以让读者对管理学原理与方法有一个系统性的学习，通过本书的使用，学生基本能够掌握并运用管理学的基本原理和管理方法，为其他专业知识的学习奠定坚实的基础，突显本书作为教学、科研工作的公共基础课程性质。

第二，应用性。本书集案例分析、学习指导、操作指南、题库等于一体，借助书籍中的有关原理和方法，结合社会实际，进行分析和评述。书中的知识链接注重引导读者对部分知识的扩展性阅读，做到由此及彼的启发，力求知识的系统性和全面性。另外，我们精选的案例大多简明扼要，简单实用，而且有很大的启发性。

第三，针对性。我们主要考虑了教材的使用对象是学生和医药卫生工作者，为了方便他们学习和使用，我们在知识点的衔接、案例的选择、图表的综合运用等方面，尽可能地结合医药卫生领域的现象、问题、原因和结果进行阐述，有较强的针对性。

“管理学基础”课程和这本教材主要讲述管理和管理者。当前，管理者所处的环境已经发生重大变化，而且正在发生持续变化和创新。这要求我们，要结合环境，将管理的思想、管理的原理、管理的方法灵活变通，动态地运用到社会实践中去。课堂听课是必需的，但并不是全部。此外，我们还要去图书馆、资料室，去广阔的社会见习、实习和工作。因此，我们主要的出发点是建立课程与社会、知识和学习者的互动关系，并据此提出教学思路，明确课程目标。

本教材分为十二章，前四章主要阐述了管理与管理学、管理者、管理理论、管理环境与组织文化等内容；第五章至第十二章分别介绍了计划、组织、领导、控制和创新等管理职能的内容。本书编撰具体分工如下：刘瑞明、曹咏负责第一章，戴平负责第二章，刘瑞明、刘钰曦负责第三章，肖俊辉负责第四章，陈辉、庄国宝负责第五章，刘瑞明、张利周负责第六章，陈琴、刘瑞明负责第七章，刘瑞明、朱晓荣负责第八章，王国平、江艳华负责第九章，杨风负责第十章，周梅芳负责第十一章，阮娴静、沈枫负责第十二章。全书由刘瑞明负责统稿。

本书在编撰过程中，参考了众多国内外专家和学者的著作和研究成果，在这里一并致谢！由于编者知识和水平有限，不足之处在所难免，恳请广大读者不吝赐教。

刘瑞明
2016 年 5 月于广东医科大学

目　录

第一章　管理导论

【学习目的与重点】

- 学习管理的概念和属性
- 学习和运用管理的意义
- 理解并掌握管理的要素与职能
- 了解管理者的分类、角色、行为
- 认识自我并有意识地培育自己的管理素质

【案例 1.1】

究竟是谁的责任

医院设备科张科长吩咐外包单位李经理带领人员去安装重症监护室的给氧装置，但是在某次抢救诊治中，该套设备系统却出现渗漏，导致病人生命垂危，差点酿成医疗事故。主管院领导认为，张科长应该对此事承担责任，尽管该系统安装的时候张科长正在外面出差。张科长很委屈，表示要对李经理及单位进行追责。

问题：作为管理人员，张科长与李经理是否对该失误承担责任？他们究竟应该负什么样的责任？

第一节　管理的内涵

一、管理的概念

管理，顾名思义，就是管辖治理之意。主其事叫管，治其事叫理，两者结合，统称“管理”。国家之间、国家内部、企业和单位等任何组织都离不开管理。因此，从古到今、从国外到国内，随处可见管理的身影。但是关于管理的概念，至今仍未得到公认和统一。毕竟从不同的角度出发，可以有不同的解释和理解。英文“manage”一词源于意大利语 marianne，原意为“训练马匹”及“处理”的意思。汉语中的管理，有“管辖”“处理”“管人”“理事”等意，即对一定范围的人员及事务进行安排和处理。中外学者对管理做出了不同的解释，我们选择几家有代表性的观点进行归纳，如表 1.1 所示。

表 1.1　中西方学者关于管理的经典定义

代表人物	定义	侧重点
泰勒（Frederick Taylor）	确切知道要别人去干什么，并注意他们用最好最经济的方法去干	强调管理的目的：追求经济效益，最经济的方法与途径
法约尔（Henri Payola Payola）	管理就是实行计划、组织、指挥、协调和控制	强调管理的过程与职能
达夫特（Richard L.Daft）	管理就是通过计划、组织、领导和控制组织的资源，有效率和有效果地实现组织目标	强调管理的职能和有效性
孔茨（Harold Koontz）	管理就是设计和保持一种良好环境，使人在群体里高效率地完成既定目标	强调管理的环境和有效性
福莱特（Smollett）	管理就是通过他人来完成工作的艺术	强调管理的艺术性
罗宾斯（Stephen P. Robbins）	管理是指协调工作活动的过程，以便能够有效率和有效果地同别人一起或通过别人实现组织目标	强调管理的过程性、协调性和有效性
西蒙（Herbert A Simon）	管理就是决策	强调决策在管理中的作用，并贯彻于管理全过程
德鲁克（Peter Drunker）	管理是一种实践，其本质不在于“知”而在于“行”，其验证不在于逻辑，而在于成果；其唯一权威就是成就	强调管理的实践性和成效
行为科学家	管理就是通过别人或他人的努力，来完成工作	强调以人为中心以及管理者对人指导的重要性
单大明	管理就是通过计划、组织、领导和控制，以人为中心的组织资源与职能活动，以实现既定的组织目标的社会活动	强调管理的职能和目的性
周三多	管理是管理者为了有效地实现组织目标、个人发展和社会责任，运用管理职能进行协调的过程	强调管理的目的性和谐调性

综上所述，管理专家和学者从不同视角、不同的侧重点揭示了管理的内涵及其属性。尽管内容、方法和结论并不完全一致，但是都不同程度地丰富和发展了管理学的内涵。我们认为，管理（management）是在一定的环境下，管理者通过计划、组织、领导、协调和控制各种资源，以实现组织、个人和社会目标的过程。这一概念有以下含义：

第一，管理的目的是为实现组织的目标服务的。管理是一个有意识、有目的的过程，管理的载体是组织。管理产生于组织的集体活动，离开了组织的活动讨论管理是无意义的。但是应该看到，随着社会的发展，组织群体中的个体正在向自由劳动者的方向接近，他们越来越关心个人的兴趣、爱好、情感以及自我价值的实现。这日益成为个人是否主动、自愿、积极地参与组织活动的因素。众所周知，当前的组织与环境、组织与社会、组织与团体等的关系越来越紧密，自然地，组织承担的责任和职能也有所变化。因此，管理不再只是为了实现组织的目标，对组织中个人的发展和个人目标的实现，恰恰也是我们关心和关注的重点之一。

第二，管理的本质是协调。要实现目标，必须协调各种资源与职能活动，而管理职能执行的直接目标与结果就是让资源与活动协调运作。这里的协调包括两个方面的内容。首先，组织内部资源的协调，即组织中的人、财、物、信息等的协调。只有内部资源协调，成为一个体系，组织才有核心竞争力和强大的生命力。其次，组织外部资源的协调。组织外部环境对组织活动的影响是显而易见的。外部环境包括自然环境、社会环境、政策环境以及人文环境等。只有环境友好型的组织才会有可持续发展的动力和生机。

第三，管理活动是效率（efficiency）和效果（effectiveness）的统一。效率通常指的是“正确地做事”，即不浪费资源。但是仅仅有效率是不够的，管理者还应该关注效果。效果通常是指“做正确的事”，即所从事的工作和活动有助于组织达成其目标。因此，效率是关于做事的方式，而效果涉及组织的目标。要获得成功，两者应相辅相成、统筹兼顾。

第四，管理的对象是以人为中心的组织资源与职能活动。首先，强调了人是管理的核心要素，所有的资源与活动都是以人为中心的，管理最重要的是对人的管理。其次，指出了管理的对象，是各种组织资源与实现组织目标的职能活动。

第五，管理是科学和艺术的统一。管理是一门科学，管理工作有其内在的规律性。管理的科学性表现为来自实践的管理规律的总结，对管理工作有指导意义。管理也是一门艺术。由于管理本身的复杂性，任何管理理论都不能为所有的管理者提供标准答案。管理者只有运用有关的管理理论，结合组织的实际，并运用自身的职位权力、知识、专业权威、地位等个人影响力，才有可能实现组织目标，管理者的决策、控制、协调、激励和监督等综合运用、融会贯通才可能取得成效。总之，管理的科学性和艺术性两者并不矛盾，而是有机的统一体。

二、管理的性质

（一）管理的二重性

管理具有二重性，是马克思首先提出来的，这也是由生产过程本身的二重性决定的。所谓管理的二重性，是指管理所具有的合理组织生产力的自然属性和为一定生产关系服务的社会属性。

1. 自然属性

管理的自然属性，也称管理的生产力属性或一般性。管理是协同劳动的产物，是有效组织共同劳动所必需的，具有同生产力和社会化大生产相联系的自然属性。管理要处理人与自然的关系，与具体的生产方式和特定的社会制度无关，是通过管理人员来执行的一种职能。如果没有管理，一切生产、交换、分配活动则难以正常进行，社会文明就会中断。

管理也是社会劳动过程中的一种特殊职能。在人类进化和发展过程中，分工的出现使得专门从事管理职能的人分离出来。这些专门的管理人员散布在各行各业、各个领域之中。他们的职能就是对人们的生产和活动进行协调。虽然他们本身并不直接从事物质服务或精神产品的生产，但是他们的管理工作已经成为社会生产过程中不可或缺的一种职能，并且发挥着越来越大的作用。

管理也是生产力。尽管很多企业的组织外部环境（政治、经济、文化和制度等）大体相同，组织内部资源（人、财、物、信息等）即生产要素基本相同，但是发展的水平和效果却大相径庭。究其原因，主要在于人的管理。由于管理者不同，对大体相同的资源采取不同的管理理念、管理制度、管理方法和管理模式，就可能出现截然不同的结果和效果。管理的自然属性不以人的意志为转移，也不因社会制度形态的不同而有所改变，这完全是一种客观存在。

2. 社会属性

管理的社会属性，也称管理的生产关系属性或特殊性，也就是常说的“为谁管理”的问题。在人类的历史长河中，管理历来是为统治阶级、为生产资料的所有者服务的。因此，管理是一定社会生产关系的反映，又体现着生产资料所有者指挥劳动、监督劳动的意志，它与生产关系和社会制度相联系。在管理过程中，为维护生产资料所有者的利益，需要调整人们之间的利益分配，协调人与人之间的关系。任何管理活动都是在特定的社会生产关系条件下进行的，必然要体现一定社会生产关系的特定要求，为特定的社会生产关系服务。

管理二重性是相互联系、相互制约的。一方面，管理的自然属性不可能孤立存在，它总是在一定的社会形态、社会生产关系下发挥作用；同时，管理的社会属性也不可能脱离管理的自然属性而存在，否则，管理的社会属性就成为没有内容的形式。另一方面，管理的自然属性要求具有一定社会属性的组织形式和生产关系与其相适应；同时，管理的社会属性也必然对管理的方法和技术产生影响。

（二）管理的科学性与艺术性

1. 管理是一门科学

管理是人类重要的社会活动，存在着客观规律性。管理作为一门科学，是指人们发现、探索、总结和遵循客观规律，在逻辑的基础上，建立系统化的理论体系，并在管理实践中应用管理原理与方法，使管理成为在理论指导下的规范化的理性行为。管理的科学性是由“管理是社会化大生产的要求”决定的。要让多人合作并有效率地完成既定工作任务，必然要有整套科学理论和方法指导。因此，管理的科学性强调人们必须按照管理科学规律进行，强调学习管理专业知识的重要性。

2. 管理是一门艺术

管理虽然可以遵循一定的原理或规则，但绝不是按图索骥的照搬行为。管理理论作为普遍适用的原理，必须结合实际应用才能奏效。管理者在实际工作中，面对千变万化的管理对象，因人、因事、因时、因地制宜，创造性地灵活运用管理技术与方法，解决实际问题，从而在实践与经验的基础上，创造了管理的艺术与技巧，这就是“管理是一门艺术”的含义。

3. 管理是科学与艺术的结合

管理既是科学又是艺术，是科学与艺术的有机结合体。说它是科学，强调其客观规律性；说它是艺术，则强调其灵活性与创造性。有成效的管理艺术是以管理者对它所依据的管理理论的理解为基础的，出色的管理者必须通过大量的实践来提高自己的管理水平，创造性地灵活运用科学知识，才能保证管理的成功。

【案例 1.2】

巴恩斯医院案例

10 月的某一天，产科护士长戴安娜给巴恩斯医院的院长戴维斯博士打来电话，要求立即做出一项新的人事安排。5 分钟后，戴安娜递给院长一封辞职信。

“戴维斯博士，我再也干不下去了，”她接着申述，“我在产科当护士已经 4 个月了，我简直干不下去了。我怎么能干得了这份工作呢？我有两三个上司，每人都有不同的要求，都要求优先处理。要知道我是一个凡人。我已经尽了最大努力来适应这份工作，但看来这是不可能的。让我举个例子吧，请相信我，这是一件平平常常的事情，像这样的事情，每天都在发生。

“昨天早上 7：45，我来到办公室就发现桌上留有一张纸条，是杰克逊（医院的主任护士）给我的。她告诉我，她上午 10 点需要一份床位利用情况报告，供她下午向董事会作汇报时用。我知道这样的一份报告至少要花一个半小时才能写出来。

“30 分钟后，乔伊斯（戴安娜的直接主管，基层护士监督员）走进来质问我为什么我的两个护士都不在班上，我告诉她，雷诺兹医生（外科主任）从我这要走了她们两位护士，说是急诊外科手术正缺人手，需要借用一下。我告诉她，我也反对过，但雷诺兹医生坚持说只能这么办。你猜，乔伊斯说什么？她叫我立即让两位护士回到产科部。她还说，一个小时后，她会回来检查我是否把这件事办好了！我跟你说，戴维斯博士，这种事情每天都要发生好几次。一家医院就只能这样吗？”

（资料来源：http://wenku.baidu.com/link? url =60M5nt5KC19JKEqyewR5jEoSJVNQeFt77mnLkCQ6OvhlWLT31Cr7JNIY8z-1eZpzie1WDtmk_ssAJdLIvyEyzQgF25c-CBg8jRq_6N7Y5Pa）

问题：1. 产科护士长戴安娜为何想辞职？

2. 为了避免这种局面，你有什么好的建议？

三、管理的职能

管理的职能（management functions）是管理者在管理过程中实施的各种基本活动及其功能。管理的各项职能，总体上是为管理的目标服务的。在管理活动和管理学研究发展的不同阶段，人们对于管理基本职能的看法并不一致。20 世纪初期，法国工业家亨利·法约尔提出管理者应履行的五种管理职能：计划、组织、指挥、协调、控制。有的认为，管理的职能包括计划、组织、领导和控制四个方面。也有的专家和学者采用管理的六个基本职能：决策、计划、组织、领导、控制和创新。

1. 决策（decising）

20 世纪 60 年代以来，随着系统论、控制论和信息论的产生以及现代技术手段的发展，管理决策学派逐步形成，使决策问题在管理中的作用日益突出。西蒙等人在解释管理职能时，突出了决策职能。他认为组织活动的中心就是决策。制订计划、选择计划方案需要决策，设计组织结构需要决策，人事管理等也需要决策，选择控制手段还需要决策。他认为，决策贯穿于管理过程的各个方面，管理的核心是决策。

组织中所有层次的管理者，包括高层管理者、中层管理者和基层管理者，都必须从事计划活动。虽然组织中的高层管理者负责制定总体目标和战略，但所有层次的管理者都必须为其工作小组制订经营计划，以便为组织做贡献。所有管理者必须制定符合并支持组织的总体战略目标。根据决策的定义，管理的其他职能都离不开决策。确立目标、制订计划、在几个方案中进行选择，是目标、计划决策；机构设置、部门划分方式选择、集权分权关系处理、人员匹配是组织决策；如何引导激励、采取何种领导方式、选择何种沟通渠道和网络是领导决策；控制标准的制定、计划执行情况的检查及检查时机的选择、偏差确认及纠偏措施的选择是控制决策。因此，决策理论学派认为管理就是决策，管理过程就是一系列决策制定与实施的过程。

2. 计划（planning）

计划职能是指管理者为实现组织未来发展目标以及实现目标的方式。计划职能是管理活动的首要职能，它是管理活动的起点，是确定管理目标的首要步骤，也是实现管理目标、使管理由此岸到彼岸的桥梁，因此计划职能对于管理活动具有至关重要的作用。

计划的实施程序一般包括：分析环境，调查预测；认真规划，制定目标；精心设计，确定方案；编制计划，逐层下达；付诸实施，跟踪反馈等。此外，计划执行过程中的修正与调整以及计划完成后的总结与评价也是非常重要的。

计划的特点有：预先性，即预先确定和筹划管理目标及其实现方案。预测性，即对管理目标和各分支目标、实现目标的条件和资源、实现目标的途径和方式的预先测算和估算。评价性，即对所确定的目标和行动方案的评价和比较分析。选择性，即在不同的目标和可能方案之间进行选择。调整性，即随着管理实践的展开和进行，根据管理条件和环境的变化以及行动后果，对原有计划进行调整。

3. 组织（organizing）

组织职能是管理者按照组织的特点和原则，通过组织设计，构建有效的组织结构，合理配置各种管理资源并使之有效运行，以实现组织目标的活动。由于组织是管理的前提和载体，因此组织职能是管理活动得以顺利进行的必要环节。为了保证计划活动的有效实施，管理的组织职能要完成的工作主要有：

（1）设计并建立组织机构和结构。机构设计是在分解目标活动的基础上，分析为了实现组织目标需要设计哪些岗位和职务，然后根据一定的标准将这些岗位和职务加以组合形成不同部门。结构设计是根据组织业务活动及其环境特点，规定不同部门在活动过程中的相互关系。它们共同的目的是明晰职务、职责、职权，形成管理工作中的分工协作关系。

（2）合理配置人员。根据各岗位所从事的活动要求以及组织员工的素质和技能特征，将适当的人员安置在组织机构的适当岗位上从事工作。人员配置应掌握优化原则、激励原则、开发原则。实现人员配置上的竞争制、选拔制、聘任制，是适应用人制度改革、科学配备和使用人才、提高管理成效的有效形式。

（3）加强组织协调。组织的不平衡现象及其矛盾的产生是难免的。要解决这些矛盾，使组织稳定发展，必须加强组织协调。要通过改变和完善组织运行的规划和形式、调整组织结构设计、加强人际关系管理等形式，使组织始终处于平稳运行的状态。

组织职能是一个动态的过程，因此对管理者而言，组织职能不是一劳永逸的活动。随着管理条件和环境的变化，组织结构和规则制度等必须相应地进行变革和调整，因此管理者必须承担组织改革甚至再组织的职能。

【案例 1.3】

百年老院的现代管理启蒙

北京同仁医院是一所闻名中外的眼科百年老“店”，走进医院的行政大楼，其大堂的指示牌上却令人诧异地标明：五楼 MBA 办公室。目前该医院已经从北大清华聘请了十一位 MBA，另外还有一名学习会计的研究生，而医院的常务副院长毛羽就是一位留美的医院管理 MBA。

内忧外患迫使同仁医院下定决心引进职业经理人并实施规模扩张，希望建立一套行政与技术相分离的现代医院管理制度。

根据我国加入世界贸易组织达成的协议，2003 年我国将正式开放医疗服务业。2002 年年初，圣新安医院管理公司对国内数十个城市的近 30 家医院及其数千名医院职工进行了调查访谈，得出结论：目前国内大部分医院还处于极低层次的管理启蒙状态，绝大多数医院并没有营销意识，普遍缺乏现代化经营管理常识。更为严峻的竞争现实是：医院提供的服务不属于那种单纯通过营销可以扩大市场规模的市场——医院不能指望通过市场手段刺激每年病人数量的增长。

同仁显然是同行中的先知先觉者。2002 年，医院领导层在职代会上对同仁医院的管理做过“诊断”：行政编制过大、员工队伍超编导致流动受限；医务人员的技术价值不能得到体现；管理人员缺乏专业培训，管理方式、手段滞后，经营管理机构力量薄弱。同时他们开出药方：引入 MBA，对医院大手笔改造，涉及岗位评价及岗位工资方案、医院成本核算、医院工作流程设计、经营开发等。

目前，国内几乎所有的医院都没有利润的概念，只计算年收入。但在国外，一家管理有方的医院，其利润率可高达 20%。这也是外资对国内医疗市场虎视眈眈的重要原因。

同仁要在医院中引入现代市场营销观念、启动品牌战略和人事制度改革，树立“以病人为中心”的服务观念：以病人的需求为标准，简化就医流程，降低医疗成本，改善就医环境；建立长期利润观念，走质量效益型发展的道路；适应环境、发挥优势、实行整合营销；通过扩大对外宣传、开展义诊咨询活动、开设健康课堂等形式，有效扩大潜在的医疗市场。

同仁所引进的 MBA 背景各异，绝大多数缺乏医科背景，他们能否胜任医院的管理工作？医院职业化管理至少包括市场营销管理、人力资源管理、财务管理、科研教学管理、全面医疗质量管理、信息策略应用及管理、流程管理等 7 个方面的内容。这些职能管理与医学知识相关但非医学专业。

同仁医院将 MBA 们“下放”到手术室 3 个月之后，都悉数调回科室，单独辟出 MBA 办公室，以课题组的形式，研究医院的经营模式和管理制度。对于医院引入的企业化管理，主要包含医院经营战略、医疗市场服务营销、医院服务管理、医院成本控制、医院人力资源、医疗质量管理、医院信息系统和医院企业文化等多部分内容。其中，医院成本控制研究与医院人力资源研究是当务之急。

几乎所有的中国医院都面临着成本控制的难题，如何堵住医院漏洞，进行成本标准化设计，最后达到质量成本、质量效益的平衡是未来中国医院成本控制研究的发展方向。另外，现有医院的薪酬制度多为“固定工资＋奖金”的模式，而由于现有体制的限制，并不能达到有效的激励效果，医生的价值并没有得到真实的体现，导致严重的回扣与红包问题。如何真正体现员工价值，并使激励制度透明化、标准化成为当前首先要解决的问题。

这一切都刚刚开始。指望几名 MBA 就能改变中国医院管理的现状是不可能的。不过，医院管理启蒙毕竟已经开始，这就是未来中国医院管理发展的大趋势。

（资料来源：MBA 洗礼同仁医院：百年老院的现代管理启蒙[N]. 21 世纪经济报道，2003-03-19.）

思考题：

1. 结合案例说明你对管理及管理职能的理解。

2. 同仁为什么要引进如此多的 MBA？你认为 MBA 们能否胜任医院的管理工作？

4. 领导（leading）

领导职能就是管理者按照管理目标和任务，运用法定的管理权力，主导和影响被管理者，使之为了管理目标的实现而贡献力量和积极行动的活动。如果说计划和组织为管理者准备了活动的平台，那么领导就是管理者的主要管理操作活动。同时，领导主要是管理者运用法定权力对被管理者实施影响，这就决定了领导职能的基本内容包括激励、沟通、协调、奖励、处罚、示范等。领导职能主要有以下特点：

（1）权力合法性。即领导必须依靠管理权力才能得到实施。

（2）主导性。即按照组织目标和任务的要求，有效地主导组织的运行，贯彻落实各项政策主张。

（3）决断性。即领导过程中应该准确分析和判断错综复杂的实际生活现象，进行正确方案的选择和决断。

（4）公正性。即按照社会和组织公认的公正标准，公平处理各项管理事务。

（5）协调性。协调管理过程中的各要素、各环节、各种关系和矛盾，是领导的日常基本活动，因而协调成为领导活动的突出特征。

（6）规范性。一方面，领导权力必须在法定的范围内，按照特定规则运行，这是领导职能实施的前提；另一方面，社会公共道德也是一种规范，因此领导的规范性同时也包含遵循社会公共道德的含义在内。

5. 控制（controlling）

控制是在动态环境中，管理者按照组织目标和计划的要求，对组织的运行状况进行检查、监督和调节的活动。控制职能是贯穿于管理全过程的一项重要职能，是计划、组织、领导工作有效开展的必要保证。目前，倾向于授权和强调员工信任的趋势已经促使许多企业不再重视自上而下的控制，而是更重视训练员工进行监督和自我矫正能力的培养。

控制职能一般包括确定控制标准、衡量工作成效、纠正出现的偏差等。首先，人们常常把控制看作是特定阶段管理过程的起点和终点，因此控制具有特定的标准性。其次，控制具有事后反馈性的特点。最后，控制是发现问题、分析问题和解决问题的过程。控制的目的是保证管理按照既定计划和目标运行，而这一目的是在发现、分析和解决问题中实现的。控制职能是管理过程的监视器和调节器，因此它对于管理过程的顺利进行具有重要的保证作用。

6. 创新（innovating）

管理是在动态环境中发生的社会活动，必须不断调整系统活动的内容和目标，以适应环境变化的需要，这就是管理的创新职能。经济全球化、技术进步和发展，政治文化的广泛冲突，人类的管理活动具有多变性和不确定性。组织要想立于不败之地，管理者必须具有创新精神，才能够应对这种复杂性和多变性的挑战。有效的管理应该是适度维持与适度创新的结合，只有创新没有维持，系统会处于每时每刻都在变的混乱状态；只有维持没有创新，组织犹如一潭死水，适应不了任何外界变化，最终会被环境淘汰。

资料链接

数字话管理

8% 的求职者说，当他们考虑一位新雇主时，与上司良好、融洽的关系是最重要的。

18~34 岁年龄段的人中，有 42% 的人说他们并不想成为一名管理者。但求职者的人际技能被认为是最有价值的技能。

如果可以选择的话，28% 的人将解雇他们的老板。

51% 的员工说他们的管理者不合格。

52% 的员工说他们的老板还不错。

如果被管理者解雇，就会有 3 倍数量的员工被解雇。

35% 的辞职者说他们辞职的原因是对管理的不满。

30% 的白领员工认为老板不称职的原因是能力不足。

四、管理的意义

有人群的活动就有管理，有了管理，组织才能进行正常有效的活动，简而言之，管理是保证组织有效运行必不可少的条件。组织的作用依赖于管理，管理是组织中协调各部分的活动，并使之与环境相适应的主要力量。所有的管理活动都是在组织中进行的，有组织就有管理，即使一个小的家庭也需要管理；有了管理，组织才能进行正常的活动，组织与管理都是现实世界普遍存在的现象。

当组织规模还比较小的时候，管理对组织的影响还不大。组织中的管理活动还比较简单，并未形成独立的管理职能，因而管理的重要性也就不那么显现。如对于小生产企业来说，也可以凭借经验，维持自身的发展。但随着人类的进步和组织的发展，管理所起的作用越来越大。

概言之，管理的意义可以从以下三个方面来理解：

1. 管理的必要性

马克思指出:“一切规模较大的直接社会劳动后共同劳动，都或多或少地需要指挥，以协调个人的活动，并执行生产总体的运动——所产生的各种一般职能。”这种指挥、协调和执行生产总体的运动和生产的职能，就是管理。可以说，管理反映了人类社会活动和生产的社会性要求。

管理是生产力三要素（劳动者、劳动对象、劳动手段）的合理组织。通过科学管理，可以优化生产力要素配置，提高生产力水平。当今社会经济全球化加速、科技水平突飞猛进，生产力迅速发展。另外，社会分工日趋精细化，社会各行业、各部门、各区域的横向联系更加紧密，组织环境发生了深刻的变化。因此，管理的内容也越来越复杂，管理的规模越来越庞大。在这种情况下，必须不断提高管理的科学化和现代化水平，才能适应现代化社会发展的需要。否则，现代化的社会大生产就无法进行。

2. 管理使组织发挥正常功能

管理，是一切组织正常发挥作用的前提。任何一个有组织的集体活动，不论其性质如何，都只有在管理者对它加以管理的条件下，才能按照所要求的方向进行。

组织是由组织的要素组成的，组织的要素相互作用产生组织的整体功能。然而，仅有组织要素还是不够的，这是因为各自独立的组织要素不会完成组织的目标，只有通过管理，使之有机地结合在一起，组织才能正常地运行与活动。组织要素的作用依赖于管理。管理在组织中协调各部分的活动，并使组织与环境相适应。如一个单独的小提琴手是自己指挥自己，一个乐队就需要一个乐队指挥，没有指挥就没有乐队。

组织对管理的要求和对管理的依赖性与组织的规模是密切相关的,共同劳动的规模越大，劳动分工和协作越精细、复杂，管理工作也就越重要。一个规模大、部门多、分工复杂、物质技术装备先进、社会化专业化商品化水平高的农场，较之规模小、部门单一、分工简单、以手工畜力劳动为主、自给或半自给的农业生产单位，要求有更高水平、更高效率的管理。

总而言之，生产社会化程度越高，劳动分工和协作越细，越需要严密的、科学的管理。组织系统越庞大，管理问题也就越复杂，庞大的现代化生产系统要求有相当高度的管理水平，否则就无法正常运转。

3. 管理有助于组织目标的实现

组织是有目标的，组织只有通过管理，才能有效地实现组织的目标。在现实生活中，我们常常可以看到这种情况，有的亏损企业仅仅由于换了一个精明强干、善于管理的总经理，很快扭亏为盈；有些企业尽管拥有较为先进的设备和技术，却没有发挥其应有的作用；而有些企业尽管物质技术条件较差，却能够凭借科学的管理，充分发挥其潜力，反而能更胜一筹，从而在激烈的社会竞争中取得优势。通过有效的管理，可以放大组织系统的整体功能。因为有效的管理，会使组织系统的整体功能大于组织因素各自功能的简单相加之和，起到放大组织系统整体功能的作用。在相同的物质条件和技术条件下，由于管理水平的不同而产生的效益、效率的差别，这就是管理的作用。

在组织活动中，需要考虑到多种要素，如人员、物资、资金、环境等，它们都是组织活动不可缺少的要素，每一要素能否发挥其潜能，发挥到什么程度，都对管理活动产生不同的影响。有效的管理，正在于寻求各组织要素、各环节、各项管理措施、各项政策以及各种手段的最佳组合。通过这种合理组合，会产生一种新的效能，可以充分发挥这些要素的最大潜能，使之人尽其才、物尽其用。例如，对于人员来说，每个人都具有一定的能力，但是有很大的弹性。如能积极开发人力资源，采取有效的管理措施，使每个人的聪明才智得到充分的发挥，就会产生一种巨大的力量，从而有助于实现组织的目标。

管理既是科学，又是艺术。面对千变万化的管理对象，需要灵活、创造性地运用管理技术和管理方法。在生产实践中，我们要注意防止两种误区：一是认为学会了管理，就会管理；二是认为不学管理，凭经验也能管理。这两种是片面的理解，我们只有将理论和实际相结合，将管理科学和管理艺术相结合起来，才能有效地整合组织资源，实现组织目标。

【案例 1.4】

子贱当官

孔子的学生子贱有一次奉命担任某地方的官吏。当他到任以后，却时常弹琴自娱，不管政事，可是他所管辖的地方却治理得井井有条，民兴业旺。这使那位卸任的官吏百思不得其解，因为他每天即使起早摸黑，从早忙到晚，也没有把地方治好。于是他请教子贱："为什么你能治理得这么好？"子贱回答说："你只靠自己的力量去进行，所以十分辛苦；而我却是借助别人的力量来完成任务。"

五、管理系统

从系统论的观点研究管理，管理就是一个完整的系统。

（一）管理系统的概念

管理系统（management system），是指由相互联系、相互作用的若干要素和子系统，按照管理的整体功能和目标结合，由管理者与管理对象组成的并由管理者负责控制的一个整体。任何管理，都是一个系统，管理者必须从系统的观念出发，整体地、联系地观察、分析和解决管理问题。

管理系统作为一个科学的概念，包含以下具体含义：① 管理系统是由若干要素构成的，这些要素可以看作是管理系统的子系统，而且这些要素之间是相互联系、相互作用的。② 管理系统是一个层次结构。其内部划分为若干子系统，并组成有序结构；而对外，任何管理系统又成为更大社会管理系统的子系统。③ 管理系统是一个整体，发挥着整体功能，即其存在的价值在于其管理功效的大小。而任何一个子系统都必须是为实现管理的整体功能和目标服务的。

（二）管理系统的构成

管理系统的整体是由相对独立的不同部分组成的。这些部分可以按人、财、物、信息、时间等来划分，也可以根据管理的职能或管理机构的部门设置来划分。管理工作者如果看不到整体中的各个组成部分就看不清楚整体的结构和格局，就会造成认识上的模糊，从而在工作中分不清主次。同时，任何管理系统都是变化发展着的，而且任何变化和发展都会表现为管理的具体任务和管理目标的实现条件的变化。管理系统具有明确的目的性和组织性。管理系统一般由以下要素构成。

1. 管理目标

管理目标是管理功能的集中体现。管理目标是管理系统建立与运行的出发点和归宿，管理系统必须围绕目标建立与运行。所有的管理行为都是为了有效地实现管理目标。然而，由于管理的环境、条件、类型、性质、层次、对象以及时间跨度的不同，在现实生活中，具体的管理活动会有不同的目标。尽管如此，实现特定的目标仍是一切管理活动的共性。

2. 管理主体

管理主体即管理者，是在管理过程中组织、指挥、领导和控制其他社会成员活动和行为的人们，是整个管理系统的驾驭者，是发挥系统功能、实现系统目标最为关键的力量。配置资源、组织活动、推动整个系统运行、促进目标实现，所有这些管理行为都是靠管理者去实施的。因此，管理是管理者进行的活动。

在现代社会，管理者呈现出多样性的特点。它包括国家的统治者、政府的领导者和管理人员，生产资料的所有者以及他们以各种形式委托的代理人和经理人，也包括各种非政府的公共组织的领导者和管理者。管理者可以是以个人形式存在的领导者和管理者，也可以是以集体形式出现的决策者和领导者。

3. 管理客体

管理客体又称管理对象，是指管理过程中管理者所作用的对象。关于管理客体的要素组成，过去、现在都存在着不同的认识。国外较早的管理理论，认为管理的对象是人、物和财三大资源；后来有人加上了信息和时间，成为五大要素；近来又有人加上了士气和方法，发展为七大要素；还有人把管理客体分得更多。这种对管理客体的要素不断增加的认识，反映了现代管理工作的内容更加丰富、更加复杂，也反映了人们对管理的认识在逐步加深。

4. 管理媒介

管理媒介主要指管理机制与方法。管理机制与方法是管理主体作用于管理对象过程中的一些运作原理与实施方式、手段。管理机制在管理系统中极为关键，它是决定管理功效的最关键的因素。而管理方法则是管理机制的实现形式，是管理的直接实施手段，具有过河所必需的“桥”与“船”的作用。

5. 管理环境

管理环境是指实施管理过程中的各种内外部条件和因素的总和。外部环境主要是指管理者所掌握的组织和成员所面对的自然环境和社会环境。一般来说，管理的环境和条件的构成要素是多方面的。其中，自然环境的主要构成要素包括经济发展水平、自然资源状况、气候和地理状况等；社会环境的主要构成要素则有特定的社会文化、制度、法律、政策和心理等。内部环境是管理者所管理的组织内部的状况，包括组织性质、组织制度、人员状况、组织技术水平、组织文化等。管理行为依一定的环境而存在，又受到管理环境的制约。

第二节　管理者

【案例 1.5】

石匠的故事

有个人经过一个建筑工地，问那里的石匠们在干什么？三个石匠有三个不同的回答：

第一个石匠回答："我在做养家糊口的事，混口饭吃。"

第二个石匠回答："我在做整个国家最出色的石匠工作。"

第三个石匠回答："我正在建造一座大教堂。"

三个石匠的回答给出了三种不同的目标，第一个石匠说自己做石匠是为了养家糊口，这是短期目标导向的人，只考虑自己的生理需求，没有大的抱负；第二个石匠说自己做石匠是为了成为全国最出色的匠人，这是职能思维导向的人，做工作时只考虑本职工作，只考虑自己要成为什么样的人，很少考虑组织的要求；而第三个石匠的回答说出了目标的真谛，这是经营思维导向的人，在思考目标的时候会把自己的工作和组织的目标关联，从组织价值的角度看待自己的发展，这样的员工才会获得更大的发展。

德鲁克说，第三个石匠才是一个管理者，因为他用自己的工作影响着组织的绩效，他在做石匠工作的时候看到了自己的工作与建设大楼的关系，这种人的想法难能可贵！

一、管理者的定义

毋庸置疑，管理者都是工作在一定组织中，但是并非所有在组织中工作的人都是管理者。通常，在任何一个组织中，无论这一组织是营利性的还是非营利性的，组织中的人都可以根据其在组织中工作岗位和工作性质的不同，将其分为两类：操作者和管理者。

操作者（operatives），是管理指令的执行人，是管理活动的接受者。他们在组织中直接从事某项工作或任务，不具有监督其他人工作的职责。例如，医院的护士，药店的药剂师，纺织厂的挡车工，汽车制造厂的装配工，饭店的厨师。

那么，该如何定义管理者呢？美国学者罗宾斯认为，管理者是指挥别人活动的人。这里所谓的管理者，就是通过协调其他人的活动达到与别人共同或通过别人实现组织目标的人。因此，所谓的管理者（managers）是指告诉别人该做什么以及怎样去做的人。关于管理者，存在着传统和现代观点的区别。传统观点认为，管理者是运用职位、权力，对他人进行统驭和指挥的人，强调的是组织中正式的职位和职权，强调管理者必须拥有下属。正如罗宾斯指出，管理者与非管理者之间的区别就是，"管理者是指挥别人活动的人"。

而现代观点中，强调的是作为管理者首要的标志是必须对组织的目标负有贡献的责任，而不是权力。也就是说，只要共同承担职能责任，对组织的成果有贡献，他就是管理者，而不在于他是否有下属人员。持该观点的人以美国学者彼得·德鲁克为代表。德鲁克认为，管理者就是在组织中，由于他们的职位和知识，对组织负有贡献的责任，因而能够实质性地影响该组织经营及达到成果的能力者。

二、管理者的分类

（一）按照管理者在组织中的管理层次划分

在一些组织中，特别是那些具有传统结构的组织里，大量的人员处于组织基层。一般地，我们按管理者在组织中的层次和地位，可以将其划分为高层管理者、中层管理者、基层管理者。如图 1.1 所示。

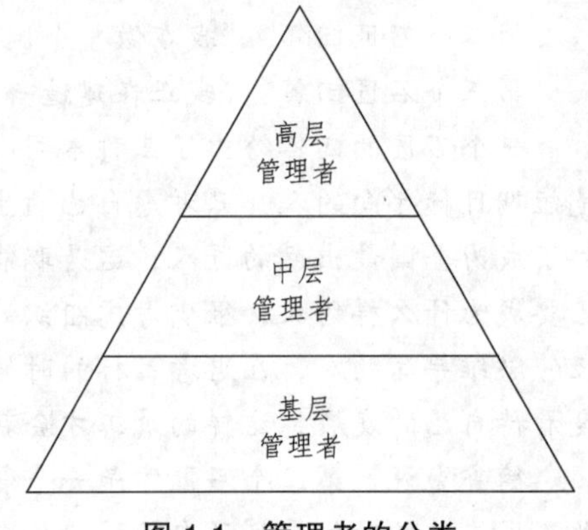

图 1.1　管理者的分类

1. **高层管理者**（top managers）

高层管理者是指一个组织中最高领导层的组成人员。他们对外代表组织，对内拥有最高职位和最高职权，并对组织的总体目标负责。他们侧重于组织的长远发展计划、战略目标和重大政策的制定，拥有人事、资金等资源的控制权，以决策为主要职能，故也称决策层。他们一般具有如下的职位或称呼：总裁、董事长、执行董事、首席执行官和执行副总裁等。

2. **中层管理者**（middle managers）

中层管理者是指一个组织中中层机构的负责人员。他们是最高管理者决策的执行者，负责制订具体的计划、政策，行使高层授权的指挥权，并向高层报告工作，也称执行层。例如，医院的科室主任、护士长，工厂的生产处长、商场的商品部经理等都属于中层管理者。中层管理者一般又可分为三类：技术性管理者、支持性管理者和行政性管理者。

3. **基层管理者**（first-line managers）

基层管理者是指生产经营第一线的管理人员。他们负责将组织的决策在基层落实，制订作业计划，负责现场指挥与现场监督，也称作业层。例如，医院科室某方向或领域的负责人、生产车间的工段长、班组长等属于基层管理者。

资料链接

倒金字塔管理法（Pyramid Upside Down）

目前，很多公司采用的是“正金字塔”的管理方法。而 20 世纪 70 年代末，瑞典的北欧航空公司总裁杨·卡尔松提出了倒金字塔管理法。“倒金字塔”的构架是：

最上层：一线工作人员（现场决策者）；

中间层：中层管理者；

最下层：总经理、总裁（政策监督者）。

那么，当时卡尔松为什么决定把这个颠倒过来呢？

20 世纪 70 年代末，石油危机造成世界范围内的航空业不景气，瑞典的北欧航空公司濒临倒闭。在这个危机的时刻，杨·卡尔松担任了北欧航空公司的总裁。卡尔松来到北欧航空公司时，公司一片萧条，人心惶惶。卡尔松用了 3 个月时间，在仔细研究了公司的状况后向所有员工宣布，他要实现一个全新的管理方法。他给它取名“Pyramid Upside Down”，我们简称“倒金字塔管理法”，也有人称为“倒三角管理法”。

卡尔松发现要把公司做好关键在于员工，所以他把自己放在这个“倒金字塔”管理法的最下面，他给自己命名为政策的监督者，他认为公司的总目标一旦制定下来，总经理的任务是监督、执行决策，达到这个目标。中层管理人员不变，最上面这一层是一线工作人员，卡尔松称他们为现场决策者。北欧航空公司采用这种方法三个月之后，公司的风气开始转变，卡尔松开始让员工感觉到，“我是现场决策者，我可以对我分内负责的事情做出决定，甚至有些决定可以不必报告上司。”把权力、责任同时下放到员工身上，而卡尔松作为决策的监督者，负责对整体进行观察、监督、推进。一年后，北欧航空公司盈利 5400 万美元。这一奇迹在欧美等广为传颂。

（二）按照管理者在组织中的工作任务划分

管理总是伴随着组织的其他活动进行的，管理者的管理范围和工作任务会因管理要求的不同而不同。通常，我们也会把管理者分为两类：综合管理者和专业管理者。

1. 综合管理者（synthesis managers）

综合管理者是指负责整个组织或组织中某个部门的全面管理工作的管理人员。他们是该组织或部门的主管，对整个组织或部门的目标负有全部责任；他们拥有这个组织或部门所必需的权力，有权支配该组织或部门的全部资源与职能活动，而不是只对单一资源或职能负责。例如，工厂的厂长、车间主任、工段长都是综合管理者。

2. 专业管理者（function managers）

专业管理者也称职能管理者，是指在组织内只负责某一类管理职能的管理人员。这类管理者只对组织中某一职能或专业领域的工作目标负责，只在本职能或专业领域内行使职权、指导工作。专业管理者大多具有某种专业或技术专长。例如，一个工厂的总工程师、设备处处长等都是专业管理者。就一般工商企业而言，专业管理者主要包括以下类别：计划管理、生产管理、技术管理、市场营销管理、物资设备管理、财务管理、行政管理、人事管理、后勤管理、安全保卫管理等。

（三）按照职权关系的性质划分

1. 直线管理人员

直线管理人员是指有权对下级进行直线指挥的管理者。他们与下级之间存在着领导隶属关系，是一种命令与服从的职权关系。直线管理人员的主要职能是决策和指挥。

2. 参谋人员

参谋人员是指对上级提供咨询、建议，对下级进行专业指导的管理者。他们与上级的关系是一种参谋、顾问与主管领导的关系，他们与下级的关系是一种非领导隶属的专业指导关系。参谋人员的主要职能是咨询、建议和指导。

直线人员与参谋人员，是依职权关系的性质进行区分，是相对于职权作用对象而言的，在实际管理中两者经常转化。例如，财务处长对其他各部门来说是参谋性管理者，因为其只在财务领域内进行专业指导；而对于财务处内部人员来说，财务处长是直线管理者，因为他对本处工作人员有直接指挥的权力。

（四）按照管理者对组织影响的作用划分

1. 战略管理者

战略管理者是组织中对组织现状或未来的重大事件、发展方向起决定作用的管理者。一般来说，战略管理者包括组织的董事会、高层管理者、各事业部或职能部门主管以及专职计划人员。

2. 战术管理者

战术管理者是组织中接受管理任务并进行具体的事务管理的管理者。一般来讲，战术管理者包括各事业部或职能部门主管、班组长以及专门从事检验工作的监督人员。

三、管理者的角色

（一）德鲁克的研究

美国管理学家德鲁克（Peter Drunker）1955 年首先提出“管理者的角色”（the role of the manager）的概念，这一概念有助于加深我们对管理含义的理解。德鲁克认为，管理是一种无形的力量，这种力量是通过各级管理者体现出来的，所以管理者所扮演的角色大体上分为三类。

1. 管理一个组织，求得组织的生存和发展

为了做好这方面的工作，管理者必须：① 确定该组织的目标是干什么，应该有什么目标，如何采取积极措施实现目标；② 求得组织的最大效益；③ “为社会服务”和“创造顾客”。

2. 管理管理者

德鲁克认为，“正是对管理人员的管理才造就一个企业。”所以组织的上、中、下三个层次中，人人既是管理者，又是被管理者，因此管理者必须：① 确保下级的设想、意愿、努力能朝着共同的目标前进；② 培养管理者的集体合作精神；③ 培训下级，使其管理工作的技能得到提高；④ 建立健全组织机构。

3. 管理人和工作

这是管理者的基本职责，主要激励组织成员发挥其创造的热情，求得组织的最佳效果。扮演好这一角色，必须认识到两大趋势：一是关于管理工作，其性质不断急剧变动，工作的承担者既有体力劳动，又有脑力劳动，而且随着科技的发展，后者的比例会越来越大，因此管理的方式需要探索；二是关于人，正确处理好各级各类人员之间的关系已经变得越来越重要。

（二）明茨伯格的研究

20 世纪 60 年代初期，亨利·明茨伯格（Henry Mintzberg）在回答“管理者做什么”这一经典命题时，独辟蹊径、自成一家，开创了经理角色学派。他跟踪记录下 5 位管理者工作时真正在做什么，发现管理者们并没有做他们想做和应该做的事，他们并不是在做人们常常宣称的计划、组织、指挥、协调、控制，而是把绝大多数时间都用在快速对付“短暂、多样、零碎”的事情上。他还发现管理者是各种角色的结合体，这些角色共有 10 种，按性质与功能的相近性又可进一步归为三大类：人际角色、信息角色和决策角色（表 1.2）。

表 1.2　10 种管理者角色

类型	角色	职责描述	活动特征
人际关系	挂名首脑	完成仪式和象征性的职责	问候参观者、签署法律文件
	领导者	指导和激励下属，培训、建议和与下属沟通	实际上从事所有的有下级参与的活动
	联络者	保持组织内部与外部的信息渠道，得到帮助与信息	发感谢信，从事外部委员会的工作，从事其他有外部人员参加的活动
信息传递	监听者	寻找和获取各种内外部的信息	阅读杂志和报告，保持私人接触
	传播者	将从外部和下级的信息传递给其他组织成员	进行信息交流会和报告；打电话
	发言人	把组织的计划、政策、行动和结果等信息转移到组织外部	召开董事会；通过演讲、报告和备忘录的形式向媒体发布信息
决策制定	企业家	实施改进方案，识别新的思想，把计划、责任授予他人	组织战略制定和检查会议，以开发新项目
	混乱驾驭者	在争论或危机期间采取矫正行动，解决下属之间的冲突和适应环境危机	组织应对混乱和危机的战略制定和检查会议
	资源分配者	决定谁得到资源，计划安排、预算和重点	调度、授权、开展预算活动，安排下级的工作
	谈判者	在主要的谈判中代表组织和部门的利益	参加工会契约、销买、预算等的谈判

资料来源：H. Mintzberg. The Nature of Managerial Work[M]. New York: Harper & Row publishers, 1973:93-94.

1. 人际关系方面的角色

人际角色着重于人际关系的建立与维系，具体包括下列三种角色：

（1）挂名首脑（figure head）。由于其正式的权威，管理者在组织中经常以组织代表的身份出现，代表组织参加必要的社会活动，为组织树立特定的社会形象。这个时候管理者的角色是象征性的，是组织形象的代表，其作用仅仅是礼仪性的，并不真正发挥领导作用。例如，总经理代表公司参加政府部门组织的公益活动，接受政府表彰等。

（2）联络者（liaison）。管理者的联络人角色主要是指管理者要在组织内部和外部同时发挥沟通和协调的作用。在组织内部，管理者要为下级之间横向沟通与协调提供便利和支持；在组织外部，管理者要代表公司与供应商、客户、股东等进行谈判，讨价还价，在为公司争取利益的同时保持与这些利益相关者的良好关系。

(3) 领导者 (leader)。管理者在扮演这一角色时真正发挥领导作用。此时管理者以一种领导者的姿态出现，他并不仅仅依靠行政职权去指挥下级，而是通过与下级沟通，以多种方式去吸引、说服、激励下级追随他并向其指引的方向前进，完成所规定的任务。

2. 信息方面的角色

管理者在其组织内部的信息传递中处于中心地位，事实上是组织的“中枢神经”，他既是获取外部信息的焦点，也是传递信息的来源。信息角色包括下列三项：

(1) 监听者 (monitor)。信息监听者包含两个方面的角色内容：第一，管理者要时刻保持对外界信息的敏感，积极寻觅外界环境信息，及时掌握与组织活动相关的信息，如管理者浏览本行业的专业报告，参加行业研讨会获取信息等；第二，管理者要对本组织中有价值的信息保持警觉，监控本组织对外输出的信息渠道，严防信息外泄，明茨伯格将此称为“守门员”，即管理者要把好信息输出的关键环节。

(2) 传播者 (discriminator)。将收集到的信息传播给组织的成员；有些信息是关于事实的信息；有些信息是关于价值的信息，即有关“应该”是什么的主观信息，目的是指导下属作出正确决策。

(3) 发言人 (spokesperson)。作为正式的权威，管理者代表本组织对外界发言，表明本组织在某些问题上的立场与态度，如向董事和股东说明组织的财务状况和战略方向，向消费者保证组织在切实履行社会责任等。

3. 决策方面的角色

管理工作中最重要的部分也许是决策角色。管理者对他的组织战略决策系统负有全面的责任，也就是组织的每一项重大决策皆与管理者有关。这包括以下四个主要角色：

(1) 企业家 (entrepreneur)。作为企业家，管理者是组织中大多数可控变化的设计者和发起者，即按其意志进行变革的全部活动，包括发现利用各种机会，促进组织的变革。

(2) 混乱驾驭者 (disturbance handler)。企业家角色把注意力集中于可控的变革，而混乱驾驭者角色则处理非自愿的情况以及处理部分非管理者所能控制的变革，如对一件未预料的事件、一次危机或组织冲突的处理和解决。

(3) 资源分配者 (disturbance handler)。资源分配是组织战略制定的核心，战略是由重要的组织资源的选择决定的。作为正式的权威，管理者必须进行资源分配，这里所说的资源包括时间、金钱、物质材料、人力以及信誉。

(4) 谈判者 (negotiator)。谈判者代表组织与相关组织和人士进行协商和谈判，进行资源的交易。

4. 基本评价

从实践上看，大量的后续研究试图检验明茨伯格角色理论的有效性，这些研究涉及不同的组织和这些组织的不同的管理层次。结果表明，研究证据一般都支持这样一种观点，即无论何种类型的组织和在组织的哪个层次上，管理者都扮演着相似的角色。不过，管理者角色的侧重点随组织的等级层次而变化，特别是传播者、挂名首脑、谈判者、联络者和发言人角色，对于高层管理者要比低层管理者更重要。相反，领导者角色对于低层管理者，要比中、高层管理者更重要。

从理论上看，明茨伯格的管理者角色理论也并不是对传统的职能理论即管理的四项基本职能——计划、组织、领导、控制——的替代。这是因为：

（1）传统的职能方法仍然代表着将管理者的工作概念化的最有效的方式。经典的职能理论提供了一种清晰的、界限明确的方法，使我们对管理者从事的成千种活动和用以实现组织目标的各种技术进行了明确的分类。

（2）虽然明茨伯格可以给出更详细的和仔细斟酌过的管理角色分类方案，但是这些角色实质上与四种职能是一致的。明茨伯格提出的许多角色，基本上可以归入一个或几个职能中。比如，资源分配者角色是计划的一部分，企业家角色也属于计划职能；所有人际关系的三种角色都是领导职能的组成部分；而其他大多数角色也与四个职能中的一个或多个相吻合。

（3）明茨伯格观察到经理们花费时间搞公共关系和筹集资金这一事实，虽然证实了他观察方法的精确性，但也表明并非管理者从事的每一件事情都必须是管理者工作的基本组成部分。事实上，所有的管理者都会从事一些并非纯属管理性的工作。

四、管理者的行为

弗雷德·卢森斯（Fred Luthans）和他的副手从另一角度考察了管理者的行为。他们提出了这样一个问题：在组织中提升最快的管理者与在组织中成绩最佳的管理者是否从事同样的活动。他们研究了 450 位管理者，结果发现，这些管理者都从事以下四种活动：

（1）传统管理：决策、计划和控制。

（2）沟通：交流例行信息和处理文书工作。

（3）人力资源管理：激励、惩戒、调解冲突、人员配备和培训。

（4）网络联系：社交活动、政治活动和与外界交往。

卢森斯等的研究表明，“平均”意义上的管理者花费 32% 的时间从事传统管理活动；29% 的时间从事沟通活动；20% 的时间从事人力资源管理活动；19% 的时间从事网络联系活动。但是，不同的管理者花在这四项活动上的时间和精力显著不同。特别是成功的管理者（用在组织中晋升的速度作为标志）在对各种活动的强调重点上，与有效的管理者（用工作成绩的数量和质量以及下级对其满意和承诺的程度作为标志）显著不同之处在于：维护网络联系对管理者的成功相对贡献最大，从事人力资源管理活动的相对贡献最小。而在有效的管理中，沟通的相对贡献最大，维护网络联系的贡献最小。

卢森斯等人的研究提供了关于管理者知识的一项新的研究成果。它表明：尽管从平均意义上来说，管理者在传统管理、沟通、人力资源管理和网络联系这四项活动中的每一项，大约花费 20%~30% 的时间，但成功的管理者与有效的管理者强调的重点不一样。事实上，他们几乎是相反的。这项研究成果为管理者提供了一条晋升的途径，同时它也对晋升是基于绩效的传统假设提出了挑战。它表明社交和施展政治技巧对于在组织中获得更快的提升起着重要作用。

五、管理者的素质

优秀的企业管理者一般具备以下四个方面的通用核心素质：特定人格、思考能力、有效领导能力和社会交往能力。在每一项核心素质中又包括具体的素质要素。

1. 特定人格

主要包括：① 职业道德素质。管理者能够自觉按照社会公认的伦理秩序而控制其行为能力，包括人生观、价值观、道德操守、职业修养和信誉等。② 心理人格素质。管理者工作中受到的压力大，要求管理者必须具备稳定健全的心理承受能力和人格特质。

2. 思考能力

主要包括：① 资源管理能力。资源管理能力是指通过管理一系列资源，使资源利用最优化，确保现有资源的效率和效用。② 问题解决能力和决策能力。问题解决能力是指通过系统地分析背景信息，将问题分解，找到解决问题的最有效途径。当这种能力不断提高时，着重点就从简单的分解任务转变为识别复杂的因果关系和得出结论性判断。决策能力是及时作出决策的一种能力。最高境界表现为即使在压力很大、风险很高、形势并不明朗的情况下，也能够作出决策。

3. 有效领导能力

主要包括：① 建立信任。建立信任是指能够试图帮助下属形成独立工作的能力。勇于和下属共同担当责任，从而给他们更多的权利单独采取行动。当管理者提高这种能力时，就可以相应增加授权的程度。② 团队领导。团队领导是指设立一个目标，激发他人朝这一目标去努力。当管理者要提高这方面能力时，要强调建立组织愿景，鼓励、激发和指引其他人完成目标。

4. 社会交往能力

社会交往能力具体体现为影响力，倾听、理解和反馈，组织意识以及关系的战略运用能力。① 影响力。影响力是指能够影响他人或者说服他人接受自己的观点并且采取相应的行动。优秀的管理者运用良好的社会影响，树立自己的职位权威及个人权威。在实施这种影响的过程中，他们会根据具体的听众调整说话的内容和风格，使对方更易于理解并接受。② 倾听、理解和反馈。倾听、理解和反馈是指完全了解他人并且根据他人说话的内容做出适当的反应，即积极、准确地倾听以及合理、准确地做出反应。当这种能力不断提高时，理解问题的深度和对个人的反应的灵敏程度则会增强。③ 组织意识。当管理者提高这种能力时，就会更全面地了解组织和它所处的环境。④ 关系的战略运用。关系的战略运用是试图建立和保持那些能够帮助组织目标实现的关系，包括建立内部和外部的网络，来发展和传递组织的战略目标。

六、管理者的技能

美国管理学者罗伯特·卡茨（Robert L. Kartz）在《哈佛商业评论》中发表了一篇名为《高

效管理者的三大技能》的文章，他指出管理者必须具有三种技能：技术技能、人际技能和概念技能。

1. 技术技能（technical skills）

技术技能是指熟悉和精通某种特定专业领域的知识的能力。一般而言，所处的管理层次越低，对技术技能的要求越高；所处的管理层次越高，对技术技能的要求越低（图 1.2）。管理人员没有必要使自己成为某一技术领域的专家，因为他们可以借助于有关专业人员来解决技术性问题。但他们需要了解或初步掌握与其专业领域相关的基本技术知识，否则他们将很难与其所主管的组织内的专业技术人员进行有效的沟通和交流，从而无法对其所管辖的业务范围内的各项管理工作进行具体的指导。这也会严重影响决策的及时性、有效性。

2. 人际技能（human skills）

人际技能即处理与他人包括个人和团体关系的能力。管理最主要的任务是管理人，这就要求管理人员必须具有识别人、任用人、团结人、组织人和调动人的积极性以实现组织目标的能力。对于各个层次的管理人员来说，人际技能同样重要（图 1.2）。管理人员不仅要处理好与下级的关系，学会影响和激励下级的工作，还要处理好与上级、同级之间的关系，学会如何说服领导，如何与其他部门有效合作。

3. 概念技能（conceptual skills）

概念技能是对问题进行思考和推理的能力。概念化意味着对模糊的、不明确的复杂问题进行分析，明确问题的本质和问题的根源，确定问题的关键变量，理解变量与问题之间的关系，从而使问题清晰化。

在这里，我们将概念技能理解为一种将组织视为一个整体，对组织所面临的复杂问题建立起适当的分析框架，设想组织如何适应外部环境变化的能力，即分析、判断和决策能力。这种能力具体包括：把握全局的能力；理解事物的相互关联性，从而识别关键因素的能力；权衡方案优劣及其内在风险的能力。

一般地，管理者所处的层次越高，其面临的环境和问题越复杂，越无先例可言，从而越需要高超的概念技能（图 1.2）。

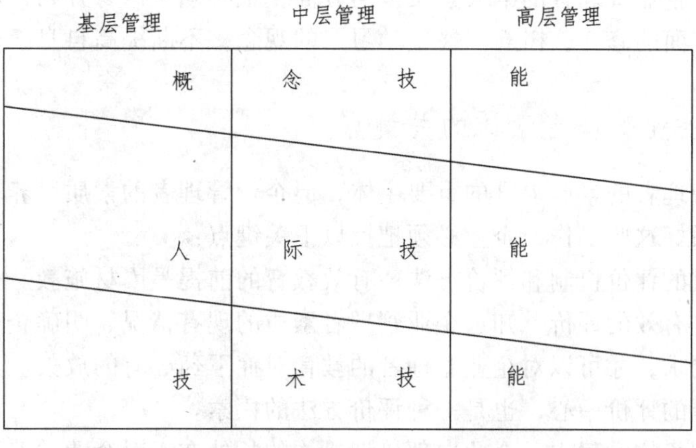

基层管理　中层管理　高层管理

概念技能

人际技能

技术技能

图 1.2　不同层次管理者需要的管理技能的比例

七、提高管理者素质的有效途径

（一）提高企业管理者素质的方式

企业管理者的素质不是先天具有的，主要依靠后天的教育、培训。特别是在企业管理者人才梯队建设、接班人的培养上，企业均需高度关注企业管理者的素质提高问题。目前，提升企业管理者素质的途径有：

（1）工作中提升。企业为了提高管理者的能力，有意识、有计划地对管理者的工作安排方面进行特别处理。比如通过岗位轮流，了解其他部门的运作，拓宽视野；通过较高职务的代理方式，提高其处理问题的思维高度；安排特殊性的工作，考验和提高处理特殊事务的能力。在工作中提升是提高企业管理者实践能力的有效途径。比如IBM公司有一个“长板凳计划”，为管理者和重要岗位人员设置后备人才，对这些人员制定有详细的培训计划，特别是工作中的提升方面的内容。

（2）集中式教学。将管理者送入教育培训机构，接受比较系统的学习和训练。这种方式比较常见的有：企业的内部大学、培训中心；外部培训机构；大学的MBA、EMBA教育等。这种培训方式的优点在于系统化、规范化。特别适合提高企业管理者的理论修养。

（3）短期培训。由企业组织的较短期的、专题性的培训，要求企业管理者参加，提高某一方面的能力和技巧，比如营销培训、财务培训、决策能力培训、具体管理工具等方面的专题培训等。短期培训针对性非常强，是及时“充电”的有效方法。

（4）教育后的支持、巩固。管理者进行培训和教育后，回到实际工作中，由于企业缺乏相应环境、缺乏管理上的其他支持，管理者不能将学到的东西用于实践，不知不觉又回到了教育前的状况，管理水平无法真正提高。为了避免这种现象，企业必须做好两方面的工作：一是企业管理者的培训教育必须有的放矢，与企业的发展规划有机结合；二是为企业管理者施展管理才能提供空间。

（5）企业管理者自我修养。企业的培训教育不是万能的。基本素质、基本业务等方面的学习和提升大都靠自己。古人的“修身、齐家、治国、平天下”的理想，首先得从修身开始，最后才能平天下。企业管理者的个人素质提高方面，也必须从修身开始，从做人开始，不断加强道德、业务方面的修养，树立“终生学习”的观念，不断提高自身素质。

（二）提高企业管理者素质的关键点

企业是企业管理者的素质提升的重要主体，但企业管理者的素质培养教育是一个复杂而系统的工程，要做好这些工作，企业必须把握以下关键点：

（1）建立有效的评价机制和评价方法。有效教育的前提是因材施教。首先，必须对企业管理者进行正确、有效的评价，知道企业管理者素质的现有情况、明确企业现在及未来对企业管理者素质的要求，才可以对企业管理者的教育对症下药、有的放矢。其次，部分大型企业建立了人力资源的评价中心，也是一种评价方法的探索。

（2）企业培训机构的建立。企业内部培训机构的长处在于对企业的熟悉和了解，有利于提高企业培训的有效性，在这一点上，麦当劳、IBM、海尔等企业的企业大学是比较成功的案例。因企业的力量有限，企业内部培训机构的建立一定要整合外部资源，与相应的大学、培训机构进行合作。

（3）培训与管理实践相结合。企业在管理者培训时不仅对每个管理者个人有针对性，同样应与企业的管理需求相结合。企业必须将管理体系建设、人员培养相关的内容结合在一起，让培训后的实效能体现在工作中。

（4）建立学习型的组织，形成长效机制。人类跨入信息社会后，学习已成为现代人的基本生存技巧。对一个组织而言，必须有效地建成学习型组织，让组织能够在生产经营活动中不断学习，提升组织的能力。学习型组织是当前企业发展的必然趋势，也是提高企业管理素质的长效方式。

【案例 1.6】

两类管理者的晋升

某集团公司目前有一副总裁的职位空缺，欲从集团公司的 9 个分厂厂长中选拔一人添补。其中一分厂的 A 厂长呼声最高。A 厂长工作勤恳，几乎总是第一个上班最后一个离厂，细心过问厂内的大小事情，对待下属员工也总是和蔼可亲，并且这位技术出身的厂长还通过带领实施技术改造而使企业效益一直保持在各分厂的中上水平。但经过集团领导的研究最终选定的是二分厂的 B 厂长。结果一公布，便有反对意见反馈上来。反对的理由大致有三方面：一是认为 B 厂长不务正业，不关心本职工作，而是热衷于“拉关系”；二是尽管二分厂的效益一直名列前茅，但这与 B 厂长的特殊背景有关，并非其本人的能力所致；三是二分厂的大部分工作是由 B 厂长委派下属完成的，效益是下属创造的，因此功劳不能记在 B 厂长身上。

问题：为什么呼声甚高的 A 厂长没有顺理成章地升任副总，而决策层看中的 B 厂长却有人明确反对？

思考与练习

1. 你的课程的授课教师是管理者吗？请分别用管理职能、管理角色、技能观点讨论这个问题。
2. 在当今环境中，效率和效果哪个对组织更重要？说明你的理由。
3. 不论过去、现在还是未来，管理都是一门完成工作的艺术，你同意吗？为什么？
4. 是否存在一种最佳的管理“风格”？为什么？
5. 管理者有哪些素质和技能？如何提升？

案例分析

马丁吉他公司成立于 1833 年，位于宾夕法尼亚州拿撒勒市，被公认为世界上最好的乐器制造商之一，就像 Steinway 的大钢琴、Rolls Royce 的轿车或者 Buffet 的单簧管一样，马丁吉他每把价格超过 10 000 美元，却是你能买到的最好的东西之一。这家家族式的企业历经艰难岁月，已经延续了六代。目前的首席执行官是克里斯琴·弗雷德里克·马丁四世，他秉承了吉他的制作手艺。他甚至遍访公司在全世界的经销商，为它们举办培训讲座。很少有哪家公司像马丁吉他一样有这么持久的声誉，那么，公司成功的关键是什么？一个重要原因是公司的管理和杰出的领导技能，它使组织成员始终关注像质量这样的重要问题。

马丁吉他公司自创办起做任何事都非常重视质量。即使近年来在产品设计、分销系统以及制造方法方面发生了很大变化，但公司始终坚持对质量的承诺。公司把坚守优质音乐标准和满足特定顾客需求方面的坚定性渗透到公司从上到下的每一个角落。不仅如此，公司在质量管理中长期坚持生态保护政策。因为制作吉他需要用到天然木材，公司非常审慎和负责地使用这些传统的天然材料，并鼓励引入可再生的替代木材品种。基于对顾客的研究，马丁公司向市场推出了采用表面有缺陷的天然木材制作的高档吉他，然而，这在其他厂家看来几乎是无法接受的。

马丁公司使新老传统有机地整合在一起。虽然设备和工具逐年更新，雇员却始终坚守着高标准的优质音乐原则。所制作的吉他要符合这些严格的标准，要求雇员极为专注和耐心。家庭成员弗兰克·亨利·马丁在1904年出版的公司产品目录的前言里向潜在的顾客解释道："怎么制作具有如此绝妙声音的吉他并不是一个秘密，它需要细心和耐心。细心是指要仔细选择材料，巧妙安排各种部件，关注每一个使演奏者感到惬意的细节。所谓耐心是指做任何一件事不要怕花时间。优质的吉他是不能用劣质产品的价格造出来的。但是谁会因为买了一把价格不菲的优质吉他而后悔呢？"虽然一百年过去了，但这些话仍然是公司理念的表述。虽然公司深深地植根于过去的优良传统，现任首席执行官马丁却毫不迟疑地推动公司朝新的方向发展。例如，在20世纪90年代末，他作出了一个大胆的决策，开始在低端市场上销售每件价格低于800美元的吉他，低端市场在整个吉他产业的销售额中占65%。公司DXM型吉他是1998年引入市场的，虽然这款产品无论外观、品位和感觉都不及公司的高档产品，但顾客认为它比其他同类价格的绝大多数吉他产品的音色都要好。马丁为他的决策解释道："如果马丁公司只是崇拜它的过去而不尝试任何新事物的话，那恐怕就不会有值得崇拜的马丁公司了。"

马丁公司现任首席执行官马丁的管理表现出色，销售收入持续增长，在2000年接近6亿美元。位于拿撒勒市的制造设施得到扩展，新的吉他品种不断推出。雇员们描述他的管理风格是友好的、事必躬亲的，但又是严格的和直截了当的。虽然马丁公司不断将其触角伸向新的方向，却从未放松过尽其所能制作顶尖产品的承诺。在马丁的管理下，这种承诺绝不会动摇。

资料来源：http://www.docin.com/p-971157487.html。

问题：

1. 根据卡茨的三大技能理论，你认为哪种管理技能对马丁四世最重要？解释你的理由。

2. 根据明茨伯格的管理者角色理论，说明马丁分别扮演什么管理角色？解释你的选择。

（1）当马丁访问马丁公司世界范围的经销商时；

（2）当马丁评估新型吉他的有效性时；

（3）当马丁使员工坚守公司的长期原则时。

3. 马丁宣布："如果马丁公司只是崇拜它的过去而不尝试任何新事务的话，那恐怕就不会有值得崇拜的马丁公司了。"这句话对全公司的管理者履行计划、组织、领导和控制职能意味着什么？

第二章　管理思想和理论的演变发展

【学习目标与重点】

- 了解中国的传统管理思想
- 了解西方管理思想发展的历史背景
- 掌握西方现代管理各学派的主要理论观点

【案例 2.1】

西点军校与孙子兵法

20 世纪 80 年代，美国西点军校把《孙子兵法》定为必读教科书的说法传入国内。2007 年，随着美国国防部长罗伯特·盖茨的走马上任，《孙子兵法》在国外的“神话”又热闹起来。国内数十家媒体同时报道，称盖茨为总结在伊拉克战争中的失误，特意找来一本《孙子兵法》放在桌头以备“随时翻阅”；海湾战争中美国士兵人手一册《孙子兵法》的“旧账”也被再度翻出。更有甚者声称，“一位看不见的中国人指挥美国人取得了海湾战争的胜利。”

这一说法有多个版本，观察者网军事观察员指出，这一说法最初出现的时候，表述是“美军军官人手一本”，到了后来就变成了美军士兵都人手一本。《孙子兵法》在美军中的流行程度远不如这些夸张的描述，但也是一本重要的参考读物。2007 年，西点军校的图书馆负责人、军事历史学家阿伦表示，《孙子兵法》主要是供军事历史课等几门课程的教学用途，西点的学生有 5% 左右阅读过这本书。美国著名网站“外交政策”（Foreign Policy）曾经列出了西点军校的一个书单，是该校历史学部十大军事经典，第一本是卡尔·冯·克劳塞维茨的《战争论》，第九本就是《孙子兵法》。

这么古老的一本书，为什么不只在中国，在整个世界正在受到越来越多的关注与研究呢？

管理有着悠久的历史，自人类以社会形式存在开始，就必然面临着生产与分配的问题，管理也就自然而然地产生了。随着人类社会的发展与进步，管理理论与实践也在不断得到提炼与升华。在学习管理学的一些基本原理之前，我们有必要对管理思想和理论的演变发展有一个系统的认识，以便提高我们的管理文化素养，学会以发展的眼光看待管理问题，同时也必将有利于我们解决现实中的管理问题。

第一节　中西方早期管理思想

一、中国传统管理思想

中国是世界最古老的文明古国之一，有着引以为自豪的五千年文明发展的历史。在漫长的发展历史中，中华民族创造了灿烂的管理文化，为人类的管理思想增加了浓重的、独具特色的内容。在浩如烟海的古籍里记载着中国无数杰出的政治家、哲学家、思想家有关管理的学说和主张，为后人学习、研究管理提供了取之不尽、用之不竭的思想理论源泉。

公元前11世纪，《周礼》第一次把中国官僚组织机构设计为360职，并规定了相应的层次和职责，反映出当时中国已出现了相当完备的国家管理思想。中国历史上著名的商鞅变法、文景之治、万里长城、都江堰工程、丁谓主持的“一举三得”修皇宫等都是管理的成功范例。中国古代管理思想的产生和发展不仅丰富了中华民族的思想宝库，而且对世界各国的管理思想也产生了深远的影响。

（一）中国古代管理思想的历史背景

1. 生存条件

千百年来，中华民族在气候温暖、江河纵横、土地富饶的自然环境下生存繁衍，在具有适宜的气候、充足的水源、辽阔肥沃的平原上从事单一的农耕生产。中国的先民们“日出而作，日落而息”，长久以来过着封闭式自给自足的生活，习惯于乐天知命、安分守己，崇尚和谐、安稳的生活方式，生活中喜好中庸之道，提倡“温良恭俭让”的谦谦君子风度，人格上讲究道德修养和自我完善，形成了中国古代管理思想上固守封闭、不思冒险、易于满足、鲜有进取、小富即安、小成即满的思想意识。

2. 宗法制度

中国古代长期存在着以血缘关系为纽带的宗法制度，强悍的宗族凝聚力量和“家长制”式的集权专制，将社会全体成员通过共同的血缘关系、风俗习惯、宗教信仰牢牢地联系在一起，导致了中国管理思想上重“人治”轻“法制”，重裙带关系轻法律约束的传统，使中国古代管理思想既带有鲜明的专制性、等级性，同时又具有牢不可破的血缘亲情和心理上的融合凝聚力。

3. 受儒家和道家文化的影响

儒家和道家文化是最具中国特色的传统文化，因而对中国古代管理思想的影响也最深远、最持久、最具有决定意义。儒家和道家作为两种具有不同价值观念、不同思维方式、不同心理模式的思想体系，在整个中华民族精神和民族文化的融合演进中，互相刺激、互相影响、互相吸收，共同构成了中国传统文化的主流，同时也衍生了两种不同的管理思想。儒家主张“积极入世”的人生态度，在个人的追求上倡导“自强不息”的奋斗精神，在个人修为上主张“格物、致知和诚意、正心”，在个人和家国的协调发展上强调个人奋斗和国家利益的趋同一致，追求的终极结果是实现“修身、齐家、治国、平天下”的和谐统一。道家更倾向于清心寡欲和宁静自守，采取的是一种“消极避世”的管理思想。它主张凡事与世无争，顺其自然，一切都超然世外、甘于寂寞退隐，在“无为”中追求“无不为”。在长期的儒道融合交流互促中，中国人无论得意还是失意都能非常容易地找到思想和心理平衡的支点。因此，中国古代管理思想中既有“达则兼济天下”“先天下之忧而忧，后天下之乐而乐”的积极人世追求，也有“贫则独善其身”，遇到困难挫折就退隐山林、避于桃源自娱的消极遁世思想，这给古代中国人提供了很大的通达权变空间，使中国人无论在什么样的生存状态下都能适得其所。

（二）中国古代管理思想的基本内容

中国传统的管理思想，分为治国学和治生学。治国学从宏观管理的角度出发，适应中央集权的封建国家的需要，包括财政赋税管理、人口田制管理、市场管理、货币管理、漕运驿递管理、国家行政管理等方面。而治生学从微观管理的角度出发，是在生产发展和经济运行的基础上通过官、民的实践逐步积累起来的，包括农副业、手工业、运输、建筑工程、市场经营等方面的学问。这两方面的学问极其浩瀚，作为管理的指导思想和主要原则，可以概括为如下一些要点。

1. 把人作为管理的重心

“重人”是中国传统管理的一大要素，“以人为本”的思想在中国古代管理思想中始终占主导地位。我国素有“求贤若渴”一说，表示对人才的重视。《晏子春秋》则把对人才“贤而不知”“知而不用”“用而不任”视为国家的“三不祥”，认为其害无穷。

2. 把顺应客观规律作为管理的指导思想

《管子》认为自然界和社会都有自身的运动规律，要取得自己行为的成功，必须顺乎万物之“轨”。

3. 把组织与分工作为管理的基础

强调组织与分工是管理的基础，建立层次分明的组织体系，家庭是最基本的组织形式，儒家和法家的富国富民之学都是把一家一户作为一个单位，以男耕女织的个体农业作为社会生产的基本形式。“齐家”与宗族制度是中国古代社会管理的主要方面。

4. 强调农本商末的固国思想

“重农抑商”的思想在中国古代管理思想中一直居于主导地位，倡导以农富国。《管子》认为农业是富国富民的本事、本业，韩非提出“富国以农”。商鞅主张以农固国，认为：“国不农，则与诸侯争权不能自持也，兵力不足也。”只有通过政治、经济、法律等手段把农民稳定在土地上，国家才能安稳。

5. 突出“守信”在管理中的价值

中国古代充满着浓厚的诚实守信的管理思想，孔子说“君子信而后劳其民。”（《论语·尧曰》），他对弟子注重四教：“文、行、忠、信”（《论语·述而》）。我国历来提倡“诚工”“诚贾”的传统，商而不诚，苟取一时，终致瓦解，成功的商人多是商业信誉度高的人。

6. 赞赏用计谋实现管理目标

我国有一句名言：“运筹策帷帐之中，决胜于千里之外。”（《史记·高祖本纪》）。中国古代更有许多系统运筹成功的实例。田忌赛马，丁谓修皇宫，三国时代孙权、刘备对曹操的赤壁之战，诸葛亮的空城计，孙膑的“减灶骄敌”，都是运用战略策略以弱胜强的典范。

7. 把人和作为管理行为的基准

人和思想在中国古代管理思想中始终占重要地位。“和”就是调整人际关系，讲团结，上下和，左右和。对治国来说，和能兴邦；对治生来说，和气生财。因此，我国历来把天时、地利、人和作为事业成功的三要素。

8. 把求同视为管理的重要价值

重求同是中国古代管理思想的重要特征。中国地大物博的地理特点及自给自足的经济生活特点使得中国的管理活动获得了一个天然的“隔离机制”，管理体制和思维方式一直保持着自己的特色，没有发生过大的文化“断层”、交融与更替现象，长期以来一直稳定地延续下来，在中国的传统管理思想中凸显出求同性。

9. 把节俭作为管理的真理

我国理财和治生，历来提倡开源节流、崇俭拙奢、勤俭建国、勤俭持家。纵观历史，凡国用有度，为政清廉，不伤财害民，则会国泰民安；反之，凡国用无度，荒淫奢费，横征暴敛，必滋生贪官污吏，戕害民生，招致天下大乱。

10. 把法治作为管理的根本

我国的法治思想起源于先秦法家和《管子》，后来逐渐演变成一整套法制体系，包括田土法制、财税法制、军事法制、人才法制、行政管理法制、市场法制等。韩非主张制定法规公之于众，违者以法纠正，治理国家就方便了。他还主张法应有公开性和平等性，即实行“明法”“一法”原则。

（三）中国古代主流管理思想

中国的管理思想是建立在中国的传统文化思想体系上的，而中国的传统文化思想体系以先秦思想为主，基本体现为易、儒、道、法、墨、兵、商等七家。

1. 周易的管理思想

伏羲画八卦，为我国文字的雏形；文王演周易，是我国文化的开端。《周易》这部我国最古老的经典，历来被推崇备至，尊为“群经之首”。周易管理思想是一个完整的思想体系，其中蕴含着丰富的管理哲学思想。在管理主体上，它肯定了“人”是管理的主体，无论是管理者还是管理对象，都应该是“以人为本”；在管理方法上，它重视变通的思想，强调创新进取；在管理目的上，它主要强调的是社会内部的整体和谐。

从现代管理的观点看，周易管理思想是一种与科学管理交相辉映的人文管理。其中所蕴含的管理思想观念，在今天仍不失其借鉴意义。

（1）坚持以人为本的管理思想。

《周易》所提出的“立人之道曰仁与义”，是周易以“人道观”进行管理的基本思路。作为管理主体的人，遵从天地变、自然规律，才可以实现自己的管理主体地位。周易明确了管理的本质是对人的管理，管理的主体是人，管理的对象是人，管理的一切都离不开“人”。

（2）讲究变通的管理方法。

《周易》不仅讲变，还讲通。《周易》认为，管理者应怎样变通呢？一是顺天而变。根据客观事物的发展规律而进行，而不可逆规律而行，只有顺应客观事物的规律，才可以滋生万物，“顺乎天而应乎人”。二是趋时而变。根据环境的变化，选择适当的时机。《周易》指出“广大配天地，变通配四时”，要求变通适应四时的变化。三是应人而变。《周易》在顺乎天趋乎时的基础上，还要应乎人，以满足广大黎民百姓的利益和要求，主张“明于天之道，而察于民之故，是兴神物，以前民用”（《易传系辞上》第一章），“使民不倦，使民宜之”，从而维护社会的稳定。

（3）追求和谐的管理理念。

和谐是周易管理观念又一重要特征和追求的目标。这一特征和目标主要体现为其视阴阳交感平衡协调为吉，要求人们中正得道而趋吉避凶。任何组织的成员都会有不同的个性、气质、能力以及利益追求，但良好的管理会促使他们认识并坚持共同的组织目标，他们各自具备的差异也就被统一、整合于共同的目标之下了。这就要求管理者拥有宽广的胸怀，愿意接纳千差万别的组织成员，而不只限于那些自己喜欢的、总是同意自己意见的、与自己相似的人。

综上所述，周易管理观念虽朦胧，但观点并不游移；虽属感性认识，理论色彩较淡，但所体现的理性思维是明晰的；虽然比较原始，却有高屋建瓴之势。《周易》这部经典中所蕴含的民本观、变通观、和谐观乃是其管理观念体系中的主要内容和基本特点。也就是说，作为一个管理者或领导者，在管理实践中应当牢固树立民本思想，着眼于管理整体，通过变通途径，达到管理的各要素之间以及管理与外部环境之间的和谐状态。这正是周易管理思想的精华所在。

2. 儒家的管理思想

中国两千年的封建社会是以儒家学说为指导思想的，因此无论中国传统的管理思想的积极方面还是消极方面都无不受到儒家思想的深刻影响。作为儒家学说的创始者，孔子的管理思想为以后儒家思想的发展奠定了基础。

孔子曾任鲁国司寇，后携弟子周游列国，最终返鲁专心执教。修《诗》《书》，定《礼》《乐》，序《周易》，作《春秋》，门人追记《论语》，被后世尊为至圣、万世师表。孔子的管理思想主要有以下方面：

（1）主张以礼作为国家治理的准则。

儒家学说以“仁”为理想境界，要达到这一境界，必须按照礼的规定行事，正所谓“克己复礼为仁”。对于礼，孔子提出了“君君、臣臣、父父、子子”的思想，要求各个层次的人按照其身份办事。根据“礼”，孔子把管理者与被管理者，也就是统治者与被统治者的界限划分得很清楚。以礼作为国家治理的准则，就是要维护统治者的地位和整个国家的秩序。

（2）提出了重义轻利的管理方法。

“君子喻于义，小人喻于利”，孔子将义利的取舍态度立为判断人品的标准。至于如何贯彻重义轻利的管理，他提出了以下几点：第一，管理者自己要以身作则，树立榜样。“其身正，不令而行；其身不正，虽令不行。”第二，要用礼义来教化百姓，使百姓遵守礼义规范。第三，要举“正直”，选拔正直的人参与管理。

（3）提倡惠民的治生思想。

孔子肯定所有的人都有追求富贵的欲望，主张为政必须先考虑给人民以恩惠，让老百姓能过上安适的生活。孔子的惠民思想，一方面要求统治者“使民以时”，不滥征民力，保证农业生产的正常进行，这样既可以使百姓安居乐业，又可以保证统治者获得正常的赋税收入；另一方面要求统治者“薄赋敛”“节用爱人”，使人民得以“足食”，惠民以富的政策得以贯彻。

战国时期儒家的另两个重要人物是孟子（约前372—前289）和荀子（前313—前238），

他们继承和发展了孔子的儒家学说。孟子的管理思想对仁政进行了进一步的发挥，他以仁政作为治国的目标，认为仁政是治国之本。孟子主张性善论，认为正因为人性本善，所以可以用仁政的办法引导人民。孟子还提倡“民为贵”的仁政理念，强调“富民”，既要给百姓以恒产，提出“有恒产者有恒心，无恒产者无恒心”。同时，孟子非常注重人才的选拔和任用，认为“不用贤则亡”。

荀子治国的理论基础则是性恶论。以此为出发点，除了以礼治国的主张外，他还提出了礼法结合的治国思想：“治之经，礼与刑”。任用贤能之士的问题也为荀子所关注，他认为贤明的国君首先关心的是选贤任能，把用人放在第一位，有一批贤能的人辅助。荀子的经济管理思想着重“上下俱富”，他认为要做到这一点就必须加强农业生产。此外，荀子还主张轻税和节用。

3. 道家的管理思想

道家思想是中国思想的基础之一，也是中国管理思想的重要来源。历代统治者往往“内用黄老，外示儒术”。道家思想博大精深，涉及管理原则、管理环境、管理策略、管理方法等各个方面，孕育着丰富的管理思想。

道家后人将老子视为宗师，与儒家的孔子相比拟。老子著有《道德经》，他的学说后被庄周发展。老子的管理思想主要有以下方面：

（1）无为而治是其管理思想原则。

老子所谓无为，并不是说不为，而是顺其自然，依据事物自身的必然规律运行和发展，“动合无形”，而不凭借任何外加的力量。老子认为，人们所有的改造自然的活动都是“有为”，必须最大限度地削弱，为了使社会上一切人都遵循无为原则，统治者首先必须带头过一种质朴的生活，减少政事活动，同时还要使民失去有为的条件。老子的无为是作为一个政治管理原则提出的，他认为“法令滋彰，盗贼多有”，因此国家要减少颁布法令规章。强调要“政简刑轻”，反对以繁复苛重的政治、法律手段治理国家。

（2）提出以弱胜强的管理策略。

老子有丰富的辩证法思想，以弱胜强就是重要的内容。老子对对立关系互相转化有深刻的认识，他认为“天下莫柔弱于水，而攻坚强者莫之能胜”。反映在治国、治军上的表现，老子认为一是“以正治国”，二是后动制敌。“以正治国”即通过做好内治工作加强自己的实力，不但要求对大事、难事必须十分认真，谨慎地干，对小事、细事和似乎简单、容易的事，也不得大意。后动制敌要求“以奇用兵”，即后敌而动，等待或诱使敌人暴露弱点，然后制之。

（3）提倡清净安定的管理环境。

老子主张安定，“清净可以为天下正”。“为无为”就是要创造一个“无为而治”的安宁环境。清净则自治，轻燥则失本，“我好静而民自正”“重为轻根，静为躁君。……轻则失本，躁则失君”。

老子对领导者也提出了具体的要求，如“居上谦下”要求领导者应当时刻处下，事事居后，不要让自己高高在上，而应该永远谦恭、温和。另外，“知人者智”，要“常善救人”“故无弃人”，要做到人尽其才，才能做到不遗弃人才。

庄子是老子哲学思想的继承者和发展者，其学说和老子有同有异，但其根本精神还是趋于老子哲学，世称“老庄”。庄子强调自然，“知天人之所为者，皆自然也”。自然之道，至玄至妙，含无限生机，孕无穷化理。庄子崇尚自然，敬畏自然，效法自然。从管理角度来说，必须以静制动，应该像一面镜子那样，来者不迎，去者不送，“胜物”而“不伤”。

4. 法家的管理思想

法家是战国时期形成的一个重要学派，它是代表当时新兴地主阶级的一个政治派别。在历史上先秦法家对封建地工阶级经济生产关系的产生、国家的统一以及封建中央集权制的建立起到重要的积极作用。法家的发祥地主要是三晋。法家分前期法家和后期法家。

前期法家主要是指战国初期出现的一批新兴地主阶级的改革家和政治家，如魏国的李悝、楚国的吴起、秦国的商鞅、韩国的申不害等。他们的贡献突出表现为社会政治经济的改革方面。后期法家是指集法家之大成的思想家韩非子（约前280—前233），他的杰出贡献主要体现为政治学术思想方面。他批判、总结、吸收了前期法家政治经验和思想遗产的成果，即把商鞅的重“法”、申不害的重“术”、慎到的重“势”有机地结合起来，以法家观点为指导，以荀子思想为思辨，创立了自己独特的思想体系，著有《韩非子》一书。

法家的管理思想主要有以下方面：

（1）以法治国的行政管理思想。

法家以法治国思想的主要内容是严刑厚赏，“赏厚而信，刑重而必”。所谓以法治国，就是以“法”作为治理国家的准则，“君必有明法正义”，“治国无其法则乱”。他们认为“仁义不足以治天下”，“圣王者，不贵义而贵法”，而且必须做到：“法必明，令必行”“刑无等级”“不失疏远，不违亲近”。而“法治”的核心在于加强中央集权的君主专制制度。

（2）“富国以农”的经济管理思想。

法家把农业看作富国的唯一途径，“百人农一人居者，王；十人农一人居者，强；半农半居者，危”。在法家看来，农业即国民经济，国民经济即农业，两者完全是等同的。法家首先提出农战政策，“耕战合一”“寓兵于农”，农战政策实施的目的是实现“富国强兵”。为了发展农业，法家重本抑末，否定工商业。

（3）贤能并举的人事管理思想。

法家提倡贤能并举的人事管理思想，“所举者必有贤，所用者必有能”。韩非子认为，世人的天性既然都是趋利避害的，那么实行严格的赏罚制度是最有效的管理手段，主张尽国之才，尽人之智，“力不敌众，智不尽物，与其用一人，不如用一国”。

5. 墨家的管理思想

墨家是一个以纪律严密著称的学术团体。墨子的学说对当时的思想界影响很大，与儒家并称“显学”，墨家学派是儒家学派的主要反对派。墨家的著作有《墨子》一书。墨子的主要管理思想有以下方面：

（1）兼爱。

“兼爱”是墨子行政管理思想的核心。他认为当时社会动乱不安，主要是由于人们不相爱造成的。管理者如果平等地去爱下属，则能得到比较好的绩效。墨子的“兼爱”思想是以“交利”为基础的，“兴天下之利，除天下之害”。作为管理者，必须关心百姓疾苦，体察民情，爱民诚心，为民谋利。

（2）尚同。

“尚同”是墨子的重要思想。要求在下位的人对在上位的人绝对服从，不但在行动上服从命令和指挥，而且要“上之所是，必皆是之；所非，必皆非之”，在思想上也不许有任何怀疑。

（3）节用。

墨子经济管理思想的核心是“节用”。节用是指要节约消费，不能奢侈。统治者注意节约消费，墨子在将消费品分为生活必需品与奢侈品两种的基础上，认为只有用于满足生活所必需的消费才是正当的消费，才是合乎“法”或“义”的消费，否则便是不合“法”或“义”的消费，是有害的消费。

（4）尚贤。

在人才管理上，墨子提出“尚贤”。墨子认为，尚贤乃是为政之本，主张尊重贤才，任用能人。墨子提出：“古者圣王之为政，列德而尚贤，虽在农与工肆之人，有能则举之，高予之爵，重予之禄，任之以事，断予之令。……故官无常贵而民无终贱，有能则举之，无能则下之。”

6. 兵家的管理思想

兵家的代表人物是孙子，孙子是齐国贵族和名将的后裔。齐国内乱至吴，潜心研究兵法。经伍子胥荐为吴王所用，助吴“西破强楚，入郢，北威齐、晋，显名诸侯”。孙子著有《孙子兵法》一书。《孙子兵法》不仅是我国现存最早的兵书，也是世界上最古的兵书，在国际上享有很高的声誉，它不仅对世界军事思想产生了重大影响，还被推广运用于社会的各个领域，尤其在企业经营管理中得到了广泛的运用。孙子的主要管理思想有以下方面：

（1）战略思想。

孙子是世界上第一个形成战略思想的伟大人物，他在著作中对谋略问题着墨较多。孙子强调要在战前对事关全局的战略进行部署和谋划，综合考虑多种因素，按照战争中各个方面、各个阶段的关系来决定军事力量的准备和运用。孙子提倡“上兵伐谋”，计谋的主要内容是五事（道、天、地、将、法）和七计（主孰有道，将孰有能，天地孰得，法令孰行，兵众孰强，士卒孰练，赏罚孰明）。谋略需要“知己知彼”，孙子强调只有通过各种方法获得敌方的信息，才能明白对方的意图从而采取有针对性的措施，达到保护自己打击敌人的目的。

（2）权变管理思想。

孙子把权变管理的原则归结为：“合乎利而动，不合乎利而止。”战略目标不可变，但实现战略目标的战术是多变的。一是出奇制胜。出奇制胜是运用与众不同的手段，以出人意料的斗争谋略与方法取胜于敌，“凡战者，以正合，以奇胜。故善出奇者，无穷如天地，不竭如江河。”二是迂直制胜。“故迂其途，而诱之以利，后人发，先人至，此知迂直之计者也。”故意迂回绕道，并用小利引诱敌人，这样就能做到比敌人后出动而先到达必争的要地。三是以快制胜。“兵贵胜，不贵久”，兵贵神速是克敌制胜的重要一法。

（3）人才管理思想。

孙武说：“故善战者，求之于势，不责于人，故能择人而任势。”“择人”者，善于量才用人也；“任势”者，善于造势和利用形势也。所谓择人而任势，就是要求军事指挥员重视选用人才，利用形势，以战胜敌人。从“择人”方面而言，兵战固然是军事实力的较量，但更重要的是人才竞争。在战争中，谁拥有人才，谁就会掌握战争的主动权，谁就有赢得战争胜利的可能。因此，挑选将领是战争胜败的关键。什么人能当将领？孙武的标准是：“将者，智、信、仁、勇、严也。”

孙膑为孙武后人，著有《孙膑兵法》一书，它继承了《孙子兵法》思想，而且在某些方面有了较大的发展。此书突出表现为他的战争观、治军主张和作战方法等方面。孙膑敢于竞争、善于竞争，认为少可胜多、弱可敌强。历史上有名的田忌赛马的故事，表现了他这方面的才华。

7. 商家的管理思想

春秋战国时期，社会生产力急速提高，民间的商品交换日益频繁，商品经济得到快速发展。以范蠡、白圭为代表的先秦商家学派，通过汲取其他学派的思想养分和自己的探索实践，创立了颇具特色的经营管理思想。在司马迁的《史记》中，范蠡、白圭被描绘成经营管理方面的奇才。范蠡“十九年之中三致千金”，而当时“千金之家比一都之君”，其经营收入完全是巨额的。白圭的经营效益达到“积著率岁倍”，即资金利润率为 100%，其经营效果令人惊叹。其主要经营管理思想，主要表现在以下方面：

（1）重视对“时”的认识以把握商机。

“时”是商家经营管理思想中的一个主要内容，范蠡的“与时逐”和白圭的“乐观时变”都强调在经营过程中要高度重视“时”的重要性。这个“时”，主要包含两个方面的内容，一为“天时”，二为“商业经营活动中的经营规律”。

（2）重视发挥人在商品经营过程中的主观能动性。

白圭认为若一个人“知（智）不足以权变，用（勇）不足以决断，任（仁）不能以取予，强不能有所守”，则“虽学吾术终不告之”。

（3）认识到了经营活动中“取”与“予”之间的辩证关系，主张“先予后取，以予为取”。

范蠡、白圭在经营活动中除重视物化资本、智力资本之“予”外，对感情资本之“予”也非常重视。范蠡“富好行其德”，将经营利润“分散与贫交疏昆弟”，白圭经常“与用事童仆同乐”，都是感情方面的有效投入，充分体现了他们的经营策略。

资料链接

中国传统文化对现代企业管理的意义及影响

近年来，由于日本人研究《孙子》，把兵法运用到经济管理方面，成效显著，引起世界范围内的“孙子兵法热”。迄今《孙子兵法》和《三国演义》在国外广为流传，争相引用。前几年的《周易》研究也是起源于外国科学家从《周易》阴阳两卦画的衍生而创造了计算机的二进位制的。现今，日本人竞读《菜根谭》，新加坡人崇尚“儒学”，德国人推崇《三十六计》，说明我国传统文化逐渐受到各国的广泛重视。特别是目前世界上有不少国家和地区，都逐渐认识到伦理道德和现代企业的密切关系。

现今西方欧美学者也从中得到启示，开始将儒家管理思想引入欧美各国的企业管理行为中。他们通过对美日两国的比较，从劳动道德、劳资关系、生产率意识、法律观念、官吏制度以及市场战略等方面论述了日本综合儒家思想的长处和美国基督教管理文化的短处。他们把日本称为“新儒教资本主义”，认为欧美资本主义要对付新技术的变革和挑战，必须输入某种儒家管理思想，以改造西方现有的、老化的管理机制和人际关系文化。

资料来源：郑致光. 中国传统文化对现代企业管理的意义及影响[J]. 现代财经：天津财经大学学报, 1996（5）：22-25.

二、西方传统管理思想

西方的管理实践和管理思想有着悠久的历史，自古巴比伦、古埃及、古罗马及古希腊的奴隶社会开始，人类社会就积累了大量的关于指挥军队作战、治国施政和管理教会等管理的实践经验。到了资本主义社会的萌芽阶段，生产力得到了极大的发展，随着社会化大生产与工厂的出现，对管理的要求不断提高，促进了管理实践的拓展和管理思想的演变与发展。但受时代发展的限制，此时的管理主要是传统的经验型管理，不够系统、全面，更没有形成专门的管理理论和管理学派。但是，西方早期的管理思想是管理思想史上不可或缺的重要组成部分，后世的管理学家们正是在这些思想的基础上发展了自己的管理理论，形成了各自的管理学派。

（一）中世纪末管理思想

欧洲的“中世纪”指的是从罗马帝国的衰亡到文艺复兴这段时间，是欧洲进入封建社会的时代。这个时期的欧洲科技和生产力发展停滞，人民生活在毫无希望的痛苦中，被称作“黑暗时代”。而中世纪末的文艺复兴运动是人类社会发展的一个重大转折点，为管理思想的发展开辟了广阔空间，是西方社会发展到一定历史阶段的生产关系和生产力矛盾的宏观表现，其成果为人类开辟了通向现代文明社会的道路，对近代历史的影响是深远的。

文艺复兴运动对管理思想的影响主要表现在以下方面：

（1）文艺复兴时期的主要社会思潮为人文主义。人文主义精神的弘扬，使人类的思想和社会生产力获得了空前的解放，为管理从经验走向科学提供了可能，如果没有人性的解放就不可能进入到科学管理和现代管理的时代。

（2）文艺复兴为资产阶级进入工业革命时期准备了条件。文艺复兴运动的宗教改革促进了思想的解放，这个时期的贸易、航运、海外旅行的空前发展开阔了人们的视野，使局限在狭隘范围内的地中海贸易扩展成为世界性的经济活动，商业额和消费品的种类大量增加，银行业迅速发展，信贷业务发展到异地支付、兑现的水平，国际贸易、跨国经营、股份公司成为管理的新领域、新模式，从而使管理的内容、范围、方式、途径均发生了极大变化，为迎接工业革命的到来做好了准备。

（3）文艺复兴运动的一个伟大成果是哥白尼发表的《天体运行论》，它标志着近代科学的诞生。这一理论开创了“太阳中心说”的天文学时代，对唯心主义进行了强有力的批判，从哲学的高度丰富了唯物主义认识论的内容，是人类思想史上的一次伟大的解放运动。对资本主义精神的建立，对资产阶级革命以及对工业革命的爆发都有着十分重要的影响。

这个时期，还有许多管理思想出现，如16世纪托马斯·莫尔的《乌托邦》和尼科洛·马基雅维利的《君主论》。

（二）17至19世纪科学管理的探索

17至19世纪，以英国为代表的西方国家开始了第一次产业革命，人们开始把科学思想运用到管理过程中，出现了一批卓有贡献的思想家、经济学家和管理学家，进入到传统管理阶段，其代表人物有亚当·斯密、查尔斯·巴贝奇和罗伯特·欧文等。

1. 亚当·斯密的劳动分工观点和经济人观点

亚当·斯密在1776年发表了《国富论》，认为劳动分工能带来劳动生产率的提高，并提出了经济人观点，认为人们在经济行为中追求的完全是私人利益。作为格拉斯哥大学的逻辑学和道德哲学教授，亚当·斯密第一个发现了生产流程中的劳动分工原理。劳动分工把原来个个都是多面手的工匠和技工所完成的生产过程，转变为若干简单的工序。每个工人都变成了专家，他们反反复复地做同一工序，因此利用时间和知识的效率更高。亚当·斯密介绍了怎样把生产针的过程分解为18个工序，由10个专业工人每人完成其中一个或两个工序，把10个工人组织成一个小工厂，就可以每天生产4.8万根针。而如果让这些生产针的工人作为通才独立完成整个生产过程，每天只能生产出200根针。亚当·斯密认为，劳动分工可以使工厂的产量急剧上升。他的研究为科学管理奠定了基础。

2. 查尔斯·巴贝奇的作业研究和报酬制度

查尔斯·巴贝奇是一位著名的科学家、数学家、教师，也是一位发现家，敏锐的观察者、制造实践的精确报道者、新思想的产生者、新的科学管理的先驱者。他的主要著作有《各种人寿保险机构的比较观点》《关于科学在英国的衰落及其某些原因的思考》等。他在管理学方面做出了很大的贡献，在很多方面的研究上都很有建树，如科学方法、专业化、劳动分工、动作和工时的研究、成本会计、各种颜色对员工效率的影响等。

3. 罗伯特·欧文的人事管理

罗伯特·欧文是19世纪初最有成就的实业家之一，是一位杰出的人本管理先驱者，被称为“现代人事管理之父”。欧文对管理学方面的贡献是，摈弃了过去那种把工人当作工具的做法，着力改善工人劳动条件，如提出要缩短工人的劳动时间、提高工资、改善住房，并在自己的企业进行改革试验证明：重视人的作用、尊重人的地位可以使工厂获得更大利润。欧文的管理哲理是：良好的人事管理会给雇主带来收益，因而这是每个主管人员的一项重要工作。罗伯特·欧文以他的工厂为中心建立起来新的社区，在雇主和工人们之间建立了良好的伙伴关系，并且他在实施的同时所传播的公正概念，使他理所当然地被称为现代真正的人事管理的先驱者。

第二节　古典管理理论

管理作为理论较为系统地建立起来是在19世纪末20年代初。此阶段在美国、法国、德国等国家形成的具有一定科学依据的管理理论被称为“古典管理理论”。古典管理理论的诞生是与当时的经济、社会、文化的发展状况密切相关的。在这一时期，几乎整个经济都在快速地增长，从而使具有经济现代化观念的人战胜了坚持传统社会观念的人，在社会和文化等方面取得了胜利。这种经济的起飞阶段所迸发出来的强大刺激力量，既可以表现为工业革命的形式，也可能是技术革新的形式，还可能是管理方式改变的形式。当年，正因为起飞阶段的经济发展需要，古典管理理论才破土而出。

一、泰勒及其科学管理理论

（一）泰勒及科学管理理论的主要思想

弗雷德里克·温斯洛·泰勒（F. W. Taylor）是美国古典管理学家，科学管理的创始人，被管理界誉为"科学管理之父"。泰勒从一名学徒工开始，先后被提拔为车间管理员、技师、小组长、工长、设计室主任和总工程师。在这家工厂的经历使他了解了工人们普遍怠工的原因，他认识到缺乏有效的管理手段是提高生产率的严重障碍。为此，泰勒开始探索科学的管理方法和理论。

泰勒从"车床前的工人"开始，重点研究企业内部具体工作的效率。在他的管理生涯中，他进行了一系列的实验，包括"生铁搬运实验""铁砂和煤炭的挖掘实验""金属切削实验"等，系统地研究和分析了工人的操作方法和作业所花费的时间，逐渐形成一套较为系统的管理理论和方法——科学管理。泰勒在他的主要著作《科学管理原理》中阐述了科学管理理论，使人们认识到管理是一门建立在明确的法规、条文和原则之上的科学。泰勒的科学管理主要有两大贡献：一是管理要走向科学；二是劳资双方的精神革命。

科学管理理论显然是一个综合概念。它不仅是一种思想、一种观念，也是一种具体的操作规程，是对具体操作的指导。首先，科学管理以工作的每个元素的科学划分方法代替陈旧的经验管理工作法；其次，员工选拔、培训和开发采用科学方法代替先前实行的自己选择工作和想怎样就怎样的训练方法；再次，与工人经常沟通以保证其所做的全部工作与科学管理原理相一致；最后，管理者与工人应有基本平等的工作和责任范围，管理者将担负起恰当的责任，而过去几乎所有的工作和大部分责任都压在了工人身上。

（二）科学管理理论的主要内容

泰勒认为，科学管理的根本目的是谋求最高劳动生产率。最高的工作效率是雇主和雇员达到共同富裕的基础，要达到最高的工作效率的重要手段是用科学化的、标准化的管理方法代替经验管理。泰勒认为最佳的管理方法是任务管理法，他在书中对通常所采用的最佳管理模式是这样定义的：在这种管理体制下，工人们发挥最大程度的积极性；作为回报，则从他们的雇主那里取得某些特殊的刺激。这种管理模式将被称为"积极性加刺激性"的管理，或称任务管理。其研究的主要内容包括：

1. 定额原理

在当时美国的企业中，由于普遍实行经验管理，劳资双方互相防范、猜忌、矛盾深重。当资本家加重对工人的剥削时，工人就用"磨洋工"消极对抗，企业的劳动生产率当然不会高。

泰勒认为，管理的中心问题是提高劳动生产率。为了改善工作表现，他提出：① 企业要设立一个专门制定定额的部门或机构，这样的机构不但在管理上是必要的，而且在经济上也是合算的。② 通过各种试验和测量，进行劳动动作研究和工作研究，制定出有科学依据的工人的"合理日工作量"，即劳动定额。③ 根据定额完成情况，实行差别计件工资制，使工人的贡献大小与工资高低紧密挂钩。

在制定工作定额时，泰勒是以“第一流的工人在不损害其健康的情况下，维护较长年限的速度”为标准的，这种速度不是以突击活动或持续紧张为基础，而是以工人能长期维持的正常速度为基础。通过对个人作业的详细检查，在确定做某件事的每一步操作和行动之后，泰勒能够确定完成某项工作的最佳时间。有了这种信息，管理者可以判断出工人是否干得很出色。

2. 标准原理

泰勒认为，科学管理是过去存在的多种要素的结合。他把工人多年积累的经验知识和传统的技巧归纳整理并结合起来，然后进行分析比较，从中找出其具有共性和规律性的东西，然后将其标准化，这样就形成了科学的方法。

泰勒还进一步指出，管理人员的首要责任是把过去工人自己长期实践积累起来的大量的传统知识、技能和诀窍集中起来，并主动把这些传统的经验收集起来、记录下来、编成表格，然后将它们概括为规律和守则，有些甚至概括为数学公式，再将这些规律、守则、公式在全厂实行。泰勒认为，在科学管理的情况下，要想用科学知识代替个人经验，一个很重要的措施就是实行工具标准化、操作标准化、劳动动作标准化、劳动环境标准化等标准化管理。

泰勒认为，标准化对劳资双方都是有利的，不仅每个工人的产量大大增加，工作质量大为提高，所得工资更高，而且在工人中建立起了一种科学的工作方法，使公司获得更多的利润。

3. 合作互利

泰勒在《科学管理原理》一书中指出：“资方和工人的紧密、亲切和个人之间的合作，是现代科学或责任管理的精髓。”他认为，没有劳资双方的密切合作，任何科学管理的制度和方法都难以实施，难以发挥作用。要使劳资双方进行密切合作，关键不在于制定什么制度和方法，而是要实现劳资双方在思想和观念上的根本转变。劳资双方要把注意力放在提高劳动生产率上，劳动生产率提高了，不仅工人可以多拿工资，资本家也可以多获利润，从而实现双方“最大限度的富裕”。

例如，在铁锹试验中，每个工人每天的平均搬运量从原来的16吨提高到59吨，工人每日的工资从1.15美元提高到1.88美元，而每吨的搬运费从7.5美分降到3.3美分。雇主关心的是成本的降低；而工人关心的则是工资的提高，所以泰勒认为这就是劳资双方进行“精神革命”、从事合作的基础。

4. 计划职能与执行职能相分离

泰勒在《工厂管理》一书中为专门设立的计划部门规定了17项主要负责的工作，包括企业生产管理、设备管理、库存管理、成本管理、安全管理、技术管理、劳动管理、营销管理等各个方面。所以，泰勒所谓的计划职能与执行职能分离，实际上是把管理职能与执行职能分开；所谓设置专门的计划部门，实际上是设置专门的管理部门；所谓均分资方和工人之间的工作和职责，实际上是让资方承担管理职责，让工人承担执行职责。这也就进一步明确了厂资方与工人之间、管理者与被管理者之间的关系。

泰勒把计划职能和执行职能分离，改变了凭经验工作的传统方法，而代之以科学的工作方法，即找出标准、制定标准，然后按标准办事。要确保管理任务的完成，应由专门的计划部门来承担找出标准和制定标准的工作。

5. 例外原则

泰勒认为，规模较大的企业不能只依据职能原则来组织和管理，而必须应用例外原则。所谓例外原则,是指企业的高级管理人员把一般的日常事务授权给下级管理人员去负责处理，而自己只保留对例外事项、重要事项的决策权和监督权，如重大的企业战略问题和重要的人员更替问题等。泰勒提出的这种以例外原则为依据的管理控制方式，后来发展为管理上的授权原则、分权化原则和实行事业部制等管理体制。

6. 在制定标准定额的基础上实行差别计件工资制

制定标准定额是整个泰勒工资制的基础。在标准定额的基础上，泰勒建议实行新的工资制度，即差别计件工资制，即在“工资支付对象是工人而不是职位”的思想指导下，按照工人是否完成其定额而采取高低不同的工资率。也就是说，完成定额的可按工资标准的 125% 计算工资，而完不成定额的只按工资标准的 80% 计算工资，以鼓励工人千方百计完成工作定额。

7. 设置计划层，实行职能工长制

泰勒认为，一位“全面”的工长应具备九种品质：智能；教育；专门的或技术的知识，手脚灵活和有力气；机智老练；有干劲；刚毅不屈；忠诚老实；判断力和一般常识；身体健康。泰勒认为要找到一个具备上述三种品质的人并不太困难，找到一个具备上述五种或六种品质的人就比较困难，而要找到一个能具备七八种上述品质的人，那几乎是不可能的。为解决这种矛盾，泰勒提出了分阶段的职能工长的主张，即把工长的工作专业化后，对任职者的体力和脑力的要求也就相应降低了。

（三）科学管理理论的其他贡献者

与泰勒同时代的，还有许多人为丰富科学管理思想、传播科学管理理论做出了重要贡献。

1. 莉莲·吉尔布雷思和弗兰克·吉尔布雷思夫妇的简化工作原则

吉尔布雷思夫妇在动作研究和劳动简化方面取得了重大突破，并总结出了劳动中许多特征不同的分动作，提高了劳动效率。

2. 甘特的工作计划原则

甘特的贡献主要有：甘特图表、任务奖金制度、非金钱因素论。甘特还认为，提高效率的最重要源泉是管理人员的工作方法而不是劳动者。

3. 哈林顿·埃默森的效率原则

哈林顿·埃默森的思想体现为 12 项效率原则，说明了如何对资源进行有效使用。埃默森同时注意到军队所采用的人员编制的经验以及顾问的地位与作用。

泰勒的科学管理理论，使人们认识到了管理学是一门建立在明确的法规、条文和原则之上的科学，它适用于人类的各种活动，从最简单的个人行为到经过充分组织安排的大公司的业务活动。科学管理理论对管理理论和管理实践的影响是深远的，科学管理的许多思想和做法至今仍被许多国家参照采用。

资料链接

莉莲与她生命中的无数个“第一”

莉莲·吉尔布雷思的一生，是创造了许多第一的一生。她是美国第一位获得荣誉工程硕士学位的女性，也是美国第一位获得心理学博士学位的女性。1921年她成为美国机械工程师协会的第一位女性会员，1935年她成为普度大学工程学院的第一位女性管理学教授。1931年她获得吉尔布雷斯奖章，是迄今为止获得该项奖章的唯一女性，她还是获得甘特金质奖章和 CIOS（国际管理科学委员会）金质奖章的唯一女性。尤其值得称道的是，1966年为表彰她作为一名工程师在公共服务领域里的突出贡献，她被美国政府授予胡佛奖章，她是获此殊荣的第一位女性。这些“第一”归结到一起，铸造了这位“管理学第一夫人”的辉煌一生。

二、法约尔的一般管理理论

亨利·法约尔，法国人，早期就参与企业的管理工作，并长期担任企业高级领导职务。泰勒的研究是从“车床前的工人”开始的，重点内容是企业内部具体工作的效率。法约尔的研究则是从“办公桌前的总经理”出发的，以企业整体作为研究对象。因此，法约尔被称为“现代经营管理之父”。他认为，管理理论是指“有关管理的、得到普遍承认的理论，是经过普遍经验检验并得到论证的一套有关原则、标准、方法、程序等内容的完整体系”；有关管理的理论和方法不仅适用于公私企业，也适用于军政机关和社会团体。

1. 区别经营和管理

法约尔区别了经营和管理，他认为这是两个不同的概念，管理包含在经营之中。通过对企业全部活动的分析，法约尔将管理活动从经营职能中提炼处理，成为经营的六项职能，即企业的全部活动可以分为以下六种：技术活动（生产、制造、加工）；商业活动（购买、销售、交换）；财务活动（筹集和最适当地利用资本）；安全活动（保护财产和人员）；会计活动（财产清点、资产负债表、成本、统计等）；管理活动（计划、组织、指挥、协调和控制）。

2. 倡导管理教育

法约尔认为，管理能力可以通过教育获得，“缺少管理教育”是由于“没有管理理论”，每一个管理者都按照他自己的方法、原则和个人的经验行事，但是谁也不曾设法使那些被人们接受的规则和经验变成普遍的管理理论。

3. 管理的职能

法约尔指出：“管理，就是实行计划、组织、指挥、协调和控制；计划，就是探索未来、制订行动计划；组织，就是建立企业的物质和社会的双重结构；指挥，就是使其人员发挥作用；协调，就是连接、联合、调和所有的活动及力量；控制，就是注意是否一切都按已制定的规章和下达的命令进行。”

4. 管理的一般原则

为了使管理者能很好地履行各种管理职能，法约尔提出了管理的十四项一般原则：

（1）劳动分工原则。法约尔认为，劳动分工属于自然规律。劳动分工不只适用于技术工作，而且也适用于管理工作。企业应该通过分工来提高管理工作的效率。

（2）权力与责任原则。有权力的地方，就有责任。责任是权力的孪生物，是权力的当然结果和必要补充。这就是著名的权力与责任相符的原则，实际上就是现在我们讲的权、责、利相结合的原则。

（3）纪律原则。法约尔认为，纪律应包括两个方面，即企业与下属人员之间的协定和人们对这个协定的态度及其对协定遵守的情况。纪律是一个企业兴旺发达的关键，没有纪律，任何一个企业都不能兴旺繁荣。

（4）统一指挥原则。统一指挥是一个重要的管理原则，按照这个原则的要求，一个下级人员只能接受一个上级的命令。如果两个领导人同时对同一个人或同一件事行使他们的权力，就会出现混乱。

（5）统一领导原则。统一领导原则是指一个下级只能有一个直接上级。它与统一指挥原则既有区别又有联系。统一领导原则讲的是组织机构设置的问题，即在设置组织机构的时候，一个下级不能有两个直接上级；而统一指挥原则讲的是组织机构设置以后运转的问题，即当组织机构建立起来以后，在运转过程中，一个下级不能同时接受两个上级的指令。

（6）个人利益服从整体利益的原则。为了坚持这个原则，法约尔认为，“成功的办法是：① 领导人的坚定性和好的榜样；② 尽可能签订公平的协定；③ 认真的监督。”

（7）人员的报酬原则。法约尔认为，人员的报酬首先要考虑的是维持职工的最低生活消费和企业的基本经营状况，这是确定人员报酬的一个基本出发点。在此基础上，再考虑根据职工的劳动贡献来决定采用适当的报酬方式。

（8）集中的原则。按照法约尔的观点，影响一个企业是集中还是分散的因素有两个：一个是领导者的权力；另一个是领导者对发挥下级人员的积极性态度。

（9）等级制度原则。等级制度是从最高权力机构直到低层管理人员的领导系列。而贯彻等级制度原则就是要在组织中建立这样一个不中断的等级链，这个等级链表明了组织中各个环节之间的权力关系及组织中信息传递的路线。

（10）秩序原则。法约尔的秩序原则包括物品的秩序原则和人的社会秩序原则。

（11）公平原则。所谓公平原则，是“公道”原则加上善意地对待职工，也就是说在贯彻“公道”原则的基础上，还要根据实际情况对职工的劳动表现进行“善意”的评价。

（12）人员的稳定原则。法约尔认为，一个人要适应他的新职位，并能很好地完成他的工作，这需要时间。这就是“人员的稳定原则”。

（13）首创精神。法约尔认为，“想出一个计划并保证其成功是一个聪明人最大的快乐之一，这也是人类活动最有力的刺激物之一。这种发明与执行的可能性就是人们所说的首创精神。建议与执行的自主性也都属于首创精神。”

（14）人员的团结原则。法约尔强调团结对实现组织目标的重要性，他认为，全体人员的和谐团结是组织活动的巨大力量，所以领导者应尽力保持和巩固成员之间的团结。

法约尔提出的一般管理原则与职能实际上奠定了以后在20世纪50年代兴起的管理过程研究的基本理论基础，许多管理论著在某种程度上可直接追溯到一般管理理论的研究。法约尔提出一般管理理论迄今已近百年，但经久不衰，至今仍有相当大的影响力，对现代管理仍然具有现实的指导意义。

三、韦伯的行政组织理论

韦伯是德国的古典管理理论代表人物之一，他在管理思想方面的贡献是提出了“理想的行政组织机构模式”，被人们称为“行政组织理论之父”。韦伯的行政组织理论，主要反映在他的《社会组织与经济组织理论》一书中。韦伯认为，理想的行政组织体系是所谓官僚制，亦称“科层制”。韦伯总结理想行政组织体系的特点如下：

1. 明确分工

为了实现组织的目标，要把组织中的全部活动划分为各种基本的作业，作为职位分配给组织中的各个成员。对每个职位上的组织成员的权力和责任都有明确的规定，并作为正式职责使之合法化。

2. 权利体系

官员们按职务的级别和权力等级进行安排，形成一个自上而下的等级严密的指挥系统，每个职务均有明文规定的权利和义务，形成一个指挥系统或层次体系。

3. 规范录用

组织中人员的录用，完全根据职务上的要求，通过正式考试或教育训练来规范实行。

4. 管理职业化

管理人员有固定的薪金和明文规定的升迁制度，是“职业的”。

5. 公私有别

管理人员必须严格遵守组织规定的规则和纪律，在组织中的职务活动应当与私人事务区别开，公私事务之间应有明确的界限。

6. 遵守规则和纪律

组织中包括管理人员在内的所有成员必须严格遵守组织的规则和纪律，以确保统一性。

韦伯的行政组织理论，实际上是把管理非人格化，依靠单纯的责任感和无个性的工作原则，客观合理地处理各项事务。韦伯认为，这种理想的行政组织体系能提高工作效率，在精确性、稳定性、纪律性和可靠性等方面优于其他组织体系。韦伯的古典管理理论为企业管理奠定了理论基础，也可视为企业文化理论的萌芽。

四、古典管理理论的发展

泰勒、法约尔、韦伯等创立的古典管理理论被之后的许多管理学者所研究、传播并加以系统化，使古典管理理论得以不断完善和更好的发展，为现代管理理论奠定了扎实的基础。其中贡献较大的是英国的德林尔·厄威克和美国的卢瑟·古利克。

（一）林德尔·厄威克

林德尔·厄威克是英国著名的管理史学家、教育学家，他最大的贡献是对经典的管理理论进行了综合。厄威克对古典管理理论的贡献主要包括：

1. 提出和进一步丰富、完善了“组织设计论”

厄威克主张控制应遵循集中原则，他将控制职能细分为配备人员、选择与安排、纪律和训练这三种派生的职能。他提出和进一步丰富、完善了“组织设计论”，使他成为该理论的重要代表人物之一。

2. 提出了适用于一切组织的八项管理原则

（1）目标原则，所有的组织都应当有一个目标；

（2）相符原则，权力和责任必须相符；

（3）职责原则，即上级对直属下级的职责是绝对的；

（4）组织阶层原则；

（5）控制幅度原则，即每一个上级所管辖的相互之间有工作联系的下级人员不应超过 5 人或 6 人；

（6）专业化原则，即每个人的工作应限制为一种单一的职能；

（7）协调原则，组织横向系统要协调发展，有利于整体目标；

（8）明确性原则，即对于每项职务都要有明确的规定。

3. 促进古典管理理论的系统化

在《行政管理原理》一书中，厄威克把各种管理理论加以综合，创造出一个新的体系：他把泰勒的科学管理理论和科学分析方法作为指导一切管理职能的基本原则，把法约尔的计划、组织、控制三个管理要素作为管理过程的三个主要职能。

4. 发表了 Z 理论

厄威克是最早发表 Z 理论的管理学者之一，他提出 Z 理论的目的在于弥补麦格雷戈的 X 理论和 Y 理论所存在的缺陷。

（二）卢瑟·古利克

卢瑟·古利克是美国著名的管理学家，曾任美国哥伦比亚大学公共管理研究所所长，并参加过罗斯福政府的行政管理委员会。

古利克把法约尔等人有关管理过程的论点加以展开，提出了有名的管理七职能论，取其每种职能英文单词的首字而称作 POSDCRB，即计划、组织、人事、指挥、协调、报告、预算七大职能。

五、古典管理理论评述

（一）古典管理理论的特点

在百年管理思想发展流变中，相对后继的管理理论和流派，古典管理理论最显著的两大特点如下。

1. 效率主义是古典管理最强劲的主旋律

管理学诞生之初，所要解决的问题就是通过寻找和运用科学的管理手段和方法，全力提高生产效率，降低企业社会必要劳动时间。无论是泰勒及其追随者还是法约尔和韦伯，尽管理论视野各有侧重，学术观点也有差异，但他们皆视科学管理为提高工作效率的方法和手段。泰勒对效率的研究主要是通过现场作业的标准化和科学化而展开的。泰勒给管理下过一个不甚严密的定义："确切了解你希望工人干些什么，然后设法使他们用最好、最节约的方法完成它。"泰勒制中无论是抽象的管理原则、理论还是具体的管理方法、技术，都直指效率这一核心。

2. 古典管理理论有浓郁的经验论、技术论的色彩

古典管理理论乃至整个管理学，就其理论源泉来说，主要有两类：一是通过其他学科的渗透，吸取思想资源；二是对实践经验的总结提升。很显然，古典管理理论的形成是实践经验的结晶。其开创者们属于打"江山"的一代，大多出身于厂矿企业，对管理的理解来源于基层亲身实践，或者来源于长期管理具体组织的体验。

（二）古典管理理论的意义

1. 古典管理理论确立了管理学是一门科学

通过科学研究的方法能发现管理学的普遍规律，古典管理理论的建立使得管理者开始摆脱了传统的凭经验和感觉进行管理的禁锢。

2. 古典的管理理论建立了一套完整的有关管理理论的原理、原则、方法等理论体系

古典管理理论提出了有关管理原则、管理职能和管理方法等基本理论，并且主张这些原则和职能是管理工作的基础，对企业管理有着很大的指导意义，也为总结管理思想史提供了极为重要的参考价值。

3. 古典管理学家同时也建立了有关的组织理论

韦伯提出了一种官僚管理体制的设想，而且，他们还就应当如何建立组织的结构，以及如何维护这种组织结构的正常运行，提出了一系列原则。今天企业管理的组织结构虽然变得更加复杂，但是，古典组织理论设计的基本框架仍具有一定的指导意义。

4. 古典管理理论为后来的行为科学和现代管理学派奠定了管理学理论的基础

当代许多管理技术与管理方法皆来源于古典管理理论，古典管理学派所研究的问题有一些仍然是当今管理工作中所需要研究的问题，当今的许多管理技术与管理方法也都是对古典管理思想的继承和发展。

（三）古典管理理论的缺陷

古典管理理论是人类历史上首次用科学的方法来探讨管理问题，实质上反映了当时社会的生产力发展到一定阶段对管理上的要求，即要求管理适应生产力的发展。反过来，管理思想的发展，管理技术和方法的进步，又进一步地促进了生产力的发展。古典管理理论存在的问题表现在以下方面：

1. 研究不深入

古典管理理论基于当时的社会环境，对人性的研究没有深入进行，对人性的探索仅仅停留在“经济人”的范畴之内。泰勒对工人的假设是“磨洋工”，而韦伯把职员比作“机器上的一个齿牙”。古典管理理论没有把人作为管理的中心，没有把对人的管理和对其他事物的管理完全区别开来；而在现代管理理论中，人是管理研究的中心课题。

2. 对组织的本质认识不够

古典管理理论对组织的理解是静态的，没有认识到组织的本质。韦伯认为纯粹的官僚体制应当是精确的、稳定的、具有严格纪律的组织。当代的组织理论家普遍认为，韦伯所倡导的官僚组织体制只适合于以生产率为主要目标的常规的组织活动，而不适合于从事以创造和革新为重点的非常规的非常灵活的组织活动。

3. 外部影响考虑少

古典管理理论的着重点是组织系统的内部，而对企业外部环境对组织系统的影响考虑得非常少。它虽然把提高企业的生产率作为管理的目标，对企业提高生产率有相当大的指导意义，然而任何一个组织系统都是在一定的环境下生存发展的。社会环境在不断变化，企业的经营管理必须要研究外部环境的因素与企业之间的相互适应关系，使管理行为和手段能随着社会环境的变化而变化。这些恰恰是古典管理理论没有涉及的。由于古典管理理论对组织环境以及环境变化的考虑较少，因此对管理的动态性未予以充分的认识和关注。

（四）古典管理理论的评价

1. 古典管理理论是人类历史上第一次用科学方法探讨管理问题取得的丰硕成果，是生产力发展到一定历史阶段的必然产物

古典管理理论作为一个完整的体系，集管理理念、管理技术和管理方法于一体，对企业管理实践有着强大的指导意义。它犹如一只有形的手，科学有效地调动和配置企业的各种资源，在适应生产力发展要求的同时，促进了生产力的进一步发展。

2. 古典管理理论的科学性还在于管理理念的先进性

泰勒认为，管理的真正目的是使劳资双方都得到最大限度的富裕。正是这种对一般管理的认识，使管理理论作为一种普适工具在广泛的社会领域得以运用。而韦伯的管理理念更显深邃，他指出一套支配行为的特殊规则的存在，是组织概念的本质所在。韦伯理论的主要创新之处在于他对有关官僚制效率争论的忽略，而把目光投向其准确性、连续性、纪律性、严整性与可靠性。韦伯这种强调规则、强调能力、强调知识的行政组织理论为社会发展提供了一种高效率、合乎理性的管理体制。直到今天，在组织中普遍采用的高、中、低三层次管理就是源于他的理论。

3. 古典管理理论具有很强的应用价值

泰勒所提出的科学管理的四个原理，对于夯实企业的管理基础是非常重要的。法约尔提出的十四条管理原则，以及他对管理过程中计划、组织、指挥、协调、控制等五个要素的详细分析，则是企业管理过程科学化必不可少的。韦伯要求理想的行政组织体系所具有的八个特征，即实现明确的分工、实行等级原则、实行考核和训练制度、所有公职的担任者都是任命的而不是选出的、行政管理人员领取固定的薪金、行政管理人员不是他所管理的那个单位的所有者、组织是根据明文规定的法规规章组成的、组织中人员之间的关系完全以理性准则为指导，正是企业形成完整、有序和高效组织体系必须遵循的基本原则。

第三节　行为科学理论

行为科学理论是西方管理思想和理论第二个发展时期的标志，形成于20世纪30年代，并发展成为西方管理研究的主要学派之一，是管理学中的一个重要分支。它通过对人的心理活动的研究，掌握人们行为的规律，从中寻找对待员工的新方法和提高劳动效率的新途径。行为科学理论是综合应用心理学、社会学、社会心理学、人类学、经济学、政治学、历史学、法律学、教育学、精神病学及管理理论和方法，研究人的行为的边缘学科。它研究人的行为产生、发展和相互转化的规律，以便预测和控制人的行为。

行为科学管理理论在相当程度上克服了古典管理理论的弊端。行为科学管理理论始于20世纪20年代中至30年代初梅奥的霍桑试验，该项研究的结果表明，工人的工作动机和行为并不仅仅为金钱收入等物质利益所驱使，他们不是“经济人”而是“社会人”，有社会性的需要。梅奥因此建立了人际关系理论，包括创立了人际关系学说。1949年在美国芝加哥召开的一次跨学科会议上，首先提出“行为科学”这一名称。至1953年正式把这门综合性学科定名为“行为科学”。

一、人际关系学说

人际关系学说是一种较为完整的全新的管理理论，始于20世纪20年代美国哈佛大学心理学家梅奥等人所进行的著名的霍桑试验。

（一）霍桑试验

霍桑试验是一项以科学管理的逻辑为基础的试验性研究，是指1924年至1932年在美国西方电器公司霍桑工厂进行的长达九年的一系列实验研究。霍桑工厂是一个制造电话交换机的工厂，具有较完善的娱乐设施、医疗制度和养老金制度，但工人们仍愤愤不平，生产成效很不理想。为找出原因，美国国家研究委员会组织研究小组开展实验研究。霍桑试验共分四阶段：

1. 照明实验（1924.11—1927.04）

照明实验的目的是研究照明强度对生产效率的影响，当时的实验假设是“提高照明度有助于减少疲劳，使生产效率提高”。可是经过两年多的实验发现，照明度的改变对生产效率并无影响。具体结果是：当实验组照明度增大时，实验组和对照组都增产；当实验组照明度减弱时，两组依然都增产，直至照明减至如月光一般实在看不清时，产量才急剧下降。研究人员面对此结果感到茫然，因此以梅奥教授为首的一批哈佛大学心理学工作者将实验工作接管下来，继续进行。

2. 继电器装配实验室实验（1927.04—1929.06）

继电器装配实验室实验又称“福利实验”，主要研究福利待遇的变换与生产效率的关系。但经过两年多的实验发现，不管福利待遇如何改变（包括工资支付办法的改变、优惠措施的增减、休息时间的增减等），都不影响产量的持续上升，甚至工人自己对生产效率提高的原因也不清楚。

梅奥及研究小组仔细分析观察员所做的每日记录，运用心理学方面的知识，研究了整个实验过程，发现导致生产效率上升的主要原因如下：① 参加实验的光荣感。实验开始时参加实验的 6 名女工曾被招进部长办公室谈话，她们认为这是莫大的荣幸。这说明被重视的自豪感对人的积极性有明显的促进作用。② 成员间良好的相互关系。

3. 大规模的访谈实验（1928—1931）

访谈实验最初的目的是促使工人就管理当局的规划和政策、工头的态度和工作条件等问题做出回答，但在实际访谈过程中，工人想就工作提纲以外的事情进行交谈，工人认为重要的事情并不是公司或调查者认为意义重大的那些事。访谈者及时把访谈计划改为“无指示性访谈”，每次访谈的平均时间从 30 分钟延长到 1~1.5 小时，详细记录工人的不满和意见。访谈计划持续了两年多，该计划的实行为工人提供了发泄机会。发泄过后心情舒畅，士气提高，使产量得到很大的提高。

4. 继电器绕组的工作室实验（1931—1932）

该实验又称为“群体实验”或“观察实验”，梅奥等人在这个实验中选择 14 名男工人在单独的房间里从事绕线、焊接和检验工作，实行特殊的计件工资制度。最初的设想是实行这套奖励办法会使工人更加努力地工作，以便得到更多的报酬。但观察的结果发现，产量只保持在中等水平上，每个工人的日产量平均差不多，工人并不如实地报告产量。深入的调查发现，这个班组为了维护他们群体的利益，自发地形成了一些规范。他们约定，谁也不能干得太多，突出自己；谁也不能干得太少，影响全组的产量，不准向管理当局告密，如有人违反这些规定，轻则挖苦谩骂，重则拳打脚踢。进一步调查发现，工人们之所以维持中等水平的产量，是担心产量提高，管理当局会改变现行奖励制度或裁减人员，导致部分工人失业，或者会使干得慢的伙伴受到惩罚。这一实验表明，为了维护班组内部的团结，工人们可以放弃物质利益的引诱。由此提出“非正式群体”的概念，认为在正式的组织中存在着自发形成的非正式群体，这种群体有自己的特殊的行为规范，对人的行为起着调节和控制作用。同时，非正式群体的形成也加强了内部的协作关系。

（二）人际关系学说的内容

霍桑试验的研究结果否定了传统管理理论的对于人的假设，表明了工人不是被动的孤立的个体，他们的行为不仅仅受工资的刺激，影响生产效率的最重要因素不是待遇和工作条件，而是工作中的人际关系。据此梅奥提出了自己的观点：

1. 工人是“社会人”而不是“经济人”

霍桑试验证明，人是复杂的社会系统中的成员，人们的行为并不单纯出自追求金钱的动机，还有社会、心理方面的需要，如追求人与人之间的友情、安全感、归属感和受人尊敬等，而后者更为重要。因此，不能单纯从技术和物质条件着眼，必须首先从社会、心理方面考虑合理的组织与管理。

2. 企业中存在着非正式组织

企业中除了存在着古典管理理论所研究的，为了实现企业目标而明确规定各成员相互关系和职责范围的“正式组织”之外，还存在着“非正式组织”。这种非正式组织的作用在于维护其成员的共同利益，使之免受其内部个别成员的疏忽或外部人员的干涉所造成的损失。为此，非正式组织中有自己的核心人物和领袖，有大家共同遵循的观念、价值标准、行为准则和道德规范等。因此，管理当局必须重视非正式组织的作用，注意在正式组织的效率逻辑与非正式组织的感情逻辑之间保持平衡，以便管理人员与工人之间能够充分协作。

3. 企业应采取新型的领导方法，满足工人的社会欲望，提高工人的满意度

霍桑试验表明，决定劳动生产率的诸因素中置于首位的因素是工人的满意度，而非生产条件、工资报酬。职工的满意度越高，其士气就越高，生产效率就越高。高的满意度来源于工人个人需求的有效满足，不仅包括物质需求，还包括精神需求。因此，新型的领导者除了要具有技术、经济方面的技能外，还要具有处理人际关系的能力，能通过认真地分析职工的需要，采取相应措施组织好管理工作，从而适时、充分地激励工人，使工人通过获得满足感而愿意为达到组织目的进行工作并贡献力量，最终达成提高劳动生产率的目的。

二、人际关系运动

在管理学历史上占有一席之地的人际关系运动，是致力于使管理实践更人道的管理理论。他们相信“一个满意的工人定会是一个富于生产性的工人”。在这一阶段中，研究最多的是动机和激励问题。行为科学认为，人的动机来自需要，由需要确定人们的行为目标，激励则作用于人的内心活动，激发、驱动和强化人的行为。激励理论是业绩评价理论的重要依据，它说明了为什么业绩评价能够促进组织业绩的提高，以及什么样的业绩评价机制才能够促进业绩的提高。

主要的激励理论有三大类，分别为内容型激励理论、过程型激励理论和行为修正型激励理论。

（一）内容型激励理论

所谓内容型激励理论，是指针对激励的原因与起激励作用的因素的具体内容进行研究的理论。这种理论着眼于满足人们需要的内容，即：人们需要什么就满足什么，从而激起人们的动机。

内容性激励理论重点研究激发动机的诱因。主要包括马斯洛的“需要层次论”、赫茨伯格的“双因素理论”、麦克利兰的“成就需要激励理论”和奥尔德弗的ERG理论等。

1. 马斯洛的需要层次理论

亚伯拉罕·哈罗德·马斯洛于1943年年初提出了“需要层次”理论，他把人类纷繁复杂的需要分为生理的需要、安全的需要、友爱和归属的需要、尊重的需要和自我实现的需要五个层次。

马斯洛认为，只有低层次的需要得到部分满足以后，高层次的需要才有可能成为行为的重要决定因素。尊重需要、自我实现的需要是高级的需要，它们是从内部使人得到满足的，而且一个人对尊重和自我实现的需要，是永远不会完全满足的。高层次的需要比低层次需要更有价值，人的需要结构是动态的、发展变化的。因此，通过满足职工的高级需要来调动其生产积极性，具有更稳定、更持久的力量。

2. 赫茨伯格的双因素理论

双因素理论又称“激励理论－保健因素理论”，是美国的行为科学家弗雷德里克·赫茨伯格提出来的。在双因素理论中，保健因素的满足对职工产生的效果类似于卫生保健对身体健康所起的作用，而激励因素是指那些能带来积极态度、满意和激励作用的因素，如成就、赏识、挑战性的工作、增加的工作责任，以及成长和发展的机会。如果这些因素具备了，就能对人们产生更大的激励。从这个意义出发，赫茨伯格认为管理当局应该认识到保健因素是必需的，不过它一旦使不满意中和以后，就不能产生更积极的效果。只有“激励因素”才能使人们有更好的工作成绩。

3. 麦克利兰的成就需要理论

成就需要理论也称激励需要理论，是20世纪50年代初期，美国哈佛大学心理学家戴维·麦克利兰提出的。麦克利兰认为，在人的生存需要基本得到满足的前提下，权利需要、社交需要和成就需要是人的最主要的三种需要。该理论认为，权利需要较强的人有责任感，愿意承担需要的竞争，并且能够取得较高的社会地位的工作，喜欢追求和影响别人；有成就需要的人，对胜任和成功有强烈的要求，他们愿意承担所作工作的个人责任，但对所从事的工作情况希望得到明确而又迅速的反馈。该理论还认为，具有社交需要的人，通常从友爱、情谊、人际的社会交往中得到欢乐和满足，渴望获得他人赞同，高度服从群体规范，忠实可靠。

4. 奥尔德弗的ERG理论

“ERG”理论是“生存－相互关系－成长需要理论”的简称。奥尔德弗认为，职工的需要有三类：生存的需要（E）、相互关系需要（R）和成长发展需要（G）。该理论认为，各个层次的需要受到的满足越少，越为人们所渴望；较低层次的需要者越是能够得到较多的满足，则较高层次的需要就越渴望得到满足；如果较高层次的需要一再受挫得不到满足，人们会重新追求较低层次需要的满足。这一理论不仅提出了需要层次上的满足到上升的趋势，而且也指出了挫折到倒退的趋势，这在管理工作中很有启发意义。同时，ERG 理论还认为，一个人可以同时有一个以上的需要。

（二）过程型激励理论

过程型激励理论重点研究从动机的产生到采取行动的心理过程。它主要包括麦格雷戈的 X – Y 理论、弗鲁姆的期望理论、海德的归因理论和亚当斯的公平理论等。

1. 麦格雷戈的 X – Y 理论

麦格雷戈归纳了基于对人性的不同看法而形成的两种理论。他认为，传统理论是以对人性的错误看法为基础的，这种理论把人看作天性厌恶工作、逃避责任、不诚实和愚蠢等。因此，为了提高劳动生产效率，必须采取强制、监督、惩罚的方法。麦格雷戈把这种理论称之为“X”理论。与之相对的是“Y”理论，其基本观点是：人并不是被动的，人的行为受动机支配，只要创造一定的条件，他们会视工作为一种得到满足的因素，就能主动把工作做好。因此，对工作过程中存在的问题，应从管理上找原因，排除职工积极性发挥的障碍。麦格雷戈把这种理论称之为“Y”理论。他认为“X”理论是一种过时的理论，只有“Y”理论才能保证管理的成功。

2. 弗鲁姆的期望理论

期望理论是心理学家维克多·弗鲁姆提出的理论。期望理论认为，人们之所以采取某种行为，是因为他觉得这种行为可以有把握地达到某种结果，并且这种结果对他有足够的价值。换言之，动机激励水平取决于人们认为在多大程度上自己可以期望达到预计的结果，以及判断自己的努力对于个人需要的满足是否有意义。

3. 海德的归因理论

归因理论是美国心理学家海德于 1958 年提出的，后经美国心理学家韦纳及其同事的研究而再次活跃起来。归因理论是探讨人们行为的原因与分析因果关系的各种理论和方法的总称。该理论侧重于研究个人用以解释其行为原因的认知过程，即研究人的行为受到激励是“因为什么”的问题。

4. 亚当斯的公平理论

公平理论又称社会比较理论，是美国行为科学家亚当斯在《工人关于工资不公平的内心冲突同其生产率的关系》《工资不公平对工作质量的影响》《社会交换中的不公平》等著作中提出来的一种激励理论。该理论侧重于研究工资报酬分配的合理性、公平性及其对职工生产积极性的影响。

（三）修正型激励理论

修正型激励理论重点研究激励的目的（即改造、修正行为）。它主要包括斯金纳的强化理论和挫折理论等。

1. 强化理论

强化理论是美国心理学家和行为科学家斯金纳等人提出的一种理论，是以学习的强化原则为基础的关于理解和修正人的行为的一种学说。它分为正强化和负强化。在管理上，正强化是奖励那些组织上需要的行为，从而加强这种行为；负强化是惩罚那些与组织不相容的行为，从而削弱这种行为。正强化的方法包括奖金、对成绩的认可、表扬、改善工作环境和人际关系、提升、安排担任挑战性的工作、给予学习和成长的机会等。负强化的方法包括批评、处分、降级等，有时不给予或少给奖励也是一种负强化。

2. 挫折理论

挫折理论是关于个人的目标行为受到阻碍后，如何解决问题并调动积极性的激励理论。挫折是一种个人主观的感受，对于同一遭遇，有人可能构成强烈挫折的情境，而另外的人则不一定构成挫折。

三、行为科学理论评述

（一）行为科学理论的主要特点

从历史发展来看，行为科学是西方现代管理科学的一个学派，它与科学管理理论相比是管理发展的进步。“科学管理”制度是第一次世界大战前出现的，工人阶级的觉悟提高后，他们用有组织的罢工、怠工等方法抵制资本家的剥削，科学管理的定额奖惩法便失灵了。而行为科学理论促进人们去研究人群关系，研究如何激励“士气”，研究如何创造心情舒畅的工作环境，后发展成为“行为科学”。由此可知，行为科学对科学管理理论来说无疑是进一步的发展。它的特点包括：

（1）把人的因素作为管理的首要因素，强调以人为中心的管理，重视职工多种需要的满足。

（2）综合利用多学科的成果，用定性和定量相结合的方法探讨人的行为之间的因果关系及改进行为的办法。

（3）重视组织的整体性和整体发展，把正式组织和非正式组织、管理者和被管理者作为一个整体来把握。

（4）重视组织内部的信息流通和反馈，用沟通代替指挥监督，注重参与式管理和职工的自我管理。

（5）重视内部管理，忽视市场需求、社会状况、科技发展、经济变化、工会组织等外部因素的影响。

（6）强调人的感情和社会因素，忽视正式组织的职能及理性和经济因素在管理中的作用。

（二）行为科学理论的意义

行为科学理论对管理学理论发展的主要贡献表现在以下两个方面。

1. **行为科学引起了管理对象重心的转变**

相比科学管理理论，行为科学管理理论的着重点在于人，它关注人的兴趣态度、情绪积极性等对工作及其效率的影响，从人性、心理的角度来剖析和改善参与者的主观条件，从而带动对客观因素的改变，以期总体上完善管理体制和提高工作效率。显然它认识到，一切事情都要靠人去做，一切产品的生产都要靠人去实现，一切组织目标都需要人去实现。因而，应当把管理的重点放在人及其行为的管理上。这样，管理者就可以通过对人的行为的预测、激励和引导，来实现对人的有效控制，并通过对人的行为的有效控制，达到对事和物的有效控制，从而实现管理的预期目标。

2. **行为科学引起了管理方法的转变**

随着对人性的认识和管理对象重点的变化，管理的方法也发生了重大的变化，由原来的监督管理转变为人性化的管理。传统的古典管理理论强调自上而下的严格的权力和规章制度的作用，把人看成是会说话的机器，在管理活动中施以强大的外界压力，派工头进行严格的监督，造成工人心理上的压力而产生对立情绪，而忽视了人的社会关系和感情因素的作用以及人的主动性和创造性。与此相反，行为科学则强调人的欲望、感情、动机的作用，因而在管理方法上强调满足人的需要和尊重人的个性，以及采用激励和诱导的方式来调动人的主动性和创造性，借以把人的潜力充分发挥出来。与此相对应，企业界提出了“以职工为中心的”“弹性的”管理方法，出现了“参与管理”“目标管理”“工作内容丰富化”等各种新的管理方式。

（三）行为科学理论的缺陷

自霍桑试验至今，管理学者对人际关系理论的研究方法，包括霍桑试验中所运用的方法和过程，一直存在争议。在他们看来，整个实验过程中，研究者一方面受到实验室中受控实验的需要束缚；另一方面受到正在进行中的实际经验的束缚，尤其是主观愿望的先入为主的影响。

此外，行为科学研究的对象是人，它告诉我们对人管理时应采取什么行为，但在管理中被管理者的对象不仅仅是人，只对人进行研究的管理显然是不完善的，除了人性行为以外，还应有某些技术方面的知识。如果没有这些因素，管理人员即使有了行为知识，也将无法应用，这正是行为科学学派的缺陷。比如管理者往往要从整体、系统的角度研究管理，要考虑建立管理制度、要对组织整体战略进行决策，这些经常需要的管理是行为科学学派没有触及的。

（四）行为科学理论的启示

尽管行为科学理论有一定的局限性，但对当时的社会和后来的经济、管理领域都做出了重大的历史贡献。它的出现缓和了20世纪20年代末至30年代初美国经济危机中的劳资关系。行为科学理论的基本功能，能够使一些不可测量或本身无意义的资料产生意义。行为科学理论不仅是对人类行为的摘要性的解释，也说明了对行为规则的一些想法，使人类的行为可以为人所理解。行为科学的理论基本上是观看、组织与再现人类行为的一种方式，它加深了对人类行为的了解。同时，行为科学是管理科学中的一个重要内容和重要方面。行为科学的诞生，使人类观念发生了很大变化，使很多领域的管理也随之逐渐趋于科学。它的研究和运用，也由最初的企业管理逐步向各领域延伸。

行为科学是一门科学，必然带有普遍正确意义的概念。所以它不仅适用于某一个国家，也适用于所有国家；它不仅适用于企业的管理，同样也适用于社会各类组织，包括国家乃至整个人类世界的管理。行为科学的研究成果对今天的企业管理仍有巨大的现实指导意义，特别是在人力资源的管理上。

综上所述,行为科学理论的观点已对管理理论和管理思想以及管理实践产生了深远影响，而行为科学本身仍然在不断地发展。

第四节　现代管理理论

现代管理理论是继科学管理理论、行为科学理论之后，西方管理理论和思想发展的第三阶段，主要是指第二次世界大战以后出现的一系列学派。这一阶段最大的特点是学派林立，新的管理理论、管理思想、管理方法不断涌现。最具代表性的学派包括管理过程学派、经验主义学派、人际关系学派、社会系统学派、决策理论学派、管理科学学派、系统管理学派、权变理论学派、经理角色学派等。

一、管理理论丛林

（一）管理理论丛林的形成和发展因素

（1）20 世纪 40 年代，在工业生产集中化、大型化、标准化的基础上，出现了工业生产多样化、小型化、精密化的趋势。另外，工业生产的专业化、联合化不断发展，工业生产对连续性、均衡性的要求不断提高，市场竞争日趋激烈、变化莫测，即社会化大生产要求管理改变孤立的、单因素的、片面的研究方式，而形成全过程、全因素、全方位、全员式的系统化管理。

（2）第二次世界大战期间，交战双方提出了许多亟待解决的问题，如运输问题、机场和港口的调度问题、如何对大量的军火进行迅速检查的问题等，都涉及管理的方法。

（3）科学技术发展迅猛，现代科学技术的新成果层出不穷。

（4）资本主义生产关系出现了一些新变化，由于工人运动的发展，赤裸裸的剥削方式逐渐被新的、更隐蔽的、更巧妙的剥削方式所掩盖。新的剥削方式着重从人的心理需要、感情方面等着手，形成处理人际关系和人的行为问题的管理。

（5）管理理论的发展越来越借助于多学科的交叉作用。经济学、数学、统计学、社会学、人类学、心理学、法学、计算机科学等各学科的研究成果越来越多地被应用于企业管理。

（6）管理领域日益趋于复杂化、管理学研究者知识背景不同、管理实践发展的需要、理论发展规律的影响等都是该时期学派林立的原因。

（二）管理理论丛林的主要学派及思想（表 2.1）

表 2.1　管理理论丛林的主要学派及思想

学派	代表人物及代表作	主要思想
管理过程学派	哈罗德·孔茨《管理学原理》、詹姆斯·穆尼《组织原理》、拉尔夫·戴维斯《工厂组织和管理原则》	主要研究管理者的管理过程及其功能，并以管理职能作为其理论的概念结构
经验主义学派	欧内斯特·戴尔《伟大的组织者》《管理：理论和实践》、彼得·德鲁克《有效的管理者》	主要从管理者的实际管理经验方面来研究管理，认为成功的组织管理者的经验是最值得借鉴的
人际关系学派	马斯洛《人类动机的理论》、赫茨伯格《工作与人性》、麦格雷戈《企业中人的因素》	主张要研究人，尊重人，关心人，满足人的需要以调动人的积极性，并创造一种能使组织成员充分发挥力量的工作环境
社会系统学派	巴纳德《经理人员的职能》	将社会学的概念引入管理，在组织的性质和理论方面做出了杰出贡献
决策理论学派	赫伯特·西蒙《管理决策的新学科》	认为管理的关键在于决策，管理必须采用一套制定决策的科学方法及合理的决策程序
管理科学学派	布莱克特（运筹学小组），丹齐克（单纯形法），丘奇曼、阿考夫、阿诺夫三人的《运筹学入门》	又称数理学派或运筹学派，他们注重量化分析，强调应用数学模型解决管理决策问题，以寻求决策的科学化与精确化
系统管理学派	贝塔朗菲·韦纳《一般系统理论的基础、发展和应用》	系统地阐述了系统思想、系统分析、系统管理及他们的相互关系，分析了组织和管理的系统模型以及系统管理中的各项职能
权变理论学派	伯恩斯和斯托克《革新的管理》、劳伦斯和洛西《组织和环境》	认为在企业管理方面没有一成不变的且普遍适用的“最好的”管理理论和方法，只有根据企业所处的内外部环境随机应变地进行管理才是最好的管理
经理角色学派	明茨伯格《经理工作的性质》	从经理所担任的角色来分析和考虑经理的职务和工作，以提高管理效率

二、现代管理理论的发展

进入 20 世纪 80 年代以后，随着社会、经济、文化的迅速发展，特别是信息技术的发展与知识经济的出现，世界形势发生了极为深刻的变化。面对信息化、全球化、经济一体化等新的形势，企业之间竞争加剧、联系增强，管理出现了深刻的变化与全新的格局。正是在这样的形势下，管理出现了一些全新的发展趋势。

1. 非理性主义倾向与企业文化

20 世纪 70 年代末、80 年代初，由于经营风险增大、竞争激烈、管理日趋复杂，在西方管理理论界出现了一种非理性主义倾向和重视企业文化的思潮。

2. 战略管理理论

20 世纪 70 年代前后，世界进入到科技、经济全面飞速发展时期，同时竞争加剧，风险日增。为了谋求企业的长期生存发展，管理者开始注重构建竞争优势。安索夫（Ansoff）的《公司战略》(1965) 一书的问世，开创了战略规划的先河。到 1976 年，安索夫的《从战略规则到战略管理》一书的出版，标志着现代战略管理理论体系的形成。这样，在经历了长期规划、战略规划等阶段之后，形成了较为系统的战略管理理论。其中不乏非常优秀的战略方针，如战略定位、资源基础理论、核心竞争力、价值管理、主营利润、蓝海、应急战略、经验共创和颠覆性创新等。

3. 企业再造理论

进入 20 世纪七八十年代，市场竞争日趋激烈。美国企业为挑战来自日本、欧洲的威胁而展开探索。1993 年，麻省理工学院迈克尔·哈默博士与詹姆斯·钱皮提出了企业再造理论。企业再造的基本含义是指“为了飞越地改善成本、质量、服务、速度等重大的现代企业的运营基准，对工作流程作根本的重新思考与彻底翻新”。

4. 学习型组织理论

20 世纪 90 年代以后，知识经济的到来，使信息与知识成为重要的战略资源，相应地诞生了学习型组织理论。学习型组织理论是美国麻省理工学院教授彼得·圣吉在其著作《第五项修炼》中提出来的。学习型组织理论认为，“未来真正出色的企业，将是能够设法使各阶层人员全心投入，并有能力不断学习的组织。”在学习型组织中，有五项新的技能正在逐渐汇集，这五项技能被彼得·圣吉称为“五项修炼”。

5. 系统管理理论

系统管理理论是运用一般系统论和控制论的理论和方法，考察组织结构和管理职能，以系统解决管理问题的理论体系。其代表人物为美国管理学者卡斯特、詹姆斯·E. 罗森茨韦克和约翰逊。卡斯特的代表作为《系统理论与管理》，其系统学说以普通系统理论为基础，包括系统哲学、系统管理和系统分析三个方面。

6. 权变管理理论

进入到 20 世纪 60 年代末、70 年代初，一方面，企业面临着瞬息万变的外部环境，环境的不确定性与企业经营的风险与日俱增；另一方面，企业内部生产经营、管理、技术也更加复杂。于是，权变管理理论应运而生。

资料链接

蓝海战略

蓝海战略（Blue Ocean Strategy）是由金（W. Chan Kim）和莫博涅（Mauborgne）提出的。

蓝海战略认为，聚焦于红海等于接受了商战的限制性因素，即在有限的土地上求胜，却否认了商业世界开创新市场的可能。运用蓝海战略，视线将超越竞争对手移向买方需求，跨越现有竞争边界，将不同市场的买方价值元素筛选并重新排序，从给定结构下的定位选择向改变市场结构本身转变。

蓝海以战略行动（Strategic Move）作为分析单位，战略行动包含开辟市场的主要业务项目所涉及的一整套管理动作和决定，在研究1880—2000年30多个产业150次战略行动的基础上，指出价值创新（Value Innovation）是蓝海战略的基石。价值创新挑战了基于竞争的传统教条即价值和成本的权衡取舍关系，让企业将整合创新与效用、价格与成本于一体，不是比照现有产业最佳实践去赶超对手，而是改变产业景框重新设定游戏规则；不是瞄准现有市场"高端"或"低端"顾客，而是面向潜在需求的买方大众；不是一味细分市场满足顾客偏好，而是合并细分市场整合需求。

一个典型的蓝海战略例子是太阳马戏团，在传统马戏团受制于"动物保护""马戏明星供方侃价"和"家庭娱乐竞争买方侃价"而萎缩的马戏业中，从传统马戏的儿童观众转向成年人和商界人士，以马戏的形式来表达戏剧的情节，吸引人们以高于传统马戏数倍的门票来享受这项前所未见的娱乐。

蓝海战略共提出六项原则，包括四项战略制定原则（重建市场边界、注重全局而非数字、超越现有需求、遵循合理的战略顺序）和两项战略执行原则（克服关键组织障碍、将战略执行建成战略的一部分）。

三、现代管理理论评述

现代管理理论是近代所有管理理论的综合，是一个知识体系，是一个学科群，它的基本目标是要在不断急剧变化的现代社会面前，建立起一个充满创造力的自适应系统。要使这一系统能够得到持续、高效率的输出，不仅要求有现代化的管理思想和管理组织，而且还要求有现代化的管理方法和手段来构成现代管理科学。

纵观管理学各学派，虽各有所长、各有不同，但不难寻求其特点，可概括如下：

1. 强调系统化

即运用系统思想和系统分析方法来指导管理的实践活动，解决和处理管理的实际问题，从整体角度来认识问题，以防止片面性和受局部的影响。

2. 重视人的因素

由于管理的主要内容是人，而人又是生活在客观环境中的，所以，重视人的因素就是要注意人的社会性，对人的需要予以研究和探索，以保证组织中全体成员齐心协力地为完成组织目标而自主做出贡献。

3. 更重视"非正式组织"的作用

现代管理强调"非正式组织"在正式组织中的作用。非正式组织是人们以感情为基础而结成的集体，这个集体有约定俗成的信念，人们彼此感情融洽。利用非正式组织，就是在不违背组织原则的前提下，发挥非正式群体在组织中的积极作用，从而有助于组织目标的实现。

4. 广泛地运用先进的管理理论与方法

随着社会的发展、科学技术水平的迅速提高，先进的科学技术和方法在管理中的应用越来越重要。

5. 加强信息工作

由于通信设备和控制系统在管理中的作用日趋重要，所以对信息的采集、分析、反馈等的要求越来越高，即强调及时和准确，以便有效地传递信息和使用信息，促进管理的现代化。

6. 把“效率”和“效果”结合起来

作为一个组织，管理工作不仅是追求效率，还要从整个组织的角度来考虑组织的整体效果以及对社会的贡献。因此，要把效率和效果有机地结合起来，从而使管理的目的体现在效率和效果之中，也即通常所说的绩效。

7. 重视理论联系实际

现代管理理论重视管理学在理论上的研究和发展,进行管理实践并善于把实践归纳总结，找出规律性的东西。

8. 强调“预见”能力

社会是迅速发展的，客观环境在不断变化，这就要求管理者运用科学的方法进行预测，进行前馈控制，从而保证管理活动的顺利进行。

9. 强调不断创新

积极改革、不断创新是现代管理理论的重要特点。管理意味着创新，要求管理者在保证“惯性运行”的状态下，不满足现状，利用一切可能的机会进行变革，从而使组织更加适应社会条件的变化。

对于现代管理理论的管理思想，尽管研究视角各有偏颇，但都突破单一视角看问题的幼稚和褊狭，开始用复杂的眼光看待企业中的人和事，用系统的方法来研究管理问题，使管理理论和管理实践获得了飞速发展，形成了现代管理理论的新思潮，对管理理论与实践产生了重要影响。

【案例 2.2】

医药跨国集团在中国的发展

医药行业是仅次于信息产业的高增长、高利润行业。全球医药市场年平均增长速度为8%，全美排名前十位的制药公司市值的年平均增长率为 46%。而中国医药市场年平均增长率为 18%。医药产业具有巨大的市场空间和增长潜力，是可持续的朝阳产业。

在医药行业，世界排名前二十的医药跨国集团都已在中国投资。随着 1980 年 5 月中国第一个医药合资企业——中国大冢制药有限公司——在天津成立，几十年间外资企业蓬勃发展，成为医药经济一个新的增长点和医药行业发展的重要力量，跨国医药公司在中国医药市场上的份额越来越大。

跨国公司要立足于中国长期发展，必须理解并接纳中国文化，同时也被中国人所认同。这种文化的互相融合可以从三个方面来分析：一是政府的认同，二是市场及社会的认同，三是公司内部员工在价值观及行为方式的彼此认同。许多医药跨国公司是在改革开放之初踏入国门的，进入之初已受到政府的欢迎并得到相当的政策优惠。为了避免不熟悉环境而带来巨大的麻烦，90% 以上的外企选择了合资的方式，从而缓解了与政府、主管部门及当地市场的冲突。在过去的二十年里，不少公司设立了专门的公共事务部门，致力于发展与政府的关系，并利用这种良好的社会关系，推动公司业务的发展。

医药跨国公司经过在中国几十年来的发展，不仅为中国做出了贡献，而且自身在销售、市场、人力资源、管理以及与政府、社会的关系上得到了发展，许多公司也逐步创立了东西方融合的企业文化。

资料来源：http://www.docin.com/p-315046405.html，有删改。

问题：

1. 通过本章的学习，你认为医药跨国公司如果想要在中国发展强大，需要关注与研究中国的浩瀚历史及人文文化吗？

2. 了解一个民族管理思想的演变与发展过程，对企业特别是跨国公司的管理者来说有何意义？

思考与练习

1. 你认为中国传统文化思想对现代企业管理具有何种意义？
2. 试比较泰勒的科学管理理论与法约尔的一般管理理论的异同。
3. 科学管理理论产生的背景及其在管理学发展史中的意义是什么？
4. 行为科学理论的内容有哪些，它给我们怎样的启示？
5. 现代管理理论有哪些特点？

案例分析

H 公司行为科学应用

H 公司是一家电器生产企业，多年来在市场上有不俗的表现，消费者也颇为认可。

1990 年，公司张总经理因年龄已大，身体也不太好，向公司申请了辞职退休。董事会再三挽留不住，只得另外聘任年轻有为的李志强先生为公司新的总经理。临别时，张总告诉新任总经理李志强先生：“我公司过去之所以取得良好的业绩，在市场的竞争中保持了相当大的优势和市场份额，全依赖公司员工上下一条心，有很强的凝聚力；只要万众一心，就没有战胜不了的困难。希望李总千万不要忘了这一点。”对于张总的一番话，李志强颇为赞同，深感自己责任重大，因为自己虽然也做过一些高级管理工作，但大都与业务有关，对如何激励员工保持凝聚力的确未曾很好实践，也缺乏经验。

李志强走马上任后对公司各方面作了调查研究，召开了一些各职能部门管理人员、公司一般员工的座谈会，以了解情况。一个月后一个增强企业内部和谐氛围增强员工协作与努力的方案在李志强的脑海中形成了，于是他召开了总经理办公会议，与各位副总经理、部门经理一起讨论他的方案。

“各位同事，据了解，我公司的确在各方面取得了骄人业绩，管理方面尤其突出，这些成绩的取得的确应归功于全体员工上下一条心，把公司看作是自己的家，把公司的发展看作是自己的事业来努力。这方面我们应该继续下去，即过去各种好的做法可以不变，大家可以大胆地照原来的惯例进行工作。我也注意到成绩和经验的背后，还有一些问题尚未解决，例如员工间、部门间因工作产生的纠纷近来时有出现。纠纷出现是正常的，问题是找到解决的方法。我们原来采用的方法是由上级或上级部门裁决，裁决后尽管纠纷各方都服从了，但我知道其中一定有一方心中不痛快或不服帖，如果长此以往，必定会使我们公司凝聚力强、上下一条心的集体精神遭到破坏。把青蛙扔进开水锅里它倒死不了，因为它能马上跳出来；而把青蛙放进温水里慢慢加热使它在不知不觉中送了命。为此，我们提出一个解决员工间、部门间工作纠纷的新方案。具体地说，就是纠纷双方自己坐下来协商解决，即自我管理。”

望着下属们不解的眼光，李志强清了一下喉咙，继续说：“公司专门设一大房间，注意，这房间我特请心理学家和行为科学家来布置。凡发生工作纠纷的各方请自动一起到那个房间坐一坐，我相信，最终一定是各方心情愉快，纠纷圆满解决。”

李志强的话刚结束，下面就像开了锅，大家议论纷纷，好像天方夜谭一般，充满了迷惑。“这样吧，我先带大家参观一下这个房间，然后我们再接着开会。”李志强笑嘻嘻地说着，便起身招呼大家跟他走。大家来到了那间神秘的大房间，有一位工作人员打开了门，让大家进去。

原来这间大房间被分隔成四小间，一间套一间。进入这大房间先得进第一小间，第一小间迎面立着的一个屏风上装有一大块玻璃镜，绕过镜子几步就进入第二小间；第二小间的门口挂着一个大沙袋，非得推着它人才能进去；第三小间的墙上挂满公司历年所获各种奖状，公司优秀员工的事迹与照片，公司各年业绩的图示等；第四小间就是几个沙发和小桌椅，旁边还有可自取的咖啡、茶、饮料等，似乎就是一个小会议室，另还有一扇门可供外出。

李志强带着他们回到会议室，这下可好了，大家议论了开来……

资料来源：http://www.doc88.com/p-690154749046.html。

问题：

1. 李志强总经理上任后应该先做什么工作？

2. 李志强总经理的新方案是基于什么理论，为什么这么做？

3. 有没有更好的方法来解决员工与部门间因工作产生的矛盾冲突？

4. 行为学家把房间布置成那个样子，其目的功效究竟是什么？

第三章 管理环境与组织文化

【学习目标与重点】

- 认识管理与环境的关系
- 了解影响组织管理的环境因素
- 理解组织文化的内涵
- 了解组织文化的特征与功能
- 了解组织文化的原则与方法
- 了解并懂得企业社会责任和管理道德

【案例 3.1】

管理者的困境

2007 年情人节的冰雪天气给美国捷蓝航空公司（JetBlue Airways）的运营带来巨大的考验和打击。乘客们被困在飞机上数小时，飞机滞留在跑道上，该公司大约有 1 000 个航班被取消，这导致了乘客和航空管理部门的极大抱怨。这一切都迫使该公司采取严肃、认真的态度来审视自己。这是捷蓝航空公司面临的一个低谷。在这之后的三年时间里，该公司使出了浑身解数，从这次惨痛的经历中吸取经验和教训，以使自己变得更好。在这个过程中，一个至关重要的、具有显著意义的方面是该公司的文化，它的形成围绕着五种关键的价值观：安全、关爱、诚恳、乐趣和热情。

该公司的首席执行官巴格尔深刻懂得组织文化对组织而言是多么重要。他说，硬件方面的产品如飞机、皮座椅、卫星电视、实体店，只要你有钱，都可以复制，而文化则不能。在这中间，人的因素是最重要的。捷蓝航空公司在继续成长过程中包括在经济不景气时，管理者如何确保企业文化得以延续？

你该怎样做？

第一节 管理环境

一、管理环境内涵

管理环境的定义由斯蒂芬·罗宾斯（Stephen P. Robbins）提出，即对组织绩效起着潜在影响的外部机构或力量。管理的环境是组织生存发展的物质条件的综合体，它存在于组织界限之外，并可能对管理当局的行为产生直接或间接影响。

管理环境（management environment）是指存在于一个组织内外部的影响组织业绩的各种力量和条件因素的总和，包括组织外部环境和组织内部环境。组织是一个开放的系统，它和环境存在着互相交换、互相渗透、互相影响的关系，环境的特点制约和影响管理活动的内容和进行，管理环境的变化要求管理的内容、手段、方式、方法等随之调整。为提高管理效率，达成其管理目的，管理者必须了解组织的内外部环境因素，掌握环境变化的信息，拥有驾驭环境的能力，趋利避害，抓住机会。

二、管理环境的分类

（一）按照影响因素划分

按管理环境影响因素，管理环境可分为外部环境和内部环境两大类。

1. 外部环境

外部环境（external environment）包括组织外部存在的、对组织有潜在影响的所有因素。根据影响因素对组织业绩影响程度的不同，可将其分为一般环境因素和特殊环境因素。一般环境因素（general environment），又称宏观环境因素，是环境的外层，一般包括政治法律、经济、文化、科学技术、自然等因素。它分布广泛，并对组织产生间接影响。一方面，这些影响因素往往是不以个别组织的意志为转移的，具有一定的不确定性，可能使组织面临极大的风险。因此，管理者必须加以认真分析和研究。特殊环境因素（specific environment），又称任务环境因素（task environment）或微观环境因素，它直接影响组织的基本经营和绩效水平的所有方面。一般认为，任务环境包括资源供应者、竞争者、服务对象（顾客）、政府管理部门及社会上的各种利益代表组织。外部环境与管理相互作用，外部环境制约管理活动的方向和内容，甚至一定条件下对管理起决定作用。管理对外部环境也具有能动的反作用。

2. 内部环境

内部环境（internal environment）包括位于组织边界以内的所有要素，包括组织文化和组织经营条件两大部分。组织内部因素不仅与外部环境因素一样，将影响一个组织目标的制定与实现，而且还将直接影响该组织管理者的管理行为。一方面，管理是对组织内部环境的各个因素的管理；另一方面，业已存在的内部环境因素是实施管理的条件，在一定时间范围内，管理只能在内部环境因素确定的条件框架内展开（图 3.1）。

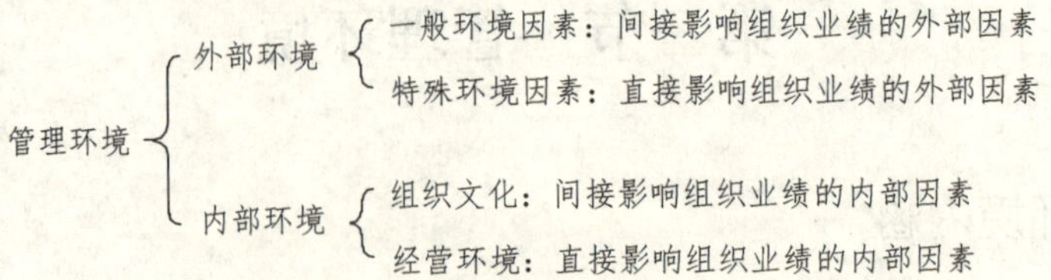

图 3.1　管理环境的影响因素

（二）按照环境变化与复杂程度划分

依据企业所面临的环境的复杂性（指环境构成要素的类别与数量）和动态性（指环境的变化速度及这种变化的可观察和可预见程度）这两项标准，将管理环境分为四类：① 低不确定性——简单/稳态环境；② 较低不确定性——复杂/稳态环境；③ 较高不确定性——简单/动态环境；④ 高不确定性——复杂/动态环境。

1. 简单/稳态环境

组织所处的环境影响因素不多且相对稳定，环境因素较长时期内不会有很大的变化，如电力、铁路、橡胶企业的环境。这类组织一般是远离最终消费者和技术变化较慢的企业，具有"垄断"地位的公共服务企业，或给大公司长期配套原料的企业。环境分析的技术和知识相对简单，主要借助历史数据来分析。

2. 复杂/稳态环境

组织所处的环境影响因素多，管理人员很难把握哪些环境变量是最重要的影响因素，但环境变化不大且相对稳定，如零售业、宾馆业、展览业、汽车等的环境。如汽车制造业，必须与众多的供应商、管理者的消费群体打交道，但汽车的造型和结构并没有发生本质性的改变。这类环境分析的最主要工作是确定一定时间环境的主要影响因素，并深入分析其影响程度。

3. 简单/动态环境

组织所处的环境影响因素不多，但这些因素会随着时间的变化而变化，且变化明显幅度较大，如家电行业、保险行业、食品制造业、服装业等。当环境变量随时间具有明显的规律性时，可以通过简单的技术和方法来加以处理。例如，人口出生率是决定学校、健康保险和医院规模的主要环境变量，但由于我国实行计划生育的基本国策，人口出生率与死亡率、育龄妇女、老龄人口数存在着较强的相关性，所以可以通过统计推断来预测未来一段时期内我国人口的增长量。虽然我国的食品总量是可预测的，但由于消费者的口味变化很快，食品行业竞争激烈，食品制造业常处于这种环境中。当环境变量随时间无规律变化时，管理人员要将重点放在未来的环境状况上，而不仅仅放在过去的环境状况上。在作类似分析时，虽然没有简单易行的方法可以利用，但管理人员仍然可以通过一些结构化分析方法对环境变量的重大变化做出可能的推断，估计几种可能的状态等。

4. 复杂/动态环境

组织所处的环境影响因素多，变化大，不确定性高，难以应付，如期货业、出口贸易行业、IT 产业等。像阿里巴巴和亚马逊网上书店这种基于互联网的企业，其环境具有很大的不确定性，即属于复杂/动态环境。在这种环境中，影响组织的环境因素错综复杂，而且随着时间不断发生变化。有时某一种因素起主导作用，在另一些时候其他因素又上升为关键因素，而且这种变化如此之快，以致组织很难及时分析清楚环境变化。

【案例 3.2】

不确定环境下的决策

美国 GE 公司前首席执行官杰克·韦尔奇上任之后，制定了一个“数一数二战略”，要求 GE 在所进入领域，都要做到第一或者第二，做不到的业务就要出售出去，其目的就是降低业务发展的不确定性。因为成为行业中数一数二的公司，就可以对行业发展起到支配和推动作用，不受公司控制的不确定性因素相应地大大降低，相反，那些无法做到数一数二的公司只能根据主导公司的行动而被动地选择自己的行动，对行业未来的发展缺少预见性，对战略行动的结果无法掌控，不确定程度就大大提高。

在进入中国汽车市场的战略决策上，德国大众公司和日本丰田公司采取了完全相反的方式。改革开放之初，中国的汽车市场还非常小，受经济发展、国家政策的影响，未来能够有多大的成长空间，不确定程度非常高。德国大众公司在 20 世纪 80 年代早期进入，承担着比较大的市场波动风险，但是一旦市场成长起来，就可以拥有比较大的先发优势；而日本丰田公司直到 90 年代后期在中国的汽车市场已经发育成熟、政策变动的不确定性比较小的时候才开始大规模地战略进入，虽然失去了先发优势，但是丰田公司相信以自身的实力，仍然可以后来居上，战胜对手。这就是说，面对同样的不确定的环境，企业可以根据自身情况作出完全不同的决策。

三、环境管理

环境对组织的生存发展及对管理的决定与制约作用，要求管理者必须抓好环境管理，能动地适应环境，谋求内部管理与外部环境的动态平衡。

（一）了解与认识环境

管理者要能动地适应环境，首先要理解、认识环境，这是环境管理的基础。管理者要把对环境的了解与掌握作为重要管理职责；要通过各种渠道搜集有关环境的信息，掌握关于环境的各种因素与变量，把握环境发展变化的趋势与规律；要对各种环境变量心中有数，始终保持对环境的动态监视与整体把握。

（二）分析与评估环境

在掌握组织环境大量信息的基础上，要对各种环境因素进行深入的分析与评估。要划分与确定环境因素的类型，确定环境对组织与管理影响的领域、性质与程度的大小，发现机会，正视威胁。

（三）能动地适应环境

在对环境进行科学分析与评估的基础上，为争取到更有利于本组织目标实现的环境，要主动适应或主动影响环境。

1. **要主动适应一般环境**

一般环境既是各个组织共同面临的，同时也是组织不可控制的，只能主动适应。管理者要从组织环境既定条件与因素出发，千方百计地利用环境的有利条件，因势利导地寻求组织与环境的平衡，以获得组织的发展。

2. **要积极干预，主动影响任务环境**

任务环境是本组织直接面临且影响巨大的环境，同时也是本组织可以在一定程度上施加影响的。管理者要积极干预，创造条件，影响环境朝向有利于本组织的方向发展。例如，企业通过组织绿色生产与营销，争取政府政策支持，引导社会绿色消费，从而营造有利于本企业经营的社会环境与市场环境。

3. **利用稳定环境快速持续发展**

组织处于长期稳定的环境下，可以制定快速、长期、持续发展的战略决策，可以减低风险，寻求组织长期利益最大化。

4. **以权变管理应对多变的动态环境**

组织要建立灵敏的环境监测系统，并采取权变管理模式，灵活应变。例如，在职权配置上给基层以更大的自主权或建立分权型组织，以便让其独立地、灵活地适应多变的外部环境。

第二节　外部环境

众所周知，世界正在发生巨大而深远的变化。只有外部环境的组成部分被定义和分析清楚了，才可以更好地理解这种变化。组织的外部环境包括两个层次：一般环境和任务环境。

一、一般环境的构成

一般环境的构成因素（图 3.2）主要包括政治法律、经济、社会文化和科学技术等方面，尽管这些环境因素对一个组织运转的影响不是那么直接，但各个组织中的管理者仍必须考虑这些因素。

（一）政治与法律环境

政治与法律环境是指一个国家或地区的政治制度、体制、方针政策、法律法规等方面环境因素，主要指法律、政府机构的政策法规以及各种政治团体对组织活动所采取的态度和行动及其他的一些重大政治事件。政治与法律环境的变化显著地影响着组织行为和利益。

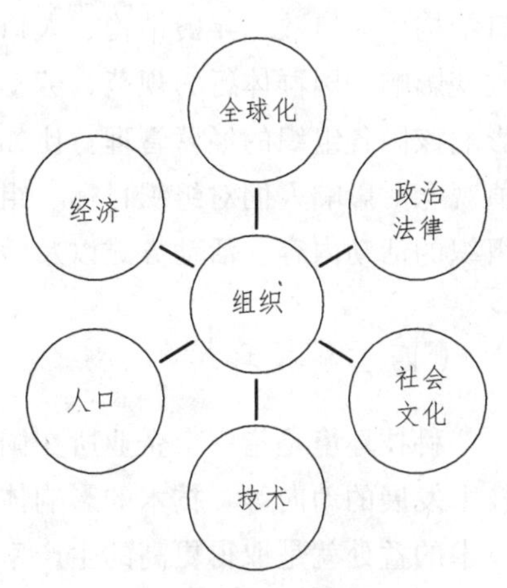

图 3.2　外部一般环境因素

首先，法律系统和国家政策会在一定程度上规定组织可以做什么或不可以做什么。任何一个国家都会管制其国内的组织。如国家会对企业产品有质量的要求，对其排污有指标限制等。其次，政府会出台一些政策支持或反对一些组织的活动，如对企业使用绿色技术进行减免税收的鼓励，而对垄断产业的产品定价进行限制。最后，政治的稳定性将影响企业的规划。如一个国家或地区政治与社会稳定是大多数企业顺利进行营销活动的基本前提，而内战、频繁的罢工或与外部的武装冲突往往使企业经受萧条和倒闭的痛苦，除非靠战争发财的军火商或靠战乱投机的贩毒集团等。一个国家和地区内发生的一些重大活动和事件也总是直接或间接地影响企业的经营计划和策略。

（二）经济环境

经济环境因素是影响组织的重要环境因素，特别是作为经济组织的企业活动的重要环境因素，它主要包括宏观和微观两个方面。

宏观经济环境主要指一个国家的人口数量及其增长趋势，国民收入、国民生产总值及其变化情况以及通过这些指标能够反映的国民经济发展水平和发展速度。人口数量众多既为企业经营提供丰富的劳动力资源，降低劳动成本，提供庞大的市场需求，又可能因其收入不高，基本生活需求难以满足，从而构成经济发展的障碍；经济繁荣为企业等经济组织的发展提供良好的发展机会，而宏观经济衰退则可能给所有经济组织带来生存和发展的困难。

微观经济环境主要指企业所在地区或所需服务地区的消费者的收入水平、消费偏好、储蓄情况、就业程度等因素。这些因素直接决定着企业目前和未来的市场大小。假定其他条件不变，一个地区的就业率越高，收入水平越高，那么该地区的购买力就越高，对某种产品及服务的需求就越大。

（三）社会文化环境

社会文化环境主要由组织所在国家或地区的人口、家庭文化教育水平、传统风俗习惯及人们的道德和价值观念、法律等因素构成。这些因素通过行为规范（风俗、道德、法律）、人口结构（人口数、年龄结构、人口分布）和生活方式（家庭结构、教育水平、价值观念）的改变影响一国群体行为规范、劳动力的数量和质量、所需商品和服务的类型与数量等，进而影响该国各组织的经营管理。比如，宗教信仰和风俗习惯会禁止或抵制某些活动的进行；价值观念对影响人们对组织目标、组织活动以及组织存在本身的认可与否；审美观点则会影响组织的活动内容、活动方式以及活动成果的态度。

（四）科技环境

科技环境是指一个企业所在国家或地区的技术水平、技术政策、新产品的开发能力以及技术发展的动向等。技术的影响体现在新产品、新机器、新工具、新材料和新服务上。来自技术的益处就是取得更高的生产率、更高的生活水准、更多的休闲时间和更多样化的产品。企业要想在市场上立于不败之地，应该十分注意自身技术的提高、设备的更新，尽可能采用最新技术，生产出受社会欢迎的新产品。作为一个管理者，尤其是企业高层决策人士，必须留意企业外部的技术环境，了解当前新技术发展的趋势，使企业处于新技术领先位置，至少不能失去竞争能力。

如今，我国已经逐步从工业经济时代进入知识经济时代，经济发展从依靠自然资源、矿产资源、能源和资本为主逐步转移到主要依靠科学技术。变革性的技术正对社会产生着巨大的影响，技术成为决定人类命运和社会进步的关键所在。像经济环境一样，技术环境变化对企业的经营活动有直接而重大的影响。因此，世界上成功的企业无一不对新技术的采用予以极大的重视。与经济因素不同的是，科技的高速发展像一把双刃剑，正如小说家狄更斯对第一次产业革命时代的英国所描述的："这是一个最坏的时代，这是一个美好的时代，这是一个令人绝望的冬天，这是一个充满希望的春天。我们面临什么也没有，我们面临什么都有。" 当一种新技术给某一个行业或某些企业带来增长机会的同时，可能对另一行业形成巨大的威胁。例如，晶体管的发明和生产严重威胁到真空管行业；电视的出现使电影业受到了沉重的打击；高性能塑料和陶瓷材料的研制和开发严重削弱了钢铁业的获利能力。

二、任务环境的构成

与一般环境相比，任务环境对组织的影响更为直接和具体，因此绝大多数管理者也更为重视。对于大多数组织来说，其任务环境因素（图 3.3）主要包括资源供应者、服务对象（顾客）、竞争者、政府管理部门和社会特殊利益代表组织等。

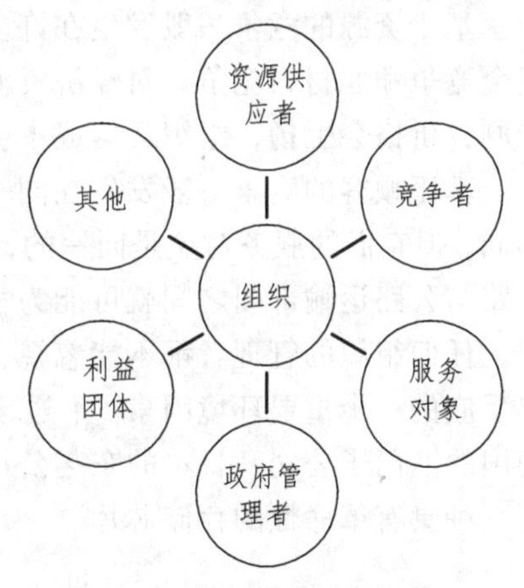

图 3.3 外部任务环境因素

（一）资源供应者（供应商）

一个组织的资源供应者是指向该组织提供资源的人或单位。这里所指的资源不仅包括资金、人力、原材料、机器设备等，同时还包括信息、服务、技术和关系等。对于绝大多数组织来说，其获取资金的渠道主要是股东、银行、保险公司等，而获取人力资本的渠道主要是各大中专学校、各类人才市场等中介组织。各新闻机构、情报信息中心、咨询服务机构、政府部门是其主要的信息供应者，大专院校、科研机构则是其技术的主要源泉。

企业从外部获取资源的能力取决于以下要素：① 企业所处的地理位置；② 企业与资源供应者（包括金融、科研和情报机构）的契约和信誉关系；③ 资源供应者与企业讨价还价的能力；④ 资源供应者前向一体化趋势；⑤ 企业供应部门人员素质和效率。

一个大型企业如美国通用汽车公司、埃克森石油公司的供应链上所包括的公司可能多达 5 000 家。而现代企业倾向于选择较少的供应商，并与之建立良好的关系，以便获得价廉物美的原材料或零部件。在实践中，制造商发现，唯有与供应商精诚合作，才是节约资金、保证质量和加快产品上市速度的关键所在。

（二）服务对象（顾客）

服务对象或顾客是指那些从组织购买产品或服务的个人或组织，如企业的客户、商场的购物者、医院的病人、学校的学生等。组织是为满足顾客需要而存在的，如果一个组织失去了其服务对象，该组织也就失去了自身存在的基础。一个企业如果生产的产品无人问津，就必然会破产；一个政府如果不能为社会公众服务，就必然得不到社会公众的支持。因此，组织的服务对象是影响组织生存与发展的主要因素，而任何一个组织的服务对象对组织来说又是一个潜在的不确定因素。

顾客的需求是多方面的且经常会发生变化，而成功地拥有顾客，又必须满足顾客的需求。为此，管理者必须深入市场，分析顾客心理，根据顾客需求的变化，及时推出满足顾客需求的新产品、新服务，唯有如此，企业才能生存和发展。

（三）竞争者

所谓竞争者，是指与本企业处于同一行业、提供与本企业相同或类似产品的企业。所有组织，包括垄断组织，都有一个或多个竞争者。比如可口可乐公司和百事可乐公司、通用汽车公司和丰田汽车公司等。这些竞争者之间相互争夺资源或相互争夺服务对象。

基于资源的竞争一般发生在许多组织都需要同一有限资源的时候，最常见的是人才竞争、资金竞争和原材料竞争。对经济资源的竞争可能来自不同类型的组织。资源紧缺时，竞争将加剧，价格会上扬，组织运营成本会上升。

基于顾客的竞争一般发生在同一类型的组织之间，或许这些组织提供的产品或服务方式不同，但它们的服务对象是同一的，因此同样会发生竞争。如航空部门与铁路运输部门之间、铁路与公路运输部门之间就可能为争夺货源和乘客而展开竞争。

任何组织的管理者都不能忽视自己的竞争者，竞争对手是管理者必须予以了解并及时做出反应的一个重要环境因素。不过，竞争者之间也可以通过合作的手段实现组织目标。例如，德国的西门子公司、日本的东芝公司和美国的 IBM 公司曾经联手研究 Triad 项目，共同开发了一种具有革命性的存储芯片。

（四）政府管理部门

政府管理部门主要是国务院、各部委及地方政府的相应机构，如工商行政管理局、技术监督局、税务局等。政府管理部门主要通过制定相关的政策法规来影响组织的管理行为。如国家认证认可监督管理委员会根据国家强制性产品认证（简称“3C 认证”）的有关文件规定，自 2003 年 5 月 1 日起，列入第一批实施 3C 认证目录内的 19 类 132 种产品如未获得 3C 标志就不能出厂销售、进口和在经营性活动中使用。这给生产低压电器、电线电缆、电路开关保护或连接用电器装置、小功率电动机等产品的企业带来一定的影响。

有些组织由于行业性质和组织目标方面的特殊性，更是直接受制于政府部门，例如电信产业中的组织一般要受信息产业部的管制，医药行业要受国家药品监督管理委员会的监督管理，上市公司必须遵守证监会规定的财务标准和信息披露制度。

政府的政策法规，一方面会增加组织的运行成本，另一方面会限制管理者决策的选择余地。为了符合政府的政策法规和政府相关管理部门的要求，组织必然要增加运行成本，比如为了取得消防管理部门的认可，企业必须按规定安装消防设备；为了取得环保部门的认可，企业必须在环保方面投入一定的资金。

组织耗费大量的时间和资金来满足政府法规的要求，但是这些规定的影响绝不仅限于时间和金钱，他们同时也缩小了管理者可斟酌决定的范围，限制了可供选择的可行方案。如我国《中华人民共和国劳动法》《中华人民共和国公务员法》的颁布实行，对组织的聘用、辞退带来了一定的限制。

（五）利益团体

利益团体是指试图影响组织的集团，如绿色和平组织、环境保护组织、消费者协会等。他们虽然没有像政府部门那样的权力，但同样可以对各类组织施加相当大的直接影响。如国际绿色和平组织经过不懈的努力，不仅在限制捕鲸业、金枪鱼捕捞业及海豹皮制品业发展方面作出了决策，而且引起了公众对环境问题的关注。这些组织一般可以通过直接向政府部门反映情况，通过各种宣传工具制造舆论以引起人们的广泛关注。事实上，有些政府法规的颁布，部分是对某些社会特殊利益代表组织所提出的要求的回应。因此，管理者应当意识到这些组织影响其决策的力量。

【案例 3.3】

美的：帮出来的好汉

2000 年 11 月 8 日，对美的空调事业部总经理方洪波来说是一个很高兴的日子。这天，美的空调 2001 年工商恳谈会在广东顺德召开，来自全国各地包括香港地区以及日本等的 300 多名供应商聚在一起，共同探讨在新经济条件下，谋求下一步战略合作和长远发展的问题。

据有关数据显示，2000 年销售年度，美的空调销售 165 万套，实现销售收入 60 亿元，同比增长 40%，占全国空调市场 13%左右的市场份额。对此，总经理方洪波表示，取得这样的成绩，除了严格按照市场策略行事外，美的还有四大优势：一是规模和品牌优势，二是技术优势，三是美的集团多元化发展的辐射力，四是渠道优势。目前美的的渠道建设是两块：一是和上游供应商之间的战略伙伴关系，二是和销售商之间的合作关系。

目前，美的已与很多供应商之间达成了战略伙伴关系合作协议。美的空调自 1996 年创建性地提出与供应商建立永久性的战略合作伙伴关系以来，三年多的生产实践证明，与供应商之间的良好协作关系是企业优化资源配置、强化成本和品质管理工作的基础，是全面参与市场竞争和提高核心竞争力的必然选择。

在企业发展规划中，他们明确提出：制造系统的工作要密切围绕品质和成本两大主题，以战略性合作伙伴关系为纽带，积极探索制造模式的创新和生产组织体系的发展，最大限度地发挥资源配置和规模效应。2000 年，美的集团的空调销售量能达到 165 万套的好成绩，与上游供应商的支持是密不可分的，同年，很多企业在旺季都因供应链不顺畅而导致产品断货，但美的空调却从来未出现过。同样，针对下游的经销商来说，美的又成了他们的供应商，所以，与下游经销商也是战略伙伴关系。

美的与上游供应商之间、与下游经销商之间的战略伙伴关系是“同心、同步、同超越”的。所谓同心，指的是真正稳定的上下游关系，意味着要建立长期的战略合作关系，意味着上下游各企业对各自发展目标、经营理念、市场前景的认同和理解。只有上下游各级企业同心，才能谋求发展，才能实现共荣。“同步”的意思是：美的是个大命运共同体，美的的发展离不开上下游企业的发展，上下游企业的发展也离不开美的空调长期的市场策略。“同超越”则是指美的空调是创新领导者，创新的本质在于不断地自我否定，不断地自我超越；经历了多年的发展，上下游企业都会不可避免地遇到进一步发展的瓶颈，因此上下游各企业都应该抛弃旧有的思想习惯，改变旧有的行为方式，共同突破发展的瓶颈，共同实现新一轮的快速增长。

资料来源：http://www.jiaoyanshi.com/article-1431-1.html。

问题：美的为什么要与供应商搞好关系？

第三节　组织文化

组织文化是 20 世纪 80 年代以来，由西方发达国家首先提出来的一种具有划时代意义的管理理论和管理方式，是管理理论发展的一个新的里程碑。组织文化建设是现代管理的一项重要内容。

一、组织文化的含义

文化，是指人类在历史发展过程中所创造的物质文明和精神文明的总和。文化的范围极其广泛，主要包括物质文化和精神文化。组织是社会大系统中的一个子系统，组织文化是文化大概念下的一个子概念，同时又有鲜明的个性特征。

组织文化可以从广义和狭义理解。广义的组织文化（organizational culture）是指企业在建设和发展中形成的物质文明和精神文明的总和。包括组织管理中硬件和软件，外显文化和内隐文化两部分。狭义的组织文化是指组织在长期的生存和发展中所形成的为组织所特有的、且为组织多数成员共同遵循的最高目标价值标准、基本信念和行为规范等的总和及其在组织中的反映。具体地说，组织文化是指组织全体成员共同接受的价值观念、行为准则、团队意识、思维方式、工作作风、心理预期和团体归属感等群体意识的总称。

从宏观上讲，组织文化是现代人类文化的重要组成部分。从微观上讲，组织文化是组织成员在特定的环境下，共同认知、继承、更新和创造的基于共同的价值观念和信念所形成的团队精神。它又是组织成员共同的道德规范、行为准则，并且通过组织结构、组织活动、组织管理等各个方面表现出来。

二、组织文化的结构

组织文化的结构划分并未有一致的结论，有二个层次说、三个层次说以及四个层次说，我们将按照物质文化层、精神文化层、制度文化层和行为文化层四个层次进行阐述。

1. 物质文化层

物质文化层是组织文化的表层，它是组织创造的组织物质文化，是一种以物质形态为主要研究对象的表层组织文化，是形成组织文化精神层和制度层的条件。优秀的组织文化是通过重视产品的开发、服务的质量、产品的信誉和组织生产环境、生活环境、文化设施等物质现象来体现的。

2. 精神文化层

精神文化层即组织精神文化，它是组织在长期实践中所形成的员工群体心理定势和价值取向，是组织的道德观、价值观即组织哲学的综合体现和高度概括，反映全体员工的共同追求和共同认识。组织精神文化是组织价值观的核心，是组织优良传统的结晶，是维系组织生存发展的精神支柱。它主要是指组织的领导和成员共同信守的基本信念、价值标准、职业道德和精神风貌。精神层是组织文化的核心和灵魂。

3. 制度文化层

制度文化层是组织文化的中间层次，把组织物质文化和组织精神文化有机地结合成一个整体。它主要是指对组织和成员的行为产生规范性、约束性影响的部分，是具有组织特色的各种规章制度、道德规范和员工行为准则的总和。它集中体现了组织文化的物质层和精神层对成员和组织行为的要求。它规定了组织成员在共同的生产经营活动中应当遵守的行为准则，主要包括组织领导体制、组织机构和组织管理制度等三个方面。

4. 行为文化层

行为文化层即组织行为文化，是组织员工在生产经营、学习娱乐中产生的活动文化。它包括组织经营活动、公共关系活动、人际关系活动、文娱体育活动中产生的文化现象。组织行为文化是组织经营作风、精神风貌、人际关系的动态体现，也是组织精神、核心价值观的折射。

资料链接

组织文化的维度

研究表明，组织文化有七个维度。这些维度（图 3.4）可以由低到高变化。维度的高低，表明该维度在组织文化中是否非常典型的表现。使用这七个维度可以对一个组织的文化进行全面、综合的描述。某种文化维度被强调程度往往会超过其他维度，并且从根本上塑造该组织的个性以及组织成员的工作方式。例如索尼公司，其关注的重点是产品创新（创新和冒险）。该公司全身心投入到新产品开发中，而且公司员工的工作行为支持这个目标。相反，西南航空公司把员工视为其文化的核心部分（以人为导向）。图 3.4 描述了这些维度如何能够创造大相径庭的文化。

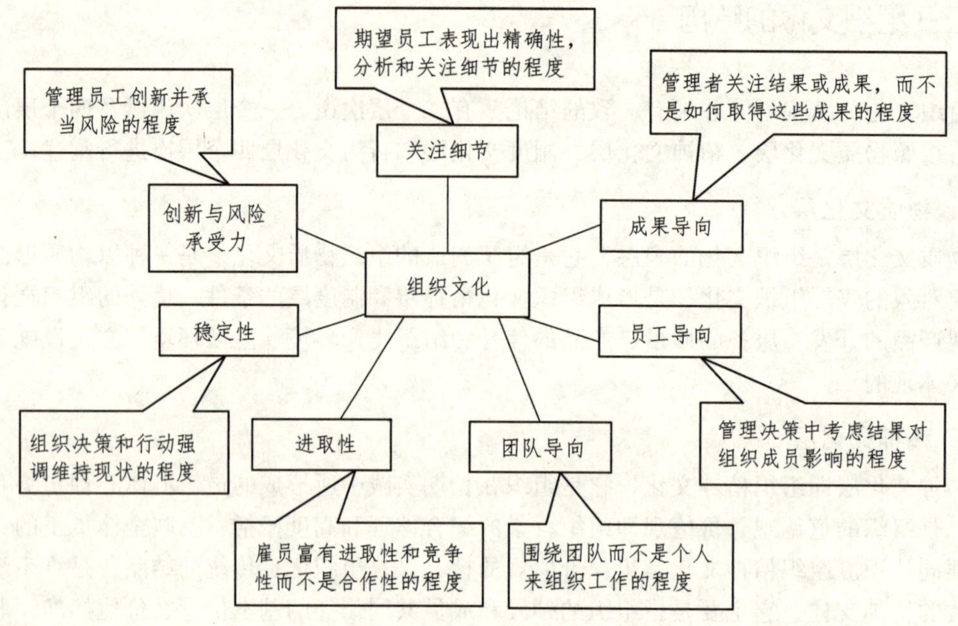

图 3.4 组织文化的维度

资料来源：J A CHATMAN, K A JEHN. Assessing the relationship between industry characteristics and organizational culture:how different can you be?[J]. Academy of Management Journal, 1994(June): 522-553.

三、组织文化的形式

组织文化按内容可以分为显性和隐性组织文化两大类。

（一）显性组织文化

所谓显性组织文化，是指那些以精神的物化产品和精神行为为表现形式的，人通过直观的视听器官能感受到的、又符合组织文化实质的内容。它包括组织的标志、工作环境、规章制度和经营管理行为等部分。

1. 组织标志

组织标志是指以标志性的外化形态来表示本组织的组织文化特色，并且与其他组织明显区别开来的内容，比如商标、组织的标志性建筑，厂服、厂旗、厂歌等。

2. 工作环境

工作环境是指职工在组织中办公、生产、休息的场所，包括办公楼、厂房、俱乐部、图书馆等。

3. 规章制度

并非所有的规章制度都是组织文化的内容，只有那些以激发职工积极性和自觉性的规章制度，才是组织文化的内容。其中最主要的规章制度是民主管理制度。

4. **经营管理行为**

再好的组织哲学或价值观念，如果不能有效地付诸实施，就无法被职工所接受，也就无法成为组织文化。在生产中以“质量第一”为核心的生产活动、在销售中以“顾客至上”为宗旨的推销活动、组织内部以“建立良好的人际关系”为目标的公共关系活动等，这些行为都是组织哲学、价值观念、道德规范的具体实施和直接体现，也是这些精神活动取得成果的桥梁。

（二）隐性组织文化

隐性组织文化是组织文化的根本，也是最重要的部分。隐性组织文化包括组织哲学、价值观念、道德规范、组织精神等方面。

1. **组织哲学**

组织哲学是一个组织全体职工所共有的对世界事物的一般看法。组织哲学是组织最高层次的文化，它主导、制约着组织文化其他内容的发展方向。从组织管理史角度看，组织哲学已经经历了“以物为中心”到“以人为中心”的转变。

2. **价值观念**

价值观念是人们对客观事物和个人进行评价活动在头脑中的反映，是对客观事物和人是否具有价值以及价值大小的总的看法和根本观点，包括组织存在的意义和目的，组织各项规章制度的价值和作用，组织中人的各种行为和组织利益的关系等。

3. **道德规范**

组织的道德规范是组织在长期的生产经营活动中形成的，人们自觉遵守的道德风气和习俗，包括是非的界限、善恶的标准和荣辱的观念等。

4. **组织精神**

组织精神是指组织群体的共同心理定势和价值取向。它是组织的组织哲学、价值观念、道德规范的综合体现和高度概括，反映了全体职工的共同追求和共同认识。组织精神是组织职工在长期的生产经营活动中，在组织哲学、价值观念和道德规范的影响下形成的。

【案例 3.4】

一名腐败院长带坏 140 名医生

新华社曾以《院长带头搞腐败，医生七成吃回扣》为题，披露了广东省江门市××人民医院在原院长方某的“言传身教”下，200 名医生中有 140 多人收回扣的医生集体腐败案件。2006 年 3 月 10 日，江门市中级法院开庭审理了方某涉嫌受贿案，涉嫌收回扣的医务人员也分别受到了处理。

1996 年，33 岁的方某被提拔为××人民医院副院长，2000 年，被任命为医院院长。从此，他成了众多药商“追逐”的对象。为了讨好他，医药经销商可谓想尽办法。

1997 年下半年，方某的妻子被诊断出患有乳腺癌。广东某医药公司梁某得知此事后，认为这是与方院长进行“感情”联络的最佳时机，便以探视病人为由，先后三次送给方某 2 万多元。

2001 年 1 月至 2002 年 2 月，某医药公司推销员邹某邀请方某一家三口前往日本和南非旅游。后来，美国也纳入了方某免费游览的范围。2002 年 1 月，为了得到方某的“关照”，邹某购买了一套价值近 86 万元的别墅和一套价值 63 万元的公寓“赠送”方某。

2002 年 7 月，珠海某医药公司副经理黄某用 20 万元购买了一辆二手皇冠 3.0 银灰色小轿车“送”给方某。

检察机关查明：1999 年 10 月至 2005 年 3 月，方某在任××人民医院副院长、院长期间，利用其主管药品采购的职务之便，指使医务人员及医药采购员，在医院对外采购药品的过程中，以收取“药品返点费”的名义，先后多次收受 20 多家医药公司的回扣款，共计 1100 多万元。他个人收受现金、汽车、房产，折合人民币近 179 万元及港币 6 万多元。

由于方某的“示范”作用，××人民医院的大批医务人员，特别是手握处方权的医生开始收受回扣，胆子也越来越大。于是，从医院院长、药剂科主任到有处方权的医生，逐渐形成了多开多得、利益均沾的腐败链。在医药代表的“公关”下，××人民医院有 140 多名医生大量使用有提成的药品，并涉嫌大量收受药品回扣。

方某大肆收受商业贿赂，丧失医德医风，不仅害了自己，而且带坏了队伍，教训十分深刻。

资料来源：http://www.sina.com.cn,《检察日报》2006 年 4 月 4 日。

资料链接

受文化影响的管理决策

研究表明，管理者的决策受到他所处的组织文化的影响，因为这种组织文化约束着管理者能够做什么、不能够做什么以及如何进行管理。一个组织的文化，尤其是一种强文化，会影响和约束管理者进行计划、组织、领导和控制的方式（见表 3.1）。

表 3.1 受文化影响的管理决策

计划	组织	领导	控制
●计划应该包含的风险程度	●应该向员工的工作赋予多大的自主权	●管理者对提高员工工作满意度的关注程度	●对员工的行为是施加外部控制还是允许员工自我控制
●计划应该由个体还是团队来制定	●工作任务应该由个体还是团队来完成	●什么样的领导风格是合适的	●在员工绩效评估时应该强调什么标准
●管理层对环境考察的程度	●部门经理彼此联系和互动的程度	●是否所有的不同意见——即便是建设性的——都应该消除	●预算超支将会导致什么后果

四、组织文化的类型

艾莫瑞大学的杰弗里·桑南菲尔德提出了一套标签理论，有助于我们认识组织文化之间的差异，认识到个体与文化的合理匹配的重要性。通过对组织文化的研究，他确认了四种组织文化类型。

1. 学院型组织文化

学院型组织是为那些想全面掌握每一种新工作的人而准备的地方。在这里他们能不断地成长、进步。这种组织喜欢雇用年轻的大学毕业生，并为他们提供大量的专门培训，然后指导他们在特定的职能领域内从事各种专业化工作。桑南菲尔德认为，学院型组织的例子有IBM公司、可口可乐公司、宝洁公司等。

2. 俱乐部型组织文化

俱乐部型公司非常重视适应、忠诚感和承诺。在俱乐部型组织中，资历是关键因素，年龄和经验都至关重要。与学院型组织相反，俱乐部型组织把管理人员培养成通才。俱乐部型组织包括联合包裹服务公司、德尔塔航空公司、贝尔公司、政府机构和军队等。

3. 棒球队型组织文化

棒球队型公司鼓励冒险和革新。招聘时，从各种年龄和经验层次的人中寻求有才能的人，薪酬制度以员工绩效水平为标准。由于这种组织对工作出色的员工给予巨额奖励报酬和较大的自由度，员工一般都拼命工作。在会计、法律、投资银行、咨询公司、广告机构、软件开发、生物研究领域，这种组织比较普遍。

4. 堡垒型组织文化

堡垒型公司重视创造发明，着眼于公司的生存。这类公司以前多数是学院型、俱乐部型或棒球队型的，但在困难时期衰落了，现在仍尽力来保证企业的生存。这类公司工作安全保障不足，但对于喜欢流动性、挑战的人来说，具有一定的吸引力。堡垒型组织包括大型零售店、林业产品公司、天然气探测公司等。

五、组织文化的特征

1. 组织文化的意识性

大多数情况下，组织文化是一种抽象的意识范畴，它作为组织内部的一种资源，应属于组织的无形资产之列。它是组织内一种群体的意识现象，是一种意念性的行为取向和精神观念，但这种文化的意识性特征并不否认它总是可以被概括性地表述出来的。

2. 组织文化的系统性

组织文化由共享价值观、团队精神、行为规范等一系列内容构成一个系统，各要素之间相互依存、相互联系。因此，组织文化具有系统性。同时，组织文化总是以一定的社会环境为基础的，是社会文化影响渗透的结果，并随社会文化的进步和发展而不断地调整。

3. 组织文化的凝聚性

组织文化总可以向人们展示某种信仰与态度，它影响着组织成员的处世哲学和世界观，而且也影响着人们的思维方式。因此，在某一特定的组织内，人们总是为自己所信奉的哲学所驱使，组织文化起到了“黏合剂”的作用。良好的组织文化同时意味着良好的组织气氛，它能够激发组织成员的士气，有助于增强群体凝聚力。

4. 组织文化的导向性

组织文化的深层含义是，它规定了人们行为的准则与价值取向。它对人们行为的产生有着最持久、最深刻的影响力。因此，组织文化具有导向性。英雄人物往往是组织价值观的人格化和组织力量的集中表现，它可以昭示组织内提倡什么样的行为，反对什么样的行为，使自己的行为与组织目标的要求相匹配。

5. 组织文化的可塑性

某一组织的组织文化并不是与生俱有的，而是通过组织生存和发展过程中逐渐总结、培育和积累形成的。组织文化是可以通过人为的后天努力加以培育和塑造的，而已形成的组织文化也并非一成不变，是会随组织内外部环境的变化而加以调整的。

6. 组织文化的长期性

长期性指组织文化的塑造和重塑的过程需要相当长的时间，而且是一个极其复杂的过程，组织的共享价值观、共同精神取向和群体意识的形成不可能在短期内完成，在这一创造过程中，涉及调节组织与其外界环境相适应的问题，也需要在组织内部的各个成员之间达成共识。

六、组织文化的功能

组织文化的功能是指组织文化发生作用的能力。任何事物都有两面性，组织文化也不例外，组织文化的功能可以分为正功能和负功能。组织文化的正功能在于提高组织承诺，影响组织成员，有利于提高组织效能。同时，不能忽视组织文化潜在的负效应，它对于组织是有害无益的，这也可以看作组织文化的负功能。

（一）组织文化的正功能

1. 导向功能

组织文化的导向功能，是指组织文化能对组织整体和组织每个成员的价值取向及行为取向起引导作用，使之符合组织所确定的目标。组织文化只是一种软性的理智约束，通过组织的共同价值观不断地向个人价值观渗透和内化，使组织自动生成一套自我调控机制，以一种适应性文化引导着组织的行为和活动。

2. 约束功能

组织文化的约束功能，是指组织文化对每个组织员工的思想、心理和行为具有约束和规范的作用。组织文化的约束不是制度式的硬约束，而是一种软约束，这种软约束指的是组织中弥漫的组织文化氛围、群体行为准则和道德规范。

3. 凝聚功能

组织文化的凝聚功能，是指当一种价值观被该组织员工共同认可之后，它就会成为一种黏合剂，从各个方面把组织成员团结起来，从而产生一种巨大的向心力和凝聚力。而这正是组织获得成功的主要原因，“人心齐，泰山移”，凝聚在一起的员工有共同的目标和愿景，推动组织不断前进和发展。

4. 激励功能

组织文化的激励功能，是指组织文化具有使组织成员从内心产生一种高昂情绪和发奋进取精神的效应，它能够最大限度地激发员工的积极性和首创精神。组织文化强调以人为中心的管理方法。它对人的激励不是一种外在的推动而是一种内在引导，它不是被动消极地满足人们对实现自身价值的心理需求，而是通过组织文化的塑造，使组织每个员工从内心深处产生为组织拼搏的献身精神。

5. 辐射功能

组织文化的辐射功能，是指组织文化一旦形成较为固定的模式，它不仅会在组织内发挥作用，对本组织员工产生影响，而且也会通过各种渠道对社会产生影响。组织文化向社会辐射的渠道是很多的，但主要分为利用各种宣传手段和个人交往两大类。一方面，组织文化的传播对树立组织在公众中的形象有帮助；另一方面，组织文化对社会文化的发展有很大的影响。

6. 调适功能

组织文化的调适功能，是指组织文化可以帮助新近成员尽快适应组织，使自己的价值观和组织相匹配。在组织变革的时候，组织文化也可以帮助组织成员尽快适应变革后的局面，减少因为变革带来的压力和不适应。

（二）组织文化的负功能

1. 变革的障碍

当组织的共同价值观与进一步提高组织效率的要求不相符时，它就成了组织的束缚。这是在组织环境处于动态变化的条件下，最有可能出现的情况。当组织环境正在经历迅速的变革时，根深蒂固的组织文化可能就不合时宜了。因此，当组织面对稳定的环境时，行为的一致性对组织而言很有价值。但组织文化作为一种与制度相对的软约束，更加深入人心，极易形成思维定势，这样，组织有可能难以应对变化莫测的环境。当问题积累到一定程度，这种障碍可能会变成组织的致命打击。

2. 多样化的障碍

由于种族、性别、道德观等差异的存在，新聘员工与组织中大多数成员不一样，这就产生了矛盾。管理人员希望新成员能够接受组织的核心价值观，否则这些新成员就难以适应组织或难以被组织接受。但是组织决策需要成员思维和方案的多样化，一个强势文化的组织要求成员和组织的价值观一致，这必然导致决策的单调性，从而抹杀多样化带来的优势，在这个方面组织文化成为组织多样化、成员一致化的障碍。

3. **兼并和收购的障碍**

以前，管理人员在作出兼并或收购决策时，所考虑的关键因素是融资优势或产品协同性。近几年，除了考虑产品线的协同性和融资方面的因素外，更多的是考虑文化方面的兼容性。如果两个组织无法成功整合，那么组织将出现大量的冲突、矛盾乃至对抗。所以，在决定兼并和收购时，很多经理人往往会分析双方文化的相容性，如果差异极大，为了降低风险宁可放弃兼并和收购行动。

【案例 3.5】

企业并购中的文化冲突与领导角色

近年来，国际市场上的兼并重组一浪高过一浪。全球范围内激烈的行业竞争要求企业迅速扩大规模，降低成本，增加利润，进而提高国际间的竞争力。从奔驰与克莱斯勒的合并、惠普与康柏的组合，到花旗银行与旅行者保险先兼并后分家的故事，国际知名跨国公司不断地上演出一幕又一幕巨型的并购戏剧。

国际间并购浪潮的经济目标，是通过整合提高企业的综合价值。但是历史的经验表明，企业购并不易成功。在整合的组织环境里能否迅速解决管理与文化层面可能发生的冲突，是并购企业在海外经营成功的关键。迄今为止，超过 2/3 的国际并购案以失败告终。事实证明，购并企业一旦不能迅速适应新的政治、经济、法律和文化环境的特性，无法迅速调整使命战略、领导风格、管理文化，势必出现水土不服现象，最终摆脱不了失败的命运。

最为突出的购并后企业冲突莫过于并购企业之间不同文化的冲撞，这种冲撞如果不能在短期缓解的话，势必会造成极为严重的后果。大家熟悉的戴姆勒-克莱斯勒的购并案代表了完全不同的欧美文化。德国文化以人为本，工作严谨，计划周密，讲究平等；而美国文化则强调效益，提倡绩效，注重创新。从购并的第一天起，两个公司就在重大文化理念和管理政策上发生摩擦和冲突，涉及美德两方高管人员的工资制定、股票期权的颁发和数额、公司短期与长期综合平衡发展等。由于德国文化在其中占强势地位，克莱斯勒公司原任总裁不久便宣布辞职，十多位原班人马也随他一起离开，而高管人才的流失对戴姆勒经营出现亏损是一个相当重要的原因。美国惠普公司原 CEO 卡莉被解雇，表面原因是并购后战略出现误差，经营业绩下滑，但根本原因是卡莉的领导风格与惠普的文化理念发生了难以融合的冲突。卡莉个性张扬，在接管惠普之后试图彻底改变惠普多年“以人为本”的惠普之道，用“市场”和“速度”等理念取而代之。但事与愿违，大部分深受惠普之道熏陶的员工不接受这些，改革出现重重阻力。一位曾在惠普工作多年的经理比喻说：“她（卡莉）在试图让一个 60 岁的人改练百米短跑!”卡莉本人更未能身体力行，行为举止更像一个电影明星，购买专机，四处张扬，在员工内部引起了不满，导致公司战略规划得不到执行和实施。

资料来源：http://finance,sina.com.cn,《商务周刊》，2005 年 5 月 17 日，有删改。

七、塑造组织文化的途径

组织文化的塑造或建设，是在组织现有的条件下，用组织文化的先进管理思想作指导，通过扎扎实实、深入细致的工作，明确组织的目标、宗旨、道德等深层次内容，并将其融入各种规章制度和各种物质载体中，使组织的每一个成员都能够接受并按照组织文化的规定去调整自己的思想和行为。具体地说，塑造组织文化的途径可以采取以下步骤。

（一）选择价值标准

由于组织价值观是整个组织文化的核心，因此选择正确的组织价值观是塑造组织文化的首要战略。一般来说，选择组织价值观有两个前提：一是要立足于本组织的具体特点。不同的组织有不同的目的、环境、习惯和组成方式，因此必须准确把握本组织的特点，选择适合自身发展的组织文化模式，否则将得不到广大员工和社会公众的认同与理解。二是要把握组织价值观与组织文化各要素之间的相互协调关系。因为各要素只有经过科学的组合与匹配才能实现组织的整体优化。

在此基础上，选择正确的组织价值标准要抓住以下几点：

（1）组织价值标准要准确、明晰、科学，具有鲜明的组织特点；

（2）组织价值观和组织文化要体现组织的宗旨、管理战略和发展方向；

（3）要切实调查本组织员工的认可和接受程度，使之与本组织员工的基本素质相和谐，过高或过低的标准都很难奏效；

（4）选择组织价值观要发动群众路线，充分发挥群众的创造精神，认真听取群众的各种意见，并经过自上而下和自下而上的多次反复，审慎地筛选出符合本组织特点又反映员工的组织价值观和组织文化模式。

（二）强化员工认同

一旦选择和确立组织价值观和组织文化模式之后，应通过一定的强化灌输方法使基本认可的方案深入人心，具体做法如下：

1. 宣传

利用一切宣传工具和手段，大张旗鼓地宣传组织文化的内容和要求，使之人人皆知，如举行仪式。组织的仪式是对能够表达和强化组织的重要价值观和目标的行为进行多次重复，仪式对树立强烈的动机和行为期望发挥了显著作用，而这正是管理层希望组织文化能够做到的事情。

2. 树立典型人物或英雄人物

典型榜样和英雄人物是组织精神和组织文化的人格化身与形象缩影，能够以其特有的感染力、影响力和号召力为组织成员提供可以效仿的具体榜样，而组织成员也正是通过典型人物和英雄人物的精神风貌、价值追求、工作态度和具体行为更好、更准确地理解组织文化的实质和意义。尤其是组织发展的关键时刻，组织成员总是以典型人物或英雄人物的言行来决定自己的行为导向。

3. **培训教育**

有目的的培训和教育，能够使组织成员系统接受和强化认同组织所倡导的组织精神和组织文化。培训教育的形式多种多样，既可以在室内进行，也可以在室外进行。当前，在健康有益的娱乐活动中恰如其分地揉进组织文化的基本内容和价值准则，往往不失为一种有效的方法，如“拓展训练”课程。

（三）提炼定格

1. **精心分析**

在经过群众性的初步认同实践之后，应当将反馈回来的意见加以剖析和评价，详细分析和仔细比较实践结果与规划方案的差距，必要时可吸收有关专家和员工的合理化意见。

2. **全面归纳**

在系统分析的基础上，进行综合的整理、归纳、总结和反思，采取去粗取精、去伪存真、由此及彼、由表及里的方法，删除那些落后的或者不为员工所认可接受的内容与形式，保留那些具有科学性、先进性同时又为广大员工所接受的形式与内容。

3. **精练定格**

把经过科学论证和实践检验的组织精神、组织价值观、组织文化予以条理化、完善化、格式化，再增加必要的理论加工和文字处理，用精练的语言表达出来。

建构完善的组织文化需要经过一定的时间过程，不可能一朝一夕就能形成，因此，充分的时间、广泛的发动、认真的提炼、严肃的定格是创建优秀组织文化所不可缺少的。

（四）巩固落实

巩固落实至少需要有两方面的保障：

1. **要有必要的制度保障**

在组织文化演变为全体员工的习惯行为之前，要使每一位成员自觉主动地按照组织文化和组织精神的标准去行事，几乎是不可能的。即使在组织文化业已成熟的组织中，个别成员背离组织宗旨的行为也是经常发生的。因此，建立某种奖优罚劣的规章制度是有一定必要的。

2. **领导要率先示范**

组织领导者在塑造组织文化的过程中起着决定性的作用，他的看法和观点会影响着员工，他的行为更是一种无声的号召和导向，对广大员工会产生强大的示范效应。所以，任何一个组织如果没有组织领导者的以身作则，要培育和巩固优秀的组织文化是非常困难的。因此，领导者肩负着带领组织成员塑造优秀组织文化的重任。

（五）丰富发展

任何一种组织文化都是特定历史的产物，都反映了组织当时的现状。当组织的内外条件发生变化时，不失时机地调整、更新、丰富和发展组织文化的内容和形式应提上议事日程。这是一个在新旧文化之间如何继承和发展的问题。对于现实中已有的文化不仅存在如何认识的问题，而且存在如何评价的问题。要搞清楚现实文化中哪些部分是优性文化，哪些部分是劣性文化，哪些部分属于中性文化；总体上，这种微观文化是否适应组织内部的环境，对组织的发展正在起着促进还是阻滞作用。

总之，组织文化所要表达的是为所有员工所认可的价值观、共识和行为准则。他们可以通过象征、传奇、英雄人物、仪式和口号等加以体现。管理者通过对这些要素的整合，逐步形成特有的组织文化。

【案例 3.6】

回应“管理者的困境”

为了保证文化得以延续，企业文化必须与公司的每一个方面紧密交织。管理者和员工必须相信这种文化。捷蓝航空公司面临的最艰巨的挑战是在公司成长过程中驾驭好这种文化（企业文化是一个有机体，会随着公司一起改变。你不能直接控制它，但是可以引导它的方向）。

美国捷蓝航空公司需要利用五种核心价值观来继续强化企业文化，而且需要将公司每天做的每一件事付诸实施，包括在备忘录和广告中使用的语言、招聘和晋升程序以及与顾客的接触等。

企业文化无法从最高管理层一蹴而就地建立。管理者需要有对这种文化予以支持和信任的员工团队，以帮助公司在成长过程中驾驭好企业文化。

管理层要倾听员工的心声，聆听他们在说什么，即便他们不希望听见这些或者并不相信他们所听到的。使用诸如匿名调查、讨论组、建议箱之类的工具来吸引员工，倾听员工的心声将有助于衡量企业文化。（达娜·罗宾斯·默里，Caliber 业务总监）

资料链接

中、美、日三国文化的特点

在世界管理实践中，影响较大的当属美国的管理与日本的管理。美国的管理是西方管理实践的代表，而日本的管理则是东方管理实践的代表。这两种管理有着明显的不同，其根本原因在于我们所处管理文化环境的不同。

1. 中国文化的特点及其对管理的影响

按照哲学家的划分，中国文化属于东方文化。但是中国文化不同于印度等国在追求人的自身超脱中形成的宗教文化，也不同于等级森严的日本文化。中国文化是在人与人之间的矛盾冲突中形成的。在这种文化中，人们习惯从关系中去体认一切，把个人看作是群体的分子而不是动力的个人，是整个戏剧中的角色而不是独立的演员。这样的文化有如下特点：

（1）强调人和的重要性。在中国的传统文化中人和占有十分重要的地位。如果将“人和”这一哲学语言翻译为管理学用语，它就是今天管理学中所说的“人际关系的和谐”。我国古代思想家认为：“人和”是实行组织目标最为关键的因素。孙武在《孙子兵法》中指出：“上下同欲者胜”；思想家孟子则更是直截了当地指出：天时、地利 、人和是事业兴废的三要素，但是 “天时不如地利，地利不如人和”。在中国，商人做生意讲究“和气生财”。在这样的文化环境中成长起来的人，一般都希望有一个人际关系和谐的学习工作环境；尽量避免发生冲突，如果有可能，维持一团和气是最佳选择。

“人和”的需要对管理的作用是双重的，有利的方面是人们都愿意为营造一个良好的人际环境而努力，因此容易形成凝聚力，也比较容易沟通；不利的方面是在制度化的组织中，理性的管理措施不易被接受，矛盾常常被掩盖，此外，过分地追求人和会抑制成员之间的竞争。

（2）强调集体主义。东方文化与西方文化最大的不同是集体主义优先，个人从属于集体，人们从集体中感受自身的存在。如古代思想家所倡导的“先天下之忧而忧，后天下之乐而乐”在人们的整体行为中就有很大的影响，此外，先公后私、忠君报国、兼善天下等思想也体现着集体主义精神。

与“人和”的特点一样，集体主义对管理的影响也是双重的，有利的方面是它对组织成员的个人目标与组织的共同目标有重要的作用，能够有效地保证组织目标的实现；组织成员在组织的共同目标下团结起来，能够产生强大的集体力。不利的方面是过分强调集体主义，可能扼杀组织成员的创新精神，不利于人才的成长与发展；过分强调集体主义，忽视合理的个人利益，最终会使成员丧失工作的积极性。

（3）重视人与人之间的伦理关系。中国社会长期受儒家伦理思想的影响，极其重视长幼尊卑的伦理关系，重人情，讲人治。看重感情投入，“士为知己者死”。我国的文化中过分地讲究人情伦理关系，因此形成了按照情、理、法的顺序办事的惯例，无论是治国安邦的大事，还是管理家务这样的小事，一般都是以情为先导，循理不循法。动之以情无效，然后才晓之以理，明辨是非，陈述利害；讲理不通，最后再诉诸公堂，依法办事。这种现象在改革开放之后，强调“法治”以来有了较大的改变，但是仍然在许多方面存在。

重视人情的文化对管理的积极作用是：按照人们的感情需求，在不违反原则的前提下，将事情处理得合乎情理，会收到事半功倍的效果。但是，重人治、轻法度，难于做到奖惩分明，难于保证制度的公平性，管理最后也将无规矩可言，这是管理的大忌。

2. 美国文化的特征及其对管理的影响

“美国文化是典型的个人主义文化。”我们认为这种说法过于偏颇。一般说来，美国文化有这样几种特征：① 在看待人与自然的关系上，居主导地位的是：自然和物质世界都是应当被人类所控制，并为人类服务的。这种思想表达了强烈的要主宰自然的倾向。② 在看待科学与技术的作用问题上，美国占主导地位的是坚信科学及有关的技术是了解自然的主要工具。③ 物质主义的色彩比较浓厚，美国人将物质的富足和享受看作是人们应有的权力。

与东方文化不同。美国文化中的个人是在与他人的差别中来认识自己，而东方文化则是在将个人归属于某个集体来体认自己。所以，美国文化强调自我的存在和个人的价值，强调个人之间的竞争。在这种文化的影响下，个人的权力界线十分清楚，个人的权力欲也比较强。在美国人看来每个人都应当自己负责。这种文化对组织的影响就是，每个人都干好自己分内的事情。

美国文化对美国组织结构的影响特别明显。以美国企业为例，其组织结构具有高度的科层制特点，组织内部的角色清楚、职权明确；决策过程基本上是自上而下的；行动追求效率。美国文化在管理上产生的最大的负面影响是在一个组织内难于形成非正式的合作。正如威廉·大内在著名的《Z 理论》一书中所指出的：美国显示的弱点是工人永远不能相互紧密结合。他们能够形成松散结合的力量；只要不要求他们理解专业以外的事情，他们是能够协调的。

3. 日本文化的特点及其对管理的影响

日本文化也属于东方文化，但是它的文化与中国文化、印度文化这些东方国家的文化又有很大的不同。日本能够在第二次世界大战的重创之后迅速恢复，日本文化也因此成为众多学者的研究对象，从而形成了多种有关日本文化特点的观点。美国著名的人类文化学学者本尼迪克特在其著作《菊花与刀——日本文化的诸模式》中对日本文化的特点作出了这样的归纳：

（1）日本民族具有双重性格。这种双重性格表现为既和善又好斗，既爱美又尚武，既顺从又不任人摆布。

（2）日本文化中等级制度色彩鲜明。日本封建社会时间较长，形成了严格的等级制度，这种等级制度在社会和家庭中表现都很突出。

（3）集体主义。日本文化强调国家利益至上、集体利益至上，集体主义思想普遍。

日本文化除了等级制度、集体主义等特点之外，还有注重人际关系、家庭意识强烈的特点。正是这样的文化环境，才使得日本的企业集团仍然带有家庭统治的色彩。此外，日本文化对外来的优秀文化有很强的“兼收并蓄”的包容能力。历史上，日本的文化出现过大大落后于世界先进国家的状况。当日本尚处于原始公社社会时，中国已经开始了从奴隶社会向封建社会的转变；当欧美各国已经步入资本主义社会时，日本仍然是封闭落后的封建社会。但是，日本通过几次对世界先进文化的吸收，迅速缩短了与这些先进国家的差距。可以说，日本文化具有很强的集体主义而不是个人主义；对风险比较回避，企业普遍实行终身雇佣制就是例证；男性化特征突出；只是在权力距离上表现出两级，一方面日本文化中存在严格的等级制，另一方面日本的企业普遍崇尚集体决策和职工参与。

日本文化对日本的企业管理乃至政府的社会管理都发挥着巨大的作用。当今日本企业中的三大制度（终身雇佣制、年功序列制和集体决策）的形成和主要发挥的积极作用与日本特殊的文化有直接的联系。集体主义不仅接受了年功序列制，保证了企业的稳定，而且还增强了企业的凝聚力，在此基础上建立起来的终身雇佣制既解除了企业职工的后顾之忧，又激励职工在一个企业内部长期奋斗。日本的集体主义、等级制度、吸收优秀外来文化等特点大大提高了日本企业的整体竞争力。所以西方有人说：一个日本人是一条虫，三个日本人在一起就会变成一条龙。当然，随着经济全球化和经济发展等推动文化发展因素的影响，日本的传统文化也开始出现许多与现代管理要求相冲突的现象。

第四节　社会责任与管理道德

管理者在进行计划、组织、领导和控制时，可能要处理各种复杂的社会责任和道德规范事项。过去，管理者对于所谓的“社会责任与管理道德”并没有很明确的概念，大多抱着一种感恩的心，以“取之社会、用之社会”的观念来做一些公益之事，以回馈社会。近些年来，企业的社会责任与管理道德因某些国际大企业接连发生丑闻事件而备受重视，但在大多数国家中，尽管社会大众与企业经理人认为企业的社会责任与道德是很重要的，然而并未很重视它。但是，企业如果要实行可持续发展，则必须要关心组织环境。一个能担负社会责任与遵守道德伦理的企业，才能得到各方的支持，创造更高的经济效益，产生更大的社会效益。

【案例 3.7】

企业承担相应的社会责任是一家企业生存的底线

几个世纪以前，当中国人民还在为争取独立自主的地位而奋勇抗争的时候，美国、英国、德国等传统经济强国已经凭借开放、发达的商业环境造就出了一大批优秀的企业，如德国拜耳、美国杜邦、法国拉法基、瑞士雀巢等。

在几个世纪的发展壮大过程中，这些跨国公司不仅为世界创造了巨大物质财富，他们历经多年积淀下来的先进企业管理理念和完善的企业社会责任理念也成为人类商业史上一笔宝贵的精神财富。

早在 1995 年前，杜邦就成立了世界上第一个企业安全委员会，与此之前就提出了“所有伤害都是可以预防的”理念；1901 年拜耳成立了废水处理委员会，除此之外还有通用公司在社会责任执行上“行胜于言”的务实态度；NEC 公司在“服务公众还是让公众服务你”的问题面前进行辩证的思考；强生公司把公司责任看成是企业发展“必答题”的商业逻辑。

不仅如此，很多跨国公司每年在发布公司年度报告、年度财务报告的同时都会定期发布公司社会责任报告、企业公民报告等，这其中就包括美国辉瑞公司每年发布的《年度企业公民报告》，德国拜耳公司每年发布的《年度可持续发展报告》、德国西门子公司每年发布的《年度西门子公司责任报告》等。

跨国公司对于企业社会责任的完美诠释赢得了掌声，同时也遭到了质疑。甚至有人用“阳谋”来形容跨国公司的一系列行为，认为他们通过向利益相关者公布企业履行社会责任的状况来提升公司的企业形象，他们为公司宣传的手段相当高明。

对此，在华跨国公司不约而同地认为，虽然“在商言商”，利润永远是企业追求的终极目标，但是归根到底，企业的发展与企业承担相应的社会责任这两者之间并不存在矛盾。

你怎么看？

一、企业社会责任的涵义与演变

人们以各种不同的方式来描述企业社会责任（corporate social responsibility，CSR），它是指企业在商业运作里对其利害关系人应负的责任。企业社会责任的概念是基于商业运作必须符合可持续发展的想法提出的。企业除了考虑自身的财政和经营状况外，也要加入其对社会和自然环境所造成的影响的考量。英国学者谢尔顿（Oliver Sheldon）1923年首次提出了企业社会责任的概念，并把企业社会责任与公司经营者满足产业内外各种人类需要的责任联系起来，并认为企业社会责任有道德因素在内。1953年博文（Bowen）在其著作《商人的社会责任》中正式提出企业及其经营者必须承担社会责任的观点，博文被誉为“企业社会责任之父”。之后，更多学者参与了企业社会责任的研究，研究对象开始从关注商人个体转向关注企业作为经济组织的社会责任。自20世纪70年代开始，“企业的社会责任就是利润最大化”的观点失去了统治地位。企业应该保护社会大众的利益并在改善社会的活动中发挥积极作用成为一种伦理共识，研究者将研究的重点放在企业应当承担什么样的社会责任以及如何承担社会责任上，也就是研究企业社会责任的内涵和内容（表3.2）。

表3.2　企业社会责任定义的演变

学者（机构）	时间	企业社会责任的定义
Oliver Sheldon	1923	最早提出了企业社会责任的概念。把企业社会责任与公司经营者满足产业内各种人类需要的责任联系起来，并认为企业社会责任有道德因素在内
H. Bowen	1953	企业社会责任是企业具有的一种以有利于社会整体目标和价值观的原则来拟定政策目标、制定政策和采取行为的义务和职责
Milton Friedman	1962	企业的社会责任就是增加利润。强调企业是纯粹的经济组织
Joesph W. McGuire	1963	社会责任的思想主张公司不仅有着经济和法律方面的义务，在此义务在外，还承担有其他社会责任
Sethi	1975	社会责任是企业符合现行社会规范、价值和期望的行为
Keith Davis 和 Robert L. Blomstorm	1975	社会责任是决策者的义务，决策者在追求自我利益时必须采取行动以保护和增进社会公益。其中“保护”指企业应避免对社会造成负面影响，而“增进”则是指企业需创造对社会的正面影响
Raymond Bauer	1976	企业社会责任是认真思考公司行为对社会的影响
Archie Carroll	1979	企业社会责任指某一特定时期社会对企业所寄托的经济、法律、伦理和自由量裁（慈善）的期望。它包括经济责任、法律责任、伦理责任和慈善责任
Edwin M. Epstein	1987	企业社会责任主要与组织对特别问题的决策（有一定规范性的）结果有关，决策要达成的结果应对利益相关者是有益的而不是有害的。企业社会责任主要关注企业行为结果的规范性、正确性
N.J. Prentice Hall	1990	一个组织在其法律和经济义务之外愿意去做正确的事情并且以有益于社会的方式行事的意向
Wood	1991	社会是企业和社会互动的基本理念。其三项原则为：制度层次的合法性、组织层次的公共责任与个人层次的管理自由等原则

续表

学者（机构）	时间	企业社会责任的定义
BSR（企业责任商业联合会）	1992	企业的运营达到或超越社会对商业组织在道德、法律、商业和公众等方面的期望。其内容包括员工关系、创造及维持就业机会、投资于社区活动、环境管理及经营业绩等
欧洲委员会	2001	公司在自愿的基础上，把社会和环境密切整合到它们的经营运作，以及与其利益相关者的互动中
世界银行	2003	企业与关键利益相关者的关系、价值观、遵纪守法以及尊重人、社区和环境有关的政策和实践的集合，是企业为改善利益相关者的生活质量而贡献于可持续发展的一种承诺

我们把社会责任定义为，一个组织在其法律和经济义务之外愿意去做正确的事情并且以有益于社会的方式行事的意向。我们的定义赞同一家企业应遵守相关法律并且关注股东利益，但也向企业增添了一种去做正确的事情以使社会变得更好以及不做坏事以使社会避免变得更糟的道德要求。

概而言之，定义基本可分为两类：一类是广义的企业社会责任，不再将社会责任与经济责任相对立，而经济责任作为社会责任的一部分，也包括在企业社会责任的范畴以内，可以称之为"企业社会责任综合说"。卡罗尔（Archie Carroll）的"企业社会责任金字塔"（pyramid of corporate social responsibility）在企业社会责任综合说中最具代表性，同时，这也是最为广泛接受和最常提及的企业社会责任概念。另一类是狭义的企业社会责任，即将企业社会责任视为与经济责任相对立的概念，企业社会责任专指经济责任以外的法律和道德责任。

卡罗尔把企业社会责任看作一个结构成分，关系到商业社会关系的四个不同层面。

1. 经济责任

对于经济组织而言，经济责任是企业最基本也是最重要的社会责任，但并不是唯一责任。

2. 法律责任

作为社会的组成部分，社会赋予并支持企业承担生产性任务、为社会提供产品和服务的权力，同时也要求企业在法律框架内实现经济目标，因此企业肩负着必要的法律责任。

3. 道德责任

虽然企业的经济和法律责任都隐含着一定的伦理规范，社会公众仍期望企业遵循那些尚未成为法律的社会公认的伦理规范。

4. 慈善责任

社会通常还对企业寄予了一些没有或无法明确表达的期望，是否承担或应该承担什么样的责任完全由个人或企业自行判断和选择，这是一类完全自愿的行为，如慈善捐赠、为吸毒者提供住房或日托中心等，卡罗尔将此称为"企业自行裁量责任"。

从企业考虑的先后次序及重要性而言，卡罗尔认为企业社会责任是金字塔式结构，经济责任是基础也占最大比例，法律的、伦理的以及自行裁量的责任依次向上递减（图 3.5）。

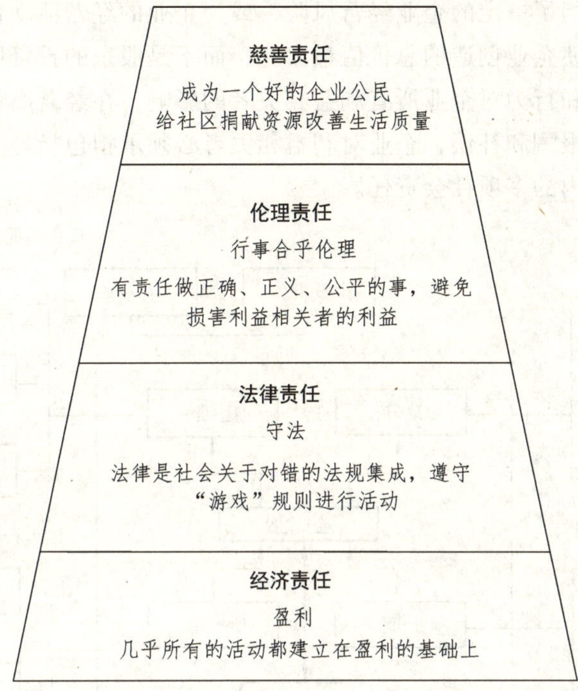

图 3.5 企业社会责任金字塔

资料来源：阿奇·B.卡罗尔，安·B.巴克霍尔茨. 企业与社会：伦理与利益相关者管理[M]. 黄煜平，等，译. 北京：机械工业出版社，2004:26.

二、企业社会责任的理论渊源

（一）利益相关者理论

利益相关者理论（Stakeholder Corporate Governance Theory）是对传统的“股东至上主义”治理模式的挑战，其思想渊源来自多德（Dodd，1932）的经典文献。公司董事必须成为真正的受托人，他们不仅要代表股东的利益，而且要代表其他利益主体，如员工、消费者，特别是社区的整体利益。

利益相关者（stakeholder）一词源于斯坦福研究所的一份备忘录，指“那些没有支持，组织便不复存在的集团”。弗里曼（Freeman，1984）指出，利益相关者是任何影响企业目标实现或被实现企业目标所影响的集团或个人。因此，除股东外，企业员工、债权人、顾客、供应商、社区、政府等都是企业的利益相关者。此后，利益相关者理论逐渐成为企业伦理学界和管理学界的重要理论。

利益相关者理论认为，企业是一个由利益相关者构成的契约共同体，利益相关者（图 3.6）包括企业的股东、债权人、雇员、消费者、供应商等交易伙伴，也包括政府部门、本地居民、当地社区、媒体、环境保护主义者等压力集团，甚至包括自然环境、人类后代、非人物种等受到企业经营活动直接或间接影响的客体。这些利益相关者对企业的生存和发展注入了一定的专用性资金，他们分担了一定的企业经营风险，或为企业的经营活动付出了代价，因此，企业管理者的任务在于使企业创造的总价值最大化，而不是股东的投资回报最大化；他们必须全面考虑企业的决策和行为对企业所有利益相关者的影响，在经营决策时必须要考虑他们的利益，并给予相应的报酬和补偿，企业对利益相关者必须承担包括经济责任、法律责任、道德责任、慈善责任在内的多项社会责任。

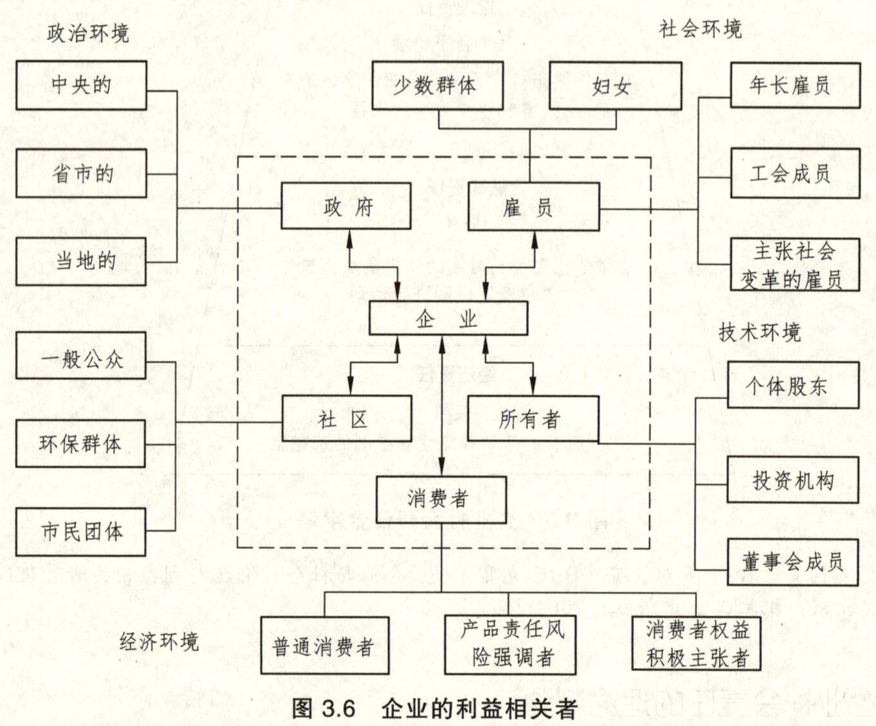

图 3.6　企业的利益相关者

资料来源：阿奇·B.卡罗尔，安·B.巴克霍尔茨. 企业与社会：伦理与利益相关者管理[M]. 黄煜平，等，译. 北京：机械工业出版社，2004:47.

（二）责任铁律

管理学一般认为“权力”与“责任”是对等的，不需承担责任的特殊权力实际上是极少有的，这即“责任铁律”（Iron Law of Responsibility）。戴维斯（K. Davis）根据“责任铁律”强调“商人的社会责任必须与他们的社会权力相称”。企业“对社会责任的回避将导致社会所赋予权力的逐步丧失”。因此，社会责任是指“企业考虑或回应超出狭窄的经济、技术和立法要求之外的议题，实现企业追求的传统经济目标和社会利益”。企业产生以来的经济影响力、政治影响力、对个人的影响力、技术影响力、文化影响力和环境影响力在不断增强，尤其是一些规模巨大的企业牢牢控制着整个社会运行的权力体系，牺牲劳动者、消费者和社区环境的利益，影响着大多数人的生活方式和生活水平，影响着政府公共政策的制定，侵占公民和政府的权利，它们能够轻而易举地摧毁一个国家的运行，对政治、经济和社会生活构成了严重的威胁，形成了庞大的雄踞社会之上的“公司帝国”。随着企业权力不断扩张，按照“责任铁律”权责一致的要求，社会必然要求企业承担更多的社会责任，否则会引致强大的社会批评和社会压力，使企业丧失社会所赋予的权力。

（三）契约主义

企业契约主义（Contractarianism），认为企业与社会各种利益集团之间有一系列自愿同意且相互受益的契约。履行与社会各种利益集团的合同义务是企业的责任。企业应对为它的存在而提供条件的社会承担社会责任，社会应对企业的发展承担责任。企业无法超越社会存在，企业与企业之间、企业与社会之间始终存在着一种基本协定，即社会契约。企业是支撑人类社会生存的基本经济单位，企业行为的后果让社会来承接。而企业也是社会的产物，企业生存在社会环境之中，从某种程度上讲，它的经营业绩取决于社会环境的好坏。社会价值观往往决定着企业的价值观，从而决定企业的行为。

社会契约理论是非常抽象的概念，它暗含着企业必须符合公众的期望，契约主义是企业责任的一种扩展概念，因为它不加任何限制地增强了企业对许多社会因素的义务。按照这种逻辑，企业可能要被赋予比现今它们乐意承担的种类更多的义务。

三、企业社会责任的分类

企业的社会责任范围广泛，企业管理人应凭着诚心和决心，在衡量企业的能力和平衡内外利益后，再估量应从事何种活动。社会责任的分类有很多种方法，我们这里仅列举两种分类方法。

（一）根据企业所采取的社会责任行动分类

（1）在制造产品上的责任：制造安全、可信赖及高品质的产品；
（2）在行销活动中的责任：如作诚实的广告等；
（3）在新技术发展完成时，以对员工的再训练来代替解雇员工；
（4）环境保护的责任：研发新技术以减少环境污染；
（5）良好的员工关系与福利，让员工有职业满足感等；
（6）提供平等雇用的机会：雇用员工时没有性别歧视或种族歧视；
（7）员工之安全与健康：如提供员工舒适安全的工作环境等；
（8）慈善活动：如赞助教育、艺术、文化活动，或弱势族群、社区发展计划等。

（二）根据社会责任的受益人分类

1. 内部受益人

内部受益人包括顾客、员工和股东，这些是和企业有直接利害关系的人。

（1）对顾客的责任。提供安全、高品质、包装良好及性能好的产品。对顾客的抱怨立即采取处理措施，提供完整而正确的产品资讯或诚实不夸大的产品广告。

（2）对员工的责任。关于企业对员工的责任，法律上有许多相关的规定如工作时数、最低薪资、工会等，目的是保障员工的基本人权，除了法律上保障的权利外，现代企业亦会提供员工其他福利，如退休金、医疗、意外保险等或训练教育补助、生涯发展之协助等，这些都是企业社会责任的延伸。

（3）对股东的责任。企业管理者有责任将企业资源的利用情形和结果完全公开地、详实地告知股东。企业股东的基本权利，并不是要保证其获得利润，而是保证其获得公司正确的财务资料，以决定其是否继续投资。

2. 外部受益人

外部受益人可分为特定外部受益人和一般外部受益人。

（1）特定外部受益人。如企业采用平等雇用原则，使得妇女、残障、少数民族等成为受益人，虽然此原则已有法律上的规定，但是，不管是过去还是现在，歧视女性、残障、少数民族等弱势群体，企业机构一直扮演着主要的角色，所以现代企业应该负起此社会责任，以弥补错误。

（2）一般外部受益人。企业参与解决或预防一般社会问题的发生，常被认为是最实际的社会责任，因为这些活动使得一般大众都受益，如：保护环境活动，防止水污染、空气污染，或者捐赠教育机构及赞助文化艺术活动等。

四、企业履行社会责任的价值

1. 降低长期成本

企业履行善待员工的企业社会责任，提高员工待遇，改善工作环境，其实可以为公司节省开支，降低长期成本。因为这些措施可以减少工人的病假时间，使得其更具工作效率，继而提升企业生产力；公司员工的流失率会因此而减少，从而减少招聘与培训支出，特别是可吸引更多的优秀人才。

2. 提高生产效率，提升产品质量

改善员工的工作条件，提升员工在企业中的地位，给予其参加决策和管理的权利，可以增强员工对企业的归属感，提高其工作的积极性，激发其工作潜力。只有员工工作热情高涨，才会使产品的质量提高，次品数量减少，从而提高生产效率和提升产品质量。

3. 提高对企业责任的认识，增强企业凝聚力

在一个公司内，明确的社会责任政策如行为守则等可以提高对企业责任的认识，对于员工、投资者和消费者都有重要的指示作用。行为守则可引起组织的关注，引发组织的思考，许多企业利用他们的网站，交流他们的价值观、原则和守则。在全球化的世界中，原则和价值观有益于公司品牌的树立和公司文化的构建。

4. 吸引责任消费，取得更好的财务绩效

企业社会责任还能带来外部收益。随着经济的发展和社会的进步，消费者的素质也得到了很大的提升。因此在选购商品时，除了考虑产品质量和价格外，消费者更加关注生产该商品的企业在运营过程中是否重视环保、是否善待员工等一系列企业社会责任情况。2001 年有机构针对企业社会责任开展调查，结果显示，五成的受访公众购买商品时会考虑企业社会责任履行情况，甚至高于产品质量（40%）及业务基础（32%），说明消费者越来越留意具备

良好社会责任企业的产品。履行企业社会责任的企业会在广大消费者中树立良好的品牌形象，从而获得较佳的财务绩效：更高的利润、更佳的股东回报率、更高的增长率。

5. 吸引责任投资，赢得更大发展机遇

最早的责任投资始于西欧，当时的教会规定，获得的善款不得用于投资或资助军火、烟酒等危害世界和平与人民健康的产业。现今，随着责任消费的兴起，投资者为了获得更高的资本回报，更加重视责任投资，那些履行企业社会责任的企业能够得到更多的资金注入，从而赢得更大的发展机遇，在竞争中取得领先。2001 年至 2003 年，欧洲注重社会责任、环保、道德经营的基金的增幅高达 12%，达到 313 个，占欧洲各类型基金总数的 63%。这类顾及道德及社会责任的公司之所以增长超速，原因在于它们能够吸引更多的责任投资者。负责任的企业也因此获得更多的发展机遇。

6. 增强供应链竞争力

跨国公司由于长期利益和短期利益的要求，除了自身履行企业社会责任外，对其供应链上的供应商和制造商提出实践企业社会责任的要求，以增强整条供应链的竞争力。它们与这些愿意实践社会责任的中型或小型公司建立商业联系，为后者带来无限商机。以中国纺织行业为例，重视履行企业社会责任的企业能够在与同类别企业的竞争中占据优势，更容易进入跨国公司的供应链中。同时由于自身对于企业社会责任的重视，也将增强所在供应链相对于其他同领域供应链的竞争力，从而与所在供应链的其他企业一同取得更大的经济效益。

7. 协助企业实施与控制价值观，帮助企业避免风险

守则只有在执行良好的情况下，才会降低公司卷入丑闻的风险。徒托空言的守则只会增加风险。曾就职于壳牌公司和国际特赦组织商业集团的 Geoffrey Chandler 说，真正的守则，只有在真正地执行过后，才可以减少公司在当今严峻世界中的风险。如果守则只是公关的幌子，它只会增加风险，因为它的欺诈行为将会随时暴露。只有他们的行为经得起审查，他们才会在信誉上大有收获。

资料链接

一些赞成或反对承担社会责任的观点

赞成的观点	反对的观点
公众期望	违背利润最大化原则
公众的意见现在支持企业同时追求经济目标和社会目标	只有当企业追求其经济利益时，才是在承担社会责任
长期利润	淡化使命
具有社会责任感的企业往往获得更有保障的长期利润	追求社会目标会淡化企业的首要目标，即更经济地从事生产
道德义务	成本
企业应该承担社会责任，因为实施负责任的行为是企业应该去做的正确的事情	许多有社会责任感的行为都无法补偿其成本，必须有人买单
公众形象	权力太多

通过追求社会目标，企业可以塑造良好的公众形象	企业已经拥有很大的权力，而如果它们追求社会目标，可能就会拥有更多的权力
更好的环境	缺乏技能
惬意的参与能够帮助解决社会难题	企业的领导者缺乏解决社会问题的必要技能
减少政府管制	缺乏明确的责任
通过承担社会责任，企业可以期待较少的政府管制	企业并不具有实施社会活动的明确的责任
责任与权力平衡	
企业有大量的权力，需要承担同等规模的责任来平衡这种权力	
股东的利益	
占有资源	
预防胜于治疗	

资料来源：斯蒂芬·罗宾斯. 管理学[M]. 11 版. 北京：中国人民大学出版社，2012：122.

五、管理道德

（一）管理道德的定义

道德（ethics）是调整人与人、个人与群体、个人与社会之间行为规范的总和。在人类生活中，道德是一种特殊的社会现象。同法律规范、政治规范和其他各种规范相比，道德规范的特殊性在于：其一，它以善和恶、正义和非正义、公正和偏私、诚实和虚伪等道德范畴，来评价个人和群体的行为；其二，它是通过社会舆论、传统习俗、内心信念等非强制性力量，来影响人的心理，实现调节作用。

管理道德是道德的特殊形态，是一般社会道德在企业关系和企业行为中的特殊表现。美国伦理学家蒂洛（J. P. Thiroux）认为，企业的管理道德就是“雇主、雇员、企业和消费者之间重大关系的确立和维持”。换言之，企业的管理道德既包括企业内部关系，也包括企业与社会的外部关系。

企业作为独立法人，不仅直接参与社会经济活动，与企业内外部发生各种经济关系，同时，也参与社会精神、文化、道德等活动，与消费者、政府等外部主体发生千丝万缕的关系。因此，任何企业的行为总是要受到道德的影响，并蕴含着道德价值。

企业道德的内涵是：企业在生产经营过程中，协调、处理企业内外部关系的行为规范总和，它决定企业行为可接受与否的原则和标准。在实践活动中，企业借助社会舆论、传统习惯和整体信息来指导和约束企业，调整企业和各方面利益的关系。在这些过程中，企业道德得以逐步形成和发展。

（二）行为是否有道德的影响因素

人们在面临道德困境时是否会有道德地行事，受到道德发展阶段、个人特征、组织结构

特征、组织结构设计、组织文化、该道德事项的严重程度等因素在内的其他调节变量的影响。缺乏强烈道德感的人，若被那些反对不道德行为的规定、政策、工作说明或强烈的文化准则所约束，他们做错事的可能性就会低得多（图 3.7）。

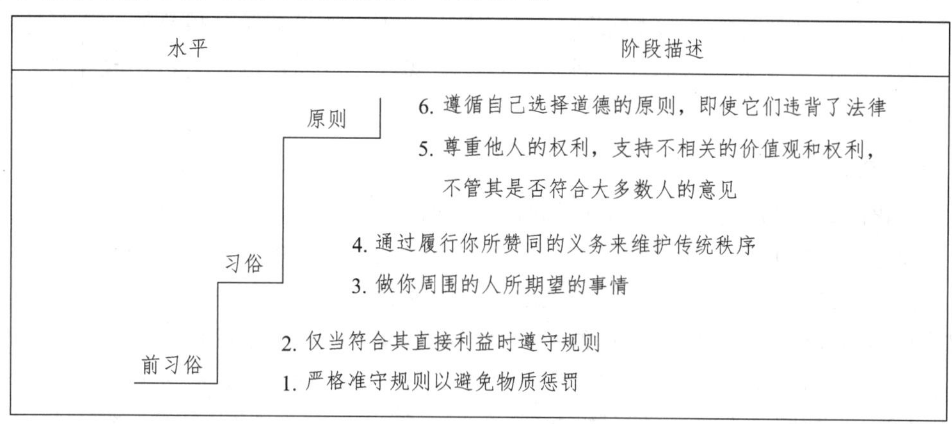

图 3.7 道德发展阶段

资料来源：I KOHLBERG. Moral stages and moralization:the cognitive-development approach[M]. //T LICKONA. Moral development and behavior: theory, research, and social issues. New York:Holt, Rinehart & Womdypm, 1976:34-35.

1. 道德发展阶段

研究者把道德发展阶段划分为三个层次，每个层次有两个阶段。沿着每一个连续的阶段上升，个体的道德判断会变得越来越内在化并独立于外界影响。

对于道德发展阶段，我们能够得出什么结论？第一，人们会按次序通过六个阶段；第二，并不能够保证持续的道德发展；第三，大部分成年人处在第四阶段：他们被限制于遵守相关的规定，并且倾向于有道德地行事，以努力成为一名“良好的企业公民”。虽然基于不同的原因，处于第三阶段的管理者很有可能根据周围同行的惯例来作出决策。而处于第五阶段的管理者很有可能会对自己认为是错误的组织行为提出质疑或挑战。

2. 个人特征

个人特征的价值观和性格对一个人是否有道德地行事产生重要影响。进入组织的每一位成员都有一套相对稳固的个人价值观（values），他们体现了关于是非对错的基本信条。价值观非常广泛，涵盖各种各样的事项，而道德发展阶段则是衡量个体独立于外界影响的程度，两者并非一致。性格中的自我强度（ego strength）是衡量一个人所持信念的力量。自我强度高的个体很有可能会抵制实施不道德行为的推动力，并且遵循自己的信念或信条。控制点（locus of control）是人们相信能够掌握自己命运的程度。内控者（internal）相信自己能够掌握自己的命运，他们更有可能为自己的行为负责，而且更有可能依靠他们内心的曲直程度来指导自己的行为。外控者（external）认为自己的遭遇是由于运气或偶然，他们对自己行为造成的后果负责的可能性较低，更有可能会受到外部力量的影响。

3. 组织结构变量

一个组织的机构设计能够影响其员工是否有道德地行事。如果组织结构具有正式的规章制度，能够使模糊和不确定性降至最低，并且始终提醒员工什么是有道德的行为，那么它们更有可能鼓励有道德的行为。另外，一个组织的绩效评估体系也会影响有道德的行为。当仅仅根据绩效结果来评估员工时，员工有可能被迫不择手段地做任何必要的事情以获得优秀的绩效结果。与绩效评估体系相关的报酬的分配方式，即奖励或惩罚，越是取决于具体的目标结果，员工就越有可能被迫采取任何必要措施以实现这些目标，也许会达到放弃自己的道德标准的程度。

4. 组织文化

组织文化的内容和强度也会影响道德行为。就道德行为而言，最有可能鼓励高道德标准的是在风险容忍、控制以及冲突容忍方面表现突出的文化。因为共享的价值观能够产生强有力的影响，所以许多组织采用基于价值观的管理，即利用组织的价值观来指导员工如何从事他们的工作。例如患者至上的核心价值观是百年梅奥诊所经久不衰的源泉，“患者需求至上”追求的不仅是一句口号，而是一种医疗服务和生活的方式。她通过建立一套薪酬体系、工作制度、升迁制度、招聘制度等来满足梅奥成员们的需求，并将组织成员的全部精力集中在“患者至上”的工作中。

因此，组织的管理者确实在这方面扮演着重要角色。研究表明，管理者的行为是影响员工个体实施有道德行为或不道德行为的最重要的因素。员工会密切关注拥有权力的人正在做什么，并且把他们的行为当作基准来定义可接受的实践和期望。

5. 事项的严重程度

下列六个特征（图 3.8）决定了事项的严重程度或某个道德事项对个体的重要程度：伤害的严重性；对错误的共识；伤害的可能性；后果的即时性；与受害者的密切程度；影响的集中程度。这些因素显示，受到伤害的人越多，越多的人认为这种行为是错误的，这种行为导致伤害的可能性就越大，感觉到这种行为的后果就越迅速，与受害人的关系越紧密，这种

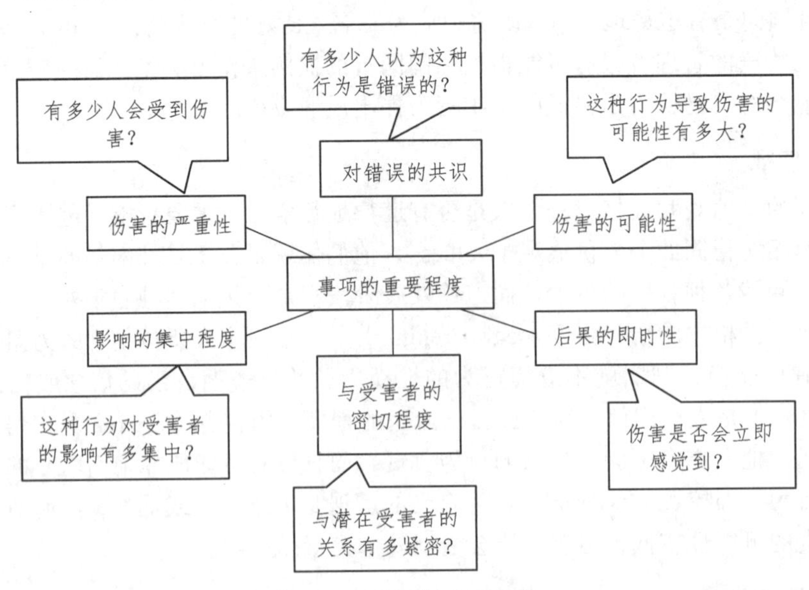

图 3.8　事项的严重程度

资料来源：斯蒂芬·P. 罗宾斯. 管理学[M]. 11 版. 北京：中国人民大学出版社，2012:130.

行为对受害者的影响就越集中，那么该事项的严重程度或重要性就越高。当一个道德事项非常重要时，员工更有可能有道德地行事。

（三）当代的道德事项和管理

如今的管理者在承担社会责任和实施有道德的行为时仍然面临许多挑战。一项调查报告显示，5 000 名被调查的员工中，有 45% 的人承认在工作时睡觉；22% 的说他们传播过关于某位同事的流言；18% 的人说他们下班后打听过八卦新闻；2% 的人说他们把其他某个人的成果据为己有。此时，管理者能够做什么呢？有两种行动显得尤为重要：有道德的领导；保护那些检举错误行为的人。

1. 有道德的领导

前面已经提到，管理者的行为对员工是否有道德地行事的决定具有强烈影响。当管理者欺骗、撒谎、偷窃、操纵、利用局势或员工，或者不公正地对待他人时，他们向员工（或者其他利益相关群体）传递的信号，很有可能不是他们希望传递的信号。下面是对管理者如何提供有道德的领导的一些建议。

表 3.3　有道德领导的一些建议

- 始终成为诚实的、有道德的人做好榜样或表率
- 始终告知真相
- 不隐瞒或操纵信息
- 愿意承认自己的错误
- 通过与员工的定期交流来分享你的个人价值观
- 强调组织或团队重要的共享价值观
- 使用奖励制度来使每个人对这些价值观负责

2. 保护提出道德问题的员工

检举错误行为或非法的、不道德的事情，存在所谓的风险。因此，对于管理者来说，很重要的一件事就是向提出道德问题或事项的员工保证他们不会遭受个人或职业的风险。这样的员工常被称为告密者（whistle-blowers），可以在任何公司的道德计划中成为关键部分。

对此，一种解决方法是开设免费的道德热线电话。员工可以匿名拨打以检举违法违规行为，而公司则对检举内容予以调查。此外，管理者需要创造一种鼓励及时汇报错误行为并且在其酿成严重后果之前采取行动的组织文化。尽管有的国家，如美国制定法律为告密者提供某种司法保护，如果管理者对检举违法行为的员工实施打击报复，那么他们将接受惩罚。但是遗憾的是，仍然有很多检举的员工事后被解聘或调离原来的工作岗位。因此，目前它还不是一个完美的解决办法，而是朝着正确方向迈出的一步。

思考与练习

1. “企业的基础是关系”。你认为这句话有什么含义？请结合中国的情景，谈谈这对组

织管理外部环境的启示。

2. 课堂也具有文化，请使用组织文化的七个维度来描述你的课堂文化。这种文化是否约束你的授课教师，如何约束；它是否约束学生，如何约束。

3. 组织文化会成为一个组织发展的负资产吗？请说明理由。

4. 俗话说：学高为师，德高为范。那么，企业中职业道德高尚的人有哪些特征和行为？如何在工作中对员工这类的决策和行为进行激励？

5. 影响社会责任和管理道德的因素有哪些？

案例分析

IBM的发展及环境

20世纪60年代的大学毕业生把进入国际商用机器公司(IBM)视为最好的就业机会,IBM在增长机会和工作保障之间求得了极好的平衡。它领导着计算机产业的发展，并且它从未解雇过一位员工。

今天IBM已成为美国的第四大工业企业,它的产品范围从800美元的打字机到1亿多美元的数据处理系统，每年可创造640多亿美元的销售额。但今天，IBM向雇员提供的不再是30年前那种高增长、高职业保障的机会了，因为今天的IBM正承受着文化的压力，这种文化更适合于IBM几乎垄断计算机工业的时期。

近年来，IBM面临着严峻的挑战。由于越来越多的企业已转向购买高性能和高灵活性的个人计算机，使得对高利润率的大型计算机的需求减少了。对IBM而言，不幸的是，PC机已成为可互换的大众化的商品，而且在几家主要的制造商之间展开了激烈的价格竞争。PC机带来的利润流向了像苹果公司那样的公司，它们不断开发创新产品满足日益增长的顾客需求。如今，IBM只占有约25%的PC机市场，与20年前50%的份额形成了鲜明的对比。1991年，IBM遭受了80年来第一次亏损：令人震惊的28亿美元亏损。

试看曾经有助于公司成功的因素，我们更好地了解到IBM当前的问题：一种受到规则高度束缚的保守文化，以及对顾客服务的永恒承诺。

IBM的创始人，托马斯·沃森几乎为每一件事情都制定了规则。深色西装、白衬衫、条纹领带是IBM的“制服”。喝酒，甚至下班后喝酒也被禁止。雇员们被要求接受频繁的调换。今天，虽然规章制度的严厉性减少了一些，但保守形象仍一如既往。具有讽刺意味的是，这种适用于IBM成长及温和竞争时期的保守文化，在现在动态的环境中已成为发展的主要障碍。20世纪60年代至70年代，由于IBM提供了可预见的成长及就业保障而被吸引到公司来的一批人，现在也成为公司的负担，因为他们与当前所需的变革和创新的文化不相适应。

IBM的人员承诺顾客的服务。公司的销售人员仍然是公司的骄傲，他们经过全面培训掌握了丰富的知识。大部分雇员在进入公司的头6周里都要接受公司的培训；每年，管理者至少花40个小时的额外时间参加研修。尽管公司遇到财政困难，IBM仍坚持每年投入几亿美元资金用于教育和培训。如果顾客购买的IBM的设备出现了问题，他们相信公司的销售和服务人员有能力解决。但是强调服务却成了产品创新的代价。尽管IBM的许多竞争者几乎每月都推出新产品，而IBM仍将“筹码”压在服务上。这并不是说服务不重要，而是当市场不断要求创新并对创新给予很高的报酬时，IBM 的文化仍集中在服务上。

IBM 对其自身问题的反应是进行大规模的重组。1991 年，公司解雇了 2 万人；1992 年又解雇了相同数量的员工，这种剧烈的重组已经司空见惯。在所有这些场合，雇员的职务比先前降低了 2 个到 3 个等级。你可以想象这些变化对 IBM 雇员所产生的影响。公司原来享有工作保障的美誉，在那里从来没有人被解雇，突然这一切成为过去。如果你是一位年薪 60 000 美元的市场研究员，虽然你的薪水没有受到影响，但当你发觉自己是在传达室工作时，你的感觉如何呢？这样的事情就发生在 IBM 公司，而且是在 1992 年。

资料来源：http://wk.baidu.com/view/1583a018964bcf84b9d57bcb?pn=1&pu=.

问题：

1. 在 20 世纪 90 年代，IBM 公司的具体环境发生了哪些变化？

2. IBM 的历史文化及环境中的改变是如何制约公司的高层管理层的？

第四章　计划

【学习目标与重点】

- 正确理解计划的概念
- 明确计划的种类
- 了解计划工作的原理与程序
- 掌握目标管理方法
- 掌握滚动计划法、甘特图法和计划评审术等计划的方法。

【案例 4.1】

松下电器工业公司的故事

30 多年前，RCA 公司、通用电气公司和齐尼思（Zenith）公司等占领美国的电视机市场。如今，这些公司的电视机产品都销声匿迹了，取而代之的是日本松下电器工业公司的 Panasonic 和 Quasar 等牌号的电视机。松下公司生产的各种录像机也充斥着市场。

松下公司是第二次世界大战后松下幸之助建立的。其目标是成为当时正在浮现的电子学领域的领导者，重建日本强国的地位。50 年代初期，松下公司确立了控制美国电视机市场的目标，与其他日本电视机制造商组成了卡特尔，将进攻的焦点集中在了美国市场上。

在 20 年的时间里，将他的美国竞争对手从 25 个削减到了 6 个，最终，所有的美国竞争对手不是破产就是被外国同行所兼并。目前，松下公司已经成长为世界第十二位的大公司。1990 年 11 月，又斥资 60 多亿美元买下了 MCA 公司，MCA 是环球制片公司的母公司。经过精心策划的、长期的计划，松下公司成为世界消费电子行业的巨人，实际上，公司已经制订了 250 年的规划。

松下公司的管理当局把公司看作经久不衰的企业，它试图不给竞争对手留下任何可乘之机。

松下公司的成功说明了什么呢？

第一节　计划概述

计划通常被称为管理的主要职能，因为它构成了所有其他职能的基础。没有计划工作，管理者就不知道如何组织、领导和控制，事实上没有计划也就不会有组织、领导和控制。

一、计划的概念和特点

（一）计划的概念

在管理学中，计划有两重含义：一是指计划工作（planning），包括定义组织的目标，制定全局战略以实现目标，以及开发一组广泛的相关计划以整合和协调组织的工作。计划工作既关系到结果（做什么），也关系到手段（怎么做），并按“预测未来→设定目标→编制方案”的程序来开展。管理学家们一致认为，计划是最重要的管理职能之一。二是指以规划、预算等体现的计划形式（plan），它们是实施计划管理职能的书面文件。计划工作和计划形式是密切相关的。计划工作的中心内容是制订计划和执行计划。计划形式不仅是计划工作要完成的任务，也是计划执行的指南。

计划工作既可以是正式的，也可以是非正式的。所有的管理者都在某种程度上参与了计划工作，但是他们的计划工作可能是非正式的。在非正式的计划工作中，从来不把事情写下来，也很少或者几乎不与组织的其他成员讨论目标，这种类型的计划工作通常在一些小企业中很普遍。在这些小企业中，只是担当所有者兼管理者的人才对企业的远景以及如何实现远景有所了解。非正式的计划工作通常缺乏连续性，虽然它在小企业中很普遍，但也存在于某些大型组织中。当然，许多小企业也编制非常复杂的正式的计划工作。

（二）计划的内容

在正式计划中，覆盖一个年度甚至几个年度的正式目标以书面的形式表达出来，并且为组织的成员所共享。实现目标的具体行动计划也包含在正式计划中，就是说，管理者明确规定了通过什么途径使组织和组织的各种单位实现他们希望达到的目标。从这个角度看，计划工作的内容或任务包括：① 目标与内容，即做什么（what to do）；② 动机，即为什么做（Why to do it）；③ 时间：即何时做（When to do it）；④ 地点：即何地做（Where to do it）；⑤ 人员：即谁去做（Who to do it）；⑥ 方式、手段：即怎么做（How to do it）。

计划工作的内容可以概括为六个方面，即做什么（What）、为什么做（Why）、何时做（When）、何地做（Where）、谁去做（Who）、怎么做（How），简称为“5W1H”。这六个方面的具体含义如下：

（1）“做什么”：要明确组织的使命、宗旨、战略、目标，以及行动计划的具体任务和要求，明确一个时期的中心任务和工作重点。例如，企业在未来五年要达到什么样的战略目标；企业年度生产计划的任务主要是确定生产哪些产品、生产多少，合理安排产品投入和产出的数量和进度，在保证按期、按质、按量完成订货合同的前提下，使生产能力得到尽可能充分的利用。

（2）“为什么做”：要论证组织的使命、宗旨、战略、目标和行动计划的可能性和可行性，也就是说要提供制定的依据。实践表明，计划工作人员对组织和企业的宗旨、目标和战略了解越清楚，认识得越深刻，就越有助于他们在计划工作中发挥主动性和创造性。

（3）“何时做”：规定计划中各项工作的开始和完成的进度，以便进行有效的控制和对能力及资源进行平衡。

（4）“何地做”：规定计划的实施地点或场所，了解计划实施的环境条件和限制，以便合理安排计划实施的空间组织和布局。

（5）“谁去做”：计划不仅要明确规定目标、任务、地点和进度，还应规定每个阶段由哪个部门、哪个人负责。

（6）“怎么做”：制定实现计划的措施以及相应的政策和规则，对资源进行合理分配和集中使用，对人力、生产能力进行平衡，对各种派生计划进行综合平衡等。

实际上，一个完整的计划还应包括控制标准和考核标准的制定，使组织中所有部门与成员不但知道组织的使命、宗旨、战略、目标和行动计划，而且还要明确本职工作的内容、如何去做以及要达到什么标准。

（三）计划的目的

开展计划工作至少有四个动机：指明方向，减少不确定性，合理配置资源，设立控制的标准。

首先，计划协调过程，指明方向，展望未来。当员工认识到组织的方向以及他们如何为达到目标做出贡献时，他们会自觉地协调他们的活动、相互合作以及采取措施实现目标。没有统一的目标，部门和个人也许会在工作目标上相互冲突，会降低组织在实现目标过程中的效率。

其次，计划提供路线图和行动图，增加主动性，减少不确定性和模糊性。在做计划时，管理者必须对事物进行前瞻以降低不确定性，并且由于提前规划了路线图和行动图，使执行者行动时心中有数，主观能力性大大增加。尽管计划不能消除变化，但管理者可以通过预测变化、考虑这些变化的冲击和制定适当的措施来响应变化。

再次，计划有助于合理配置资源。计划会对企业有限的资源进行合理的分配，因而可以减少活动的重叠和浪费，从而实现资源的优化配置。当工作和活动围绕已经确立的计划进行时，时间和资源的浪费以及冗余就会被减小到最低的程度。

最后，计划设定可以用于控制的目标和标准。在计划工作中，通过控制目标和计划，将实际的绩效与目标进行比较，发现存在的重要差异，并采取必要的纠正活动。没有计划是不可能进行控制的。

（四）计划的性质

与其他管理职能相比，计划有如下性质：

1. 首要性

计划在所有的管理职能中居于首要位置，组织、领导、控制等职能的发挥是建立在计划职能的基础之上的。常言计划在前，行动在后。组织的管理过程首先应当明确管理目标、筹划实现目标的方式和途径，而这些恰恰是计划工作的任务，因此计划列管理职能的首位。例如，在制定控制的标准时，必须以计划为主要依据，控制的目的是更好地实现计划的目标，所以没有计划就谈不上控制。组织职能、领导职能也都与计划职能相关联。组织结构设计和组织权责的划分是以实现组织目标为目的的，由计划制定的组织目标往往会导致组织结构的调整和组织权责的重新划分。各级管理者在行使领导职能时，对员工进行引导、激励和约束（例如进行绩效评价、实施奖惩）也都是为了实现计划指定的组织目标，因此计划具有首要性。

2. 目的性

计划必然围绕着企业为实现一定的目标而进行，而且企业的目标形成了目标层次体系，有总目标、分目标，企业内部各个部门的工作都是围绕着目标来开展的。

3. 效率性

计划的实质是要保证组织行动的有序进行，提高企业经营管理的效率。计划通过明确组织行为的目标，规定实施目标的措施和步骤，来保证组织活动的有序性，从而最大限度地提高效率。计划的效率性主要是指时间和经济性两个方面。任何计划都有计划期的限制，也有实施计划时机的选择。计划的时效性表现在：一是计划工作必须在计划期开始之前完成计划的制订工作；二是任何计划必须慎重选择计划期的开始时间和截止时间。例如在企业中，一般会制定五年或十年期的长期规划、年度计划、季度计划、月度计划等，这些计划具有不同的计划期。经济性是指组织计划应该以最小的资源投入获得尽可能多的产出。

4. 普遍性

由于人的能力是有限的，现代组织中的工作是如此复杂，即使最聪明最能干的领导人，也不可能包揽全部计划工作。因此，实际的计划工作涉及组织或企业中的每一位管理者及员工，上至高层管理者，下至基层管理者及员工。一个组织的总目标确定后，各级管理人员为了实现组织目标，使本层次的组织工作得以顺利进行，都需要制定相应的分目标和分计划。这些具有不同广度和深度的计划有机地结合在一起，便形成了一个多层次计划系统。因此，计划具有普遍性。

5. 创造性

计划工作总是针对需要解决的新问题和可能发生的新变化、新机会而做出决定，因而它是一个创造过程。计划工作是对管理活动的设计，正如一种新产品的成功在于创新一样，成功的计划也依赖于创新。

（五）计划与绩效

首先，一般来说，正式的计划工作通常带来较高的绩效、较高的资产回报率以及其他积极的财务结果。其次，计划工作的质量以及实现计划的适当措施，通常要比计划工作本身对绩效的贡献更大。再次，某些对于正式计划工作的研究表明，正式计划并不必然导致高绩效，外部环境的影响通常是更关键的。政府、法规、强有力的工会以及其他的关键环境力量，通常限制了管理者的选择以及削弱了计划对组织绩效的影响。最后，计划与绩效的关系还受到计划的时间结构的影响，一般组织要改进它的绩效，至少需要四年期的系统性的正式计划工作。

二、计划的种类

计划可按照不同分类标志进行分类，如按照计划的表现形式、时间跨度、广度和明确性程度等，这些计划的分类方法不是相互独立的。

（一）计划的表现形式

计划按其表现形式的不同，从抽象到具体可分为使命或宗旨（mission or purpose），目标（objective or goal）、战略（strategy）、政策（police）、规则（rule）、程序（procedure）、规划（programme）和预算（budget）等类型。这几类计划的关系可描述为一个等级层次（图 4.1）。

图 4.1　计划的表现形式

1. 宗旨

宗旨描述组织的价值观、组织的抱负和组织存在的原因，是企业崇高的社会责任与目标价值的体现。宗旨对组织的各项任务只作最一般的表述，其重点是明确组织是干什么的、应该干什么和最终要达到什么样的目的，反映了企业的社会价值与企业如何对待股东、员工和社会义务的基本态度。例如，中国移动通信的宗旨是追求客户满意服务，浪莎袜业的宗旨是做最好的袜子。

为了系统地阐明企业在一定时期应达到的目标，企业必须首先明确它的宗旨。对于这一点，虽然每一个企业都应当知道自己的企业是干什么的，应该干什么，然而，有许多企业的经理却很难清楚地回答这样的问题。这些企业的经理还没有体会到，深入思考企业的宗旨并将它明确阐述出来，用以指导日常经营活动的重要意义。相反，当我们把目光转向一些取得了巨大成功的公司时，他们成功的首要原因在于有明确的宗旨。例如，在电子计算机芯片行业中首屈一指的英特尔（Intel）公司，就有着明确的宗旨："英特尔公司的目标是在工艺技术和营业这两方面都成为并被承认是最好的，是领先的，是第一流的。"著名的日本索尼（SONY）公司的宗旨便是："索尼是开拓者、永远向着那未知的世界探索。"表示索尼公司绝不步别人后尘的意志。正是从这一宗旨出发，索尼公司把最大限度地发掘人才、信任人才、鼓励人才不断前进视为自己的唯一生命，从而发明出世界上第一台家用录像机、首创电视的单枪三束彩色显像管，以及发明无需使用胶卷的小型磁带式照相机和微型立体声单放机等，并取得了巨大成功。

2. 目标

宗旨是一个组织最基本的目的，它需要通过目标的具体化才能成为行动的指南。目标是指一个组织在未来一段时间内要实现的预期成果。目标不仅是计划工作的终点，而且也是组织工作、人员配备、指导与领导工作和控制活动所要达到的结果。确定目标本身也是计划工作，其方法与制定其他形式的计划类似。

3. 战略

战略和策略是着重为实现组织长远目标所选择的途径，主要指出组织活动方向、工作重点和资源布置优先次序的总纲。战略是指导全局和长远发展的方针，它不是要具体地说明企业如何实现目标，因为说明这一切是许多主要的和辅助的计划任务；而是要指明方向、重点和资源分配的优先次序。

战略这个词来自军事用语，原意是为实现战争目标对战术的运用，它具有对抗的含义。它往往是针对竞争对手的优势和劣势，以及正在和可能采取的行动而制定的。因此，凡是存在竞争都需要制定战略，因为竞争获胜取决于优势地位，而优势地位的取得，又取决于长期的准备和持续努力的结合。对于一个企业来说，制定战略的根本目的，是使公司尽可能有效地比竞争对手占有持久的优势。可以说，企业战略就是以最有效的方式努力提高企业相对于其他竞争对手的实力。除了长期竞争需要战略以外，那些涉及长远发展、全局部署的管理活动也需要制定战略。因为从实现长远目标的要求来看，选择方向、确定资源分配的优先次序要比其余各种管理工作更加重要。

4. 政策

政策是指明组织的活动范围和方针、表明组织鼓励什么和限制什么，以保证行动同目标一致的计划的一系列导向性规定。政策的作用是为组织建立活动的一般指南。政策有助于将一些问题事先确定下来，避免重复分析，并给其他派生的计划一个全局性的概貌，从而使主管人员能够控制住全局；制定政策还有助于主管人员把职权授予下级。

既然政策是决策时考虑问题的指南，所以它必须有斟酌决定的自由。政策要规定范围和界限，但其目的不是要约束下级使之不敢擅自决策，而是鼓励下级在规定的范围内自由处置问题，主动承担责任，是要将一定范围内的决策权授予下级，这是政策与规则的主要区别。

组织为了促使目标的实现，要保持其政策的连续性和完整性，这样才能使政策深入员工的思想，形成一种持久作用的机制。政策多变，前后不连贯，只会促成员工和下级主管人员追求眼前利益的短期行为，即“政多变，民多惑”。但保持政策的连续性，因种种原因很难做到：① 政策的表述往往不容易做到十分规范和精确，这难免使人们发生曲解。② 正是组织所实施的逐级授权的政策，造成了权力的分散，从而导致人们广泛地参与政策的制定和对政策的解释，这肯定会出现曲解和歪曲政策的现象。③ 情况在不断变化。而政策的制定大多只是针对当时、当地、当事的特殊情况，当情况发生变化时，就不得不修改政策以适应已变化的情况。这很容易带来政策不稳定和不连贯的问题。可见，制定政策和保持政策的连续性是一种比较困难的计划工作。

5. 程序

程序也是一种计划，它规定了如何处理那些重复发生的问题的例行方法和步骤。程序指导如何采取行动的工作步骤，程序一般按照例行方法和步骤的时间顺序对必要的活动进行排列。因此，程序也是一种工作步骤。制定程序的目的是减轻主管人员决策的负担，明确各个工作岗位的职责，提高管理活动的效率和质量。此外，程序通常还是一种经过优化的计划，它是对大量日常工作过程及工作方法的提炼和规范化。

程序是多种多样的，几乎可以说，组织中所有重复发生的管理活动都应当有程序。如在组织的上层主管部门应当有重大决策程序、预算审批程序、会议程序等；在组织的中层职能管理部门，应当有各自的业务管理程序；组织中有些工作是跨部门的，如新产品的开发研制工作，则应当有相应的跨部门管理程序。一般来说，越是基层，所规定的程序也就越细，数量也越多。例如制造企业的工艺路线就是一种程序，它明确规定某个零件的加工顺序、使用的设备、加工的方法等，它对于保证零件的质量起着关键的作用。

管理的程序化水平是管理水平的重要标志，制定和贯彻各项管理工作的程序是组织的一项基础工作。

6. 规则

规则是一种最简单的计划，它是为组织的具体工作做出一系列限制和规定，详细阐明哪些是必需的行动、哪些是非必需的行动，并且没有酌情处理的余地。规则常常与政策和程序相混淆，所以要特别注意区分。规则与政策的区别在于：规则在应用中不具有自由处置权，规则与程序的区别在于规则不规定时间顺序，可以把程序看成是一系列规则的总和。

7. 规划

规划（programme）是综合性计划，包括目标、政策、程序、规则、任务分配、要采取的步骤、要使用的资源。规划一般是粗线条的，纲要性的。

大的规划往往派生有许多小的规划，而每个小的派生规划都会给总规划带来影响，它们相互依赖，互相影响。由于计划工作的质量总是取决于它的薄弱环节，所以，小规划不当或不周的后果会影响整个规划。甚至一个表面看来不重要的程序或规则，如果考虑不当，也会使一个重要的规划遭受失败。所以，使规划工作的各个部分彼此协调，需要有特别严格精湛的管理技能，并严谨地应用系统思想和系统方法。

8. 预算

预算（budget）是用数字表示预期结果的报表，是一种“数字化”的计划。预算是基本的计划工作手段，它通常是为规划服务的。如企业中的财务收支预算，也可称之为“利润计划”或“财务收支计划”。预算可以帮助组织或企业的上层和各级管理部门的主管人员，从资金和现金收支的角度，全面、细致地了解企业经营管理活动的规模、重点和预期成果。例如，某企业财务收支明细计划中科技开发费一项，就具体规划出新产品的研制、老产品的完善、科研、新工艺开发、日常经费、描图费和其他项目的预算金额。它事实上规定了新产品试制计划、新产品试验计划、产品完善化工作计划、采用国际标准计划、新工艺计划、科研工作的计划等派生计划的规模，同时也是这些派生计划的综合反映。不同的预算在精确性、详细性和目的性上是不同的。

预算也是一种控制手段。预算工作的主要优点是它促使人们去详细制订计划，去平衡各种计划。由于预算总要用数字来表现，所以它能使计划工作做得更细致、更精确。

（二）计划的广度

描述组织计划的最常见方式是按照计划的广度划分，计划可以分为战略性计划和运营性计划，表 4.1 表明战略计划是长期的、方向性的和一次性使用的。运营计划是短期的、具体的和持续性的。

表 4.1 计划的类型

宽度	时间架构	具体性	使用频率
战略的	长期	方向性	一次性
运营的	短期	具体性	持续性

战略计划（strategic plans）是应用于整体组织的计划，其任务在于建立组织的全局目标和寻求组织在环境中的定位，而具体规定如何实现全局目标细节的计划称为运营计划（operational plans）。这两种计划的差异在于，战略计划趋向于覆盖较长的期间，以及覆盖较宽的领域，战略计划还包含目标的构建。而运营计划是要定义实现目标的途径，不仅如此，运营计划趋向于覆盖较短的期间，如月度、周和日复一日的期间。

（三）计划的时间跨度

按照计划的时间跨度，可以分为长期计划和短期计划。通常定义长期计划（long-term plans）为超过 5 年期的计划，短期计划（short-term plans）为 1 年或短于 1 年期的计划。介于两者之间的计划既可以归为长期计划，也可以归为短期计划。长期计划多是组织粗线条的发展构想，而短期计划则是很具体的实施性方案。长期和短期计划之间的关系是：长期计划起主导作用；短期计划以长期计划为基础，是逐步落实长期计划的计划。

（四）计划的明确性程度

按照计划的明确性程度，计划可以分为指导性（directional plans）计划和具体性计划（specific plans）。具体计划有明确规定的目标，不存在模棱两可，没有容易引起误解的问题。指导性计划只规定一些一般的方针，它指出重点但不把管理者限定在具体的目标或特定的行动方案上。灵活性是指导性计划的一种内在特性，但是这种灵活性必须与清晰性的丧失进行适当的权衡。

（五）计划的使用频率

按照计划的使用频率，计划可以分为非程序性计划（single-used plans）和程序性计划（standing plans）。非程序性计划是指为满足特定情况而设计的一次性的计划。例如，当嘉信理财公司引入了在线折扣股票经纪服务后，高层经理采用非程序性计划来指导设立和实施这项新的任务。与此相对，程序性计划提供了对重复进行的活动的持续指导。程序性计划包括政策、规则和程序。

（六）计划的职能

一个组织不可能只有一个计划，通常需要形成一个计划体系。在这个体系中，有规划组织全局发展的总体计划，也有规划组织各个方面工作的职能计划，例如可以按职能将企业的经营计划分为销售计划、生产计划、供应计划、新产品开发计划、财务计划、人事计划、后勤保障计划等。这些职能计划通常是企业相应的职能部门编制和执行的计划。按职能分类的计划体系，一般是与组织中按职能划分管理部门的组织结构体系并行的。

将计划按职能进行分类，有助于人们更加精确地确定主要作业领域之间的相互依赖和相互影响，也有助于估计某个职能计划执行过程中可能出现的变化以及对全部计划的影响，还有助于将有限的资源更合理地在各职能计划间进行分配。

在组织的计划体系中，总体计划居于主导地位，各职能计划、管理层的计划都是围绕实现总体计划而制订的。整体计划体系应保持总体平衡，有机结合。

总之，计划可以按不同标志进行分类。不同的分类方法有助于我们全面地了解计划的各种类型。在实践中，一些主管人员认识不到计划的多样性，使得在编制计划时常常忽视某些重要的计划，因而降低了计划的有效性。

三、计划管理的原则

（一）系统性原则

计划的实质是对组织内的资源运用进行最优配置，以实现组织的目标。因此，必须全面、系统地分析组织内外条件，运用系统理论开展计划工作。

系统性原则要求组织的长期计划、中期计划、短期计划三者构成合理的时间安排，全局计划、职能部门计划、各管理层计划形成有机的空间安排。

（二）平衡原则

无论是哪一个管理层次，管理部门的计划，都必须做到与全局平衡和自我平衡。虽然不平衡是绝对的，但求得相对平衡是计划工作的基本要求。按照平衡原则，计划工作就要考虑好不同部门，不同方面的发展制约关系。各部门、各层次的计划应衔接好。在时间安排上，一定要注意计划的连续性、稳定性。

（三）发展创新原则

计划要注重组织的发展，并按照发展的原则开展计划工作，相应地需注意两点：

1. 计划工作应力求创新

计划工作人员应在组织发展的要求之下，创造性地提出一些新思路、新方法、新措施；

使组织在发展中创新，使未来的行动方案既科学、合理、可行，又不保守、不刻板，尽可能发挥组织的潜能。

2. 计划应留有余地

从发展的角度来做计划工作，要看到未来众多的不确定因素。计划应留有余地，而不能留有缺口。当然，计划留有余地并不是要打埋伏，隐瞒本单位的产出能力，以便超额完成计划。它指的是要尊重科学和客观实际，避免盲目性。

第二节　计划工作的过程

【案例 4.2】

不抛弃？不放弃？

灵达汽车电子公司的几位高管这个春节没过好。本来受金融危机的拖累就人心惶惶的，2009 年一季度公司订单掉了很多，好几条生产线也都停了。而公司总裁史某又在年前提出一个名为“方舟计划”的转型构想：由于这个行业的经济价值在朝下游移动，用户越来越关注整体系统功能和服务，灵达的业务也将向下游靠拢，从提供单一产品转为向客户提供整体解决方案，具体做法是关闭一些目前效益低又没有增长潜力的业务，将火力集中到高技术附加值的领域。大家都明白，假如这个计划真的启动，裁员在所难免。

自从那天史总提出了转型构想之后，第一产品事业部总监李某就没再笑过。本来这个春节，李某打算陪太太去塞班岛庆祝他们结婚五周年的，但史总的一个“方舟计划”弄得他兴致全无。他部门的一线工人最多，最近停下来的生产线也是最多的，他十分肯定史总会上说的“成本效益低又无增长潜力的业务”就是指他的部门。尽管史总已经暗示李某，走的人再多，关掉的业务再多，也不会轮到他，但李某还是心寒。前些年，他和他的部门为公司创造了最多的利润。奋斗这么多年，好不容易把部门发展成今天的规模，还带出来一个好团队。现在他留下，跟着他打拼卖命的弟兄们却都要走了，他怎么也无法安心。

李某没想到的是，研发部总监孙某的情绪也很低落，他原本以为公司下一步要搞汽车管理系统，孙某作为红人应该士气高涨呢。谁知两人年初四相约喝茶的时候，孙某大吐苦水。孙某说李某若走了，他的压力会更大，因为史总会将所有生的希望都寄托在孙某身上。孙某怕自己不能在计划期内开发出新电子模块，史总会将他一脚踹开，再从外面另找人来干。言谈中，两人都萌发了去意。

公司人力资源总监季某也静不下心来。她知道自己接下来很可能要承担一个异常艰巨的任务——裁员。单凭理性，季某能够理解史总的做法。她知道史总是想“腾笼换鸟”，利用眼下有利的劳动力供需局面来改变员工结构，为战略转型做准备。但一想到那么多朝夕相处的员工要离开，季某禁不住还是会战栗。她能想象到每位被裁者及其家庭的惨景，她也能想象到留下的员工会是什么样的心情。变革时期，效率和凝聚力是最关键的，一群士气低落的人能将企业带上所谓的诺亚方舟吗？季某对史总的决策产生了怀疑。她思考再三，给史总发了一条短信。

春节期间，史总去了一趟芜湖。一来是为了会会他的老战友许某，二来他也想会会芜湖汽车电子产业园区的同行，了解一下汽车电子解决方案的市场情况。许某对20世纪80年代那次百万大裁军的评论，让史总坚定了转型裁员的决心。然而，芜湖两个业界同行对市场的不乐观分析和他们惨痛的亲身体会，却又给他兜头一盆冷水。

在理想与现实之间矛盾着的史总收到季某发来的短信："史总，记得《士兵突击》里有一句台词：不抛弃，不放弃。"

史总真的困惑了：不抛弃，不放弃，是不抛弃旧的业务旧的人？还是不放弃新的目标新的机会？

资料来源：http://www.ebusinessreview.cn/c/hbr_case_article-layoutId-20-id-2038.html。

一、计划工作的原理

计划工作的主要原理有：限定因素原理、许诺原理、灵活性原理和改变航道原理。

1. 限定因素原理

所谓限定因素，是指妨碍组织目标实现的因素，也就是说，在其他因素不变的情况下，仅仅改变这些因素，就可以影响组织目标的实现程度。限定因素原理可以表述如下：主管人员越是能够了解对达到目标起主要限制作用的因素，越能够有针对性地、有效地拟订各种行动方案。限定因素原理有时又被形象地称作"木桶原理"。限定因素原理表明，主管人员在制订计划时，必须尽全力找出影响计划目标实现的主要限定因素或战略因素，有针对性地采取得力措施。

2. 许诺原理

在计划工作中，选择合理的期限应当有规律可循。许诺原理可以表述为：任何一项计划都是对完成各项工作所做出的许诺，因而许诺越大，实现许诺的时间就越长，实现许诺的可能性就越小。这一原理涉及计划期限的问题。一般来说，经济上的考虑影响到计划期限的选择。由于计划工作和它所依据的预测工作是很费钱的，所以，如果在经济上不合算，就不应当把计划期限定得太长。当然短期计划也有风险，那么合理的计划期限如何确定呢？这体现在"许诺原理"上，即合理计划工作要确定一个未来的时期，这个时期的长短取决于实现决策中所许诺的任务所必需的时间。例如，由于出现了意料之外的原材料大幅度涨价，某企业为了保证实现年度生产经营计划的利润目标，需要补充制订一个增加销售收入的计划，那么这个计划的期限至少要多长时间呢？这个计划至少要在一年中的什么时间以前制定并实施才能确保实现呢？根据许诺原理，该计划期限主要取决于从增加订货到最后实现销售收入的最短周期。对于该企业来说，从接收订单、签订合同到完成工程图设计，一般要两个月的时间。进行生产准备、投产、到出产品的生产周期一般也为两个月。商品通过铁路发运，整个发运过程的延续时间均为半个月左右，结算周期一般为一个月以上，而且有逐渐延长的趋势。因此，计划期限定为半年较为合理，也就是说，计划工作的开始时间至少要在六月底以前。这也是该企业每年要在六月底以前审查年度计划完成情况的原因。这项工作已成为一项惯例。

按照许诺原理，计划必须有期限要求。事实上，完成期限是对计划的最严厉的要求，此外，必须合理地确定计划期限，并且不应随意缩短计划期限，再者，每项计划的许诺不能太多，因为许诺（任务）越多，计划时间越长。如果主管人员实现许诺的时间长度比他可能正确预见的未来期限还要长，如果他不能获得足够的资源，使计划具有足够的灵活性，那么他就应当果断减少许诺，或是将他所许诺的期限缩短。例如，他所许诺的是一项投资，他就应当采取加速折旧提存等措施使投资的回收期限缩短，以减少风险。

3. 灵活性原理

计划必须具有灵活性，即当出现意外情况时，有能力改变方向而不必花太大的代价。灵活性原理可以表述为：计划中体现的灵活性越大，由于未来意外事件引起损失的危险性就越小。必须指出，灵活性原理就是制订计划时要留有余地，至于执行计划，则一般不应有灵活性。例如执行一个生产作业计划必须严格准确，否则就会发生组装车间停工待料或在制品大量积压的现象。

对主管人员来说，灵活性原理是计划工作中最重要的原理。在承担的任务重而目标计划期限长的情况下，灵活性突显出它的作用。当然，灵活性是有一定限度的，它的限制条件是：

（1）不能总是以推迟决策的时间来确保计划的灵活性。因为未来的不肯定性是很难准确预料的，如果一味等待收集更多的信息，尽量地将未来可能发生的问题考虑周全，当断不断，就会坐失良机，招致失败。

（2）使计划具有灵活性是要付出代价的，甚至由此而得到的好处可能补偿不了它的费用支出，这便不符合计划的经济性。

（3）有些情况往往无法使计划具有灵活性。即存在这种情况，某个派生计划的灵活性，可能导致全盘计划的改动甚至有落空的危险。例如企业销售计划在执行过程中遇到困难，可能实现不了既定的目标。如果允许其灵活处置，则可能危及全年的利润计划，从而影响到新产品开发计划、技术改造计划、供应计划、工资增长计划、财务收支计划等许多方面，致使企业的主管人员经过反复权衡之后，不得不动用一切力量来确保销售计划的完成。

为了确保计划本身的灵活性，在制订计划时，应量力而行，不留缺口，但要留有余地。本身具有灵活性的计划又称为“弹性计划”，即能适应变化的计划。

4. 改变航道原理

计划的总目标不变，但实现目标的进程可以因情况的变化随时改变。这说明执行计划要有应变能力。计划制订出来后，计划工作者就要管理计划，促使计划的实施，而不能被计划所“管理”，不能被计划定格。必要时，可以根据当时的实际情况做必要的检查和修订。

因为未来情况随时都可能发生变化，制订出来的计划不可能一成不变。尽管我们在制订计划时预见了未来可能发生的情况，并制定出相应的应变措施，但正如前面所提到的，一是不可能面面俱到；二是情况在不断变化；三是计划往往赶不上变化，总有一些问题是不可能预见到的，所以要定期检查计划。如果情况已经发生变化，就要调整计划或重新制订计划，就像航海家一样，必须经常核对航线，一旦遇到障碍便绕道而行。因此改变航道原理可以表述为：计划的总目标不变，但实现目标的进程（即航道）可以因情况的变化随时改变。这个原理与灵活性原理不同，灵活性原理是使计划本身具有适应性，而改变航道原理是使计划执行过程具有应变能力，为此，计划工作者必须经常地检查计划，重新调整、修订计划，以此达到预期的目标。

灵活性原则和导向变化原则是计划工作中的应急方法。灵活性是指计划本身应对变化有一定的适应性，涉及计划中所包含的变化的能力；而导向变化原则是指计划在执行的过程中应具有一定的应变能力，即要经常地检查计划工作的进行，并且如果事态变化和所期待发生的事情出现变化，应重新起草计划。除非计划具有内在的灵活性，否则进行导向上的变化可能会很难和成本太大。

二、编制计划的程序

1. 估量机会

未来是不确定的，也是可以认识和预测的。对未来的预测内容包括：对未来可能出现变化和机会进行初步分析，了解市场需求的变化趋势；根据自己的优势和不足搞清自己所处的地位；了解自己利用机会的能力；列举主要的不确性因素，分析其发生的可能性和影响程度。机会预测包括定性和定量两种。定性预测主要是对未来趋势的基本估计，如企业所面临的市场是坚挺还是疲软，竞争是会更激烈还是会趋于缓和等。定量预测是对定性的趋势预测作出确定性的判断。

2. 确立目标和分解目标

目标是未来行动的方向和要达到的标准。在预测的基础上，结合组织的内部条件，合理地选择经努力后可以达到的目标。

组织在未来的一个计划时期中的目标不止一个，而是一个目标体系。因此，组织的总目标确定之后，还要进行目标分解。譬如企业在未来一年的利润目标是实现税后利润 1 000 万元,那么这个总目标必须分解为主营业务收入和营业外收入各自要完成的税后利润两大目标，主营业务收入还必须分解到各个产品或各个分厂、分公司；目标分解也是确定目标的工作内容。

3. 拟订前提条件

拟订前提条件就是关于组织实现计划的环境假设条件，即组织将在什么样的环境中（内部或外部）执行计划。由于未来极其复杂，要把计划的实施环境的每一个细节都做出假设是不切实际的。因此，所考虑的前提条件仅限于那些对计划而言关键性的或具有策略意义的假设条件，即那些最影响计划贯彻实施的假设条件。同时为了协调各个计划，并且为实现预期的目标做出最有效的贡献，需要有一致性的前提条件，即计划应保持前提条件的协调一致。

4. 拟订备选方案

目标确定之后，就必须制订实施方案。要实现目标有哪些方案，将实施目标的条件、路线方法和可能出现的困难及克服方法，解决措施具体化。制订方案的过程不能闭门造车。方案的制订人员要深入基层，与计划执行人员讨论实施计划的路线、方法和措施。

方案也不是越多越好，要对候选方案的数量加以限制，以便把主要精力集中在对少数最有希望的方案的分析上。

5. 评价各种备选方案和选择计划

在找出了各种可供选择的方案后，应根据拟订的前提和目标，对方案进行评估。同时使用各种定性的、定量的以及计算机模拟的方法开展此项工作。

被评估过的方案中可能不止一个是可行的，应在可行的方案中，选择一个方案作为最终将要采取的行动方案。此外，需要注意的是如果发现有两个可行的方案，必须决定首先采取哪个方案，而将另一个方案也进行细化和完善，以作为候选方案。

6. 制订主要计划

主要计划就是针对组织选订的计划，需要清楚地确定和描述 5W1H 的内容。

7. 制订辅助计划

辅助计划是进一步完善主要计划的，例如购买设备的计划、财务计划、培训和雇佣人员的计划、开发新产品的计划。一个综合性计划必然要有一系列计划的支持才能实现。

8. 编制预算

计划工作的最后一步是将计划转化为预算，使之数字化。预算实质上是资源分配计划。它可以成为综合平衡各类计划的一种工具，也可以成为衡量计划完成进度的重要标准。编制预算的主要工作是根据选择的方案，对组织可利用的资源进行分配，涉及计划需要哪些资源、各需要多少及何时投入、各投入多少等问题。

三、计划工作的具体方法

计划工作必须采用科学的方法，才能保证计划结果的科学性。一般来说，计划工作方法主要有两种。

1. 自下而上，层层平衡方法

这种方法的具体做法是由基层单位或各部门制订出自己的计划，然后交组织的计划职能部门进行综合平衡，形成总体计划。这种方法的优点是制订出的计划比较切合各部门的实际，执行起来顺利；缺点是制订计划的时间较长，平衡工作量大。

2. 自上而下，层层分解方法

该方法的具体做法是由组织的计划职能部门先制订出总体计划，然后分解到各级部门，各部门再按分配的计划任务制订本部的实施计划。这种方法与上述方法的优缺点正好相反。

四、计划的评价

计划评价是计划制订工作中十分重要的一环，关系到所制订计划的质量、水平、可行性等。做好评价工作，是计划制订工作中不可缺少的一环。

计划评价的内容包括两个方面：一是对计划本身的评价，又称程序性评价，指依照分析和评审制订计划的步骤以及计划的结构等的标准对计划进行评价。更进一步地，这一评价的重点是计划制订工作。因为计划工作的科学性与计划的科学性是密切相关的，这如同对产品质量评价一样，对生产产品的生产线、原料、材料、工人的劳动态度等工作质量的评价。这一原理同样适用于计划管理。二是对计划的内容，特别是对计划执行之后的可能结果进行的评价，这是一种事前评价。

1. 计划的程序性评价

对计划进行程序性评价，具体又可分为如下三个方面内容：

（1）评价计划的客观性程度。

计划的客观性程度是指计划制订时所依据的资料是否属实、考虑是否周到、分析是否合乎规律等。这是保证计划的科学性所要求的，如果计划的客观性程度越高，计划的结果就越容易为人们所接受，自然也就容易执行和实现。

（2）评价计划的结构完整程度。

计划的结构是指计划的覆盖面、涉及的时间跨度，责任的明确性和控制特性等。评价一个计划的结构完整程度首先要看是否全面。这里的全面包括两层含义，一是计划对组织活动所涉及的重大方面是否都纳入了计划；二是计划对所涉及的问题是否都提出了解决方案。评价计划的结构完整程度的第二个指标是计划的时间幅度，即完成计划的明确时间。评价计划完整程度的第三个指标是计划的分工明晰程度，计划必须落实到组织中的各个成员。完整的计划必须明确每一个部门、每一个员工的职责。评价计划完整程度的第四个指标是计划的控制操作程度，如提出的指标是否适用，是否可操作。

（3）评价计划的机动性程度。

计划要保持一定的稳定性。但由于外界环境的变动，内部条件的变化，计划不可避免地要进行修改。制订计划应考虑到这一点。所以，计划的机动性程度是对计划进行程序性评价的重要指标。

计划的机动性评价主要指：① 计划是否提出了预备方案，当实施方案不可实施时，其他各类方案的可行性；② 不同计划的衔接协调程度。

2. 计划的经济效果评价

计划的经济效果评价指对计划实施后的效果的评价。它包括两个方面：一是计划执行前对计划方案实施结果的估计，即通过各种分析手段进行预先分析；二是在计划实际执行之后，将结果与计划进行比较。

五、计划的调整与修正

计划是面对未来的工作，必然带有不确定性。产生这种现象一般有两种原因：一是对未来的变化因素难以考虑周全；二是未来的不可控因素出现。无论哪一种原因造成的计划与现实不符的情形，都需要调整计划。因此，计划的调整与修正是计划管理不可缺少的内容。

1. 严肃性原则

虽然计划执行过程中修正、调整计划是正常现象，但不能看作是随随便便的事情。计划是行动的指南和控制的标准，修正计划，不论其程度多大，都是对行动指南、控制标准的调整，事关全局，必须慎重。按照严肃性原则，计划修正要做到：① 严格规定计划修正的权限范围。一般来说，计划执行主体无权修正计划，计划属哪一级下达的，由哪一级修正；② 修正后的计划应视同重新制订的计划，需要进行评价、选择。③ 每次调整计划时，一定要向全体员工解释清楚调整的原因与意义。

2. 稳定性原则

在一个计划期内，如果多次或大幅度地修正计划，必然给组织的管理和实现目标带来极大的不利影响。所以在计划修正工作中，应尽可能地保证计划的稳定性和连续性，防止政策与目标“一日三变”。若不存在重大的原则性失误，计划修正就不要推倒重来；只要与实际情况差别不大，就不要随便修改计划。

第三节 目标管理

【案例 4.3】

布朗小姐的目标管理

布朗是销售公司总经理，她与邮购处经理里卡多刚结束一场目标式的讨论。

“那么，里卡多，你同意这 8 项目标？”

“是的，布朗，它们看上去很适合我。”

“那太好了，”总经理说，“6 个月后我再见到你时，想看看你到底干得有多漂亮。”

在这 6 个月里，里卡多在一个目标上遇到了麻烦，这个目标是要求在邮寄成本上削减 5%，他本来打算利用大宗整批邮寄以达标，把 1000 多份目录册寄到指定的邮区，可是销售部迟迟交不出客户的名单来，邮签贴不齐，里卡多怕误事，只得追加邮费来零寄。

6 个月后，布朗见到里卡多时，一起来讨论他的工作表现，她说自己实在弄不懂里卡多怎么会在邮寄成本上无法达标。

“如果你那时候来找我，我可以向销售部施加压力，让他们给你那儿邮寄资料，这立刻就能办到！”，布朗说。

里卡多回答：“我想这 6 个月里得靠我自己，在那种情况下，我已尽了最大努力。”

他们在实施这套目标管理时，存在什么问题？

美国管理大师彼得·德鲁克（Peter F. Drucker）于 1954 年在其名著《管理实践》中最先提出了“目标管理”的概念，其后他又提出“目标管理和自我控制”的主张。德鲁克认为：先有目标才能确定工作，所以“企业的使命和任务，必须转化为目标”。如果一个领域没有目标，这个领域的工作必然被忽视。因此管理者应该通过目标对下级进行管理，当组织最高层管理者确定了组织目标后，必须对其进行有效分解，转变成各个部门以及各个人的分目标，管理者根据分目标的完成情况对下级进行考核、评价和奖惩。

目标管理提出以后，便在美国迅速流行。时值第二次世界大战后西方经济由恢复转向迅速发展的时期，企业急需采用新的方法调动员工积极性以提高竞争能力，目标管理的出现可谓应运而生，遂被广泛应用，并很快为日本、西欧国家的企业所仿效，在世界管理界大行其道。

一、目标

（一）目标的概念和分类

目标是指在一定的时间内所要达到的具有一定规模和水平的期望标准，在某种意义上，是指人们所期望达到的成就和结果。

按照目标的时间长短，目标可以分为短期目标和长期目标。短期目标与长期目标的区分是相对而言的。短期目标是长期目标的基础，任何长期目标的实现必然是由近及远的，在长期计划的第一年中实现的短期目标应该是全面而具体的。一方面，第一年所做的工作必须为以后相继各年所做的工作打下基础；另一方面，短期目标必须体现长期目标，必须是为了实现长期目标。为了使长期计划和短期计划之间形成一个整体关系，首先应使长期目标和短期目标之间形成一个整体关系。所以，确定短期目标的过程实质上是确定长期目标实现的先后次序的过程，为了使短期目标有助于长期目标的实现，必须拟订实现每个目标的计划，并把这些计划汇合成一个总计划，以此来检查它们是否合乎逻辑、是否协调一致以及是否切实可行。

按照目标的考核性质，目标可以分为定量目标和定性目标。定量目标是把目标量化，定性目标则只是对目标进行性质的界定。从考核的角度而言，定量目标便于考核，定性不容易考核，但是并不是所有的目标都能量化。它强调目标必须是可考核的，而使目标具有可考核性的最方便的方法就是使之定量化。但是，许多目标是不宜用数量表示的，硬性地将一些定性的目标数量化和简单化的做法可能是危险的，其结果有可能将管理工作引入歧途。最典型的例子就是关于“中学应否以升学率作为主要目标”的争论。在组织的经营活动中，定性目标是不可缺少的，主管人员在组织中的地位越高，其定性目标可能越多。有时，提出一个定性目标可能比规定一个定量目标使主管人员处于更有利更主动的地位。在某种意义上说，定性目标类似于模糊目标。大多数定性目标也是可以考核的，但考核定性目标不可能和定量目标一样考核得那么准确。定性目标在多数情况下是用“多好”的标准来衡量的。尽管确定可考核的目标是十分困难的，但任何定性目标都能用详细说明规划或其他目标的特征和完成日期的方法来提高其可考核的程度。

（二）目标的作用模式

目标很重要，是因为它能对个人的行为产生影响和作用，其产生影响和作用的过程如图4.2所示。

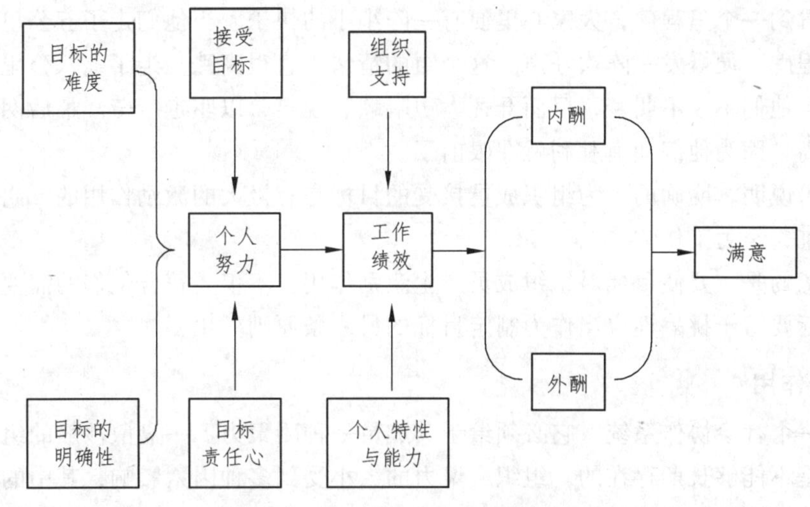

图 4.2 目标的作用模式

从图中可以看出，个人的努力程度直接取决于目标的难度和目标的明确性，与此同时，员工是否接受目标并由此产生完成目标的责任心也对个人的努力程度有重要影响。个人的努力程度直接决定他的工作绩效，此外，个人的工作绩效除了个人的努力之外，组织所提供的支持以及个人的特性与能力也会影响工作绩效。完成工作之后，员工个人心里所产生的成就感以及企业给予员工的物质的或精神的奖励将使员工获得满意感。

（三）目标的作用

1. 为管理工作指明方向

从某种意义上说，管理是一个为了达到同一目标而协调集体所付出努力的过程，如果不是为了达到一定的目标就无需管理。目标的作用首先在于为管理指明了方向。

要明确目标方向，就要尽量简化目标。所以，简化目标应当作为制定目标的一条原则。

2. 激励作用

目标不仅是计划的前提，而且是组织不可缺少的要素。一个组织目标明确，深入人心，具有强大的激励作用和导向作用。从组织成员个人的角度来看，目标的激励作用具体表现在两个方面：① 个人只有明确了目标才能调动起潜在能力，尽力而为，创造出最佳成绩；② 个人只有在达到了目标后，才会产生成就感和满意感。国外有人做过这样一次实验，组织共三组人，让他们沿着公路向十公里以外的村庄步行前进。第一组不知道去的村庄叫什么名字，也不知道有多远，只告诉他们跟着向导走就行了。结果这个组刚走了两三公里时就有人叫苦，走到一半，就有人抱怨，有的人甚至再也不肯走了，越往后人的情绪越低。第二组知道去哪个村庄，也知道它有多远，但路边没有里程碑，人们只凭经验估计需要走两个小时左右。这个组走到一半时开始有人叫苦，走到四分之三的路程时，大家情绪低落了，觉得疲惫不堪，路程太远了。当有人说快到了的时候，大家又都振作起来，加快了脚步。第三组不仅知道路程有多远，去的村庄叫什么名字，而且路边每公里都有一个里程碑。人们一路走一路留心看里程碑，每看到一个里程碑，大家心里便有一阵小小的快乐。当他们走了五公里之后，每再看到一个里程碑，便爆发一阵欢呼声。这个组的情绪一直很高涨。走了七八公里之后，大家确实累了，但他们不仅不叫苦，反而开怀大声唱歌、说笑，以驱走疲劳。最后两公里，他们情绪越来越高，因为他们知道胜利就在眼前了。

这个实验说明，明确的、为组织成员接受的目标是有极大的激励作用的，它会使人们自觉地克服困难，努力工作。

需要注意的是，要使目标对组织成员产生激励作用，不仅要符合他们的需要；而且要有挑战性。目标要富于挑战性应当作为制定目标的另一条原则。

3. 凝聚作用

组织是一个社会协作系统，它必须给予其成员一种凝聚力。一盘散沙般的组织是难以发挥作用的，是不能够长期存在的。组织凝聚力的大小受到多种因素影响，其中的一个因素就是组织目标。特别地，当组织目标充分体现了组织成员的共同利益，并能够与组织成员的个人目标取得最大程度的和谐一致时，能够极大地激发组织成员的工作热情、献身精神和创造力。而组织目标与个人目标之间潜在的冲突，则是削弱组织凝聚力的主要原因。因此，使组织目标与群体或组织成员个人目标之间取得和谐是制定目标的第三条原则。

4. 目标是考核主管人员和员工绩效的客观标准

大量管理实践表明，以上级对下级主管人员的主观印象和价值判断作为对主管人员绩效的考核依据，是不客观的、不科学的，也不利于调动下级主管人员的积极性。正确的方法应当是根据明确的目标进行考核。为此，目标本身必须是可考核的，这也是制定目标的一条主要原则。

二、目标管理的概念

目标管理有很多种定义。经典管理理论对目标管理（management by objective，MBO）的定义为：目标管理是以目标为导向，以人为中心，以成果为标准，而使组织和个人取得最佳业绩的现代管理方法。目标管理亦称“成果管理”，俗称责任制，是指在企业个体职工的积极参与下，自上而下地确定工作目标，并在工作中实行“自我控制”，自下而上地保证目标实现的一种管理办法。

《中国企业管理百科全书》对目标管理这样定义：让企业管理人员和工人亲自参加工作目标制定，在工作中实行“自我控制”并努力完成工作目标的管理制度。

哈佛企业管理顾问公司出版的《最新企业管理大辞典》将其定义为：目标管理系统乃是一种广泛被一般企业所用的一种管理程序；在此程序下，上司与下属将联合设定组织的共同目标及确定每一个人对预期成果的责任范围。

一般认为，目标管理就是一个组织的上下级管理人员和组织内的所有成员共同制定目标，共同实施目标的一种管理方法。

三、目标管理的特点

目标管理的指导思想是以 Y 理论为基础的，即认为在目标明确的条件下，人们能够对自己负责。其具体方法是泰勒科学管理的进一步发展。它与传统管理方式相比有鲜明的特点，可概括为：

1. 重视人的因素

目标管理是一种参与的、民主的、自我控制的管理制度，也是一种把个人需求与组织目标结合起来的管理制度。在这一制度下，上级与下级的关系是平等、尊重、依赖、支持，下级在承诺目标和被授权之后是自觉的、自主的和自治的，从而创造一种积极参与的、团结进取的、朝气蓬勃的组织气氛。

2. 建立目标层次体系和目标网络

目标管理通过专门设计的过程，将组织的整体目标逐级分解，转换为各单位、各员工的分目标。从组织目标到经营单位目标，再到部门目标，最后到个人目标。在目标分解过程中，权、责、利三者已经明确，而且相互对称。这些目标方向一致，环环相扣，相互配合，形成协调统一的目标体系。只有每个人员完成了自己的分目标，整个企业的总目标才有完成的希望。

3. 重视成果

目标管理以制定目标为起点，以目标完成情况的考核为终结。工作成果是评定目标完成程度的标准，也是人事考核和奖评的依据，这成为评价管理工作绩效的唯一标志。至于完成目标的具体过程、途径和方法，上级并不过多干预。所以，在目标管理制度下，监督的成分很少，而控制目标实现的能力却很强。

4. 强调自我管理与自我评价

目标管理的基本精神是以自我管理为中心。目标的实施，由目标责任者自我进行，通过自身监督与衡量，不断修正自己的行为，以达到目标的实现。同时，目标管理强调自我对工作中的成绩、不足、错误进行对照总结，经常自检自查，不断提高效益。

5. 一切工作以目标为中心

目标是所有工作的中心主要体现在四个方面：

（1）组织目标是上级与下级共同商定的，而不是上级下达指标，下级仅仅是执行者。

（2）每个部门和个人的任务、责任及应该达到的分目标是根据组织的总目标决定的。

（3）每个部门和个人的一切活动都围绕着这些目标展开，这就使履行职责与实现目标紧密地结合起来。

（4）个人和部门的考核均以目标的实现情况为依据。

四、目标管理的程序

目标管理的程序包括五个阶段：制定目标；执行目标；评价成果；实施奖惩；制定新目

标并开始新的目标循环。

1. 制定目标

这是目标管理最重要的阶段，第一阶段可以细分为四个步骤：

（1）高层管理预定目标，这是一个暂时的、可以改变的目标预案。即可以上级提出，再同下级讨论；也可以由下级提出，上级批准。首先，无论哪种方式，必须共同商量决定；其次，领导必须根据企业的使命和长远战略，估计客观环境带来的机会和挑战，对该企业的优劣有清醒的认识，对组织应该和能够完成的目标心中有数。

（2）重新审议组织结构和职责分工。目标管理要求每一个分目标都有确定的责任主体。因此预定目标之后，需要重新审查现有组织结构，根据新的目标分解要求进行调整，明确目标责任者和协调关系。

（3）确立下级的目标。首先下级明确组织的规划和目标，然后商定下级的分目标。在讨论中上级要尊重下级，平等待人，耐心倾听下级意见，帮助下级发展一致性和支持性目标。分目标要具体量化，便于考核；分清轻重缓急，以免顾此失彼；既要有挑战性，又要有实现可能。每个员工和部门的分目标要和其他的分目标协调一致，支持本单位和组织目标的实现。

（4）上级和下级就实现各项目标所需的条件以及实现目标后的奖惩事宜达成协议。分目标制定后，要授予下级相应的资源配置的权力，实现权、责、利的统一。由下级写成书面协议，编制目标记录卡片，整个组织汇总所有资料后，绘制出目标图。

制定目标时要注意：一是经过上下级充分的协商，要尊重执行者的意见；二是目标难度适度，目标有一定的难度，但是经过努力是可以完成的；三是目标明确、具体，尽可能量化，即到期末能够明确是否已经完成任务，能够考核。

2. 执行目标

执行目标与授权是结合在一起的。在目标执行过程中，上级必须授予下级为实现目标所需要的相应权利，通过授权使下级实行自我管理，顺利完成各项工作，同时把行使权力的过程当作努力锻炼和能力提高的过程。经验表明：越是放手授权，目标管理的效果越好。

在执行目标过程中，同样需要及时的跟踪和反馈。目标管理重视结果，强调自主、自治和自觉。并不等于领导可以放手不管，相反由于形成了目标体系，一环失误，就会牵动全局。因此，领导在目标实施过程中的管理是不可缺少的。首先进行定期检查，利用双方经常接触的机会和信息反馈渠道自然地进行；其次要向下级通报进度，便于互相协调；再次要帮助下级解决工作中出现的困难问题，当出现意外、不可测事件严重影响组织目标实现时，也可以通过一定的手续，修改原定的目标。同样，下级在执行目标过程中遇到问题和困难时，要及时向上级反馈。

3. 评价成果

达到预定的期限后，下级首先进行自我评估。评价包括自我评价、上下级相互评价以及横向联系部门的评价，评价的内容包括实现目标的情况，实现目标的手段、条件以及努力程度等，而成果是与考核奖惩挂钩的。

4. 实施奖惩

根据公平合理原则依据成果实施奖惩。对目标完成得好的部门和个人进行物质、精神的奖励，对于没有很好完成目标的部门和个人依照制度规定进行惩罚。

5. 制定新目标并开始新的目标循环

在对已经完成的目标管理进行总结的基础上，讨论下一阶段目标，开始新的目标循环。如果目标没有完成，应分析原因总结教训，切忌相互指责，以保持相互信任的气氛。

五、目标管理的优缺点

目标管理在全世界产生很大影响，但实施中也出现许多问题。因此，必须客观分析其优劣势，才能扬长避短，收到实效。

1. 目标管理的优点

（1）目标管理给组织内易于度量和分解的目标带来良好的绩效。对于那些在技术上具有可分性的工作，由于责任、任务明确，目标管理常常会起到立竿见影的效果，而对于技术不可分的团队工作则难以实施目标管理。

（2）目标管理有助于改进组织结构的职责分工。由于组织目标的成果和责任力图划归一个职位或部门，容易发现授权不足与职责不清等缺陷。

（3）目标管理调动了职工的主动性、积极性、创造性。由于强调自我控制、自我调节，将个人利益和组织利益紧密联系起来，因而提高了士气。

（4）目标管理有利于管理水平的提高。由于目标管理实现了上下级充分的协商，促进了意见交流和相互了解，有利于管理水平的提高，也有利于上下级关系的改善，还有利于上级对下属的管理。

2. 目标管理的缺点

在实际操作中，目标管理也存在许多明显的缺点，主要表现在：

（1）目标难以制定。组织内的许多目标难以定量化、具体化；许多团队工作在技术上不可解；组织环境的可变因素越来越多，变化越来越快，组织的内部活动日益复杂，使组织活动的不确性越来越大。这些都使得组织的许多活动制订数量化目标是很困难的。同时，可能由于过分强调数量指标，而容易忽视组织长远发展的一些定性的目标。

（2）目标管理的哲学假设不一定都存在。Y 理论对于人类的动机作了过分乐观的假设，实际中的人是有“机会主义本性”的，尤其在监督不力的情况下。因此许多情况下，目标管理所要求的承诺、自觉、自治气氛难以形成。

（3）上下级共同商定目标可能增加管理成本。目标商定要上下沟通、统一思想是很费时间的；每个单位、个人都关注自身目标的完成，很可能忽略了相互协作和组织目标的实现，滋长本位主义、临时观点和急功近利倾向。

（4）有时奖惩不一定都能和目标成果相配合，也很难保证公正性，从而削弱了目标管理的效果。

此外，当环境发生变化需要调整目标时，企业又要开始一轮目标商定的过程，从而产生不灵活的危险。

鉴于上述分析，在实际推行目标管理时，除了掌握具体的方法，还要特别注意把握工作的性质，分析其分解和量化的可能；提高员工的职业道德水平，培养合作精神，建立健全各项规章制度，注意改进领导作风和工作方法，使目标管理的推行建立在一定的思想基础和科学管理基础上；要逐步推行，长期坚持，不断完善，从而使目标管理发挥预期作用。

六、目标管理的实施原则

目标管理是现代企业管理模式中比较流行、比较实用的管理方式之一。它的最大特征就是方向明确，非常有利于把整个团队的思想、行动统一到同一个目标、同一个理想上来。它是企业提高工作效率、实现快速发展的有效手段之一。

搞好目标管理并非一般人想象得那么简单，必须遵循以下四个原则：

1. 目标制定必须科学合理

目标管理能否产生理想的效果、取得预期的成效，首先取决于目标的制定。科学合理的目标是目标管理的前提和基础，脱离了实际的工作目标，轻则影响工作进程和成效，重则使目标管理失去实际意义，影响企业发展大局。

2. 督促检查必须贯串始终

目标管理，关键在管理。在目标管理过程中，丝毫的懈怠和放任自流都可能贻害巨大。作为管理者，必须随时跟踪每一个目标的进展，发现问题及时协商、及时处理、及时采取正确的补救措施，确保目标运行方向正确、进展顺利。

3. 成本控制必须严肃认真

目标管理以目标的达成为最终目的，考核评估也是重结果轻过程。这很容易让目标责任人重视目标的实现，轻视成本的核算，特别是当目标运行遇到困难可能影响目标的适时实现时，责任人往往会采取一些应急的手段或方法，这必然导致实现目标的成本不断上升。作为管理者，在督促检查的过程中，必须对运行成本作严格控制，既要保证目标的顺利实现，又要把成本控制在合理的范围内。这是因为，任何目标的实现都不是不计成本的。

4. 考核评估必须执行到位

任何一个目标的达成、项目的完成，都必须有一个严格的考核评估。考核、评估、验收工作必须选择执行力很强的人员进行，必须严格按照目标管理方案或项目管理目标，逐项进行考核并给出结论，对目标完成度高、成效显著、成绩突出的团队或个人按章奖励，对失误多、成本高、影响整体工作的团队或个人按章处罚，真正达到表彰先进、鞭策落后的目的。

第四节　计划的方法

本节主要介绍滚动计划法、甘特图法、计划评审术、项目计划和情景计划五种具体的计划方法。

一、滚动计划法

滚动计划法是一种定期修订未来计划的方法。这种方法根据计划的执行情况和环境变化情况定期修订未来的计划，并逐期向前推移，将短期计划、中期计划和长期计划有机地结合起来制订计划。由于在计划工作中很难准确地预测影响未来发展的各种因素的变化，而且计划期越长，这种不确定性就越大，因此，若硬性地按几年前制定的计划实施，可能会导致重大的损失。滚动计划法则可避免这种不确定性可能带来的不良后果。

滚动计划法的具体做法是，在计划制订时，同时制订未来若干期的计划，但计划内容采用近细远粗的办法，即近期计划尽可能地详尽，远期计划的内容则较粗；在计划期的第一阶段结束时，根据该阶段计划执行情况和内外部环境变化情况，对原计划进行修订，并将整个计划向前滚动一个阶段，以后根据同样的原则逐期滚动。图 4.3 就是一个五年的滚动计划制订方法。

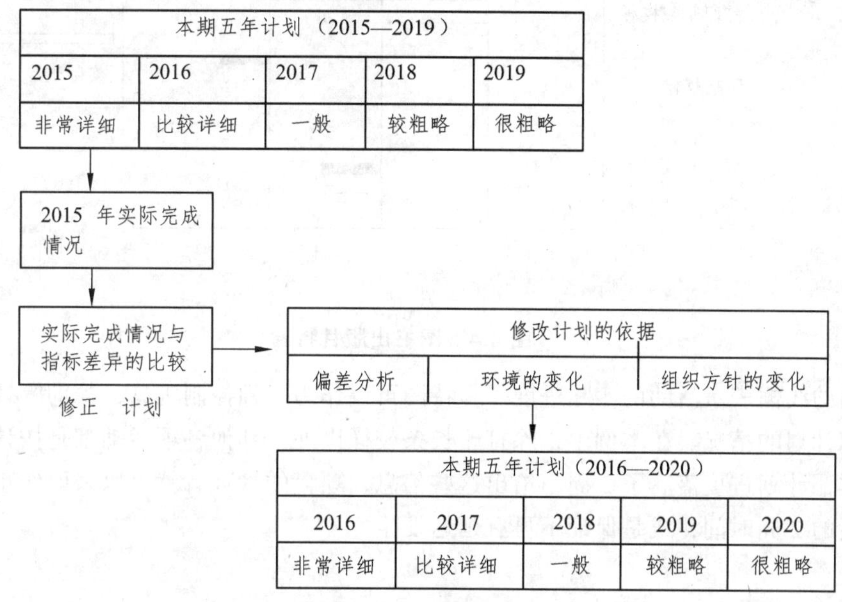

图 4.3　滚动计划图

滚动计划法适用于任何类型的计划。其优点是：

（1）使计划更加切合实际，由于滚动计划相对缩短了计划期，加大了对未来估计的准确性，能更好地保证计划的指导作用，从而提高了计划的质量。

（2）使长期计划、中期计划和短期计划相互衔接，短期计划内部各阶段相互衔接。这就保证了能根据环境的变化及时地进行调节，并使各期计划基本保持一致。

（3）大大增强了计划的弹性，从而提高了组织的应变能力。

滚动计划法的缺点是计划编制的工作量较大。

二、甘特图法

甘特图（Gantt Chart）是 20 世纪初由亨利・甘特开发的。它基本上是一种线状图，横轴表示时间；纵轴表示安排的活动；线条表示在整个期间上计划的和实际的活动完成情况。甘特图直观地表明任务计划在什么时候进行，以及实际进展与计划要求的对比。它虽然简单却是一种重要的工具，它使管理者很容易搞清楚一项任务或项目还剩下哪些工作要做，能够评估工作是提前了还是拖后了，又或是按计划进行的。

图 4.4 绘出了一个图书出版的甘特图，时间以月为单位表示在图的上方，主要活动从上到下表示在图的左边，计划需要确定图书出版包括哪些活动，这些活动的顺序如何。

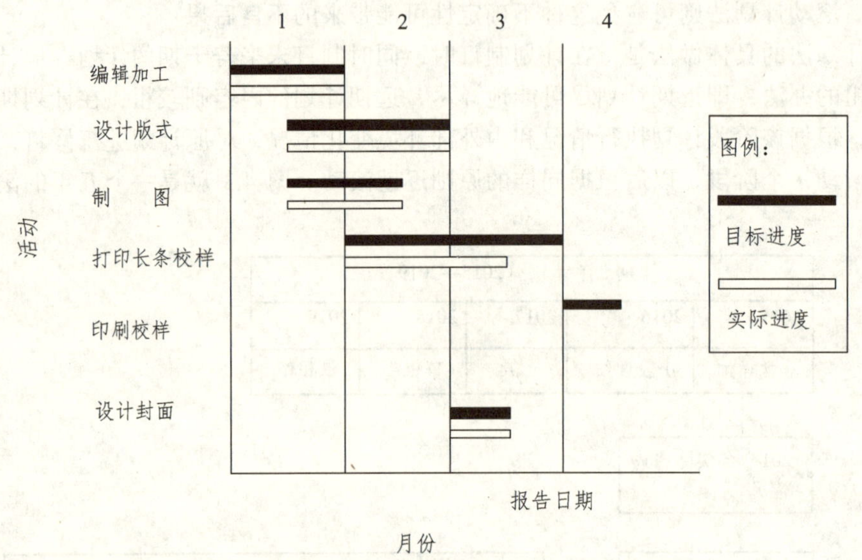

图 4.4　图书出版甘特图

空白的线框表示活动的实际进度。甘特图可以作为一种控制工具，帮助管理者发现实际进度偏离计划的情况。在本例中，除打印长条校样以外，其他各项活动都是按计划完成，而长条校样比计划进度落后了 2 周。给出这些信息，项目的管理者就可以采取纠正行动，或是赶出落后的 2 周时间，或是保证不再有延迟发生。

三、计划评审技术

计划评审技术（Program Evaluation and Review Technique），通常称为 PERT 或 PERT 网络分析技术，是在 20 世纪 50 年代末开发出来的。PERT 网络是一种类似流程图的箭线图，它描绘出项目包含的各种活动的先后次序，标明每项活动的时间或者相关的成本。对于 PERT 网络，项目管理者必须考虑要做的工作，确定时间之间的依赖关系，辨认出潜在的可能出问题的环节，借助 PERT 比较不同行动方案在进度和成本方面的效果。因此，PERT 可以使管理者监控项目的进程，识别可能的瓶颈环节，以及必要时调度资源确保项目按计划进行。

为了运用 PERT 网络技术，应该掌握事件、活动和关键路线三个基本概念，也要掌握开发 PERT 网络的步骤。所谓事件，表示主要活动结束的那一点；活动表示从一个事件到另一个事件之间的过程，它要花费时间和资源；关键路线是 PERT 网络中花费时间最长的事件和活动的序列。另外，开发 PERT 网络可以按以下步骤来进行。

（一）基本原理

把一项工作分解成各种作业，然后根据作业的先后顺序进行排列，通过网络图的形式对整个工作进行统筹规划和控制，从而有利于以较少的资源、最短的工期完成。

（二）网络图的构成要素

1. 活动（作业、工序）

活动是一项工作的过程，有人力、物力参加，经过一段时间才能完成。

工序名“———►”，消耗时间和资源。
时间
虚工序：“┈┈┈►”，不消耗时间和资源。

2. 事项（结点、网点、时点）

事项是两个工序间的联结点，不消耗资源，不占用时间。
表示：“○”

3. 路线

由始点事项出发，沿箭线方向前进，连续不断地到达终点事项为止的一条通道。周期最长的一条路线为关键路线。沿关键线路的任何延迟需要引起特别注意，因为它将延迟整个项目，就是在关键线路上没有松弛时间，沿关键线路的任何延迟都直接延迟整个项目的完成期限。

4. 绘图原则

（1）有向性：各项工序都用箭头表示；
（2）无回路：网络图中不能出现循环回路；
（3）两点一线：两个结点之间只有一条箭线；
（4）源终各一：网络图只有一个起点和一个终点；
（5）结点编号应从小到大，从左到右，不能重复。

5. 网络计划优化

（1）掌握和控制关键路径是计划评审技术的关键；
（2）随着关键路径上工序的改进，关键路径将发生变化；
（3）优化时要注意处理好时间、资源、成本三者的关系。

假定你是一家建筑公司的施工经理，你被分派监督一座办公楼的施工过程，你必须决定建这座办公楼需要多长时间。你仔细地将整个项目分解为活动和事件，表 4.2 概括了主要事件和你对完成每项活动所需时间的估计，图 4.5 给出了基于表 4.2 数据的 PERT 网络。

表 4.2　办公楼建设的主要事件及其时间估计

事件	描述	期望时间/周	紧前事件
A	准备层顶材料	10	——
B	准备砌墙材料	6	——
C	基础工程	14	——
D	下水道工程	6	C
E	砌墙	3	B，C
F	搭屋顶	3	A，E
G	布电线 1	5	E
H	布电线 2	5	F，G
I	铺地板	4	H，K
J	室内油漆清理	3	I
K	水暖安装	1	D，E
L	铺路	2	D，E
M	室内粉刷	5	H，K
N	门窗修饰	3	M
O	室外清理布置	3	L

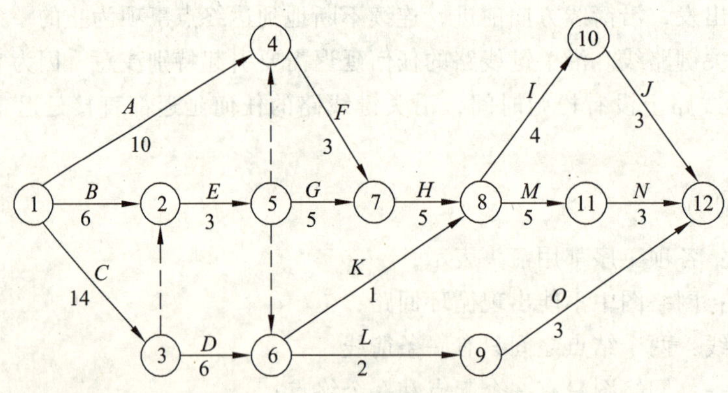

图 4.5　PERT 网络示意图

通过计算我们得知，关键线路为 C－D－K－M－N，完成这栋办公楼需要 29 周的时间。PERT 网络计划技术的优点有：

（1）能把整个工程的各项任务的时间顺序和相互关系清晰地表示出来。并指出完成工程的关键环节和路线，使管理人员在制订计划时既可统筹安排、又不失去重点。

（2）可对工程的时间进度与资源利用实行优化。通过调动非关键路线上的人力、物力与财力加强关键作业，既可节省资源，又能加快工程进度。

（3）可事先评价达到目标的可能性，指出实施中可能发生的困难点和这些困难点对整个任务产生的影响，以便准备好相应的措施，以减少完不成任务的风险。

（4）便于组织和控制，特别对于复杂的大项目，可分成许多子系统分别控制。

（5）简单易懂，具有中等文化程度的人就能够掌握，对复杂的多节点工作，可以利用已有的软件在计算机上优化。

（6）应用范围十分广泛，适用于各行各业。

四、项目管理

不同类型的组织，像戴姆勒-克莱斯勒和波音这样的制造商以及紫月亮（Purple Moon）和微软这样的软件公司，都在他们的工作中应用项目。项目（project）是一次性的一组活动，它具有确定的开始时间和结束时间。项目因规模和范围的不同而不同，如从航天飞机发射到妇女联合会的节日聚会，都属于项目。项目管理（project management）是使项目活动按时间进行、不突破预算和符合规范的一种管理活动。

越来越多的组织运用项目管理，因为这种方法更适合柔性和迅速响应市场机会的要求。当组织实施的项目具有独特性、有具体的截止日期、任务之间包含复杂的相互关系、要求特殊的技能以及具有临时的性质时，项目通常不能照搬适用于正式组织例行活动的计划程序，而是要用项目管理来有效地实现项目目标。那么，项目管理过程都包含哪些要素呢?

1. 项目管理过程

在典型的项目中，工作是由项目团队实施的，团队成员来自各自的工作领域，他们向项目经理报告，项目经理协调各部门参与项目的活动。当项目团队完成项目目标以后，团队即解散，团队成员又转移到其他项目上，或者返回他们原来的工作领域。

（1）项目计划过程，开始于清晰地定义项目目标，其必要性在于，管理者和团队成员需要清楚组织对他们的期望。

（2）确定完成项目的活动和所需要的材料、人力和其他资源，这一步可能要花费较多的时间，也是比较复杂的，特别是当项目是独特的、没有历史经验可借鉴时。

（3）一旦活动得到确认，需要进一步决定活动的完成顺序，哪些活动必须在其他活动之前开始，哪些活动可以同时进行。这一步通常可以借助流程图类型的图形，如甘特图、负荷图和 PERT 网络来辅助进行。

（4）进度安排，即排程，这需要对每项活动的时间进行估计，并将这些时间参数用于编制整个项目的进度计划和完成日期。

（5）将项目进度计划与目标进行比较，做出必要的调整，如果项目完成时间太长，管理者可能需要分派更多的资源在关键活动上，以使它们完成得更快（图 4.6 显示了项目计划的过程）。

定义目标 — 确定活动和资源 — 排序 — 估计活动时间 — 决定项目完成日期 — 与目标比较 — 决定附加的资源要求

图 4.6　项目计划过程

资料来源：R S RUSSELL, B W TAYLOR. Production and Operations Management[M]. Upper Saddle River, NJ:Prentice Hall, 1995:287.

如今，项目管理过程可以在线实施，因为有大量基于互联网的项目合作软件包可以利用。例如称为 Onproject.com 的软件（www.onproject .com），允许用户分享和管理关于项目的信息，甚至供应商和顾客都可以成为项目管理过程的一部分。

2. 项目管理者的角色

项目的临时性使得对项目的管理不同于管理生产线或者记流水账，即使拥有复杂的、计算机化的和在线的排程以及其他的项目管理工具，项目管理者的角色仍然具有挑战性，因为他所管理的人员同时还隶属于其原来的部门。项目管理者唯一的影响力是他的沟通技能和说服力。更糟糕的情况是团队成员很少只属于一个项目，他们通常属于两个甚至更多的项目，因此项目管理者的一个重要任务，就是如何使项目成员把精力集中在他所管理的特定项目上。

五、情景计划

情景或脚本（scenario）是对未来可能是什么样的一种观点。在环境预测中，脚本法是长期的可能结果预测。广义上，管理学中的“头脑风暴法”“设想未来法”以及“案例法”“未来案例法”等，都与脚本法有相同或相近的内容。头脑风暴法是开动脑筋，以团队的方式挖掘和碰撞思想的火花，摆脱原有观念特别是潜在的原有观念的束缚，充分认识问题，认识未来。设想未来法要求不是基于过去和现在的因素、变化、数据和观念来认识未来，而是真正按照未来的合理可能性去设想，设想未来的各种可能的情况和问题，其中也往往以团队的方式运用头脑风暴法，充分地设想未来。案例法或未来案例法是将设想的各种未来的情况或问题当作不同的案例。这里的案例实际上就是脚本。

开发脚本可以看作是制订一种权变计划，即某些事件一旦发生，就采取相应的行动。例如，如果环境扫描揭示出美国国会对提高国家最低工资的兴趣日益增加，肖尼餐馆（Shoney's Restaurants）的管理者就会建立多个脚本，以评估这种行动可能的结果。又如，如果最低工资一旦提高到每小时 8 元，它会对公司的人工成本产生什么影响？如果提高到每小时 9 元，又会怎么样？这种变化对整个餐饮连锁企业的净利润会产生什么影响？竞争对手会做出什么反应？不同的假设导致不同的结果，脚本计划的目的不是试图预测未来，而是要通过在不同的特定条件下演示可能的潜在状况来降低不确定性。再如，肖尼公司就针对最低工资问题，从最乐观到最悲观的情况开发了一套脚本，在此基础上准备实施相应的战略，以保持竞争优势。一位从事脚本计划的专家指出：“正是制定脚本的过程，使得公司经理们重新思考和搞清企业环境的本质，而且是以与他们以前不同的方式来达到的。”

（一）脚本法的种类

在环境分析中，脚本法主要分为定量脚本法和定性脚本法。

定量脚本法以数学（或经济计量）方法为基础建立模型，选择和调整不同的参数从而产生不同的脚本。该方法可以评价各个变量的不同作用和变量之间的关系。其目的是验证判断性得出的参数结构。

定量脚本法有其自身的优缺点。其优点在于，可以得到大量的备选的环境脚本，可以充分地分析出环境的各种情况。其缺点是，预测正确与否、脚本的质量如何，取决于模型的设立和参数结构的选择，依赖于过去的关系与数据。

定性脚本法被认为最早应用于20世纪50、60年代Herman Kaln为美国国防部的工作。主张定性脚本法的学者认为，与定量脚本法相比，认真的判断比复杂的方法更重要，因为通过人的思维、判断，识别重要的环境因素，分析它们之间的关系，克服了定量脚本法中看似精确的复杂方法所固有的机械性。同时，有限的变量难以认识未来，因为定量脚本法尽管可以考虑很多变量，但毕竟是有限的，而定性脚本法基于人的思考，可以关注和识别的变量范围是无限的。

定性脚本法的基本特点是，认识未来而非推导未来。不是基于过去和现在的数据推导未来，而是向常规观念挑战，去“设想”和“认识”未来。环境脚本集中于“基本的趋势”和几种“可能的未来”，再分析其各自的战略重要性和发生概率。

例如，日本的小松公司是一家生产工程机械的大型公司，它需要对许多不确定的环境因素作出长期预测。其中，日元升值将严重影响其产品出口。小松公司曾提出“180日元计划”。当时日元对美元的兑换比率是240∶1。小松公司分析并认识到了“日元升值”这一“可能的未来”，对企业构成很大的挑战。“180日元计划”的主题是，如果一旦日元升值，达到日元对美元“120∶1”时，公司应当怎样生存和发展。这一脚本的发生概率实际上当时很难估计，但它对公司的生存发展至关重要，即战略重要性大，因此该公司在很长的一段时期内将公司的资源和努力放到持续地降低成本之上。事实上，该公司因此而获得了很大的发展。

脚本法的优点是，使战略能够适应备用的环境脚本，同时开阔管理者的思路，扩展视野，提高它们对环境威胁的警惕，同时不失对长期机遇的把握。即使实际情况并没有发生所预期的情况，至少可以建立组织接受不确定性和实施战略变化的心理准备。

（二）脚本法的步骤

管理学者David Mercer（1995）提出了简化的脚本法（Simpler Scenarios），给出了一个相对清晰的脚本法的步骤。

David Mercer认为，大公司进行环境分析的趋势是，让更多的直线管理者参与到战略分析和生成之中，一般建议组成6~8人的团队。最极端的做法是让全体员工都参与到这一过程中。如果人数太多，则应当按照上述规模划分成小的团队。这些团队的任务是分析并提出重要的环境脚本，供战略生成者使用。

脚本分析是在充分获取环境信息的基础上进行的。从简化的角度，包括以下六个步骤：

（1）确定变化的重要因素及其重要事件。通过敏感性分析和时间跨度分析，识别确定决定企业未来产业环境的一般环境以及产业环境自身的重要因素（包括外部直接因素和间接因素）及其重要的变化（包括三种可能的变化趋势：基本趋势和相反的两种趋势）。这些因素也称为驱动因素（Drivers），在定量分析中则称为变量（Variables）。应只选择最重要的而且是不确定变化环境因素进入脚本。

（2）将各种事件归纳成一个可行的框架。即将现有的重要环境因素及其事件重新安排成一个可行的、有意义的框架，即形成7~9个因素事件组。这实际上形成了脚本的雏形。

（3）形成最初的小脚本（7~8个）。对上述7~9个因素事件组进一步分析、归纳，形成7~8个小脚本。

（4）将脚本减少到2~3个。实践中，管理者往往最多从六七个脚本中选三个脚本。需要强调的是，这两三个脚本之间应当是互相补充的，也就是没有优劣之分、积极与消极之分。只有这样，对战略生成者才有意义，因为对于明显优劣的脚本，谁都知道应该怎么做。

（5）以最适宜的形式将脚本写下来。考虑的重点是，战略要依此生成。这也是脚本生成者向脚本使用者即战略生成者“营销”自己脚本的过程。

（6）识别每个脚本对未来有深远影响的事项。在此过程中，战略生成者需要承担主要的决策责任。通过模拟式的角色试演，明确每一个脚本对所涉及的重要组织（例如对本企业及其某部门、对竞争者、对政府等）的关键问题。从而，使从上到下参与脚本分析的企业组织成员能够明确每个脚本，并明确需要他们做出什么反映。应当将这些内容形成一个表单以便于沟通。这一过程也服务于参与者进一步重复上述过程和争论，从而达成共识。

上述内容只是一般的脚本分析步骤，事实上没有标准的脚本。企业可以根据需要发展出多种脚本系列，也可以根据使用脚本的不同组织层级，将脚本分解为更适合他们使用的分层级的不同脚本，当然同时与总脚本保持一致。例如壳牌公司有各国家的脚本供当地公司使用。

总之，计划工具和技术可以帮助管理者更有信心地面对未来。但是上述技术只不过是工具，它们决不能代替管理者运用所获得的信息开发有效计划的技能和能力。

思考与练习

1. 什么是计划？计划是怎样对个人的行为产生作用的？
2. 什么是目标管理？目标管理的程序是怎样的？
3. 计划的灵活性原理和改变航道原理的区别在哪里？
4. 滚动计划法在修订计划时要考虑哪些因素？
5. 什么是计划评审技术？

案例分析

分行经理给贷款处处长的一封信

温哥华银行第三分行的贷款处处长贾某收到了分行经理肖某发来的一封信，主题是关于目标管理（MBO）计划的实施，信的全文如下：

我写此信是为了贯彻昨天的幕僚会议的决定，并且进一步证实我要在分行内部实施MBO计划的许诺。

去年，你们处批准了582项贷款，总额为1 465万美元，比上年减少4.3%，其中27%是商业贷款，73%是私人贷款。你们的贷款组合的坏账率为1.65%（去年为1.88%），去年你的部门利润下降了8%以上，仅有43.4%。

请交给我一份详细的提纲，说明在未来的60天中，你计划采取什么步骤，使得你在负责的领域内成功实施MBO计划。此外，我还想要你向我提供一份临时性的表格，列出你部门下一年度的目标。在审阅过你的提呈后，我将安排一次会议同你讨论和最后确定你部门的目标。

思考题：假如你是贾某，你如何拟订这份计划书？

第五章　决策

【学习目标与重点】

- 认识决策的概念、基本要素
- 了解决策活动须把握的基本原则、原理
- 了解决策的一般程序
- 理解决策的类型及决策的一般方法

【案例 5.1】

（一）张华该如何决策

修读公共卫生事业管理专业的张华很快来到大三，面对激励的竞争环境他显得十分焦虑。他身边的同学们有的选择考研，有的打算直接就业找工作，还有一部分在复习托福、雅思谋求出国。

面对巨大的就业压力，高校毕业生报考研究生的趋势越来越明显，每年的考研百分比都在增长，张华深感在这个“牛人”辈出的年代，即使自己这种名牌大学的毕业生也不一定能找到好工作。如今本科毕业生的资历实在是“小菜一碟”，加上自己的实战能力又不强，很难争取到一份既有挑战性又有不错薪金的工作。因而自己是一定要再充电的，但如果先工作再考研又怕自己精力不够，很难“面面俱到”，最好是现在就考研比较好。有了更高的学位，应该能够比本科生容易找到工作。

但这些年考研人数连年上升，考研难度相当大，而且考研的机会成本也很高。三年的研究生生涯，要做研究、写论文，自己在技能方面不一定能得到很大提升，等到毕业时就业形势会怎么样也不能预料，说不定到时候更难找工作。这样一想，倒不如尽早找一份工作，走一步算一步，今后再决定自己该如何发展。

那么，是否可以考虑出国深造呢？随着国际交流越来越密切，现在许多企业、单位对于归国留学人员还是比较欢迎的，出过国的留学生无形中似乎比国内的学生多一层优势，国外的学校相对来说也更重视学生能力的培养和经验的积累，因此，去国外深造长长见识对于自己今后找个好工作应该也是非常有利的，何况自己生活自理能力还可以，英语底子也不错。

思来想去，张华一方面认为自己的知识、能力还不够，有必要继续考研或出国深造，提升自己；另一方面，又怕出国或考研不成，到时候再找工作更被动。那么，对于最终想寻得一份好工作的张华而言，到底该如何来做出决定呢？

资料来源：引自《管理学与领导艺术》，徐向艺主编，略有改动。

（二）不合格的冰箱到底该不该砸

1984 年，两个濒临倒闭的集体小厂合并成立了青岛电冰箱总厂，由当时担任青岛市家电公司副经理的张瑞敏出任厂长。

到厂不久，张瑞敏发现厂里生产的76台电冰箱不合格，砸还是不砸？当时有三种方案。

A说：我们企业资金紧张，这76台不合格电冰箱就是我们的生命，如果用铁锤砸了，款又贷不来，我们就得关门，就得破产，所以我主张降价处理。

B说：我主张用铁锤砸，因为用铁锤一砸，全厂职工就会震撼，就会把质量放在第一位。从有利于企业的发展讲，还是采取极端措施好。

C说：如果搞个折中方案可能更好些。将有损于使用价值的不合格电冰箱，用铁锤砸；如果不影响使用价值，就处理。

你认为张瑞敏会如何决策？为什么？

第一节　决策概述

一、决策的概念

决策（decising）存在于社会生活的方方面面，大至国家的社会管理，小到每个人生活中的日常行为选择。在我国古代有人使用过“决策”这一概念，如在《史记·高祖本纪》中就有记载：“夫运筹策帷帐之中，决胜于千里之外。”即在小小的军帐之内作出正确的部署，决定了千里之外战场上的胜利。此处的“运筹策”指的就是决策。美国著名管理学家巴纳德和斯特恩等人在其管理学著作中率先提出了“决策”一词，后来，美国著名管理学家西蒙又提出了“管理就是决策”的观点，强调了决策在管理活动中的重要地位。但截至目前，关于决策的定义管理学界仍无一个明确统一的看法。决策，顾名思义就是“决定的策略或办法”，是指从决定的策略或办法中作出选择。美国著名管理学教授斯蒂芬·罗宾斯认为，决策就是“管理者在两个或多个方案中进行选择”。《中国大百科全书·政治学卷》给“决策”下的定义是：“从多种可能选择中作出选择和决定。”从以上定义我们可以知道，“决策”就是在众多的可供选择的行动方案中作出抉择。

而“决策”的概念还有更为丰富的含义。从决策的过程来看，决策并非决策者臆断的过程，而是一种创造性的思维活动。管理实践证明，在决策过程中，决策的正确与否取决于管理主体的科学思维、认识能力、创造能力。因此，我们认为决策是决策者根据一定的目标，运用科学的理论与方法从众多备选方案中选择一个合理方案并执行的活动过程。决策是管理者从事管理工作的基础，在管理过程中会面临各种各样的问题，它们都需要管理者予以解决。

二、决策的基本要素

1. 决策目标是决策的起点

决策必须要有明确的目标，决策总是为了解决一定的现实问题而作为原始起点的。决策者在对可供选择的备选方案进行抉择前，必须明确决策究竟需要达到什么目标，否则决策就变成了一种盲目的行为，这与管理本身的涵义也背道而驰。如果决策活动不基于一定的目的或者目的不明确，决策活动就丧失了方向，决策也就无从谈起。因此，决策活动展开的依据在于拥有明确的决策目标，无目标即无决策。

2. 可供选择的备选方案是决策的条件

根据斯蒂芬·罗宾斯和《中国大百科全书·政治学卷》对决策下的定义，决策的基本含义是在众多的可供选择的行动方案中作出抉择，众多的备选方案是决策得以进行的条件。无备选方案就无从决策，因为此时只有一个方案导致无法进行比较，只有存在着多种可能的备选方案时才能对每一种备选方案进行权衡比较、评判优劣，进而选择出一个能令决策者满意的方案。俗话说，“条条大路通罗马。”为了达到一个目标，人们往往具有多条途径来加以实现，这里的“条条大路”就是我们“到达罗马”这一目标实现的条件。因此，具备两个或两个以上可供选择的备选方案是决策活动的先决条件。

3. 对各备选方案进行分析、比较是决策的灵魂

决策必须建立在对各备选方案进行详尽的综合评价的基础之上，无比较、分析即无方案的抉择。任何一个备选方案对于实现决策目标或多或少都会起到积极或者消极的作用和影响，因此必须对可供选择的备选方案进行可行性研究，把握每种备选方案付诸实践后都可能会带来哪些经济效应和社会效应，以便决策者比较诸多备选方案孰优孰劣，进而选出最满意的方案付诸实施。管理实践证明，在对备选方案进行比较、分析时，主要的困难在于决策目标的多样性，且各目标之间可能存在着潜在的冲突。如一项医疗新技术的应用决策，不单需要考虑其技术上和经济上的可行性，还需要考虑这项医疗新技术对人们社会、政治、文化等诸多方面的影响。

4. 决策是一个动态活动的过程

决策并非“一瞬间”“即时”完成的，而是一个动态的分析判断过程。通常我们要做决策时，遵循“问题是什么——为什么会产生这个问题——解决问题的办法有哪些”这样的思路，这刚好对应我们所谓的决策的本质其实是一个提出问题、分析问题并解决问题的系统分析过程。因此，管理活动中的决策行为要建立在科学的调查研究和预测工作的基础之上，进而确定决策所需要达到的目标，拟订出实现目标的各种备选方案，并就备选方案进行分析、判断、权衡并作出选择的全过程。

三、决策的类型

“管理就是决策”，决策活动涉及管理各个方面的内容。因此，根据决策不同的要求，从不同的角度可以将决策划分为多种类型。

（一）按决策的主体划分

按照决策的主体划分，决策分为个人决策和群体决策。

1. 个人决策

个人决策是指决策机构的主要领导成员通过个人决定的方式，按照个人的判断力、知识、经验和意志所作出的决策，例如医院院长负责制度。个人决策一般用于日常工作中程序化的决策和管理者职责范围内的事情的决策，它具有合理性和局限性。个人决策的优点在于简便、迅速、责任明确。科学意义上的个人决策，是领导者在集中多数人的正确意见，经过反复思考后作出的，它并不意味着不负责任的独断专行。然而，由于个人决策往往受决策者个人经验、知识和能力的限制，容易导致人们在情况发生变化时固守过时的观点，因循守旧，错失成功的良机，以及固执先入为主的成见等。

2. 群体决策

群体决策是指充分发挥集体的智慧，由多人组成的决策群体共同参与决策分析并制订决策。例如委员会、投票表决等形式均属于群体决策。与个体决策相比，群体决策的优点主要表现在：群体决策有利于集中不同领域专家的智慧，应付日益复杂的决策问题。通过这些专家的广泛参与，专家们可以对决策问题提出建设性意见，有利于在决策方案得以贯彻实施之前，发现其中存在的问题，提高决策的针对性。但群体决策的缺点也是显而易见的，即群体决策的速度、效率可能低下，从而限制了管理人员在必要时做出快速反应的能力。

（二）按决策的范围和决策的重要性划分

按照决策的范围和决策的重要性划分，决策分为战略决策、战术决策和业务决策：

1. 战略决策

战略决策是解决全局性、长远性、战略性的重大决策问题的决策，一般多由高层次决策者作出，（如医院经营方向、长远发展规划的决策，医院组织机构改革等。）战略决策是组织经营成败的关键，它关系到组织的生存和发展。战略决策是组织最重要的决策，一般需要经过较长时期才能看出决策后果，所需解决的问题复杂且环境的变动性大，往往并不过分依赖复杂的数学模式及技术，定量分析与定性分析并重。这种类型的决策属于高层决策，对决策者的洞察力、判断力要求很高，能够针砭时弊地直指关键问题。

2. 战术决策

战术决策又称管理决策，是为了实现战略决策、解决某一问题所作出的决策，以战略决策规定的目标为决策标准，如医院住院流程设计、医院人员的招聘与工资水平等决策。战术决策旨在实现组织内部各个环节活动的高度协调和资源的合理利用，以提高经济效率和管理效能。战术决策不直接决定着组织的命运，但其正确与否也将在很大程度上影响组织目标的实现程度和工作效率的高低。

3. 业务决策

业务决策又称执行性决策，是日常工作中为提高生产效率、工作效率而作出的决策，牵涉范围较窄，只对组织产生局部影响，诸如护理人员岗位责任制的制定和执行、药品库存管理等。

（三）按决策影响的时间长短划分

按决策影响的时间长短划分，决策分为短期决策和长期决策。

1. 短期决策

短期决策又称短期战术决策，是指企业为有效地组织现在的生产经营活动，合理利用经济资源，以期取得最佳的经济效益而进行的决策。短期决策是实现长期战略目标所采取的短期策略手段，诸如一个药厂的产量决策、日常的营销决策等。

2. 长期决策

长期决策又称长期战略决策，是指有关组织今后发展方向的长远的、全局性的重大决策，该种决策往往需要数量较庞大的投资，具有实现时间跨度长和风险较大的特点（诸如一个医院的组织规模确定问题，开发新项目等）。

（四）按决策的结构化程度划分

按决策的结构化程度划分，决策分为程序化决策和非程序化决策。

1. 程序化决策

程序化决策又称重复性决策，是指对重复出现的、结构化程度高的问题所作出的决策。这类决策问题比较明确，有一套固定的程序来加以处理，诸如病人的来访接诊、医院常规下的物资供应。程序化决策是相对简单的，有先例可循，能按照原先已经规定好的程序、处理方法和标准作出决策。该种类型的决策多为中层管理者和基层管理者作出。

2. 非程序化决策

非程序化决策又称一次性决策、非常规性决策，是指针对那些不经常出现的、例外的、结构化程度低的问题所作出的决策（诸如新药品的开发，医院的改革等），这种类型的决策往往是由于出现了新情况或新问题时所作的决策，无先例可循，所面临的不确定性增大，决策的难度加大。针对这种类型的决策主要依靠决策者主观的经验、知识、洞察力和直觉判断能力，严格遵循决策的科学程序，综合运用科学的决策方法，保证决策的科学性和合理性。

（五）按决策的可控程度划分

按决策的可控程度划分，决策分为确定型决策、风险型决策和不确定型决策。

1. 确定型决策

确定型决策是指决策方案面临的自然状态是确定的，每一个方案只有一种确定的结果，即这种自然状态发生的概率为“1”，决策者在进行决策时可以不考虑自然状态而按照既定目标和评价准则选择行动方案。在实际工作中，确定型决策是比较少见的。

2. 风险型决策

风险型决策是指决策方案未来的自然状态是两种或两种以上，每种自然状态发生的概率可以做出估算，所以不论决策者选择哪个方案都面临着风险。风险型决策的关键在于衡量各备选方案成败的可能性（概率），权衡各自的利弊，做出择优决策。

3．不确定型决策

不确定型决策是指决策所面临的自然状态是不确定的，决策者并不知道会有多少种自然状态出现，即使能够知道也无法对每种自然状态出现的概率进行预测。该种类型的决策，每种行动方案的结果是不可知的，也无法确定其概率。因此，这种类型的决策关键在于决策者需要尽可能多地收集相关信息，并尽量采用符合逻辑的、理性的方式解决问题。

（六）按决策的科学性划分

按决策的科学性划分，决策分为经验决策和科学决策。

1．经验决策

经验决策是指决策者根据所面对的决策对象的特性，凭借在长期工作中所积攒的个人经验和解决问题的惯性思维进行决策，这是决策者经常使用的决策类型，也是最传统的决策类型。如我国古代著名医学家扁鹊具有十分丰富的诊断经验，在当时科技尚不发达的情况下，他根据不同病人的病理开具不同的药方，配合“望、闻、问、切”四诊法治疗疾病。经验决策是历史的产物，随着时代的发展和社会的进步，经验决策也在不断地丰富和完善，对现代科学决策有着重要的启示作用。

2．科学决策

科学决策是指决策者凭借现代科学思维，利用科学的理论、技术和手段所进行的决策。也就是指决策者为了实现某个特定的目标，运用科学的理论和方法，系统地分析主客观条件作出决策的过程。现代科学技术的发展极大地促进了医疗服务水平的进步，先进的医疗检测设备为医生深入探知患者的病因提供了可靠的条件。

四、决策的原则

（一）系统原则

系统原则是科学决策应有的思维内容。管理决策必须进行系统的思考、系统的设计，要把决策问题看作一个系统，决策时决策者要对针对的决策问题有一个系统、整体的认识和分析，不能“只见树木不见森林”，采取“头痛医头，脚痛医脚”的分散主义思维来解决决策问题。同时，还应当认识到这个系统内部又由若干个子系统所组成。可以说，任何决策的制订和实施都存在于某一具体的决策环境之中。对于各种组织、实体而言，其决策环境总存在于我国国民经济和世界经济体之中；对于每个个体而言，其决策环境又都处在特定的组织、实体之中。同时该原则要求决策者要正确处理好整体与局部的关系，谋求决策能实现系统价值最大化的目标。

（二）满意原则

所谓满意原则，是指在一定的内外部环境条件下，综合比较各备选方案并从中选择一种能实现决策目标和解决决策问题的满意方案。该原则告诉决策者，世上绝对最优的方案是不存在的、不现实的。具体而言，决策者决策时所依据的信息总是不完全或不完整的，决策未来所面临的环境形势总是不确定的，从决策者个人能力的角度来考察决策者的能力也总是有局限性的。因此，决策不可避免地面临着诸多不确定性和各种风险，任何一项决策方案都不可能使人百分之百的满意，就某项具体的决策而言往往追求“令人满意”即可。

（三）信息原则

科学的决策以占有准确而又全面的信息资源为基础。管理决策的信息原则，是指决策者进行决策时需要通过充分的调查研究和各种可能的途径获取尽可能多、尽可能准确全面的信息，在占有信息资源的基础上运用科学的方法和手段去粗取精、去伪存真，利用好信息资源为科学决策所服务。在不占据信息的基础上所进行的决策只能是主观臆断，是无水之源，无本之木；而依靠错误的信息所作出的决策，其结果总是与预期目标背道而驰。从某个意义上来说，决策的科学性、准确性与决策信息的质量和全面性成正比，决策过程实际上是一个信息收集、加工、分析、判断和转换的过程。

（四）可行原则

一个方案除了科学之外，还必须具备可操作性、可执行性。从管理决策的活动周期来看，决策是一个需要付诸实践的活动过程，如果将决策方案束之高阁不加以实践，此无所谓决策。因此，决策的科学性必须符合“可行原则”，要经得起实践的检验。由于决策者和决策执行者所掌握的资源是有限的，因此，制订和执行决策方案时必须切实考虑技术上、经济上和社会效益上的可操作性，只有一个方案都具备了上述所说的可操作性，决策方案在付诸执行的阶段才能实现决策的预期目标最终取得成功。

（五）民主原则

随着社会经济的飞速发展与科学技术的日新月异，许许多多的决策问题日益综合化、复杂化。这使得现代决策仅凭个人或少数几个人的力量很难做出正确、合理的决策。因此，现代科学决策越来越强调决策的集体化、民主化。一方面，决策的民主原则要求决策的集体化，而非搞“一言堂”；另一方面，决策的民主原则还要求决策者在决策时吸收决策活动的利益相关者参与到决策过程中来，诸如召开听证会，多倾听专家及社会各界的声音等。现代决策实践一再表明，决策的民主原则是决策科学化、合理化的重要保证，是决策必须坚持的一项重要原则。

【案例 5.2】

短命的公交、地铁免费政策

2010 年广州亚运会暨第十六届亚洲运动会于 2010 年 11 月 12 日至 27 日在中国广州进行。

为了更好地体现东道主形象，也为了掀起市民观看和支持亚运会的热情，主办方广州市人民政府向市民承诺送给他们一个“大礼包”：在亚运会期间可以免费乘坐地铁、公交和过江轮渡。

但是这一决策作出后进入执行阶段的第五天，广州市地铁、公交等交通系统几乎被疯狂的人潮挤爆了，最终导致广州市交通秩序混乱，严重影响了市民上下班的正常出行。广州市人民政府所出台的这一政策使得广州地铁的日客流量一度超过了800万人次，比上海世博会期间地铁最高人流量还多，而广州地铁线公里仅为上海的一半；免费公交、地铁政策执行一周以来地铁一直超负荷运行，三级客流控制启动了144次，严重影响地铁正常安检和亚运安保工作。于是，广州市人民政府不得不紧急收回这项优惠措施，取而代之的是：为每个户籍家庭发放150元现金，集体户口人员每人发放50元交通补贴费用。

作为一项公共决策，广州市人民政府出台免费政策的初衷在于惠民，在于举市欢庆亚运会，但由于其事先未能做好充分的调研，收集各方面信息，政策本身也缺乏系统的设计，最终该政策的实施引起了广大市民的强烈不满，紧接着社会各界投诉纷至沓来。如此短命的公交、地铁免费政策充分暴露了广州市人民政府在处理类似的公共事务方面的不足，留下了一些引人深思的问题。

五、决策的原理

（一）系统原理

系统是指由若干事物间相互依赖、相互作用的各种要素组合而成的、具有特定功能的有机统一整体。系统广泛存在于自然界和人类社会的一切事物当中。如在一个国家中有政治系统、经济系统、社会系统、文化系统等；在人体中存在消化系统、神经系统、内分泌系统等；管理工作也可以被看作是由计划、组织、领导、控制等职能所组成的一个系统。系统原理要求决策者进行决策时，要从系统的角度出发，按照系统所具有的特征从整体上把握系统运行的规律，运用系统的观点、理论和方法对管理活动进行充分的系统分析和优化，同时，根据决策目标和内外部环境条件的变化及时追踪和修订决策，最终实现决策的预期目标。系统原理的主要观点包括整体性观点、动态性观点、开放性观点、环境适应性观点和综合性观点。

资料链接

蝴蝶效应

美国气象学家爱德华·洛伦兹（Edward N. Lorenz）1963年在提交纽约科学院的一篇论文中提出了蝴蝶效应。“一只南美洲亚马逊河流域热带雨林中的蝴蝶，偶尔扇动几下翅膀，可以在两周以后引起美国德克萨斯州的一场龙卷风。”其原因就是蝴蝶扇动翅膀的运动，导致其身边的空气系统发生变化，并产生微弱的气流，而微弱气流的产生又会引起四周空气或其他系统产生相应的变化，由此引起一个连锁反应，最终导致其他系统的极大变化。他称之为混沌学，也是蝴蝶效应的真实反应——不起眼的一个小动作能引起一连串的巨大反应。

（二）动态原理

事物总是处在不断运动、变化、发展的过程之中，这是自然界普遍存在的客观规律。这一规律要求决策者在进行决策时必须持变化、发展的眼光来看待决策问题，而不能用固定的、静止的观念去做决策。动态原理要求决策者在未作出决策行动之前，就应当认识到客观变化的内外部环境条件将会增加决策的不确定性和风险，这种不确定性和风险伴随着决策活动的具体过程。因此，决策者把握好动态原理后，进行决策时综合考虑未来环境的变动给决策活动可能带来的诸多有利或不利影响，以便在选择备选方案付诸执行之前做好多个应急方案的拟订、比较、评审和排序工作，从而在客观环境发生重大变化时有条不紊地应对各种不确定性和风险给决策活动带来的损失，确保决策目标的实现。同时，动态原理是相对而言的，决策原理还强调静态，即决策者在选定了决策方案后不要轻易变更，不能朝令夕改，只有当决策所面临的内外部环境条件发生了不利于决策目标实现的变化而迫使方案不得不进行更改时才去变更方案，决策方案变更的前提是客观环境和形势会阻碍决策目标的实现。

（三）反馈原理

由于事物的发展和客观环境的不断变化，决策者受知识、经验、能力的限制，致使决策在实施过程中可能会偏离预定的决策目标，这也就需要决策者追踪决策的作用结果，并根据反馈情况及时采取相应措施，对原方案或目标进行相应的调整、修正甚至终结，使决策日臻完善、趋于合理。因此，反馈是实现决策目标的关键环节，它贯穿于决策执行过程的始终。反馈是指决策指令进入执行环节后,决策者通过各种手段追踪了解决策指令的具体作用结果，并根据反馈结果再度输出指令去修正、完善决策活动，实现对决策各个环节、过程的控制，确保决策目标的顺利实现。决策的反馈环节直接检验决策者的指令是否正确，它是决策者修正、完善乃至撤销决策方案的事实依据。因此，对决策者而言，必须重视运用反馈原理加强决策工作。

（四）效益原理

决策者在进行决策时，不仅要考虑决策的经济性，决策的社会效益也是决策者不容忽视的问题。决策活动的经济性包含两个方面的含义：一是决策活动本身需要考虑经济性，主要指的是决策本身所产生的成本；二是决策所带来的经济性，主要指的是决策管理中的收益。决策活动的经济性要求决策者对备选方案进行反复比较，选择投入少、产出多的方案，以期获得令人满意的经济性收益并实现管理者的决策目标。尽管要考虑决策活动的经济性，但是决策者在进行决策时还要更加注重社会效益的实现，既关注决策直接效益的同时也关注综合效益，把经济性效益和社会效益结合起来。大量管理实践也表明，那些只关注经济性而忽视社会效益的决策是失败的。

（五）预测原理

正确的预测是进行科学决策的依据，古人云：凡事预测则立，不预测则废。可见，准确地预测决策条件和决策环境是确保决策成功的重要环节，因为科学的预测可为决策提供事物未来发展趋势的参考，帮助决策者应对决策方案实施可能出现的一系列问题，使决策者更好地驾驭可能引发的后果，做到心里有数，及时对原方案做出调整。但是，必须强调的是，预测不是主观臆断，而是要以科学为基础。在环境日益复杂多变的情况下，如何科学地预测进而合理地作出决策是决策者必须具备的相应能力。

【案例 5.3】

阿斯旺水坝的灾难

1970 年 7 月 21 日，历时十年之久的埃及阿斯旺水坝终于竣工。水坝建成后高 110 m，主体长 3 600 m，使用建筑材料 4.3×10^7 m^3，相当于大金字塔的 17 倍，为世界七大水坝之一。从表面上，阿斯旺水坝给埃及人带来了廉价的电力，控制了水旱灾害，灌溉了农田。然而，实际上破坏了尼罗河流域的生态平衡，并造成了一系列灾难：由于尼罗河的泥沙和有机质沉积到水库底部，尼罗河两岸的绿洲失去了肥源——几亿吨淤泥，土壤日益盐碱化；由于尼罗河河口供沙不足，河口三角洲平原内陆收缩，工厂、港口、国防工事有跌入地中海的危险；由于缺乏来自陆地的盐分和有机物，沙丁鱼的年收获量减少 1.8 万吨；由于大坝阻隔，尼罗河下游的活水变成相对静止的“湖泊”，使血吸虫病流行。埃及所建造的阿斯旺大坝所带来的灾难性后果，不禁令人们深深地感叹：任何决策都是牵一发而动全身！

第二节 决策程序

决策程序是指决策活动过程中按照一定的排列顺序、依照一定的规律联系在一起的各个阶段。决策程序的科学化是现代决策的基本要求，决策活动必须按照决策程序进行决策。由于决策问题日益综合化和复杂化，决策的具体过程并不可能完全一致，但基于人们丰富的决策实践活动，可将决策程序划分为以下七个步骤（图 5.1）。

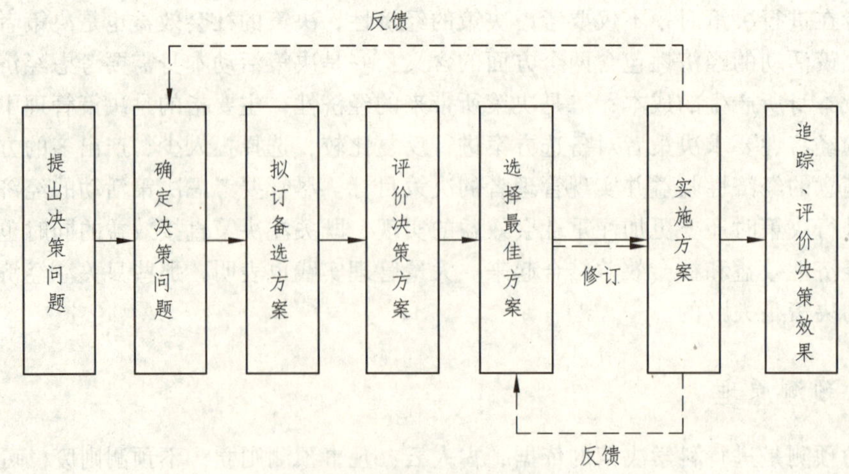

图 5.1 决策的基本程序

一、提出决策问题

提出决策问题是决策过程的起点，即找出需要决策的问题是什么。只有科学地辨识问题，并能够深入地分析问题，才能制订出针对决策问题的决策方案进而解决问题。因此，辨识问题便是正确决策的前提。所谓问题，是指现实状态与理想状态之间存在的差异。正是差异的存在使得决策者存在着决策的动因。决策者要在全面调查研究、系统收集相关信息的基础上深入分析问题、把握问题。

二、确定决策目标

问题分析清楚以后，决策者就需要确定目标。确定决策目标是决策者期望通过决策活动实现的预期结果。是否需要采取行动，以什么路径实现，主要取决于决策目标的确定。决策目标的确定是一个科学分析的过程，它既是评价和抉择决策方案的依据，又是衡量决策行动是否达到决策者所预期结果的标准。在确定决策目标时，力求决策目标符合以下要求：目标必须是具体的和可以衡量的，目标通过努力是可以实现的和客观的，目标的实现是有明确截止期限的，当存在多个目标时应做到主次恰当和统筹兼顾。

三、拟订备选方案

明确决策目标后，就要寻求实现决策目标存在的各种可能的策略或方案。拟订方案的前提是“可行”，也就是需要从各种不同的角度和途径，大胆设想各种可行方案，保证拟订方案的齐全和可选择性，从而为选出最佳方案提供数量上的保障。寻求多个最佳方案的过程是一个创造性思维的过程，在拟订备选方案时通常可以借助现代化的科学技术手段，以增强决策方案的科学性和合理性。拟订方案的时候可以借助各种智囊技术，包括头脑风暴法、列名小组技术、德尔菲法等，这有助于提出富有创造性的方案。有关拟订方案的智囊技术将在本章第三节予以介绍。

四、评价决策方案

拟订了多个备选方案后，根据前面所确定的决策目标予以衡量，必然会存在一个最佳方案。在决策者罗列的诸多备选方案中，绝对最佳的方案是不经济的和不现实的，因此在多数情况下，“令人满意的”准则是我们决策时应当把握的准则。在明确上述准则的基础上，要对决策方案的可行性、满意性及综合影响几个方面进行评价。可行性，即评价备选方案实现的可能性和现实性；满意性，就是评价备选方案实现预期目标的程度；此外，还必须对其可能产生的各种后果进行综合的分析评价。

五、选择最佳方案

选择最佳方案是决策过程中最为关键的步骤，是从各备选方案中选择一个最可能解决问题的方案。决策者从备选方案中选择一个合理的方案有三种基本方法：经验判断法、试验法、研究分析法。经验判断法凭借决策者对过去类似问题成功决策经验并结合当前需要决策问题的条件进行判断。这种抉择方案的方法有其合理性，尤其是一些程序化的决策。但老经验不一定完全适用于新的问题，尤其是现代化决策问题往往比较综合、复杂，决策者要根据新的决策问题的特点，创新决策方法。试验法是指在决策中先把某一方案实施后验证，以把握方案实施后可能的效果。试验法的局限性在于：第一，试验法成本较高；第二，并非所有的方案都适用；第三，许多决策常常需要及时作出，试验的时间条件并不具备；第四，试验证实的效果并不能百分之百地说明未来的效果。研究和分析方法是通过对问题进行分析，对解决问题的方案进行模拟、假设变量、建立数学模型，综合运用定性和定量分析的方法对各种可行方案进行论证。

六、实施方案

实施方案是实施决策过程中一个重要步骤。决策方案未被实施，如同未作决策；如果决策方案不能得到很好的贯彻执行，再好的方案也无法达到预期目标。方案的实施过程需要制订实施计划、明确实施部门及其责任、确定实施时间、制定控制措施等，以保证决策的顺利实施。在实施方案的过程中，还需要建立起畅通的信息反馈机制，将每一具体过程的实际效果与预期目标进行比对，以及时发现偏差予以纠正，保证决策方案的执行效果与预期目标相一致。此外，为了有效实施方案，我们通常需要制订适当的辅助计划加以支持。

七、追踪、评价决策效果

方案的实施往往并非如当初所预期的那般，尤其是那些决策周期较长的决策活动，方案实施阶段形势可能已经发生变化。因此，决策者需要不断地对方案进行追踪，及时修改和完善方案，以适应已经变化的形势。如果选定方案的实施效果不尽如人意，或者客观情况发生重大变化，最终导致决策目标无法实现的，就需要重新寻找问题或机会，确定新的目标，拟订新的备选方案，比较评价方案，再选择一项新的决策方案并付诸实施、评估。

通常我们认为，“提出决策问题——确定决策目标——拟订备选方案——评价决策方案——选择最佳方案——实施方案——评价决策效果”即一个完整的决策周期，是决策过程中所遵循的基本思路，当一个决策完成后又开始一项新的决策，如此周而复始地推进决策活动。值得一提的是，决策并非总是上述七个步骤按部就班的序列过程，它还有可能表现为某一个或多个环节反复进行的活动过程。

第三节　决策方法

决策程序的七个步骤均涉及决策方法的综合运用。随着决策实践活动的不断丰富，现代决策的方法也日益多样，但概括起来主要可分为两类，即定性决策方法和定量决策方法。定性决策方法是指运用各种社会科学方法对决策方案内在质的方面和性质的规定性进行分析的方法，如专家会议法、头脑风暴法、德尔菲法。定量决策方法是指运用各种自然科学方法对决策方案内在量的规定性和决策问题客观关系进行分析的方法，如线性规划法、盈亏平衡分析、决策树法等。在决策过程中，要综合运用定性决策方法与定量决策方法来为科学决策提供可靠依据，提高决策的科学化和准确度。

一、定性决策方法

定性决策方法是指凭借以往经验、逻辑思维等方式对所分析的决策问题或决策方案进行质的方面和性质的规定性进行描述性说明；试图用因果、并行关系去描述决策问题或决策方案的客观关系和规律，以便为决策者做出抉择提供服务。定性分析方法本身拥有一套科学的方法，现代常用的定性决策方法有逻辑的方法、直觉的方法、辩证的方法、实验与模拟方法以及智囊技术等。

（1）逻辑的方法是指通过大量的事实去验证大前提、小前提的科学性，并依据大前提、小前提来推理出合乎逻辑的结论。如毛泽东同志根据抗日战争的性质和中日双方实力推出“最后胜利是中国的，但抗日战争必须是持久的”——“论持久战”，这一决策方案就是运用逻辑的方法对决策问题进行定性分析的典范。

（2）直觉的方法是一种非逻辑的方法，是指决策者以自身的知识和经验为基础，凭借理性直接把握决策方案的性质来抉择方案。值得一提的是，运用这种方法进行决策是以决策者拥有广博的知识和丰富的经验作为坚实基础的，否则，容易陷入经验主义错误的泥沼。

（3）辩证的方法即马克思主义辩证法的方法，是指决策者对决策问题或决策方案进行分析、研究、评价时必须坚持马克思主义辩证法，具体地分析决策问题或决策方案的内部矛盾、外部环境以及它的历史、现状与未来。

（4）实验与模拟方法是指决策者选定决策方案后，借助实验或者计算机技术模拟决策方案的具体实施，通过类似的实验或者小范围的试点，以实验或者试点的实际结果来评估决策方案的实际效果，以便决策者完善待实践的决策方案提高决策方案的科学性和可靠度。

（5）智囊技术是指吸收专家、学者参与决策的各个过程，充分发挥他们的专业优势，保障决策的科学化和可靠度。由于现代决策问题日益综合化和复杂化，决策主体愈来愈倾向于在决策过程中寻求专家和学者的帮助，因此智囊技术得到了决策者的青睐并被广泛地应用。常用的智囊技术包括专家会议法和德尔菲法。

下面详细介绍专家会议法和德尔菲法：

（一）专家会议法

专家会议法是指按照一定的原则邀请与决策问题相关的专家，按照一定的方式组织专家会议参与决策过程，充分发挥专家集体的智能结构效应，为决策者抉择最优方案提供依据。专家会议法的组织实施需注意三点：① 科学确定参加会议的专家人选，这是决策结果可靠性和全面性的关键。拟订参会人选须以与决策问题高度相关为原则，避免选取领导参会，如与会者相互认识时尽量从同一职位（职称或职级）中选取，如与会者互不相识时则可从不同职位（职称或职级）中选取，但在会中不宣布身份信息；② 平等对待与会的每一位专家，避免权威的影响，鼓励有不同意见；③ 精心安排会议的人数、时间、地点，参加专家会议人数视决策问题的难易程度而定，一般以 10~20 人为宜，会议进行的时间以 20~60 分钟效果最佳，会议地点的布置需营造宽松愉悦的气氛。

专家会议法是一种群体决策的方法，通过专家间意见的交换相互启发，有效弥补个人意见的不足。专家会议法有助于围绕决策问题来激发群体的创造性思维，在短时间内寻求富有成效的创造性成果，为决策者抉择最优方案提供依据。但是，运用专家会议法辅助决策也存在着下列缺点：① 参加会议的专家人数总是有限的，从而影响代表性；② 与会专家易受权威专家的影响，从而压制了不同意见的表达，形成意见的"一边倒"现象；③ 会议有可能会受口才、自尊心以及从众的社会心理因素的影响，导致与会专家发表的某些意见不能得到很好的重视和讨论，或拒绝修改原来发表过的意见，或不愿发表与大家相异的意见。

专家会议法的具体运用包括专家决策咨询会、头脑风暴法和哥顿法等。

1. 专家决策咨询会

专家决策咨询会的具体实施步骤为：

（1）由主持决策机构在充分调查研究的基础上提供一套决策咨询纲要，纲要的内容至少包括调查的基本素材、存在问题的简述、决策目标的选定思路、对决策方案的基本要求和其他事项说明。

（2）提前半个月（重大决策至少提前半年）将决策咨询纲要寄发给每一位专家，专家根据要求独立开展调查、分析，并就纲要写出自己的书面材料。

（3）在规定时间内通知各位专家带上自己的材料参加决策咨询会。

（4）会议主持人向参会专家说明会议要求和纪律，设置专门的记录人员和接待人员，主持人也做记录（包括发言、问题的提炼和创意设想）。

（5）主持人就决策咨询会给出明确结论和说明。

（6）第五步视具体情况可多次重复。

专家决策咨询会的优点包括：通过集合众多专家的智慧，可以获取更专业的知识和信息，弥补决策者专业知识的不足，此外，每位专家有自己独特的观点，咨询会可以提出更多样的可选方案，为择优提供更广泛的空间。

其缺点为：由于观点不一，有些意见不能充分表现，容易产生专家之间的交流障碍。可见，专家决策咨询会这种决策方法的优缺点都较明显，这要求主持人具备很强的业务素质、诱导能力和决策问题方面所需的专业知识。

2. 头脑风暴法

头脑风暴法（Brainstorming）由美国创造学家亚历克斯·奥斯本于 1939 年首创的一种激发创造性思维的方法，它是通过集体思考方法寻求解决问题方案的一种有效方法。

头脑风暴法会议形式有：① 选择好会议参加人数，人数以不超过 20 人为宜，参会人员最好是不同专业或具有不同阅历的专家。② 时间控制在 20~60 分钟为宜，会议地点最好在一个教室举行，以便将问题写在黑板上，便于参会者的了解。③ 要有高明、机敏的主持人 1 名，主持人需营造一个良好的环境，任何人提出的意见都要受到尊重，遵循“不批评、不打断”的原则集思广益。④ 设记录员 1~2 名，完整、详细地记录会议过程中每位专家提出的设想。

奥斯本为成功运用头脑风暴法来求取决策方案拟订了四条需遵循的会议原则，这四条会议原则是：① 延迟评判原则。要求与会人员在会上不要对他人提出的设想评头论足，不要发表“这想法很棒”“这主意真糟糕”等之类带有评论性的言语，尊重任何人提出的意见。至于设想的合理性会后由会议主办方自行评判。② 自由思考原则。要求与会人员尽可能解放思想，无拘无束地思考问题并畅所欲言，不必顾虑自己的设想或主意是否符合逻辑或异想天开。③ 以量求质原则。鼓励与会人员提出尽可能多而广的设想，以大量的设想来保证高质量的决策方案。④ 联想改善原则。鼓励与会人员积极进行智力互补，在增加提出设想的同时，寻求意见的改进与联合，注意将两个或多个已提出的设想结合成另一个更完善的设想。

据国外有关统计表明，头脑风暴法可以在短短的 60 分钟内即产生 60~150 个设想方案。决策实践活动也证明，这是一种短时间内寻求决策方案的有效方法，在各类管理活动中均得到了广泛应用。但是这种方法也有其不足之处，如有可能在会上所提出来的所有设想均无效，会议耗费的时间较多，因此会议参加人员选择内行的专家十分重要。

【案例 5.4】

扫积雪的故事

有一年，美国北方格外严寒，大雪纷飞，电线上积满冰雪，大跨度的电线常被积雪压断，严重影响通信。

过去，许多人试图解决这一问题，诸如用扫帚扫、用铁锹铲、用刀刮等方法清除电线上的积雪，但都未能如愿以偿。电信公司经理应用亚历克斯·奥斯本发明的头脑风暴法，尝试解决这一难题。他召开了一种能让头脑卷起风暴的座谈会，参加会议的是不同专业领域的技术人员，要求他们必须遵守以下原则：禁止批评别人提出的意见；提倡自由思考，天马行空、异想天开，观点越新奇越好；观点意见产生得越多越好；鼓励彼此间的方案引发联想，不断补充完善。

按照这种会议规则，大家七嘴八舌地议论开来。“用电热来化解冰雪”“用振荡技术来清雪”“设计一种专用的电线清雪机”“乘坐飞机去扫电线上的雪”各种想法在会上不断被提出。对于“坐飞机扫雪”的设想，大家尽管心里觉得滑稽可笑，但在会上也无人提出批评。相反，有一工程师在百思不得其解时，听到用飞机扫雪的想法后，大脑突然受到冲击，一种简单可行且高效率的清雪方法冒了出来。他想，每当大雪过后，出动直升机沿积雪严重的电线飞行，依靠高速旋转的螺旋桨即可将电线上的积雪迅速扇落。他马上提出“用直升机扇雪”的新设想，顿时又引起其他与会者的联想，有关用飞机除雪的主意一下子又多了七八条。不到一小时，与会的 10 名技术人员共提出 90 多条新设想。

会后，公司组织专家对设想进行论证。专家们认为“用电热来化解冰雪”“用振荡技术来清雪”“设计一种专用的电线清雪机”等方法来清除电线上的积雪在技术上虽然可行，但研制费用大、周期长，一时难以见效。那种因“坐飞机扫雪”激发出来的几种设想，倒是一种大胆的新方案，如果可行，将是一种既简单又高效的好办法。

经过现场试验，发现用直升机扇雪真能奏效，一个久悬未决的难题，终于在头脑风暴会中得到了巧妙的解决。

随着工作的复杂性和涉及技术的多元化，单枪匹马式的冥思苦想将变得软弱无力，而运用集体力量的“头脑风暴法”战术则显示出攻无不克的威力。

（二）德尔菲法

德尔菲法（Delphi Method）又称专家意见法，是美国兰德公司于20世纪 40年代末首创的一种预测方法，由于其显著的特点及预测结果的准确性，德尔菲法在现代得到了广泛应用。德尔菲法在本质上是一种函询调查、反馈的方法，是组织成员集体思想不断交流的过程，其大致的实施步骤（图 5.2）如下：

（1）由主持决策的机构选定决策问题并组成决策问题专家小组。决策问题主持机构可根据决策问题的知识范围确定专家小组成员，专家小组成员人数根据决策任务难易程度而定，人数太少会导致代表性不足，人数太多又难于组织和管理，因此决策问题专家小组人数一般以 10~50 人为宜。

（2）拟订征询意见表并以书面形式寄送给专家小组成员。根据决策任务拟订征询意见表和必要的背景材料，征询意见表是德尔菲法的重要工具，是专家提供决策意见的主要信息来源，征询意见表的质量对决策结果的准确度影响非常大。因此，在征询意见表设计的过程中应反复考量，力求尽可能全面反映决策问题的实质。专家征询意见表拟订完毕，邀请专家小组成员进行第一轮征询。

（3）专家小组成员根据征询意见表和相关背景材料就如何决策提出自己的书面答复意见并反馈给决策主持机构。专家小组成员提出自己的书面答复意见的同时需要说明自己所提出决策意见的材料依据，对自身提出的决策意见进行充分的论证、说明。

（4）由决策的主持机构将反馈回来的第一轮征询意见进行汇总并加以整理。

（5）进行第二轮专家意见征询。将汇总整理后的第一轮专家意见匿名反馈给各位专家，让专家小组成员比较自己与他人的不同意见，并修改和完善自己的意见；或邀请更专业的专家对专家小组成员反馈回来的意见进行匿名评论，再将第一轮专家意见和评论反馈给专家小组成员参考以便进一步修改和完善自己的意见。

（6）收集专家修改意见，进行第三轮甚至更多轮意见的征询，以便专家小组成员不断地修改和完善自身意见。不断收集专家的修改意见并为专家小组成员匿名反馈信息是德尔菲法的关键步骤，经过若干次意见征询后直到各位专家的意见逐渐收敛和明确，决策意见的征询就完成了。

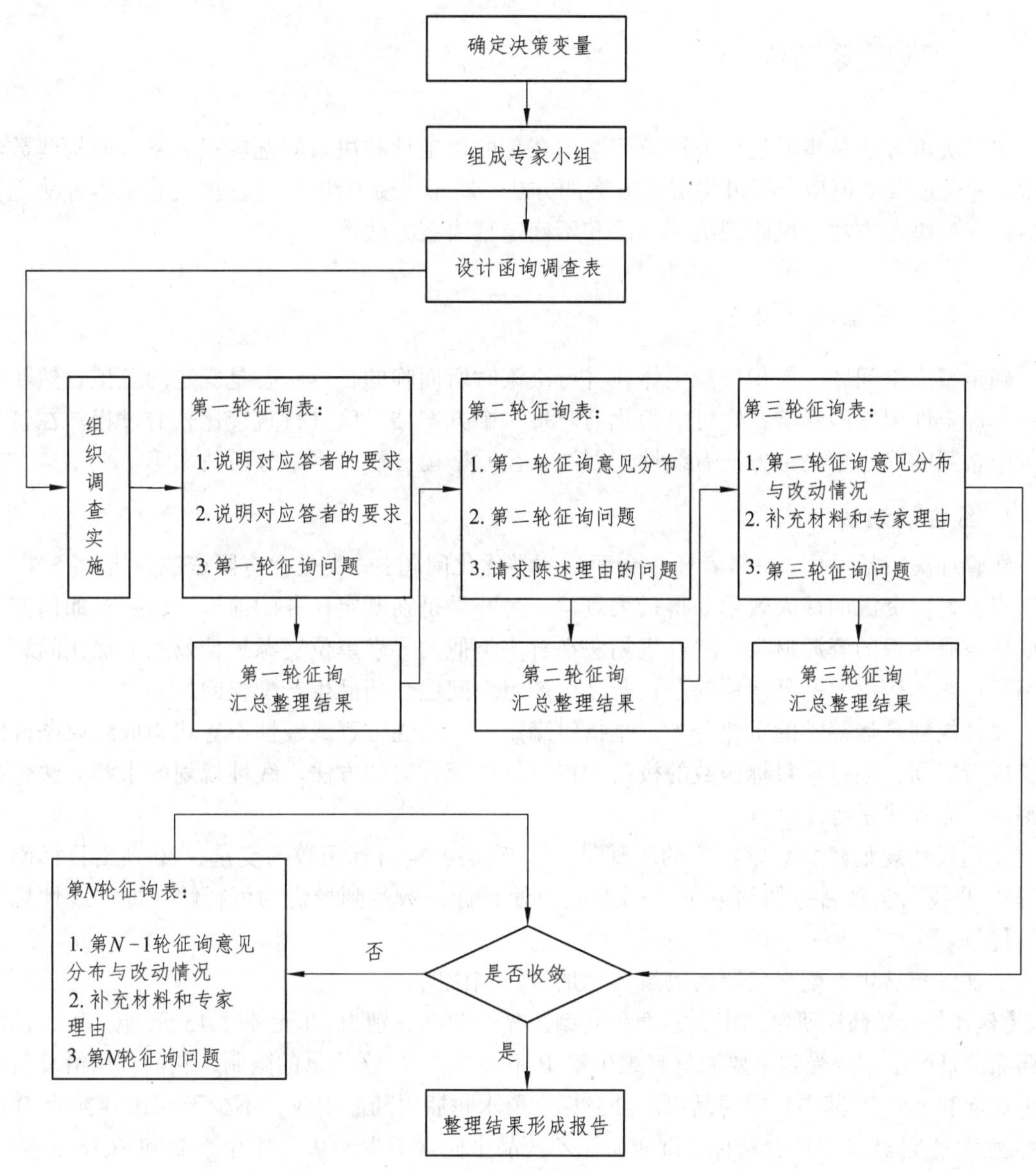

图 5.2　德尔菲法实施简明步骤

通过德尔菲法的实施步骤我们可以得出结论：德尔菲法采用的是专家以 “背靠背”匿名的形式来进行的意见的表达，各专家彼此不清楚不同意见的来源，通过反复地意见征询、统计整理和反馈，直到所有专家意见逐步趋于集中、收敛和明确，并最终以此作为决策的依据。因此，匿名性、反馈性和统计性是德尔菲法鲜明的特点。

德尔菲法与前述的专家会议法既相互联系又互有区别。德尔菲法不仅能发挥专家会议法“发挥专家作用”“集思广益”和“博采众长”的优点，还大大避免了专家因权威、资历、口才和人数优势等社会心理因素所带来的负面影响。因此，德尔菲法具有广泛的代表性且可靠性较强。但德尔菲法自身也有缺点，即过程繁杂，耗费的时间较长，由于只能向专家小组成员提供有限的书面征询意见和背景材料导致专家的讨论受限、意见理解偏差等。

二、定量决策方法

定量决策方法是指通过研究决策问题内在量的规定性和决策问题客观关系进而构建数学模型，并通过数学模型求得最优决策方案的方法，属于"硬方法"。定量决策的基本方法主要包括确定型决策方法、风险型决策方法和不确定型决策方法等。

（一）确定型决策方法

确定型决策问题，是指决策主体在进行决策时所面临的自然状态是既定的且该自然状态不受不确定性因素的影响，它可以简化为对每一个方案结果值进行直接比较的过程。在管理决策中常用的确定型决策方法有线性规划法、盈亏平衡分析、网络分析技术等。

1. 线性规划法

在管理决策活动中，决策者通常会面临两类优化问题：一类是在有限资源设定的条件下，如何充分发挥资源的最大效用获得最大效益；另一类是在既定任务的前提下，探求如何使得完成任务所耗费的资源最少。线性规划法在解决类似的寻求单位资源最佳效用的优化问题中应用最广，如药厂的药品运输问题、药品生产组织问题、药品生产配料问题等。

线性规划是运筹学的重要分支，是指对满足一组线性方程或线性不等式构成约束条件的系统进行规划，通过求目标函数的极值求得最优决策方案的方法。线性规划的求解方法包括图解法、方程式法等。

运用线性规划建立数学模型的步骤是：① 确定影响目标函数的变量；② 列出目标函数方程；③ 找出实现目标的约束条件；④ 找出使目标函数达到最优的可行解，即该线性规划的最优解。

下面以药品生产配料问题的决策为例加以详细说明：

【例 1】 某药厂研制出甲、乙两种新型药品，利润分别为 10 元/瓶、15 元/瓶。甲、乙两种药品的日产量主要受到主要原材料维生素 B 和维生素 C 供给量的限制，它们日供给总量分别为 50g 和 800g。其中，甲药品出厂合格标准要求每瓶甲药品中应含不少于 0.1g 维生素 B 和 1g 维生素 C，乙药品出厂合格标准要求每瓶乙药品中应含不少于 0.2g 维生素 B 和 4g 维生素 C，具体参数如表 5.1 所示。药厂为实现利润的最大化应当如何安排甲、乙两种药品的日产量？

表 5.1 甲、乙药品基本参数值 单位：g

决定日产量的主要原料	原料日供给总量	单位产品所需的生产要素量	
		甲药品	乙药品
维生素 B	50	0.1	0.2
维生素 C	800	1	4

解 假设甲药品的日产量为 X，乙药品的日产量为 Y，决策问题所需求解的目标函数则为 $\max Z = 10X + 15Y$，目标函数的约束条件如下：

$$\begin{cases} 0.1X + 0.2Y \leqslant 50 \\ X + 4Y \leqslant 800 \end{cases} \quad (X, Y \geqslant 0)$$

运用图解法或方程式法可以求得，当且仅当 $X=200$ ，$Y=150$ 时，目标函数 $\max Z=10\times200+15\times150=4250$ 元，即在日资源供给总量有限的条件下，甲、乙两种药品的日产量分别为 200 瓶、150 瓶时，药厂可实现利润的最大化 4 250 元。

2. 盈亏平衡分析

在管理决策中，决策主体通常为了实现利润的最大化而试图了解产量的变化与成本、利润之间的相互关系，即当产量增加到多大时可以不至于亏损。这种研究产量、成本、利润之间相互关系来指导管理者以最小的成本消耗获取最大利润的分析方法被称为“盈亏平衡分析”。应用盈亏平衡分析进行决策时，最关键的是找到盈亏平衡点，亦即使得经营活动的销售总收入等于总成本时的产量。当实际产量大于盈亏平衡点时盈利，反之则亏损。因此，盈亏平衡分析又称量本利分析，它在管理决策活动中得到了广泛应用，既可以用来分析确定型决策问题，也可以用来分析风险型决策问题。

盈亏平衡分析涉及以下基本变量：

Q——保本产量；

P——单位产品的单价；

F——固定成本总额；

V——单位产品的变动成本；

M——目标利润。

令目标利润 m=0，令销售总收入等于总成本，则可得公式

$$pQ=F+VQ+m\ (m=0)$$

由此求得保本产量

$$Q=\frac{F}{P-V}$$

下面结合实例加以应用说明：

【例 2】　某民办医院住院部根据相关政策规定，要达到一定的医疗条件，前期固定资产投资需 5 000 万元，在 10 年内每位住院病人的诊疗费不能超过 5 000 元。假设每年用于每位住院病人的医疗及其他成本为 2 500 元左右。如果这所民办医院的决策者希望能在第 10 年实现盈亏平衡，这所民办医院平均每年需要接诊多少病人？

解　由公式可得

$$Q=F/(P-V)=5\,000/(0.5-0.25)=20\,000\text{（人）}$$

如果这所民办医院的决策者希望能在第 10 年实现盈亏平衡，这所民办医院平均每年需要接诊病人数量=20 000/10=2 000（人/年）。

另外，盈亏平衡分析还可以用来比较和选择不同的备选方案。如果同一产品有两种或两种以上生产或经销方案，通过比较备选方案的成本可为决策者选择最优决策方案提供依据。

【例 3】　某药厂为生产单价某药品提出了两种生产方案。方案 A 需投入固定成本 300 万元，每生产 1 件这种药品需增加成本 60 元，方案 B 需投入固定成本 600 万元，每生产 1 件这种药品需增加成本 45 元。如果你是药厂决策者你将如何决策？

解　总成本$=F+CV$，因此

$$方案A的总成本=3\,000\,000+60Q$$

$$方案B的总成本=6\,000\,000+45Q$$

令方案 A 的总成本=方案 B 的总成本，则

$$3\,000\,000+60Q = 6\,000\,000+45Q$$

$$Q=200\,000（件）$$

因此，当该药厂年生产规模且销量小于 200 000 件时选择方案 A 成本较低；当该药厂年生产规模且销量大于 200 000 件时选择方案 B 成本较低。

（二）风险型决策方法

所谓风险型决策，是指在面临不确定条件下的决策。这是医院管理中经常接触到的决策问题，如新药品开发决策、医院改造的决策等。风险型决策问题的构成要件包括以下几点：① 决策目标明确且可量化（求极大值或极小值）；② 两个或两个以上备选方案；③ 两种或两种以上的客观自然状态；④ 客观自然状态可以通过预测、推断其发生的概率大小；⑤ 采取某一备选方案后遇见的不同自然状态条件下产生的损益值可以计算。

对风险型决策问题进行分析的常用方法有决策树法等。决策树法的分析步骤如下：

首先，画出决策问题的决策树图，"□"代表决策问题，存在多少个备选方案，决策树图就有多少个方案枝，方案枝与决策问题"□"连接；存在多少种自然状态，决策树图就有多少个自然状态点，自然状态点置于方案枝末端；从每个自然状态点延伸出概率枝，有几种自然状态就延伸出几条概率枝；将决策问题的相关数值标注于决策树图上，概率枝末端标注损益值。这样，决策树图就清晰地呈现了"在某一决策问题中采取了某一方案后遇到某种自然状态下所得的损益值"。

其次，计算各备选方案的期望值[①]，并标注在各方案枝末端的自然状态点之上。

最后，依据各方案的期望值做出抉择。将舍弃的方案用"\\"标注于方案枝表示删去，保留最优方案，将保留下来的最优方案的期望值标注于决策问题"□"之上。

下面以新药品的开发决策为例说明：

【例 4】 某药厂要进行生产能力的决策。根据以往经验可知，新药品上市后出现热销、畅销、滞销的概率分别为 0.25、0.55、0.2。经过专家论证，可供药厂选择的备选方案有三个：方案一为投资新建药厂，生产能力为每年生产 15 万件药品；方案二为新增机器设备扩大生产规模，生产能力为每年生产 12 万件药品；方案三为保持现有规模，生产能力为每年生产 8 万件药品。决策者分别采取方案一、方案二、方案三以实施最终的损益值，如表 5.2 所示。

表 5.2 各方案实施所得损益值 单位：千万元

备选方案	热销	畅销	滞销
	$P=0.25$	$P=0.55$	$P=0.2$
投资新建药厂	50	40	−30
扩大生产规模	45	38	−25
保持现有规模	25	35	−10

① 期望值是指在一个离散性随机变量试验中每次可能结果的概率乘以其结果的总和。

某药厂决策者应当如何决策?

解 首先，画出决策问题的决策树图，如图 5.3 所示。

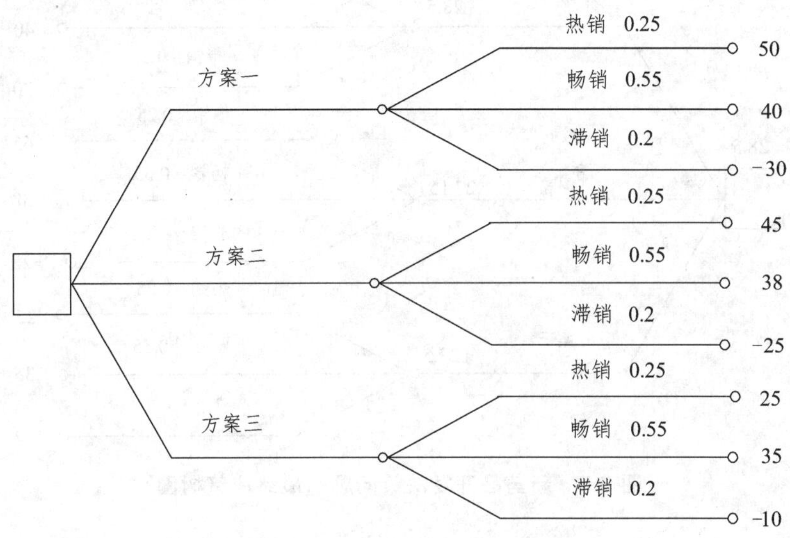

图 5.3 各备选方案的决策树图

其次，计算各备选方案的期望值：

方案一：$50 \times 0.25+40 \times 0.55+(-30) \times 0.2=28.5$

方案二：$45 \times 0.25+38 \times 0.55+(-25) \times 0.2=27.15$

方案三：$25 \times 0.25+35 \times 0.55+(-10) \times 0.2=23.5$

并将各备选方案的期望值标注于方案枝末端的自然状态点上，如图 5.4 所示。

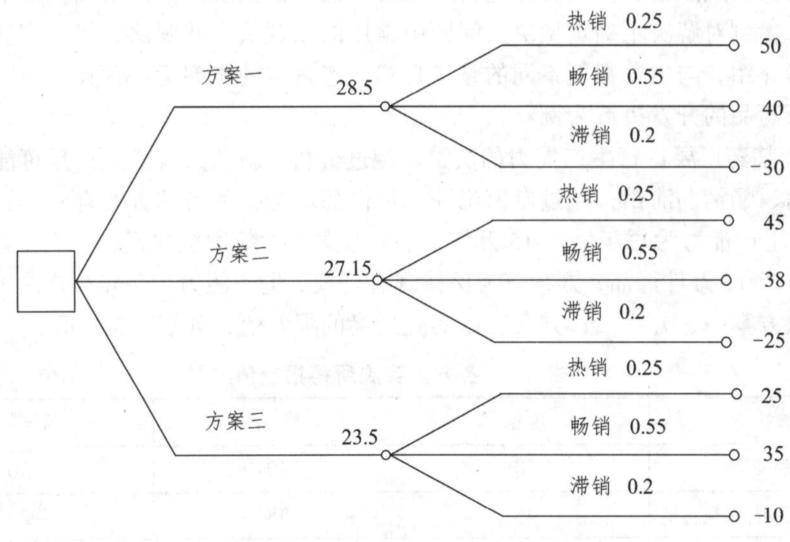

图 5.4 各备选方案期望值决策树图

最后，经比较可知方案一的回报最大，故决策者应将方案一作为最优决策方案。将方案二和方案三用“\\”删去表示舍弃方案，将保留下来的最优方案的期望值标注于决策问题“□”之上。如图 5.5 所示。

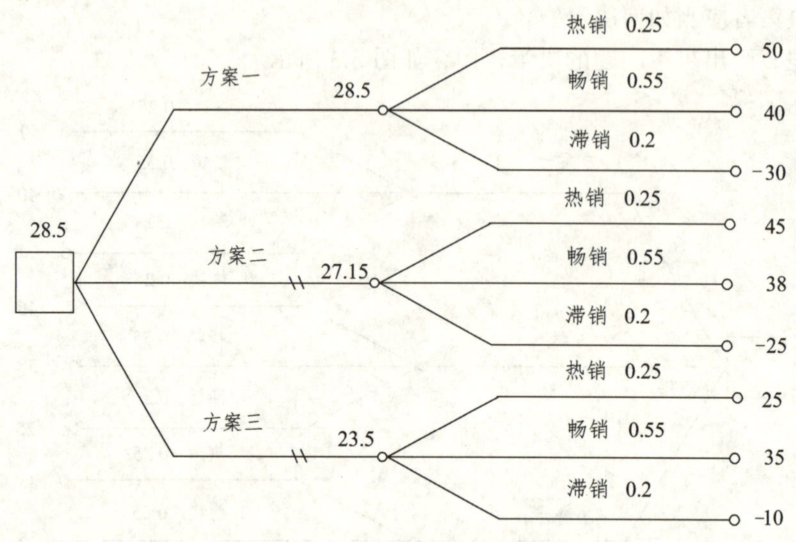

图 5.5　新药品开发决策问题的最终决策树图

（三）不确定型决策方法

在医院管理中，医院管理者除了应对只有一种自然状态且必然发生的确定型决策问题和自然状态数及其发生概率均可计的不确定型决策问题之外，通常还要应对自然状态发生的概率无法作出预测的决策问题，这类问题被称为“不确定型决策问题”。因此，作为一名管理者还应当掌握必要的不确定型决策方法。这类问题由于其可能遇见的自然状态发生的概率无法估计而带有更大的风险性，决策者在进行决策时只能凭借主观判断。下面仍以上述“新药品的开发决策”为例对解决不确定型决策问题中常用的乐观法、悲观法、等概率法、折中法和后悔值法进行介绍，与上述案例不同的是各自然状态发生的概率无法预计。

下面以新药品的开发决策为例：

【例 5】　某药厂要进行生产能力的决策。经过分析，新药品投产生产后可能出现的市场形势为：热销、畅销、滞销；经过专家论证，可供药厂选择的备选方案有三个：方案一为投资新建药厂，生产能力为每年生产 15 万件药品；方案二为新增机器设备扩大生产规模，生产能力为每年生产 12 万件药品；方案三为保持现有规模，生产能力为每年生产 8 万件药品。决策者分别采取方案一、方案二、方案三以实施最终的损益值，如表 5.3 所示。

表 5.3　各方案实施所得损益值　　　　单位：千万元

备选方案	热销	畅销	滞销
投资新建药厂	50	40	-30
扩大生产规模	45	38	-25
保持现有规模	25	35	-10

1. 乐观法

乐观法又称“大中取大法”，是指决策主体对未来持乐观态度，认为未来发生的自然状态总会是最好的自然状态，因此不论决策主体采取哪一种备选方案作为实施方案均能获得该备选方案的最大收益。乐观法的应用方法是计算各备选方案在各种自然状态下的损益值，并比较各备选方案在各种自然状态下的最大收益值，选择在各种自然状态下的收益值最大的备选方案作为最优决策方案。在例 5 中：

方案一：{ 50,40,－30 } =50

方案二：{ 45,38,－25 } =45

方案三：{ 25,35,－10 } =35

经过比较可知，最大收益值最大的方案为方案一，即决策者应选择方案一作为最优决策方案。

2. 悲观法

悲观法又称"小中取大法"，是指决策主体对未来持悲观态度，认为未来发生的自然状态总会是最差的自然状态，因此不论决策主体采取哪一种备选方案作为实施方案都只能获得该备选方案的最小收益。悲观法的应用方法是计算各备选方案在各种自然状态下的损益值，并比较各备选方案在各种自然状态下的最小收益值，选择在各种自然状态下的最小收益值最大的备选方案作为最优决策方案。在例 5 中：

方案一：{ 50,40,－30 } =－30

方案二：{ 45,38,－25 } =－25

方案三：{ 25,35,－10 } =－10

经过比较可知，最小收益值最大的方案为方案三，即决策者应选择方案三作为最优决策方案。

3. 等概率法

等概率法是指决策主体无法预知未来各种自然状态发生的概率，倾向于认为每种自然状态发生的概率均是相等的。等概率法的应用方法是计算各备选方案在各种自然状态下的损益值，再用各备选方案在各种自然状态下的损益值分别乘以 $1/n$（假设存在 n 种自然状态）并求和可得各备选方案的期望值，选择期望值最大的方案作为最优决策方案。在例 5 中，各备选方案的期望值计算如下：

方案一：{ 50+40+（－30）} ×1/3=30

方案二：{ 45+38+（－25）} ×1/3=58/3

方案三：{ 25+35+（－10）} ×1/3=50/3

经过比较可知，期望值最大的方案为方案一，即决策者应选择方案一作为最优决策方案。

4. 折中法

折中法又称乐观系数法。前面介绍的乐观法和悲观法分别以未来发生的自然状态为最好、最差作为决策条件，实际上在现实生活中很少会出现这样极端的自然状态事件。决策主体往往也不会主观上去判定未来发生的自然状态要么最好要么最差，通常倾向于认为未来发生的自然状态是介于最好和最差之间，而上述介绍的等概率法又较为简单，并未考虑决策主体的主观因素。因此，持折中态度的决策者在应用折中法进行决策时认为最好的自然状态发生的概率为某一系数或愿意冒险的程度为 α，最差自然状态发生的概率则为 $1-\alpha$，然后求各备选方案在各自然状态下的最大损益值乘以 α 与各备选方案在各自然状态下的最小损益值乘以

（$1-\alpha$）之和，即各备选方案的期望值，选择期望值最大的方案作为最优决策方案。在例 5 中，设决策主体认为未来市场上出现热销的概率 $\alpha=0.4$（愿意冒险的程度亦可），则未来市场上出现滞销的概率为 $1-\alpha=0.6$，将各备选方案的期望值计算如下：

方案一：$50\times0.4+(-30)\times0.6=2$

方案二：$45\times0.4+(-25)\times0.6=3$

方案三：$25\times0.4+(-10)\times0.6=4$

经过比较可知，期望值最大的方案为方案三，即决策者应选择方案三作为最优决策方案。

5. 后悔值法

后悔值法又称“最小最大后悔值法”，是指决策主体在选择某备选方案作为实施方案后，当未来发生某种自然状态后证明所实施的方案并不为收益最大的方案时，决策主体会为自己的决策感到后悔，即存在着后悔值。后悔值法的应用方法是计算各备选方案在各种自然状态下的损益值，并计算各备选方案在各种自然状态下的后悔值，选出各备选方案的最大后悔值，将各备选方案的最大后悔值进行比较，最终选择最大后悔值最小的方案作为最优决策方案。其中，各备选方案在各种自然状态下的后悔值计算方法为某备选方案在某自然状态下的最大收益与该备选方案在该自然状态下的收益之差。在例 5 中，各备选方案的后悔值如表 5.4 所示。

表 5.4　各备选方案的后悔值

备选方案	热销	畅销	滞销	最大后悔值
投资新建药厂	0	0	20	20
扩大生产规模	5	2	15	15
保持现有规模	25	5	0	25

经过比较可知，最大后悔值最小的方案为方案二，即决策者应选择方案二“扩大生产规模”作为最优决策方案。

思考与练习

1. 什么是决策？科学决策需遵循的原则和原理有哪些？

2. 决策需要遵循的程序有哪些？遵循这些程序有何必要性？

3. 了解程序化决策、非程序化决策、确定型决策、风险型决策、不确定型决策，并针对每种类型的决策举出相应的例子。

4. 定性决策方法有哪些，各有何优缺点？结合实际谈谈有哪些具体应用？

5. 某药企在下年度有甲、乙、丙三种方案可以选择，每种方案都面临滞销、一般和畅销三种市场状态，各种状态的概率和损益值如表 5.5 所示。

表 5.5　某药企下年度决策方案表　　单位：万元

备选方案	滞销 $p=0.2$	一般 $p=0.3$	畅销 $p=0.5$
甲方案	60	160	300
乙方案	80	120	320
丙方案	90	155	360

（1）请利用决策树法说明如何进行决策。

（2）若每种方案所面临的三种自然状态的概率无法作出预测，请根据乐观法、悲观法、等概率法、折中法（α=0.6）、后悔值法进行决策。

案例分析

阿迪达斯与耐克

阿迪达斯是德国的一家公司，是为竞技运动员生产轻型跑鞋的先驱。

在1976年的蒙特利尔奥运会上，田径赛中有82%的获奖者穿的是阿迪达斯牌运动鞋。

高质量、创新性和产品多样化，使阿迪达斯在20世纪70年代支配了竞技跑鞋领域的国际竞争。

到1980年，有2 500万~3 000万美国人加入了慢跑运动，还有1 000万人是为了休闲而穿跑鞋。

为了保护其在竞技市场中的统治地位，阿迪达斯并没有大规模地进入慢跑市场，20世纪70年代出现了一大批竞争者，如美洲狮（Puma）、布鲁克斯（Brooks）、新百伦（New Ballance）和虎牌（Tiger），还有富有进取性和创新性的耐克（Nike）。

耐克公司由前俄勒冈大学的一位长跑运动员创办：在1972年俄勒冈的尤金举行的奥林匹克选拔赛中首次亮相。穿着耐克鞋的马拉松运动员获得了第四至第七名，而穿阿迪达斯鞋的参赛者在那次比赛中占据了前三名。耐克的大突破出自1975年的“夹心饼干鞋底”方案，1976年的销售额达到1 400万美元，而在1972年仅为200万美元，2002财年，公司的营业收入达到了创纪录的49.8亿美元，比2001财年增长2%。耐克公司用骄人的业绩印证着其创始人比尔·鲍尔曼曾说过的一句话：“只要你拥有身躯，你就是一名运动员。而只要世界上有运动员，耐克公司就会不断发展壮大。”

耐克公司的成功源于它强调的两点：研究和技术改进；风格式样的多样化。

在营销中，耐克公司为消费者提供了最大范围的选择。它吸引了各种各样的运动员，并向消费者传递出最完美的旅游鞋制造商形象。

然而，曾在20世纪80年代初慢跑运动达到高峰时，阿迪达斯已成市场中的“落伍者”。竞争对手推出了更多的创新产品、更多的品种，并且成功地扩展到了其他运动市场。到20世纪90年代初，阿迪达斯的市场份额降到了可怜的4%。

资料来源：http://www.docin.com/p-309852.html。

问题：

1. 阿迪达斯在20世纪70年代后逐渐丧失了市场的统治地位，主要原因是什么？

2. 耐克公司的管理当局制订了什么决策使它如此成功？

3. 你认为阿迪达斯今天能采取什么措施纠正它以前的错误？

第六章　组织与组织结构

【学习目标与重点】

- 掌握组织和组织工作的含义及特点
- 了解组织设计的任务、原则和影响因素
- 理解并区分非正式组织与正式组织、管理幅度与管理层次
- 识别和掌握典型的组织结构

【案例 6.1】

管理者的困惑

100 亿美元——这是美国礼来公司由于三种主打药品专利到期而可能损失的 2012 年至 2016 年年收入总额。弥补这一收入是该公司首席执行官李励达“必做事项”清单上的首要任务之一。这个任务的解决方案是加快药品开发的步伐，但他面临的挑战是如何提高开发效率。

该公司的全球竞争对手往往是通过大规模并购和收购的方式来迎接类似的产品开发挑战，但礼来公司并没有效仿这种方法，李励达的侧重点是收购小型制药公司。他认为大规模合并能够在短期内缓解压力，但并没有从根本上解决创新以及如何使产品开发管理更加高效的问题。开发新产品并使他们尽快地通过完整的、法定的批准程序（这个程序有可能极其缓慢），对该公司当前和未来的成功具有举足轻重的作用。

李励达采取的一项措施是将公司的运营结构改组成五个全球业务单元：肿瘤、糖尿病、成熟市场、新兴市场以及动物健康，这次改组还包括创建一个更高效的产品研发中心。现在，李励达会采用其他什么组织设计要素来确保礼来公司实现其加快产品开发流程的目标?

你该怎么做?

资料来源：斯蒂芬·罗宾斯. 管理学[M]. 11 版. 北京：中国人民大学出版社，2012.

组织工作是管理的基本职能之一。在计划工作确定了组织的目标体系并对实现目标的途径有了大致安排之后，为了使人们能够有效地工作，还必须将权力和责任在组织成员中恰当地分配，设计和维持一种结构，并使这种结构充分地发挥其功能。此外，还需要根据组织内外诸因素的变化，不断地对包含组织结构在内的组织形态和组织管理方式进行调整或变革，以确保组织目标的实现，这就是管理学中组织职能的研究范围。

第一节　组织与组织设计

一、组织的含义

“组织”（organizing）一词，源于医学生物学，是指生理器官，即自成系统的具有特定功能的细胞结构。后来引用和扩展到社会生活领域。在社会生活领域，对于组织这个概念，不同学科的学者有不同的定义。德国社会学家马克斯·韦伯认为，企业组织是一种通过规则对外来者的加入既封闭又限制的社会关系。韦伯的定义强调，组织是组织成员在追逐共同目标和从事特定的活动时，成员之间规定的相互作用方式。这一定义为以后大多数组织理论家界定组织定义奠定了基础。斯蒂芬·罗宾斯对组织的定义是：组织是将一定的人员有系统地安排在一起，以达到某些特定的目标。

（一）一般意义的组织

一般意义的组织泛指各种各样的社会组织或事业单位，如机关、企业、学校、医院、工会等。组织是为了达到某些特定目标，经由分工与合作及不同层次的权力和责任制度而构成的人的集合。该定义有三层含义：第一，组织必须有目标。目标是组织存在的前提，并且反映了组织的性质及其存在的价值。第二，组织必须有分工与合作。组织的本质在于分工和合作。正是由于人们聚集在一起，合作完成某项活动才产生了组织。没有分工与合作就不能称其为组织。第三，组织必须要有不同层次的权责制度。权责关系的统一，使组织内部形成反映组织自身内部有机联系的不同管理层次。这种联系是在分工合作的基础上形成的，是实现合理分工合作的保障，也是实现组织目标的保障。

（二）管理学意义的组织

管理学意义的组织是按照一定的目的和程序而组成的一种权责利角色结构，其核心概念包括三点：一是职权（authority），是指经由一定的正式程序赋予某项职位的权力，如指挥、监督、控制、惩罚以及裁决等。这种职权与个人因素无关。二是职责（responsibility），是指某项职位应该完成某项任务的责任。三是组织结构图（organizational chart），是指反映组织内机构、岗位关系的图表。

在管理学中，组织的含义可以从静态和动态两个方面来理解。静态方面，组织指组织结构（organizational structure），反映了人、职位、任务以及它们之间特定关系的网络，成为组织的框架体系。动态方面，组织指维持与变革组织结构以完成组织目标的过程。环境在不断变化，组织结构会产生相应变化并与之相适应。正是从组织的动态方面理解，组织被作为管理的一项基本职能。

（三）组织必备的三个共性

目标、结构、人是组织必备的三个共性。每个组织都有一个目标，是由一定的人员按照一定的方式组合而成的。一个组织的特定目标通常体现在某一个或某一系列的目标之中。对于组织来说，目标是不会自动实现的，人们必须为树立目标而进行决策并通过各种活动来实现这个目标。而为了目标的实现，所有组织都需要构建一个系统来规范和限制其员工的行为。所要构建的系统包括：制定规章制度，授予一些员工监督他人的权力，创建工作团队，编制工作说明书以便使组织成员明确组织经营目标与岗位职责等。

二、组织设计的任务

组织设计（organizational design）是执行组织职能的基础工作。在组织的目标确定之后，为使这些目标得以顺利实现，就需要制定并保持一种职务系统，使组织中的每一个人清楚自己在组织工作中的作用以及组织成员相互之间的关系，并使他们能有效地在一起工作。具体地说，组织设计的任务是建立组织结构和明确组织内部的相互关系，提供组织结构系统图和编制职务说明书。

组织结构系统图又称为组织图、组织树，是用图形的方式表示组织内的职权关系和重要职能。图中的方框表示各种管理职务或相应的部门，其垂直排列位置表示在组织等级中的地位；直线表示权力的流向；直线与方框的连接，则表明了各种管理职务或部门在组织结构中的地位以及它们之间的相互关系。

职务说明书要求能简单而明确地指出以下内容：各项管理职务的工作内容，职责与权力，与组织中其他部门和其他职务的关系，担任该项职务者所必须具备的素质、学历、技术知识、工作经验、处理问题的能力等。

三、组织设计的原则

（一）传统的组织设计原则

（1）目标统一原则。组织结构的设计和组织形式的选择必须有利于组织目标的实现。

（2）管理幅度原则。这一原则要求管理者要有一个适当的管理幅度。所谓适当的管理幅度，即管理者能够有效地直接管理下属的数目。

（3）统一指挥原则。即任何一个下级只能接受一个上级的指挥，或者说一个人只能接受一个人的命令，以避免出现多头指挥的现象。

（4）权责对等原则。在进行组织设计时，既要明确规定每个管理层次和各个部门的职责范围，又要赋予其完成职责所必需的管理权限，职责与职权必须协调一致。

（5）分工与协作原则。既要按照提高专业化程度和工作效率的要求进行合理的分工，又要本着系统的思想优化各部门之间及部门内部的协调与配合。

（6）执行与监督分离的原则。要保证监督的有效性，就要把监督人员与执行人员区分开，避免两者在组织上一体化。例如，企业的质量检查人员不能受生产车间领导，而应归企业质检部门独立管理。

（7）精简与效率原则又称经济原则，即为提高组织效率，必须尽量精简组织机构，包括精简人员、精简部门、精简管理层次等。

（二）动态的组织设计原则

现代组织内外环境千变万化，因而必须遵循一些动态的组织设计原则。

（1）职权和知识相结合的原则。这一原则要求参谋人员（也有称作职能人员）和专家拥有一些必要的职权，以使他们更有效地发挥作用，为组织服务。

（2）均衡原则。同一级机构、人员之间在工作量、职责、职权等方面应大致平衡，不宜偏多或偏少。

（3）集权与分权相结合的原则。无论如何，考虑权力集散程度的出发点都是尽可能保证决策的迅速性、正确性以及更有利于决策的实施。

（4）弹性结构原则。为了适应环境的变化，提高组织的竞争能力和效率，一个组织的结构应具有弹性。所谓弹性是指组织可以根据组织内外部条件的变化而适时地加以调整，组织结构是可变的。

四、组织设计的内容

（一）管理层次与管理幅度

1. 管理层次和管理幅度的含义

管理层次（organizational levels）亦称为组织层次，它是描述组织纵向结构特征的一个概念。如果从构成组织纵向结构的各级管理组织来定义，管理层次是指从企业最高一级管理组织到最低一级管理组织的各个组织等级。每一个组织等级即一个管理层次。如果从构成组织纵向结构的各级领导职务来定义，管理层次就是从最高一级领导职务到最低一级领导职务的多个职务等级。组织有多少个领导职务等级，就有多少级管理层次。

管理层次从表面上看，只是组织结构的层次数量，但其实质是组织内部纵向分工的表现形式，各个层次将担负不同的管理职能。因此，伴随层次分工，层次之间的联系与协调问题必然产生。

管理幅度（span of control）也称管理跨度、管理宽度，指一名领导者直接领导的下级人员的数目。从形式上看，管理幅度仅仅表示一名领导人直接领导的下级人员的数量，但由于这些下级人员都承担着某个方面或某个部门的管理业务，所以管理幅度的大小，实际上意味着上级领导人直接控制和协调的业务活动量的多少。尽管领导者可以通过授权放手让下级在职权范围内自主管理，但毕竟不能完全不过问下级的任何工作。因此，管理幅度的概念本身就表明了，它既同人（包括领导者和下属）的状况有关，也同业务活动的特点有关。

管理幅度的概念说明，一个主管人员有效地监督、管理其直接下属的人数是有限的，当超过这个限度时，管理的效率就会下降。因此，主管人员要想有效地领导下属，就必须认真考虑自身究竟能直接管辖多少下属的问题，即管理幅度问题。换句话说，超过了某一管理幅度，就必须增加一个管理层次。这样，可以通过委派工作给下一级主管人员而减轻上层主管人员的负担。如此下去，便形成了有层次的组织结构。但是，上级主管人员减轻这部分负担的同时，也带来了监督下一级主管人员怎样执行的工作负担，而监督也需要时间和精力。所以，增加管理层次节约出来的时间，一定要大于用于监督的时间，这是衡量增加一个管理层次是否合理的重要标准。

很显然，一个组织管理层次的多少，受到组织规模和管理幅度的影响。在管理幅度一定的条件下，管理层次与组织规模的大小成正比，组织规模越大，包括的成员数目越多，其所需的管理层次和管理人员就越多。在组织规模一定的条件下，管理层次与管理幅度成反比，每个领导者所能直接控制的下属人数越多，所需的管理层次和管理人员就越少，相反，管理幅度减少，则管理层次相应增加。

管理层次与管理幅度的反比关系决定了两种基本的管理组织结构形态：扁平式结构（flat structure）和锥式结构（tall structure）。所谓扁平式结构，就是管理层次少而管理幅度大的结构；而锥式结构的情况正好相反，两种结构的管理幅度对比如图 6.1 所示。

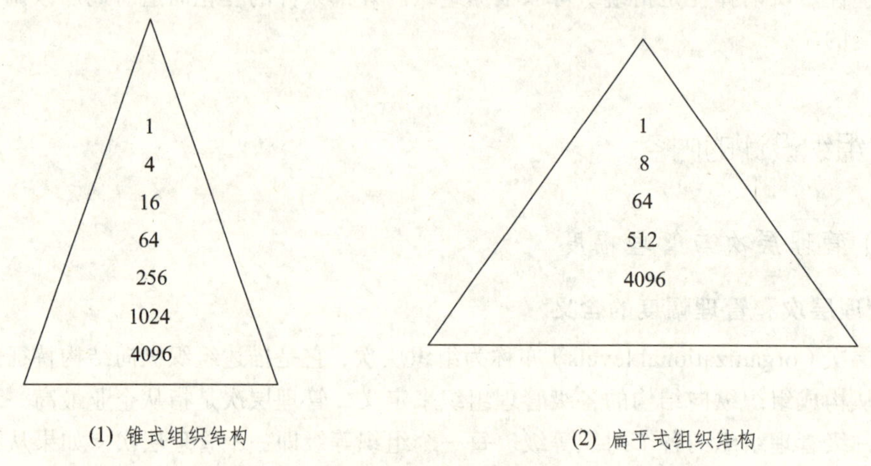

图 6.1 管理幅度对比

扁平式结构和锥式结构各有利弊。一方面，扁平结构有利于缩短上下级距离、密切上下级关系，信息纵向流通快且失真少，高层管理者能够较快地发现信息所反映的问题，并及时采取相应的纠偏措施。由于管理幅度较大，管理者对下属控制得不会过于严密，这样下属有较大的自主性、积极性和满足感，有利于下属主动性和首创精神的发挥；同时也有利于更好地选择和培训下层人员。但管理幅度的加大，也有一定的局限性：上级不能有效地对下属进行指导和监督；每个主管从较多的下属那里获得信息，不仅造成信息量过大，增加了沟通联络的工作量，同时过多的信息量可能过滤或疏忽了其中最重要、最有价值的信息。另一方面，锥式结构具有管理严密、分工明确、上下级易于协调的特点，而且管理者容易对下属进行详尽的指导。但层次增加容易出现信息传递不畅，使上下级之间的意见沟通和交流受阻，甚至影响组织目标的实现，同时由于管理严密，影响下级人员的主动性和创造性。因此，一般说来，为了保证组织工作的有效性，应尽可能减少管理层次，这也是近年来组织结构变革的趋势。

例如：一个企业有 4096 名员工，有 A、B 两种组织结构方案，管理幅度分别按 4、8 进行设计（假定各管理层次上的管理幅度都相同），则管理层次分别为 6、4，所需要的管理人员分别为 1 365 和 585，具体如图 6.1 所示。

2. 影响管理幅度的因素

任何组织在进行结构设计时，都必须考虑管理幅度的问题。要研究管理幅度问题，首先需要了解影响管理幅度的因素有哪些？有效的管理幅度受到诸多因素的影响，主要包括人员素质、工作内容、工作条件与工作环境。

（1）人员素质。

领导人员和下级人员的素质状况，都会对管理幅度产生影响。管理者年富力强、经验丰富，工作起来效率高，精力充沛；且管理者的综合能力、理解能力、表达能力、危机处理能力、资源整合能力等很强，那么，管理幅度就可以大一些。同样，如果下属的素质也很好，能够准确地理解上级的意图，自觉、主动、积极地完成自己的任务，无需上级花费很多时间进行指导和监督，这就能进一步加大上级领导的管理幅度。因此，加强领导者的修养和对下属的培训，提高双方的工作能力，是使上下级接触的频率降低、时间减少从而扩大管理幅度的有效措施。

（2）工作内容和性质。

① 管理者所处的管理层次。一般而言，管理者可以分为高层管理者、中层管理者和基层管理者三个层次，处于管理系统中不同层次的管理者，其决策、指导、协调和监督的比重是不一样的。相应地，他们的管理幅度也有差异。比如高层管理者主要就企业发展战略、重要人员的使用进行决策，其管理幅度要较中层和基层管理者小。

② 管理工作的复杂性、变化性。如果管理工作复杂多变、富于创造性，就需要经常接触、深入调查、反复磋商，因而耗费较大的精力，管理幅度自然要小一些；简单重复性的工作和较为稳定、变化不大的工作，相应的管理幅度则可大一些。之所以越接近组织高层的领导管理幅度越小，就是这个道理。

③ 下属工作的相似性。下属从事的工作相近，则主管人员对每人工作的指导和建议也大体相同，便于进行管理。这种情况下，管理幅度就可以大一些。

④ 计划与控制的明确性及其难易程度。下属的任务多数是由计划规定并依据它来实施的。因此，如果计划制订得详细具体、切实可行，下级人员容易了解自己的具体目标和工作任务，就可以通过计划来指导业务活动，而不必事事请示领导。否则，上级的指导就将是大量的、不可缺少的。另外，计划的实施离不开控制，需要上级对下级的实际执行情况进行检查。当用以衡量工作绩效的标准是具体、可量化的，偏离计划的情况就容易被察觉，既便于上级及时采取措施加以纠正，也便于下级自我调节。反之，工作绩效标准不明确、不具体，领导者就要为计划的实施和监督付出更多的精力。所有这些，都会影响到管理幅度的大小。

⑤ 非管理性事务的多少。主管作为组织不同层次的代表，往往需要花费相当的时间去从事一些非管理性事务。处理这些事务所需的时间越多，对管理幅度的扩大产生的消极影响也就越大。

（3）工作条件。

① 助手的配备情况。助手可以协助甚至代替领导者完成一些工作，因而，给领导者配备的助手越多、越得力，领导者本人的工作量就越小，其管理幅度就可以越大。

② 信息手段的配备情况。掌握信息是进行管理的前提。利用先进的技术去收集、处理、

传输信息，不仅可以帮助领导者更快、更全面地了解下属的工作情况，从而及时地提出建议，而且可使下属更多地了解与自己工作有关的信息，从而更好地自主处理好分内的事务。这就有利于扩大管理者的管理幅度。

③ 下属工作地点的接近性。不同下属的工作岗位在地理上的分散，会增加下属与领导以及下属相互之间的沟通困难，加大管理的难度，从而影响管理幅度。

（4）工作环境。

组织环境是否稳定，会在很大程度上影响组织活动内容和政策的调整频率与幅度。环境变化越快、变化程度越大，组织中遇到的新问题就越多，下属向上级的请示就越频繁、越有必要；但此时上级能用于指导下属工作的时间和精力却越少，因为他必须花更多的时间去关注环境的变化，考虑应变的措施。因此，环境越不稳定，管理幅度就越受限制。

（5）授权的程度。

适当和充分的授权可以减少主管人员与下属之间接触的次数和密度，节约主管人员的精力和时间，以及锻炼下属的工作能力和提高下属的积极性。所以，在这种情况下，管辖的人数可适当增加。不授权、授权不足、授权不当或授权不明确，都需要主管人员进行大量的指导和监督，导致效率降低、管理幅度下降。

上述因素在不同企业及同一企业的不同时期对管理幅度的影响都不尽相同。每个组织都必须从实际出发，根据自身特点，动态地确定适当的管理幅度和管理层次。

3. 组织层次的分工以及相互关系

在组织的纵向结构中，通过组织层次的划分，组织目标也随之作梯形分化。因此，客观上要求每一管理层次都应有明确的分工。

一般说来，大部分组织的管理层次可以分为三层，即上层、中层、基层。对于上层而言，其主要任务是从组织整体利益出发，对整个组织实行统一指挥和综合管理，并制定组织目标以及实现目标的一些大政方针。中层的主要任务是负责分目标的制定、拟订和选择计划的实施方案、步骤和程序，按部门分配资源，协调下级的活动，评价组织活动的成果以及制订纠正偏离目标的措施等。基层的主要任务就是按照规定的计划和程序，协调基层员工的各项工作，完成各项计划和任务。

美国斯隆管理学院提出了一种“安东尼结构”（Anthony Structure）的经营管理层次结构。该结构把经营管理分成三个层次：战略规划、战术计划和运行管理，这相当于前面所说的上层、中层、基层的划分法。这三个层次的经营情况如表 6.1 所示。

表 6.1 经营管理层次

	战略规划（上层）	战术计划（中层）	运行管理（基层）
主要关心的问题	是否实施，什么时候实施	怎样实施	怎样干好
时间幅度	3 年至 5 年	半年至 2 年	周或月
视野	宽广	中等	狭窄
信息来源	外部为主，内部为辅	内部为主，外部为辅	内部
信息特征	高度综合	中等汇总	详尽
风险未知程度	高	中	低

从表 6.1 中可以看出，“安东尼结构”中的战略规划考虑的是组织的全局性、方向性以及涉及与目标有关的大政方针问题，例如一个项目要不要实施，什么时候实施合适，这些都是一个组织中最重要的决策问题。若决策失误，那么效率越高就意味着损失越大。战术计划主要考虑的是在既定方针下怎样组织和安排，即要回答的是怎样实施的问题。而运行管理则关心的是怎样干好的问题，即具体实施计划、组织生产是他们的主要任务。

任何组织无论如何划分其管理层次，各层次之间的相互关系总是一定的，即管理层次是自上而下地逐级实施指挥与监督的权力。较低层次的主管人员处理问题的权限由较高一级的主管人员确定，而他必须对上级的决策做出反应，并且向他的上一级主管汇报工作。组织的上层管理者在一般情况下向更高一级的委派者负责。

（二）部门化

1. 部门化的含义

部门是指组织中管理人员为完成规定的任务而拥有管辖权的一个特定领域。部门化（departmentalization）是将若干职位组合在一起的依据和方式。它是将组织中的活动按照一定的逻辑安排，划分为若干个管理职位。部门划分的目的是：确定组织中各项任务的分配以及责任的归属，以求分工合理、职责分明，有效达到组织的目标。

2. 部门化划分方法

部门划分的标准主要有职能、产品、顾客、地区、人数、时间、过程、设备以及销售渠道、工艺、字母或数字等。

3. 部门化形式

以下针对目前较为常见的几种主要的部门化形式，详细分析每种部门化类型及其优缺点：

（1）职能部门化（functional departmentalization）。这是最普遍采用的一种划分方法。职能部门化即按专业化的准则，以工作或任务的性质为基础来划分部门。职能部门按职能重要程度可分为基本的职能部门和派生的职能部门。基本的职能部门一般有生产、工程、质量、销售、财务部门等。派生的职能部门有生产部门中的设计科、工艺科、制造车间、生产计划科、设备动力科、安全科、调度室等。职能部门化的优点是有利于从业人员的归口管理，易于监督和管理，有利于提高工作效率；缺点是容易出现部门的本位主义，决策缓慢，管理较弱，较难区分责任和确定组织绩效。

（2）地区部门化（geographic departmentalization）。按地理位置来划分部门，如跨国公司依照其经地区划分的各个分公司。地区部门化的优点是对本地区环境的变化反应迅速，便于区域性协调，利于管理人员的培养；缺点是地区部门与总部之间的管理职责划分较困难。

（3）产品部门化（product departmentalization）。按组织向社会提供的产品来划分部门，如家电企业集团可能会依据其产品类别划分出彩电部、空调部、冰箱部、洗衣机部等。产品部门化的优点是可提高决策的效率，便于本部门内更好的协作，易于保证产品的质量和进行核算；缺点是容易出现部门化倾向，行政管理人员过多，管理费用增加。

（4）过程部门化（process departmentalization）。按完成任务的过程所经过的阶段来划分，如机械制造企业划分出铸工车间、锻工车间、机加工车间、装配车间等。过程部门化的优点是能取得经济优势，充分利用专业技术和技能，简化了培训；缺点是部门间的协作较困难。

（5）顾客部门化（customer departmentalization）。按组织服务的对象类型来划分部门，如银行为了不同的顾客提供服务，设立了商业信贷部、农业信贷部和普通消费者信贷部等。顾客部门化的优点是可以有针对性地按需生产、按需促销；缺点是只有当顾客达到一定规模时才相对经济。

（6）设备部门化。按设备的类型来划分部门，如医院的放射科、心电图室、脑电图室、超声波室等。

（7）人数部门化。单纯按人数的多少来划分部门，类似于军队的师、团、营、连的划分，是最原始、最简单的划分方法。

（8）时间部门化。其是在正常工作日不能满足工作需要时所采用的一种部门划分方法，如三班制轮班制工作时即可按此来划分。

上述对部门划分方式的分析，只是为了便于理论研究。在实际工作中，任何组织很少根据唯一的标准来划分部门，而经常同时利用两个或两个以上的部门化方式形成合适自身特点的组织结构。如大学里设置的教务处、科研处、财务处等部门是按照职能为部门划分标准的，而本科生部、硕士生部、博士生部等的设置又是按照产品为部门划分标准的。究竟采用何种部门化或若干种部门化的组合往往取决于对各种部门化方式优劣的权衡。

现代组织的部门化呈现出两种主要趋势：顾客部门化和跨职能团队。顾客部门化被认为是能更好地预测顾客的需求并能对其需求变化做出更好的反应的一种部门化方式。跨职能团队（cross-function teams）是各专业领域的专家们组合在一起协同工作。如闻名世界的生产饮料容器和快餐盒的 Thermos 公司，它以跨专业领域的弹性化的团队取代了传统的受制于职能边界的部门化结构。

4. 部门化划分原则

部门划分应遵循的总原则是分工与协作原则。具体原则有：

（1）力求维持最少部门；

（2）组织结构具有灵活性；

（3）确保目标的实现；

（4）各部门任务的分配平衡，避免忙闲不均；

（5）检查职务和业务部门分设，确保检查人不隶属于受检查的业务部门。

五、组织设计的影响因素

管理职务及其结构的设计，目的是合理组织管理人员的劳动。由于组织活动总是发生在一定的环境中，受制于企业环境、企业战略、企业的技术、人员的素质、企业的规模和企业生命周期等因素，组织结构设计必须考虑这些因素的影响。

（一）环境

任何一个企业和社会组织都是存在于环境之中的。企业环境可分成微观环境和宏观环境。

微观环境包括那些直接影响企业履行其使命的行动者、供应商、各种市场中间商、顾客、竞争对手等。宏观环境包括那些影响企业微观环境中所有行动者的较为广泛的社会力量和社会因素，包括人口、经济、技术、政治、法律以及社会文化等方面的力量和因素。一般地，环境稳定与否会严重影响组织设计。环境变化越快，变化程度越大，组织中遇到的问题就越多，组织结构变化的可能性就越大。组织的环境不是一成不变的，而是不确定的、动态变化发展的，因此，企业应该根据环境变化，提高组织对环境的应变性。组织的外部环境对内部的结构形式产生的影响主要表现在三个不同的层次上：

（1）对职务和部门设计的影响。组织是社会经济大系统中的一个子系统，组织与外部存在的其他社会子系统之间也存在分工问题，不同的分工决定了组织内部工作内容、所需完成的任务、所需设立的职务和部门的不同。

（2）对各部门关系的影响。环境不同，使组织中各项工作完成的难易程度以及对组织目标实现的影响程度不同。

（3）对组织结构总体特征的影响。外部环境是否稳定，对组织结构的要求也是不一样的：稳定环境中管理部门与人员的职责界限分明，工作内容和程序经过仔细地规定，各部门的权责关系固定，等级结构严密；而多变的环境则要求组织结构灵活，各部门的权责关系和工作内容需要经常做适应性的调整，等级关系不甚严密，在组织设计中强调的是部门间的横向沟通而不是纵向的等级控制。因此，外部环境也会对组织结构总体特征产生影响。

（二）战略

企业战略是对企业各种战略的统称，既包括竞争战略，也包括营销战略、发展战略、品牌战略、融资战略、技术开发战略、人才开发战略、资源开发战略等。企业战略虽然种类较多，但是对组织设计的影响是明显的。例如在企业战略发展的初创阶段、扩张阶段。成熟阶段和退却阶段；企业地区开拓、纵向联合发展、产品多样化等阶段，组织设计应该有明显的差异。

组织结构必须服从组织所选战略的需要，适应战略要求的组织结构能够为战略的实施和组织目标的实现提供必要的前提。不同的战略要求开展不同的业务活动，因而就要求有不同的组织结构与之相适应，例如，企业实行单一经营战略、相关多种经营战略、多元化（非相关多种经营）战略，相应的组织结构一般是直线— 职能制、事业部制或母子公司制；而当战略重点发生改变时，组织的工作重点就要改变，组织结构也要作相应的调整。

（三）技术

知识经济和经济全球化时代，技术在企业中的地位无疑越来越重要，甚至成为现代企业竞争中最具决定性的力量。技术创新是企业得以生存、发展以及形成和保持其核心竞争力的根本手段。技术因素常常从根本上影响和改变着企业的战略取向，进而影响着企业的组织结构、管理模式、员工行为方式、企业文化等。组织的设计需要根据技术变化而变化，特别是技术范式发生重大转变时。

这里的技术是指企业把原材料加工成产品并销售出去这一转换过程中相关的知识、工具和技艺，它不仅包括企业的机器、厂房和工具，而且包括职工的知识和技能，以及生产工艺和管理业务方法等。按技术类型的不同，企业可以分为单件小批量生产、大批量生产、连续生产等（其技术复杂程度逐步提高）。对于不同技术类型的企业，其管理层次、管理幅度、集权程度均有不同。

技术对组织结构的影响，应当从企业级技术和部门级技术两个层次上加以分析。例如，单件小批生产、大批大量生产和连续生产的企业应当分别设计不同的组织结构。在分析部门级技术对组织设计的影响时，既要考虑不同部门的技术类型及特点，又要考虑不同部门之间技术的相互依赖性。

英国管理学家伍德沃德对技术类型和组织结构特征的关系做了进一步研究，她发现：第一，在这些技术类型和相应的企业结构之间存在着明显的相关性，即“结构因技术而变化”；第二，组织的绩效与技术和结构之间的“适应度”密切相关，具体关系如表 6.2 所示。

表 6.2　组织结构特征和技术类型的关系

组织结构特征	单件小批生产技术	大批量生产技术	流程生产技术
纵向管理层	3	4	6
高层管理人员的控制幅度	4	7	10
基层管理人员的控制幅度	23	48	15
管理人员与一般人员的比例	1∶23	1∶16	1∶8
技术人员的比例	高	低	高
规范化程度	低	高	低
集权化程度	低	高	低
复杂化程度	低	高	低
总体结构	有机式	机械式	有机式

（四）组织规模与发展阶段

组织规模是影响组织结构的一个基础的、重要的变量。企业的规模可用多种指标来衡量，如职工人数、生产能力、年销售额、固定资产净值等。在组织设计中，主要采用职工人数这一指标。不同规模的企业，在组织结构上有明显的差别。另外，企业（组织）所处的发展阶段不同，组织设计所要解决的重点问题就不同，例如，在企业由小到大迅速发展的过程中，主要的问题一般是健全组织部门、实现管理规范化；而当企业（组织）发展到较大规模时，主要的问题常常是如何有效分配权力，以克服官僚主义、增强组织应变能力。因而，组织所处的发展阶段也是组织设计的依据之一。

（五）人员素质

组织的人员素质，包括各级成员（特别是领导层）的价值观、思想水平、工作作风、业务知识、管理技能、工作经验以及年龄结构等。它们对组织设计中集权与分权程度、管理幅度大小、部门设置形式等都有影响。

第二节　组织结构

一、组织结构的含义

组织结构（organizational structure）是表明组织各部分排列顺序、空间位置、聚散状态、联系方式以及各要素之间相互关系的一种模式，是整个管理系统的“框架”。组织结构是组织的全体成员为实现组织目标，在管理工作中进行分工协作，在职务范围、责任、权利方面所形成的结构体系。

组织结构是企业的流程运转、部门设置及职能规划等过程最基本的结构依据，常见的组织结构形式包括直线制、职能制、直线职能制、矩阵制、事业部制等。组织设计的实质是指对管理人员的管理劳动进行横向和纵向的分工，使组织形成一个严密有序的系统。

（1）横向的分工，是根据不同的标准，将对组织活动的管理劳动分解成不同岗位和部门的任务，其结果是部门的设置。

（2）纵向的分工，是责任分配基础上的管理决策权限的相对集中或分散，是根据管理幅度的限制，确定管理系统的层次。同时根据管理层次在管理系统中的位置，规定各层次管理人员的职责和权限。

二、组织结构的形式

组织结构是随着社会发展而发展的，在现代社会，组织的结构多种多样，但都是由一些基本类型组合而成的。常见的有七种基本组织结构形式。

（一）直线结构

直线结构又称简单结构，是最早出现也是最简单的一种组织结构形式。其特点是：组织中各种职务按垂直系统直线排列，全部管理职能由各级行政领导人负责，不设职能或参谋机构；命令从最高层管理者经各级管理人员、直至组织末端，呈直线式流动；组织中每个成员只接受最近层级的一个上级指挥，仅对该上级负责，并汇报工作；一个人一个上级，彻底贯彻统一指挥原则，具体如图 6.2 所示。

直线结构的优势均来源于其简单性：① 指挥命令系统单纯，决策迅速，命令统一，容易贯彻到底；② 每个组织成员的责任和权限的归属非常明确，不易产生目标不清的情况，每个人对实现组织目标的贡献也较易评价；③ 容易维持组织纪律，确保组织秩序；④ 灵活；⑤ 管理费用低。

直线结构的缺点是：① 每个人只注意听上级指示，每个部门只关心本部门工作，横向协调差；② 权力完全集中于一人，对最高领导者的依赖性大，容易发生失误。

这种结构一般适用于那些没有必要按职能实行专业化管理的小型组织，以及组织处于初建阶段、组织所处环境较简单且易变、组织突然面临困难甚至于处于敌对环境等情况。

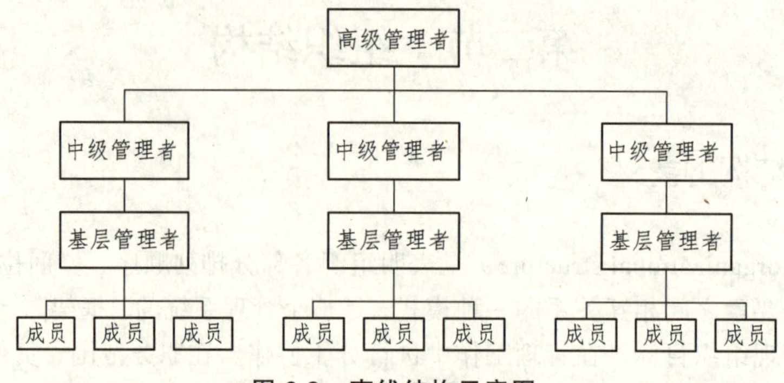

图 6.2　直线结构示意图

（二）职能结构

职能结构的特点是，组织内除直线主管外，还设立一些职能部门，各职能部门有权在自己的业务范围内向下级下达命令和指示。下级除了接受上级直线主管的领导外，还必须接受上级职能部门的指挥。这种组织结构多见于医院、高等院校、设计院、图书馆、会计师事务所等组织，具体结构如图 6.3 所示。

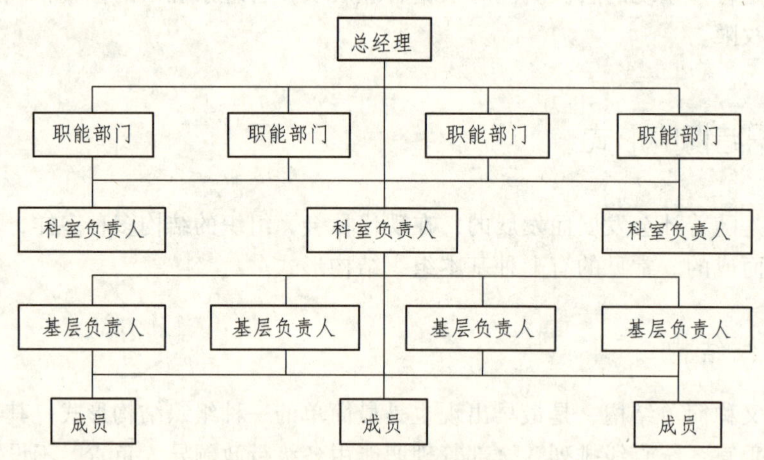

图 6.3　职能结构示意图

职能结构的主要优点是：① 能发挥职能机构的专业管理作用，对下级工作的指导更细；② 减轻了直线主管的负担；③ 管理者实行职能分工，使对管理者的选用和培养变得更容易。

职能结构的缺点是：① 妨碍了组织必要的集中领导和统一指挥，形成多头领导，容易出现命令的重复或矛盾，从而造成管理的混乱；② 不利于明确划分直线人员与职能部门的职责权限，容易造成争夺权力、推卸责任。

（三）直线—职能结构

这种结构的特点是以直线制为基础，在各级直线主管之下设置相应的职能部门，即在保持直线组织的统一指挥原则下，增加了参谋机构，具体结构如图 6.4 所示。

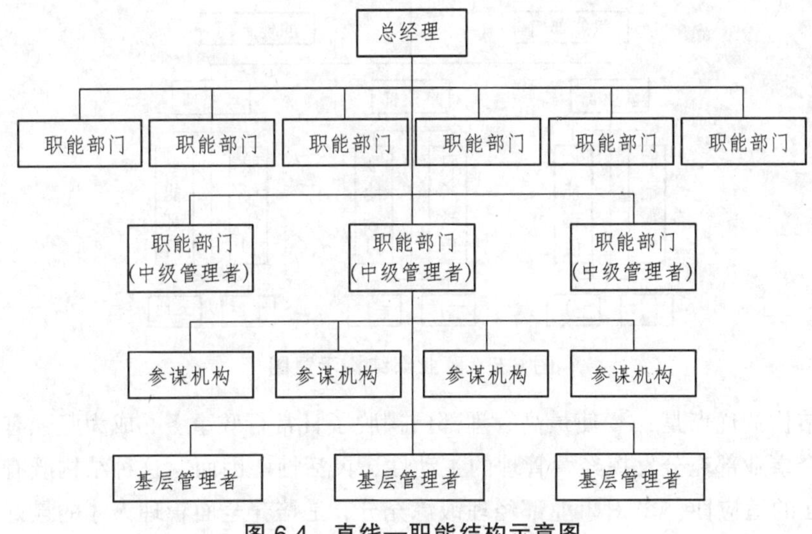

图 6.4 直线—职能结构示意图

在这种组织形式下，直线部门是骨干，原则上担负着实现组织目标所需要完成的直线业务，如生产销售等；而职能部门只是同级直线主管的参谋与助手，可以对下级职能机构进行业务指导，但无权对下级直线主管发号施令，除非上级直线主管授予他们某种权力。

直线—职能结构的优点是：① 把直线结构和职能结构的优点结合了起来，既能保持指挥的统一，又能发挥参谋人员的作用；② 分工细密，职责清楚，各部门仅对自己职能范围内的工作负责，效率较高；③ 组织稳定性较高，在外部环境变化不大的情况下，易于发挥组织的集团效率。

直线—职能结构的缺点是：① 部门间缺乏信息交流，不利于集思广益地做出决策；② 直线部门与职能部门（参谋部门）之间目标不易统一，矛盾较多，上层主管的协调工作量大；③ 难以从组织内部培养熟悉全面情况的管理人才；④ 系统刚性大，适应性差，容易因循守旧，不宜于对新情况及时做出反应。

这种结构主要适用于简单稳定的环境，适用于用标准化技术进行常规性大批量生产的组织。

（四）事业部结构

事业部结构又称联邦分权结构，是一种分权制的企业组织形式。这种组织结构是由美国通用汽车公司前副总经理斯隆创立的，所以又称为“斯隆模型”。这是一个企业内对于具有独立的产品和市场、独立的责任和利益的部门实行分权管理的一种组织形态，而这样的部门就是事业部。它必须具备三个要素：其一，具备独立的产品和市场，是产品责任或市场责任单位；其二，具有独立的利益，实行独立核算，是一个利益责任单位；其三，是一个分权单位，具有足够的权力，能自主经营。具体的事业部结构如图 6.5 所示。

事业部结构的特点是最高管理当局只保留资金分配、重要人事任免和战略方针等重大问题的决策权力，其他权力尽量下放，事业部成为日常经营活动的决策中心，是完全自主的经营单位。

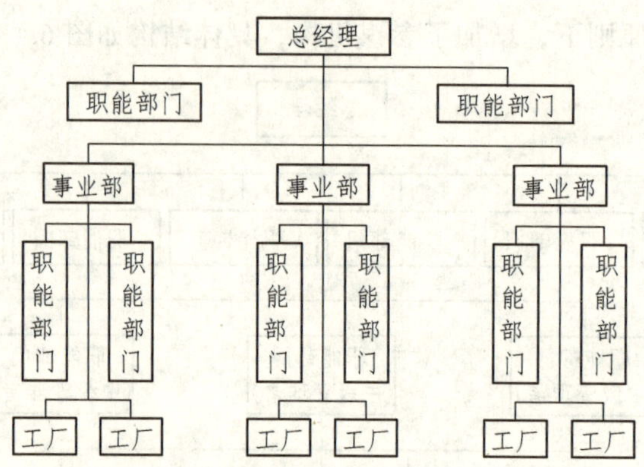

图 6.5　事业部结构示意图

事业部结构的优点是：① 使最高管理部门摆脱了日常行政事务，成为坚强有力的决策机构，并使各个事业部充分发挥经营管理的主动性、灵活性。因而，这种结构既有较高的稳定性，又有较强的适应性。② 对事业部经理锻炼充分，是培养全面管理人才的最好组织形式之一。③ 扩大了有效控制的幅度，使上级领导直接控制下层单位的数目增加。④ 可以在各事业部之间展开比较、形成竞争，有助于克服组织的僵化和官僚化。

事业部结构的缺点是：① 需要的管理人员多，管理成本较高，管理经济性差；② 对总公司和事业部的管理人员水平要求高；③ 集权和分权关系比较敏感，一旦处理不当，可能削弱整个组织协调的一致性；④ 容易滋生本位主义，控制难度加大；⑤ 对公司资源的利用不是很有效。

仅当企业规模较大，而且其下层单位能够成为一个“完整的企业机构”（具有独立的产品、独立的市场，成为利润中心）时才宜采用事业部制这种组织结构。

如果在最高管理层与各个事业部之间增加一级管理机构，来负责统辖和协调所属各个事业部的活动，则事业部结构就发展成为一种新的结构形式——超事业部结构。这样做的好处是可以集中几个事业部的力量共同研究和开发产品，可以更好地协调各事业部的活动，从而能够增强组织的灵活性。

（五）矩阵结构

矩阵结构是由专业从事某项工作的工作小组形式发展而来的一种组织结构。所谓工作小组，一般是由一群不同背景、不同技能、不同知识、分别选自不同部门的人员所组成的临时部门。其结构特点是根据任务的需要把各种人才集合起来，任务完成后小组就解散。如果一个企业中同时组织几个工作小组，而且这种工作小组的形式长期存在，结果就会形成一种新的组织结构——矩阵结构，又称规划—目标结构。

矩阵结构主要是在直线—职能结构垂直形态的基础上，再增加一种横向的领导系统，即工作小组。参加工作小组的成员，一般都要接受两个方面的领导，即在工作业务方面接受原单位或部门的垂直领导，而在执行具体任务方面，接受工作小组或项目负责人的领导。具体的矩阵结构如图 6.6 所示。

矩阵结构的优点是：① 加强了不同部门之间的配合和信息交流，能集中各部门专业人员的智慧，加强组织的协调性和整体性；② 机动灵活，适应能力强；③ 可加快工作进度提升效率；④ 可避免各部门的重复劳动，一个人可同时参加几个工作小组，提高了人员的利用率，可缩减成本开支；⑤ 管理方法和管理技术可更加专业；⑥ 工作小组领导人对项目最终效益负责，从而增强了整个组织的有效性。

矩阵结构的缺点是：① 造成了双重领导；② 组织关系复杂，对项目负责人（组长）的能力要求较高；③ 具有一定的临时性，容易导致人心不稳。

矩阵结构适用于大型协作项目以及以开发与实验项目为主的，如大型运动会组委会、电影制片厂、应用研究单位等。

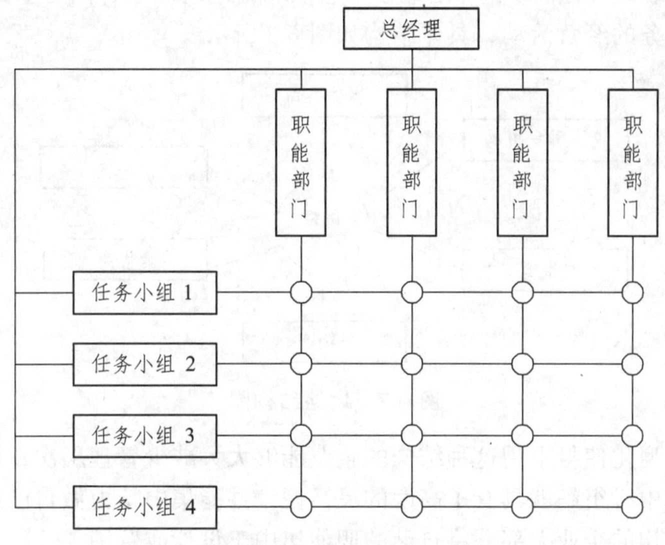

图 6.6　矩阵结构示意图

（六）委员会组织

为达到某种特定的管理目的，企业机构还常常设立各种委员会组织。委员会多数是为了补充和加强直线组织管理，与直线组织结合起来建立的。其活动特点是集体行动，这与其他组织形式有明显不同。

委员会组织的形式多种多样：有的执行管理职能，有的不执行管理职能；有的要作决策，有的只作讨论而不作决策；有的是正式的，有的是非正式的；有的是常设的，有的是临时的。

委员会组织作为经营管理的一种手段而设立，其目的是：① 集思广益；② 防止个人或部门权限过大，作为制约或限制的手段；③ 反映和听取不同利益集团的要求；④ 协调计划与执行的矛盾；⑤ 作为信息沟通和交换意见的机构；⑥ 激发执行决定的积极性，让有关人员参加讨论。

委员会组织的优点是：① 集思广益，能产生解决问题的更好方案，提高决策的质量；② 可防止个人职权的滥用，也可避免忽视某个层次、某方面人士的意见和利益；③ 有助于部门间及有关人员间的沟通和协调；④ 使基层干部和职工有可能参与决策的制定，从而更好地执行决策。

委员会组织的缺点是：① 决策迟缓。做出决定往往需要很长时间，费时费钱。② 折中调和。当意见不一致时，往往采取折中的办法解决，富有新意的主张和方案因而容易被封杀。③ 个人责任不清。委员的责任不明确，往往责任感较差。

（七）网络结构

网络结构又称为虚拟结构，是最新出现的一种组织形式，它是为完成向市场提供商品或服务等任务而由众多在各自领域内拥有相对的不同竞争优势的企业相互联合而形成的一种合作组织形式。这种结构只有很小的中心组织，它依靠其他组织以合同为基础进行制造、分销、营销及其他关键业务的经营活动，具体结构如图 6.7 所示。

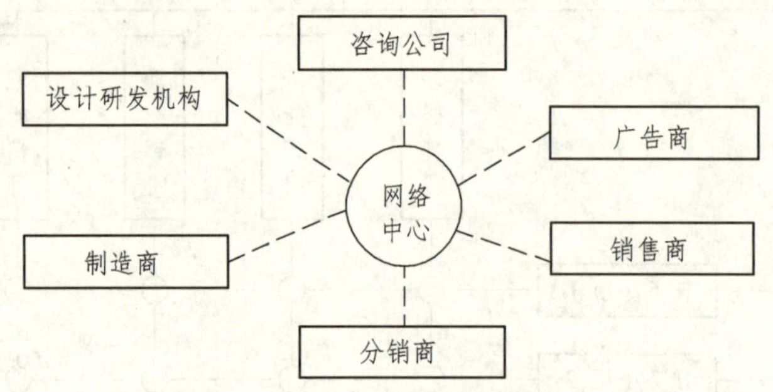

图 6.7　网络结构图

中心组织的小型化使得采用这种结构的企业能够大大减少管理层次；由于其大部分职能都是“外购”的，中心组织就具有了高度的灵活性，并能集中精力做自己最擅长的事。在实际中，采用网络结构的企业大部分将自己的职能集中于设计或营销。

网络结构的缺点是：① 中心组织难以对制造活动实施严密的控制，因而在产品质量上存在风险；② 网络组织所取得的设计上的创新很容易被窃取，因为产品一旦交付其他企业生产，要继续对创新严密控制存在一定的困难。

网络结构既适用于小型组织，也适用于大型组织。例如著名的耐克公司、卡西欧公司采用了网络结构，IBM 公司、美国电话电报公司、美孚石油公司也部分采用了网络结构。但是，网络结构并不是对所有企业都适用。一般说来，它比较适合于玩具和服装制造业，因为这两个行业都需要很高的灵活性以应对时尚的变化迅速做出反应。网络结构也适合于那些制造活动需要低廉劳动力的公司，这也是发达国家和地区的大公司较多采用网络结构的主要原因之一。

网络结构是在地区乃至全球经济一体化、企业间的联系和协作增强的大背景下出现并发展起来的。信息技术的快速发展，为这种组织形式的进一步普及创造了有利条件。

三、组织结构的运行

组织内部的职权关系是信息沟通和有效控制的基础和前提。理解组织内部的职权关系，有助于促进组织内部的信息交流和组织机构的协调运转，有助于对组织管理活动进行有效的控制，从而保证组织目标的顺利实现。

（一）职权划分与职权关系协调

1. 职权的基本类型

职权，即职务范围内的管理权限，是管理人员行使职责的一种工具。

同职权共存的是职责。正如法约尔所说，职责与职权是孪生子，职责是职权的当然结果和必要补充。作为一个主管人员，当处于某一职务时，必然要尽一定的义务，这种占有某职位，担任某职务时应履行的义务，即称之为职责。职权、职责都是针对同一任务而言的，作为医院院长为达到某一目标把任务分配给内科主任时，必须同时把完成这一任务所需的权力授予他，使权责共存一体，这样他才可能顺利地执行这一任务。所以说，权责应相等，职责不能小于也不能大于所授予的职权。

在组织内，最基本的信息沟通就是通过职权关系来实现的。通过职权关系上传下达，使下级按指令行事，上级得到及时反馈的信息，进行有效的控制，作出合理的决策。

在现代组织中，一般都存在着两种职权关系，一种是上下级间的职权关系，我们称之为纵向职权关系，其核心是如何正确处理集权与分权的关系；另一种是直线职权、参谋职权和职能职权之间的关系，我们称之为横向职权关系，如何处理这三种职权相互间的关系，是组织工作的重要内容。

（1）直线职权。

直线职权是直线人员所拥有的包括发布命令、执行决策等在内的权力，也就是通常所说的指挥权。直线主管（人员）是指能领导、监督、指挥、管理下属的人员。显然，每一管理层的主管人员都应具备这种职权，只不过每一管理层次的功能不同，其职权的大小和范围各有不同，如厂长对车间主任拥有直线职权，车间主任对班组长拥有直线职权。这样，从组织的上层到下层的主管人员之间，便形成一条明确的权力线，这条权力线被称为指挥链或指挥系统。在这条权力线中，职权的指向是自上而下的。由于在指挥链中存在着不同管理层次的直线职权，故指挥链又被称为层级链。它很像一座金字塔，通过指挥链的信息传递，由上而下或由下而上地进行，所以指挥链既是权力线，又是信息通道。

（2）参谋职权。

参谋职权是参谋所拥有的辅助性职权，包括提供咨询、建议等。在田忌赛马的故事中，孙膑为田忌献策而胜齐威王，孙膑所行使的即为参谋职权。

参谋职权的概念由来已久，在中外历史上很早就出现了一种为统治者出谋划策的智囊人物。在我国两千多年的历史中，有过许多关于食客、谋士、军师、谏臣的记载。

近代组织中出现的参谋及其职权的概念来自军事系统。1807 年，普鲁士军事改革家沙恩霍斯特（Scharnhorst）创建了军事参谋本部体制。所有军事统帅的决策过程，必须依赖参谋部集体智慧的支持来完成。以后德国、美国等军队也相继建立了参谋组织，并成为军队中不可缺少的一部分。随着社会的发展，管理问题日益复杂，“多谋善断”由独自一人来完成已不可能。不仅仅军事上，政治、经济等部门都需要出谋划策的参谋人员。

参谋的种类有个人与专业之分。前者即参谋人员，是协助直线人员的咨询人；后者常为一个单独的组织或部门，即一般的“智囊团”或“顾问团”。专业参谋部门的出现，是时代发展的产物，它聚合了一些专家，运用集体智慧协助主管进行决策。

参谋和直线之间的界限是模糊的。作为一个主管，他既可以是直线人员，也可以是参谋人员，这取决于所起的作用及行使的职权。当他处在自己所领导的部门中，他行使的是直线职权，是直线人员；而当他同上级打交道或同其他部门发生联系时，他又成为参谋人员。例如医院院长在医院内是直线人员，但在卫生局进行计划或决策而征询他的意见时，他便成为参谋人员。

（3）职能职权。

所谓职能职权，是指由直线组织的上级主管人员向参谋机构和人员授权，允许其按照规定的程度和制度，在一定的职能工作范围内做出规定，向下一级直线部门和人员发布指示、提出要求的权力。其实质是主管人员将本属于自己的一部分直线权力分离出来，授予参谋机构和人员，从而扩大了他们的权力。在纯粹参谋的情形下，参谋人员所具有的仅仅是辅助性职权，并无指挥权。但是，随着管理活动的日益复杂，主管人员不可能通晓所有的专业知识，仅仅依靠参谋的建议还很难做出最后的决定。这时，为了改善和提高管理效率，主管人员就可能将职权关系作某些变动，把一部分本属自己的直线职权授予参谋人员或某个部门的主管人员，这便产生了职能职权。在实际中，我们常常称被赋予职权的参谋部门为"职能部门"。所谓职能部门，是指拥有了职能职权的参谋部门。所以，严格地讲，职能部门与参谋部门是不同的，只不过人们常常不这样严格区别而已。

职能职权大部分是由业务或参谋部门的负责人来行使，这些部门一般都是由一些职能管理专家组成。例如，一个公司的总经理统揽全局，拥有管理公司的职权，而他为了节约时间、加速信息的传递，就可能授权财务部门直接向生产经营部门负责人传达关于财务方面的信息和建议，也可能授予人事、采购、公共关系等顾问一定的职权，让其直接向直线组织发布指示等。由此可见，职能职权是组织职权的一个特例，可以认为它介于直线职权和参谋职权之间。

2. 正确处理直线职权（人员）、参谋职权（人员）、职能职权（人员）的关系

如前所述，随着组织规模的扩大，管理问题的日益复杂化，主管人员的知识和能力不能适应需要，于是相继出现了参谋职权（人员）、职能职权（人员）。但在组织结构运转的实际工作中，这三种人员的职权经常被混淆，对三者的关系处理不当就有可能导致混乱，使管理效率低下。此外，参谋职权的无限扩大，容易削弱直线人员的职权乃至威信；职能职权的无限扩大，则容易导致"多头领导"，最终都是导致管理混乱，效率低下。因此，要保证组织结构的正常运转，必须处理好三种职权（人员）的关系，这是组织结构运行中一个重要问题。

在处理各种职权关系时应注意以下几点：

（1）三种人员在管理工作中的相互关系本质上是一种职权关系。

在任何一个现实的组织中，各级管理人员的职责都包含有直线、参谋或职能的因素。从前述的直线职权、参谋职权、职能职权的性质和特点可以看出，在现代组织中，这三种职权是使组织活动朝向组织目标的不可分割的整体。直线职权意味着作出决策、发布命令并付诸实施，是协调组织的人、财、物并保证组织目标实现的基本权力。参谋职权则仅意味着协助和建议的权力，它的行使是保证直线主管人员作出的决策更加科学与合理的重要条件。职能职权由于是直线职权的一部分，因此也具有直线职权的特点，但职能职权的范围小于直线职权，它主要解决的是"怎样做"和"何时做"的问题，绝不能包揽直线职权的一切权力。同时，职能职权的行使者多是一些具有一定专长的参谋人员，因此，他更能从某一专业角度出发来保证一项决策的科学性、可行性和实用性，从而大大促进管理效率的提高。

（2）理顺直线和参谋的关系。

组织中的直线关系是一种指挥和命令的关系，授予直线人员的是决策和将决策付诸行动的权力。而参谋关系则是一种服务和协助的关系，授予参谋人员的是思考、筹划和建议的权力。正确处理直线与参谋的关系，充分发挥参谋人员的合理作用，是发挥组织中各方面力量的协同作用的一项重要内容。

有人把直线与参谋当成一种部门划分的方法，因而有直线部门和参谋部门之分。但要注意，一个部门处于直线地位还是参谋地位，要依据其在整个组织中的职权关系，而不仅取决于其具体业务，也不能只看其在组织目标实现中的作用。例如，设计和研究部门在企业中一般被列为参谋部门，但如果企业可以把设计或研究成果出售给顾客，直接进行经营并取得收益，那么这些部门就应该属于直线部门。又如，企业中的仓库保管、设备维修、后勤、食堂等部门对企业目标的实现都只能起辅助作用，但并不能因此就认为它们都是参谋部门。

一般说来，参谋只是为直线提供信息、出谋划策并配合直线工作。但在现实的管理生活中，两者的关系较为复杂，概括起来有以下七种基本的直线—参谋关系：

① 咨询（顾问）。参谋只向直线提供咨询帮助，直线可接受也可不接受这种帮助。参谋在充分了解情况的基础上，可主动向直线人员提出建议。

② 按照要求提供服务。其关系与上述的咨询相似，但服务项目不仅限于咨询和建议。参谋人员与直线人员的关系同合同承包人与发包人的关系相似,他们的上司是参谋部门的领导。

③ 根据既定的计划，作为完成单位任务的一部分，向某组织提供参谋服务。例如，参谋组织向某组织（企业、医院等）提供常规的技术服务。这些专家、技术人员听命于参谋组织，参谋组织的主管人员对他们的服务质量负责。而接受服务的组织无权指挥专家们的工作，但如果他对服务质量、对偏离既定方案有疑问时，可直接与参谋组织的主管联系。同时，参谋组织的主管也无权决定服务项目的利用程度，因为这些已在规划中有过明确规定。

④ 为直线提供必要的常规辅助性服务。一旦为提供服务所必要的报告、申请或其他特别制度（例如财会制度等）经批准，提供单位就有权要求直线遵守。在发生违章时，服务单位的人员（在向直线人员提出正常要求后）有权要求直线在监督下进行纠正。只要提出的公文得到批准，使用单位的人员可直接与提供单位联系，要求给予有关的服务和信息。

⑤ 中心参谋单位和经营单位、附属的参谋单位以及参谋人员之间的职权关系。例如，质量控制中心通过各分厂的质量控制处开展工作；卫生局人事部门通过各医院的人事处开展工作等。这些中心参谋单位对经营组织的参谋进行业务指导，而非下达指令。若中心参谋单位感到确有必要应做或停做某事，可向经营组织的参谋单位提出有力的建议，抑或向经营组织的更高一级提出。

⑥ 部门主管和来自参谋单位人员之间的关系。参谋单位常常培训一些较高质量的专业人员，然后分配给经营组织。这些人员虽较长时间在经营组织中工作，但总认为参谋单位才是他们的“家”。经营组织的主管对他们进行“行政管理”，参谋单位的主管对他们进行“专业管理”。后者是他们的顶头上司，因为参谋单位的主管可变更他们的工作位置，决定他们的成绩大小并在提升和报酬方面提出建议，负责不断地提高其业务水平。这里所指的“行政管理”是经营组织的主管给他们（参谋人员）布置工作、批准请假等，并指示他们遵守其工作人员守则。“专业管理”是指由参谋单位的主管为其业务工作制定程序和建立有关标准。

⑦ 经理与顾问或参谋人员，或直接向他报告的单位之间的关系。参谋人员与经理下属其他人员的关系是：参谋人员或参谋单位只能提供信息、咨询和建议，通过经理的许可或决定才能产生经理的名义行令，而不能以自己的名义去让他们做事。表 6.3 列出了七种基本的直线—参谋关系。

表 6.3　直线与参谋相互关系的七种基本类型

关系 项目	参谋单位人员同经营单位领导的关系	经营单位的领导同参谋单位及其参谋单位人员的关系	参谋单位同经营单位人员的关系
① 咨询	可以主动提建议，不一定等上级邀请	可以采纳也可以不采纳后者所提的建议	彼此不能给予对方指示或接受对方指示
② 按要求提供服务	与① 相似，但包括多种服务，参谋单位必须应邀进入部门之中	与外界的承包合同相似，参谋人员的上司是自己参谋单位的领导	当需要发挥服务作用时，要通过经营单位的主管人员提出要求
③ 根据既定规划提供参谋服务	比② 更有力，以更高级权威批准的规划为依据提供服务，经营单位的领导不可拒绝这些服务内容	参谋人员隶属于参谋单位的首脑，如果经营单位的领导对提供服务的方式不满，必须通过参谋单位的领导提出意见	同②
④ 提供必要日常辅助性服务	服务是经营过程的常规组成部分，不须以邀请或特别规划为依据	同③	参谋服务人员可要求服务对象遵守既定的规则程序，但参谋和经营人员之间保持直接的日常联系则另当别论
⑤ 中心参谋单位和经营部门的相应参谋单位	仅提供咨询和提示，但不必被动等待邀请	可能但不一定利用公司总部的参谋部门的咨询和建议，通过指挥系统，经营单位的领导人是本部门参谋单位的上司	公司总部的参谋部门和经营部门所属参谋单位之间的职能关系，对于专业标准、经营模式等这样一些来自部分单位的建议具有强制性，除非在特殊情况下未经经营单位领导的批准，不得拒绝采纳这些建议
⑥ 由参谋单位指派到经营单位的人员	指派的人员受经营单位领导的“行政管理”，诸如布置工作、纪律、工作时间等，但他们的上司仍是参谋单位的领导人	指派的人员行政管理方面，在通知经营单位领导后，参谋单位的领导可用个别的人把他们从工作岗位上替换下来	即在经营单位领导直接主管下的任何雇员的关系，他们开展自己的活动，通过部门内正常的渠道工作
⑦ 经营单位所属的参谋单位	提供信息、咨询和建议等，由经营单位的领导做出决定并向经营人员发出指令	沟通指挥系统的直接关系	同⑥，参谋人员不向经营人员直接发布命令，异常情况除外（例如出现紧急情况无法进行正常运转时，安全员和质量员有权停止某种作业）

（3）正确认识和处理直线与参谋的矛盾。

从理论上讲，设置作为直线主管助手的参谋职务，不仅可以保证直线的统一指导，而且能够适应复杂的管理活动需要多种专业知识的要求。然而在实践中，直线与参谋的矛盾往往是组织缺乏效率的主要原因之一。考察这些低效率的组织活动，通常可以发现两种不同的倾向：或者虽然保持了命令的统一性，但参谋作用不能充分发挥；或者参谋作用发挥失当，破坏了统一指挥的原则。因此，在实际工作中，直线与参谋都有可能产生对对方不满的情绪。产生这种矛盾的原因可能在于直线主管一方，也可能在于参谋人员一方。直线主管的问题往往在于轻视参谋人员的作用，不能给予参谋人员充分的重视和尊重。参谋人员的问题往往在于对自己的职权认识不清，越权指挥，以及过高地估计自己的作用等。

（4）发挥参谋作用应注意的事项。

① 参谋独立地提出建议。参谋人员多是某一方面的专家，应根据客观情况提出科学的建议，而不应被他人左右。德鲁克 1944 年受聘于通用汽车公司任管理政策的顾问，第一天上班时，该公司总经理斯隆找他谈话："我不知道我们要你研究什么，要你写什么，也不知道该得到什么样的成果。我唯一的要求是希望你把正确的东西写下来，不必顾虑我们的反应，也不需要怕我们不同意。尤其重要的是，你不必为了使你的建议易为我们接受而想到折中调和。在我们公司里，人人都会调和折中，不必劳你的驾。你当然也可以调和折中，但你必须先告诉我正确的是什么，我们才能作正确的调和折中。"这段话不仅说明参谋不仅要独立地提出建议，而且还要提出解决问题的方法。参谋不是问题的挑剔者，而是解决问题的倡导者。

② 直线不为参谋所左右。参谋应"多谋"，而直线应"善断"，直线可广泛听取参谋意见，但永远要记住，直线是决策的主人。直线人员应像古人所云"周咨博询，不耻下问，运用之妙，存乎一心"。美国学者路易士・艾伦（Louis Alan）提出六个有效发挥参谋作用的准则：

——直线人员可作最后的决定，对基本目标负责，拥有最后决定权；

——参谋人员提供建议与服务；

——参谋人员可主动从旁协助，不必等待邀请，时刻注意业务方面的情况，予以迅速协助；

——直线人员应考虑参谋人员的建议，当最后决定时，应与参谋人员磋商，参谋人员应配合直线朝向目标进行；

——直线人员对于参谋的建议，如有适当理由，可予拒绝。此时，上级主管不能受理，因直线有选择权；

——直线与参谋人员均有向上申诉的权利，当彼此不能自行解决问题时，可请求上级解决。

（5）适当限制职能职权的使用。

限制职能职权的使用，就要求做到：

① 限制使用范围。职能职权的运用常限于解决"如何做（How）、何时做（When）"等方面的问题，若无限扩大到"在哪儿做（Where）、谁来做（Who）、做什么（What）"等方面的问题，就会使直线人员起不到应有的作用而形同虚设。

② 限制使用级别。职能职权不应越过所属上级的第一级。人事科长或财务科长的职能职权不应越过生产经理这一级。换言之，职能职权应当集中在组织结构中关系最接近的那一级。

（二）集权与分权

集权（centralization）与分权（decentralization）指的是组织内决策权的集中化与分散化。集中化就是趋向把较多和较大的决策权集中到组织高层，组织的中下层则处于决策权较少且较小的地位；反之，如果趋于将较多和较大的决策权授予组织中下层，而组织高层只保留少数较重要的决策权，则称之为决策权的分散化。需要明确的是，集权与分权是相对的概念。

1. 集权与分权程度的标志

集权与分权在组织中只是一个程度问题，衡量集权与分权程度的标志主要有以下五个方面：

（1）决策的数量。

组织中较低管理层次做出的决策数目越多，则分权程度越高；反之，上层决策数目越多，则集权程度越高。

（2）决策的范围。

组织中较低层次决策的范围越广，涉及的职能越多，则分权程度越高；反之，上层决策的范围越广，涉及的职能越多，则集权程度越高。

（3）决策的重要性（不同类型决策的集中情况）。

企业决策有战略决策、管理决策和作业决策之分。集权程度高的，是把这三种决策特别是战略思想的提出和战略决策的制定，以及人事、财务、采购、生产、营销等基本职能方面的管理决策，都集中到公司，由高层管理班子和有关职能部门负责，基层单位只拥有部分作业决策权；如果企业将管理决策下放，分权程度就增高；如果继续把一部分战略决策权也下放，分权程度将进一步扩大。换言之，若较低层次作出的决策越重要，影响面越大，则分权程度越高；反之，如下级作出的决策越次要，影响面越小，则集权程度越高。

（4）决策的审核。

若下级组织作出的所有决策，只要在其职责范围内都不需要上级批准即可生效，则表明分权程度高；若其作出决策，只有向上级报告之后才能实施，分权程度就低一些；如果决策前就必须向上级请示，分权程度就更低一些。就整个企业来说，做出最终决策所必须参加的管理人员和部门越多，权力就越分散；反之，权力的集中程度就越高。

（5）规章制度对决策的控制程度。

规章制度是人们行为的规范，如果企业各层次规章制度很多，对各项工作都有详细而具体的规定，要求严格执行，那么，员工灵活处理问题的自由度就很小，集权程度就比较高；反之，虽有规章制度，但内容较为粗略，给员工的自由度较大，则有利于分权程度的提高。

2. 影响集权与分权程度的主要因素

早期的管理学者认为，一个组织的集权程度取决于情境，他们的目标是最合理、最有效率地使用员工。传统组织一直沿用集权式的决策，如今，组织变得更加复杂，需要快速应对它们所处环境的动态变化。表 6.4 列出了一个组织使用集权或分权的一些影响因素。

表 6.4　集权与分权

更加集权	更加分权
●环境是稳定的	●环境是复杂的、不确定的
●低层管理者在决策方面的能力或经验不如高层管理者	●低层管理者在决策方面具有与高层同样的能力或经验
●低层管理者不想要决策发言权	●低层管理者想拥有决策发言权
●决策是相对细微的	●决策的影响重大
●组织正面临一个关乎生死存亡的重大危机	●企业文化是开放的，允许各级管理者对所发生的事情拥有发言权
●公司的规模大	●公司各部分分散在不同的地理位置
●公司战略的有效实施取决于对所发生事情具有发言权的管理者	●公司战略的有效实施取决于参与决策的管理者以及制订决策的灵活性

具体来说，影响一个组织集权与分权程度的主要因素有以下九个方面：

（1）产品结构及生产技术特点。

这是企业内部影响集权与分权程度的基本因素。例如，对那些产品较为单一、更新换代速度慢、生产过程连续性强、实行大量生产的企业，由于其生产经营各环节之间的协作和联系十分紧密，客观上要求集中经营、统一管理，集权程度就高一些；而对那些从事跨行业经营、产品生产技术差别大、市场和销售渠道各不相同的企业，就只有加大分权程度，才能使不同产品的生产单位能够根据行业特点灵活经营。

（2）决策的重要性。

一般地说，对重要的决策，即那些涉及较高的费用支出、影响面较大的决策，宜实行集权；而随着决策重要性降低，分权程度也应提高。

（3）企业的规模与组织形式。

企业规模越大，经营管理就越复杂越困难，一般来说，就越需要分权。企业规模往往还与经营地域的集中与分散直接相关，小企业的经营地域大多是集中的，便于统一指挥、集中管理；大企业伴随经营地域的分散化，则不得不实行较高的分权。

企业规模常常同企业组织形式有关。小企业多为单厂企业，集权程度较高。大企业多为总厂型企业或集团公司。总厂型企业的集权程度一般比单厂企业低，但由于其内部各分厂之间的协作关系比较紧密，集权程度又往往比公司（尤其是集团公司）高。当然，公司也有不同的类型，其集权与分权的程度也有差别。

（4）组织的成长方式。

如果组织是靠组织内部积累由小到大逐步发展起来的，则集权程度较高。因为组织较小时，大部分决策都是由最高主管直接制定和实施的，决策权的独揽已成为习惯，一旦失去这些权力，主管便可能产生对组织失去控制的感觉。对于通过合并尤其是通过兼并而发展起来的组织，则分权程度较高。曾经独立的组织主张独立的要求特别强烈，可能需要经过许多年，合并后的组织的领导人才敢于大胆地减少分权程度。在某些情况下，合并或兼并的首要影响可能是提高集权的倾向。出于政策的统一和快速行动的需要，合并组织必然要求加速集权化过程。

（5）管理哲学。

主管人员的个性和管理哲学，对组织的集权与分权程度影响较大。组织中控制欲较强而且自信的领导者往往习惯于所辖部门完全按照自己的意志来运行，以集中控制权力来保证个人意志被执行，并以此提高自己在组织中的地位。

（6）环境条件。

环境是企业外部影响集权与分权程度的基本因素。外界环境变化大时，为了使企业下属单位能够及时抓住机会、避开风险，促进整个企业的发展，应加大分权程度；外界环境较为简单稳定时，则可提高集权程度。

（7）人员素质。

企业的管理者和下属的素质对集权和分权程度也都有影响。管理者素质高，决策、控制能力强，则集权程度就可以高一些；相反，就只能适当分权。下属素质高，决策、应变能力强，就应提高分权程度；反之，则必须实行集权管理。

（8）工作的性质。

如果企业的业务不确定性高、变化大、时效性强，需要灵活性和创新精神，则应加大分权程度；如果业务变化较小、较有规则，更强调程序化、按规则办事，则可加大集权程度。

（9）控制技术与手段。

权力的下放并非责任的下放，上层主管人员要对下层的错误负责任。因此，在没有某种方法可以知道下放的权力是否得到恰当运用的情况下，不能随意分权。如果控制技术与手段比较完善，主管人员对下属的工作绩效控制能力强，则可较多地分权。

上述因素对集权与分权程度的影响都不是绝对的，不能孤立地强调某一因素而忽视其他因素，必须综合地考虑各种因素来确定组织的集权与分权程度。

3. 过分集权的弊端

正确地处理集权与分权的关系对组织来说是很重要的。但是，集权倾向却是许多组织中普遍存在的一个现象。过分集权会带来许多弊端，主要有以下几点：

（1）降低决策的质量。

决策者对与决策问题相关的信息资料无法全面、完整地了解，组织规模越大，决策者未掌握的信息就越多，因而过分集权会影响决策者决策的正确性。另外，过分集权要求基层要把问题层层上报，这就增加了决策的时间，从而影响了决策的及时性。

（2）降低组织的适应能力。

过度集权的组织，其基层没有充分的决策权，就失去了自我适应、自我调整的能力，因而必然削弱组织整体的应变能力。

（3）降低组织成员的工作热情。

权力高度集中，基层管理人员和操作人员会感到自己未受到充分的重视和尊重，其积极性、主动性、创造性随之下降，严重时，组织会因之失去发展的基础。

4. 分权的实现途径

权力的分散可能通过两个途径来实现：制度分权、授权。两者的结果虽然相同，都是使较低层次的管理人员行使更多的决策权，即权力的分散化，许多教科书也因此对它们不作区分，甚至把授权视为分权的主要手段，但是实际上，这两者是有重要区别的。

（1）制度分权与授权的区别与联系。

制度分权，是在组织设计时，考虑到组织规模和组织活动的特征，在工作分析、职务和部门设计的基础上，根据各管理岗位工作任务的要求，规定必要的职责和权限。而授权则是担任一定管理职务的领导者在实际工作中，为充分利用专门人才的知识和技能，或应对出现的新增业务，将部分解决问题、处理新增业务的权力委任给某个或某些下属。

制度分权与授权的含义不同，决定了它们具有下述区别：

① 制度分权是在详细分析、认真论证的基础上进行的，因此具有一定的必然性；而工作中的授权则往往与管理者个人的能力和精力、拥有的下属的特长、业务发展情况相联系，因而具有较大的随机性。

② 制度分权是将权力分配给某个职位，因此权力的性质、应用范围和程度的确定需要根据整个组织构造的要求；而授权是将权力委任给某个下属，因此委任何种权力、委任后应作何种控制，不仅要考虑工作的要求，而且要考查下属的工作能力。

③ 制度分权相对稳定，授权可以是长期的，也可以是临时的。分配给某个管理职位的权力，如果调整的话，不仅影响该职位或部门，而且会影响与其他联系的组织部门。因此，除非组织重新调整，否则制度分权不会收回。授权是某个主管将自己担任的职务所拥有的权限因某项具体工作的需要而委任给某个下属，这并不意味着放弃权力，在组织再设计之前，不管是长期或是临时授予的权力，授权者都可以重新收回，使之重新集中在自己手中。

④ 制度分权主要是一条组织工作的原则，以及在此原则指导下的组织设计中的纵向分工；而授权则主要是领导者在管理工作中的一种领导艺术，一种调动下属积极性、充分发挥下属作用的方法。

另外，有必要指出，作为分权的两种途径，制度分权与授权又是相互联系、互相补充的。组织设计中难以详细规定每项职权的运用方法，难以准确衡量每个管理岗位上工作人员的能力，同时也难以预测每个管理部门可能出现的新问题，因此需要各层次领导者在工作中通过授权来补充和完善管理决策。

（2）授权的一般程序与授权的基本原则。

① 授权的一般程序。

授权不是随意的，需要遵循一定的程序。一般认为，授权的程序包括以下四个步骤：

——确定预期成果。目标代表预期的成果。为了正确地授权，上级应该首先为下级确立正确的工作目标。

——委派具体任务。为了实现预定目标，上级要同下级一起协商具体的工作任务，这些任务既要先进，又要可行。先进，意味着任务具有挑战性，不经过努力无法实现；可行，意味着任务没有超出下级的能力和资源的限制范围。

——授予实现这些任务所必需的权力。为了实现任务，上级必须授予下级相应的权力，其中主要是使用资源（人、财、物）的权力、制定具体政策的权力和选择方式方法的权力。

——督促下级完成任务。在委派了任务、授予了权力之后，应该定期检查下级的工作，及时地帮助他们解决困难，督促他们保质保量地完成任务。

② 授权的基本原则。

为了正确地完成授权过程，必须坚持以下授权的基本原则：

——按组织目标授权的原则。一个上级主管必须按照组织目标的需要规定职务，授予职权。换言之，各种职权的设立必须与组织目标联系起来。凡是与目标没有联系的职权，绝不应该设立。可是，有些组织不是按目标的要求设立职务，而是因人设职，结果造成机构重叠，“官多兵少”的局面。这是官僚主义产生的一个重要原因。

——职能界限清楚的原则。在授予下级的各种职权之间，必须有明确的界限，每个下级管理人员的任务不能重叠，职权也不能交叉，否则，就会造成多头领导、重叠领导，结果是权责混乱，管理缺失。

——职权与管理层次原则。一方面，上级授权以后，受权者应切实行使职权，对于自己职权范围的事务，应大胆、负责地作出决策，不应把问题提交上级处理。另一方面，上级管理者不能越俎代庖，替下级决策。在实际管理中，确实有些下级管理人员，习惯于事事请示汇报，认为这样才是尊重上级；而一些上级管理人员，喜欢摆管理者的架子，欣赏甚至要求下级每天请示，否则就大发雷霆训斥下级。一位厂长在总结经验时曾说过这样一段话：“在我的厂，厂长的职权不容侵犯，令行禁止，不能违抗；厂长的责任也一丝一毫不容推卸……。副手的权力，我也从不侵犯，应该由车间主任、科长管的事，我决不干预，我不是一个人说了算，而是在各自职权范围内，人人说了算。这样，生产才能有秩序地进行。如果大事小事都来找厂长，那就说明下属干部不负责任，厂长用人不当。”这是符合这一原则的。

——职权与职责相等的原则。授予下级的职权必须与他的职责相等。首先，职权不能小于职责，如果上级布置给下级工作却不授予相应的权力，那么下级就无法行使职责，完成任务。其次，职权也不能大于职责，如果上级授予下级的权力大于其应负的职责，这就容易造成下级滥用权力、胡乱指挥。

——职责绝对性原则。职责是完成任务的义务，这种义务是每个人都应承担的。上级虽然把完成某一任务所必需的职权授予下级，同时赋予相应的职责，但不能因此就放弃对这一任务所负的责任，也就是说，上级主管按权责一致原则把某一任务交给下级并授予相应职权后，虽然下级应当承担相应的责任，但授权者仍不能免除而必须承担最终的责任。同样，下级一旦接受了任务和相应的职权，就有义务去完成自己的工作。有些上级主管把任务布置下去，认为就算了事，与己无关了。如果下级完成了任务，就宣扬他领导有方；如果下级没有完成任务，就责怪下级，认为自己没有责任。这种人不是称职的领导。

——不越级授权的原则。也就是说，上级主管不能越过自己的直接下属而向下属的下级授权，这会破坏组织的指挥链正常运转，造成管理混乱。

（三）分工与协调

分工就是在任务细分化的前提下按照提高工作效率的要求，把组织的各项工作分成各级、各部门以至每个人的具体工作，使组织的各个层次、各个部门、每个人都明确自己在实现组织目标中应承担的工作。分工原则表明，一个人可以不必什么技能都掌握，而只需要掌握一项或者少数几项技能并使之达到相当熟练的程度，这样在一定分工的基础上加强合作，就可以极大地提高企业经营绩效。

但过分细化的分工也会产生一定的负面影响，因此专业分工必须有度，超过一定的度，专业化分工的作用就呈递减趋势。

组织工作中除了应注意分工的负面影响外，还应当注意加强协调。有了分工就必然需要协调，协调包括部门之间的协调和部门内的协调。依据分工协调原则，组织形式的选择和组织结构的设计越是能反映目标所必需的各项任务和工作的分工以及彼此间的协调，委派的职务越是能适合于担任这一职务的人的能力与动机，其组织结构和形式就越合理。

（四）正式组织与非正式组织

由霍桑试验以及巴纳德等人的研究成果可知，组织有正式组织（formal organization）和非正式组织（informal organization）之分。在组织工作职能的实施过程中，随着组织结构的建立，一个正式组织就形成了。但是任何正式组织中都伴随着非正式组织。非正式组织是在组织成员之间感情相投的基础上，由于现实观点、爱好、兴趣、习惯、志向等一致而自发形成的结伙关系。非正式组织对管理工作有着重要的影响，在组织工作中，管理人员应了解非正式组织的特点，正确对待非正式组织，以充分发挥非正式组织对正式组织的积极影响而尽量避免其消极影响。

1. 正式组织与非正式组织的特征

（1）正式组织的特征。

我们前面提到的组织都是指正式组织。正式组织有明确的目标、任务、结构、职能以及由此而决定的成员间的责权关系，对个人具有某种程度的强制性。具体地，正式组织有以下六点特征：① 经过规划设计而非自发形成。其组织机构的特征反映出一定的管理思想和信念。② 有明确的组织目标。③ 组织的活动以成本和效率为主要标准，力图协调处理人、财、物之间的关系，以最经济有效的方式达到目标。④ 分配角色和任务，规定人们之间的关系。⑤ 建立权威、赋予领导以正式的权力，下级必须服从上级。⑥ 制订各种规章制度以约束个人行为，实现组织的一致性。

（2）非正式组织的特征。

非正式组织是伴随着正式组织的运转而形成的，它没有固定的编制，其成员之间的相互关系、权利义务和职责范围取决于成员自发形成的一种约定俗成的共同行为规范。相对于正式组织而言，其特征包括以下五点：

① 自发性。非正式组织是它的成员们为了满足某些需求而自发组成的。促成这种自发性产生的因素是多方面的，如共同的志向和价值观、共同的兴趣爱好、共同的利益、类似的经历、密切的社会关系、情感需求等。

② 功利性。非正式组织最重要的作用是满足个人的不同需要。

③ 软约束。有全体成员都应该遵守的行为规范，但这种行为规范一般是不成文的、约定俗成的和非强制性的。

④ 内聚性。因为非正式组织是自发形成的，感情相容、相互认同是将组织成员联系在一起的纽带，所以，非正式组织一般都有较强的内聚力。

⑤ 自然领袖。非正式组织的领袖大都是自然形成的，他在组织中具有举足轻重的地位，其影响力和号召力甚至比正式组织中主要领导人物的影响力和号召力还要强。

2. 非正式组织的影响

由于非正式组织与正式组织的成员是交互的，因此非正式组织的存在必然要对正式组织的活动及其效率产生影响。这种影响包括积极和消极两方面。

非正式组织的积极作用在于，可以提供职工在正式组织中很难得到的社会需求的满足，可以促进沟通从而创造一种更加和谐、融洽的人际关系，可以提高员工的合作精神，而所有这些最终都将改善正式组织的工作情况。

非正式组织的消极作用表现在，如果非正式组织的目标与正式组织的目标发生冲突，则可能对正式组织的工作产生极为不利的影响，非正式组织会成为正式组织实现其目标的巨大障碍；非正式组织要求成员保持一致性，往往带有明显的保守性，可能会束缚其成员的个人发展；此外，非正式组织的压力还会影响正式组织的变革，助长组织惰性。非正式组织的利与弊，可以用图 6.8 来进行比较。

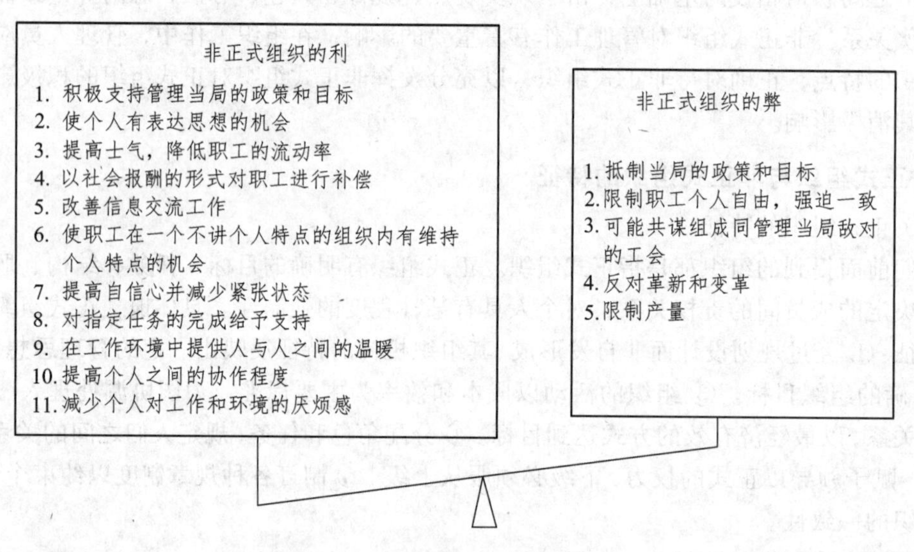

图 6.8 非正式组织的利与弊

3. 正确发挥非正式组织的作用

非正式组织的存在和发展是必然和必要的。为了正式组织目标的有效实现，正式组织的领导要善于利用非正式组织的积极作用，克服、消除其消极影响。管理者一方面要对非正式组织的存在和发展进行正确引导，另一方面要有效地控制和利用非正式组织，这是组织工作的一项重要任务。引导、利用与控制非正式组织，主要有以下几个要点：

（1）通过建立和宣传正确的组织文化来影响与规范非正式组织的风气和行为。

（2）要善于发现非正式组织，掌握其形成的原因、目标、需求倾向等。

（3）扶持和鼓励对正式组织发展有利的非正式组织，引导对正式组织发展不利的非正式组织。

（4）要注意团结非正式组织的领导人，取得他的认同和支持，通过他去影响其他非正式成员的行为。

（五）组织结构的发展动态

伴随现代信息技术的飞速发展和市场竞争的加剧，尝试打破以往由上而下、重视垂直层级的管理模式和部门界限的概念，建立新的水平组织结构。扁平化、知识化、团队化、无边界化、虚拟化成为企业组织结构演变的新趋势。

1. 扁平化

真正意义上的扁平化组织在构成上是由各个相对独立的工作单元组成的联盟，而不是传统的等级排列；各工作单元互相信赖，在关键技术和解决问题方面相互帮助；组织的中心机构则主要是支持各工作单元，发展组织共享的基础结构及创造组织的文化；组织成员在网络结构中的权力地位不是取决于职位而是来自于他们拥有的知识。总之，这种组织有高度的灵活性，不仅有利于对外界环境做出迅速反应，而且内部各单元有着良好的创新机制。

2. 团队结构

所谓工作团队，是指一种为了实现某一目标而由相互协作的个体组成的正式群体。当管理人员动用团队作为协调组织活动的主要方式时，其组织结构即为团队结构。这种结构形式的主要特点是，打破部门界限，可以快速地组合、重组、解散，促进员工之间的合作，提高决策速度和工作绩效，使管理层有时间进行战略性的思考。

3. 无边界组织

无边界组织这个词是由通用电气公司总裁杰克·韦尔奇提出的，用以描述他理想中的通用公司的形象。无边界组织所寻求的是减少指挥链，取消组织的垂直界限而使组织扁平化，对控制的幅度不加以限制；取消各种职能部门，以多功能团队取代职能部门，围绕公司的工作流程来组织活动；打破组织与客户之间的外在界限和地理障碍，实行经营全球化的战略，并建立公司间的战略联盟，建立顾客与组织之间的固定联系。例如，可口可乐公司已把自己看作是一个全球性公司，而不是美国或亚特兰大的公司；日本电气公司、波音飞机公司、苹果电脑公司都与几十家公司存在着战略上的联盟关系或合伙关系。由于员工都是在为共同的项目而工作，因此，这些联盟也易模糊了各组织之间的界限。计算机的网络化，使人们能够超越组织内外的界限进行交流，使模糊组织界限的远程办公方式成为现实。

4. 学习型组织

学习型组织通过培养弥漫于整个组织的学习气氛而建立起一种符合人性的、有机的、扁平化的组织。这种组织具有持续学习的精神，是可持续发展的组织。持续不断地学习是组织持续发展的先决条件。企业要将持续学习贯穿于企业组织的整个过程中，以此确保企业组织的持续发展。

学习型组织的特征包括组织设计、信息共享、领导和组织文化四个方面，其特点如图 6.9 所示。

在学习型组织中，员工在整个组织范围内跨不同的职能领域，甚至在不同组织层次上分享信息、协同工作非常重要。要做到这一点，必须弱化或破除现有的结构范围。在无边界的环境中，员工自由组合，以最佳的方法协同完成组织工作，并取长补短、相互学习。由于需要合作，团队也是学习型组织结构设计的重要特征。员工组成团队并在工作或解决问题方面拥有决策权。组织会授权给员工，因此员工不需要上司指导和控制。领导充当员工团队的支持者、促进者和倡导者的角色。

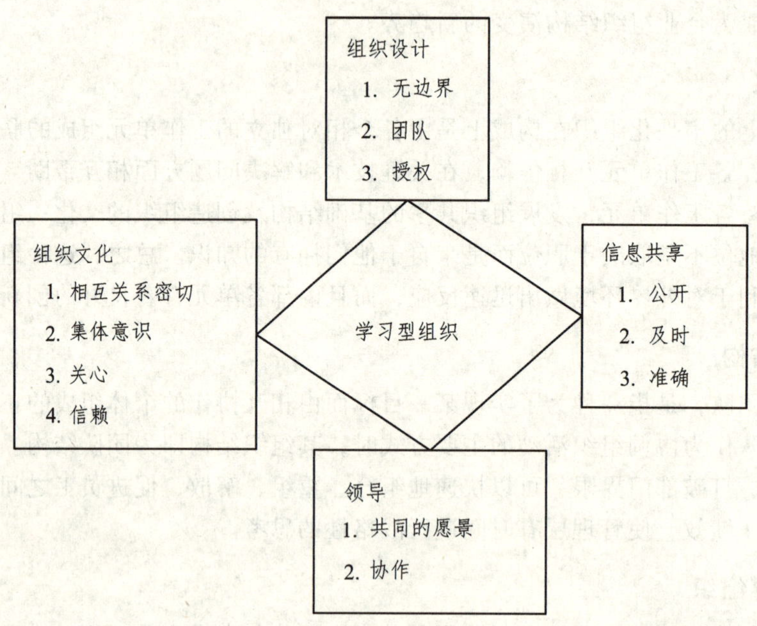

图 6.9 学习型组织的特点

学习离不开信息。组织进行学习，须让其成员共享信息，也就是说，组织的员工必须进行知识管理，这意味着共享的信息必须公开、及时并尽可能地准确。由于学习型组织中几乎不存在任何有形的结构障碍，因此这种环境有助于公开交流和广泛的信息共享。

当组织向学习型发展时，领导的作用非常重要。领导的重要职责之一就是促进组织共同愿景的形成，并确保组织成员朝既定的目标努力，并且领导应当支持和鼓励合作，这对学习至关重要。

最后，组织文化是学习型组织非常重要的一个方面。学习型组织文化中的成员都认同组织愿景，明白组织流程、活动、职能以及外部环境各方面之间固有的相互联系，组织中的员工具有强烈的集体意识，相互关心，彼此信赖。员工可以自由地公开交流、共享信息，自由地进行试验和学习，而不必担心批评或惩罚。

思考与练习

1. 什么是组织？有什么共性？

2. 简述管理幅度与管理层次之间的关系。

3. 你怎样看待非正式组织的作用？

4. 由于拥有先进的信息技术，组织工作能够在任何时间、任何地点进行。那么此时组织还是一项重要的管理职能吗？请解释理由。

5. 扁平式结构和锥式结构，各有哪些特点？

6. 为保证总公司对各事业部的控制，最高管理层应保持什么权力？

案例分析

慧光设备制造公司的组织管理

慧光设备制造公司雇佣施某当副总经理好多年了。施总是位科学家，负责公司里的研究开发工作。在他的领导下，建立了正规的研究机构，设置了五个管理层次。施总手下有三个关键人物：研究部主任、行政管理部经理和专利注册部经理。研究部主任支配两个处长，一个抓基础研究，另一个搞应用开发。这两头，各有五个探索领域：物理、有机合成、化学工艺、反应装置和分解学。依次类推，负责每个领域的科长手下有二至三个具体负责课题的组长。在整个研究开发过程中，由施总不时地复审所有的项目，然后拨款放权，让具体项目研究进入下一个阶段。

如此安排，使研究工作大见成效，公司长期以来生意兴隆，获得了上千项专利。但是近两年来，日本、德国的一些公司在竞争中不断地有惊人的突破，他们的研究队伍很快就探听到技术上的新改进，并且捷足先登地投入生产开发。当施总退休时，公司任命了一位新的副总经理来负责研究工作，授权他重新组织研究队伍，以便从整体上对环境做出快速反应，更好地提高组织工作效率。

问题：

1. 从管理的角度来看，施总能够取得成功的原因何在？

2. 新任的副总经理应该怎样做才能提高组织工作效率？

第七章 组织变革与发展

【学习目标与重点】

- 了解并掌握组织变革的动力、阻力
- 如何克服组织变革的阻力
- 简述人力资源管理过程

【案例 7.1】

商鞅变法：组织变革的经典案例

《商君书》作为早期法家重要的经典著作之一，主要阐述了商鞅变法的政治思想和军事思想。在政治上，商鞅主张以强力为根基、以法治为主体、以权势为支撑、以刑赏为手段、以排儒为辅助、以农战为要务、以富强为宗旨、以称王为目的的一整套理论。这些政治主张充分技巧地体现了商鞅借组织变革之术而实施的“强国之略”。

确定一个符合 SMART 原则的组织变革目标。SMART 原则包括 specific（详细具体）、measurable（可衡量）、achievable（可实现）、relevant（与变革行为密切相关）、time-limited（期望时间内能实现）。秦孝公即位，雄心勃勃，面对其他诸侯强国的冷眼与鄙视，孝公一方面在国内聚人气；另一方面外借他力，下令国中求贤。孝公变法图强的目标明确具体（specific），就是恢复先祖秦穆公时代的光景、称霸天下（measurable）。在魏国郁郁不得其志的商鞅，终于抓住机会。他使孝公动心的，并不是秦国的帝道和王道，而是秦国躬身现实、先富后霸、富霸并举的强道与霸道（符合 achievable 与 Time-limited 原则）。

将组织变革目标分解为关键绩效指标。秦国要实现目标，必须要有绝对实力在对外作战中获取胜利。所以，商鞅特别强调强力对秦国组织变革目标实现的重要作用。内部的农耕系统（富国）是对外作战系统的基础；对外作战系统（强兵）是对内农耕系统的保障。因此，经富强之路而称霸天下的秦国组织变革之道，全民农战政策的推行至关重要。

设计合理的管理制度。能够保证个体及群体行为能完全朝着组织目标与方向前进，这就需要制度来引导、规范。商鞅认为，组织的激励机制设计必须充分体现组织变革目标对应的关键绩效指标。民众想得到的东西很多，可是能获得的途径只有农耕和作战这条路。通过这种激励机制两个关键绩效指标的设计，在外部规制的拉动与内部天性的驱动下，全体民众工作的积极性及主动性都得到了充分发挥，并与秦国组织变革的目标和方向保持一致。

严肃公平地执行制度。制度执行过程的严肃性与公平性不可偏废，这样才能有效降低组织的内部交易成本，最大程度激发并保留组织成员的工作积极性及主动性，使其形成强大的谐振效应，成就组织变革。

资料来源：李永瑞. 商鞅变法：组织变革的经典案例[J]. 软件工程师，2009（21）.

第一节　组织变革

一、组织变革与组织发展

任何组织都处于一定的环境之中，而组织所处的环境都在不断变化。因此，组织的生存、发展和壮大，就必须依据外部环境和内部条件的变化而适时调整其目标、结构与功能，即不断地进行组织变革。正如组织平衡理论所说，组织平衡不是静态的平衡，而是一种发展的、动态的平衡，要实现组织的动态平衡，就必须根据内外因素的变化适时进行变革。了解组织变革与发展的一般规律，主动推动和实施组织变革，是管理者的一项重要的职能。我们拟重点介绍组织发展，组织变革的动因、过程、阻力与应对的措施等。

组织发展是指一个组织随着内部条件和外部环境的变化而采取相应的自我完善、自我更新的活动过程，包括合理地确定战略目标、设计组织结构和各种规章制度，更充分地运用组织的人、财、物资源，达到进一步增强组织活力以提高组织效益的目的。而组织变革则是组织形态和组织管理方式的转化和改变。发展是目的，变革是手段，任何一个组织要想开发自己的潜能、增强活力、提高效益，都必然要进行变革。

1972 年，格林纳（Greiner）提出了组织成长与发展的五阶段模型（后又补充了一个阶段），该理论对组织发展与组织变革之间的互动关系作了非常好的诠释。格林纳认为，组织像任何有机体一样有其生命周期。一个组织的成长大致可分为创业、聚合、规范化、成熟、再发展或衰退五个阶段，每一阶段的组织结构、领导方式、管理体制和职工心态都各有特点，每一阶段最后都面临某种危机和管理问题，必须通过一定的管理策略来解决这些危机以达到成长的目的，也就是说组织要发展，必须通过变革来克服前一阶段所产生的各种危机，否则组织发展的进程就会受到极大的阻碍，甚至中断组织的发展进程。组织成长的五个阶段如图 7.1 所示。

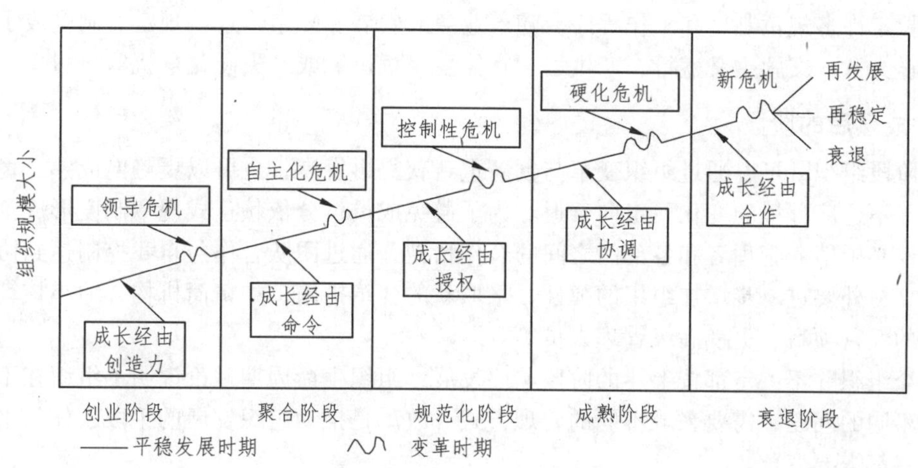

图 7.1　组织成长的五个阶段

1. 创业阶段

这是组织的幼年期，规模小，人心齐，关系简单，一切由创业者决策指挥。组织的生存和成长完全取决于创业者的素质和创造力。创业者创造了市场，掌握着整个组织的活动和发展。这些创业者一般属技术业务型，不重视管理。随着组织的发展，管理问题日趋复杂，创业者感到无法以个人的非正式沟通来解决问题，因此到了创业期的后期，组织内部管理问题层出不穷，从而产生“领导危机”。

2. 聚合阶段

这是组织的青年时期。企业在市场上取得成功，人员迅速增多，组织规模不断扩大，职工情绪饱满，对组织有较强的归属感。创业者经过锤炼，自己成了管理者或引进了有经验的专门管理人才。这时，为了整顿陷入混乱状态的组织，必须重新确立发展目标，以铁腕作风与集权管理方式来指挥各级管理者，这就是“成长经由命令”。在这种管理方式下，中下层管理者由于事事都必须请示、完全听命于上级而逐渐感到不满，要求获得较大的自主决策权。但是，高层主管已经习惯于集权管理，一时难以改变，从而产生了“自主性危机”。

3. 规范化阶段

这是组织的中年期。这时企业已有相当规模，增加了许多生产经营单位，甚至形成了跨地区经营和多元化发展模式。如果组织要继续成长，就要采取授权的管理方式。采用分权式组织结构，容许各级管理者有较大的决策权力，即“成长经由授权”。但是又使高层主管感到由于采取过分分权与自由管理，企业业务发展分散，各阶层、各部门各自为政，本位主义盛行，整个组织产生了“失控危机”。

4. 成熟阶段

为了防止“失控危机”，组织又有采取集权管理的必要，将许多原属中层、基层管理的决策权重新收归总公司或高层管理者。但由于组织已采取了过分分权的办法，不可能重新恢复到第二阶段的命令式管理。解决问题的办法是在加强高层主管监督的同时，加强各部门之间的协调配合，加强整体规划，建立管理信息系统，成立委员会组织，或实行矩阵式组织。一方面使各部门有所作为，另一方面使高层主管能够掌握、控制整个公司的活动与发展。为此，就必须拟定许多规章制度和工作程序。随着业务的发展和复杂，这些规定、制度成了妨碍效率的官样文章，文牍主义盛行，产生了“官僚主义危机”或“失硬化危机”。

5. 成熟后的阶段

此阶段组织既可以通过组织变革与创新重新获得再发展，也可以更趋向成熟、稳定，也可能由于不适应环境的变化而走向衰退。为了避免成员过分依赖正式规章制度形成刻板的文牍主义，必须培养管理者和各部门之间的合作精神，通过团队合作与自我控制达到协调配合的目的，另外要进一步增加组织的弹性，采取新的变革措施，如精简机构、缩小核算单位、开拓新的经营项目、更换高级管理人员等。

一个组织并不一定都按上述的阶段顺序发展，组织生命周期理论说明了组织在不同的时期面临不同的问题，需要采取不同的管理方式。改革是推动组织发展的手段，任何组织的生存和发展都需要变革。

二、组织变革的动因

组织变革是组织存续不可缺少的。组织变革的动力来自组织内因和组织外因两个方面。

（一）组织内因

组织因素即组织变革的内部动力，主要来自于组织内部人的变化和运行以及组织成长中遇到的矛盾。

1. 人的变化

这主要是指领导者的变化。新的领导者上任或原有领导人接受了新的管理思想、采用了新的管理方法，都可能引起组织的变革。职工参与意识的增强、对现状的不满也会使他们产生变革要求，从而促使组织进行变革。

2. 组织运行、成长中遇到的矛盾和问题

对此，前面的组织生命周期理论已作详细介绍。组织在其成长的每个阶段都会遇到各种各样的矛盾，这些都促使管理者采取变革的措施，以保证组织的生存和发展。

（二）组织外因

组织外因即组织变革的外部动力，包括市场、资源、技术、环境等变化。

1. 市场变化

包括：顾客的收入、价值观念、偏好等发生的变化；竞争者推出了新产品或产品增添了新的功能；加强广告宣传、降低价格、改进服务，从而使本企业的产品不再具有吸引力。

2. 资源变化

包括人力资源、能源、资金、原材料等供应的质量、数量以及价格的变化。例如，劳动力素质的提高使得传统的权力—服从式管理越来越不适应，组织必须寻找符合现代员工需要的新的管理制度和办法，包括实行参与管理、自由选择工作岗位、工作丰富化等。

3. 技术变化

包括新工艺、新材料、新技术、新设备等的出现。技术变化不仅会影响到产品，而且会催生新的职业和部门，带来管理方式、责权分工和人与人关系的变化。

4. 一般社会环境变化

包括政治形势、经济形势、制度、投资、贸易、税收、产业政策与企业政策的变化。例如，我国从计划经济体制向社会主义市场经济体制的转变，就给企业的组织形式带来了深刻的影响。按现代企业制度改革或建立起来的企业组织，与传统的企业组织是完全不同的。

三、组织变革的实施

任何一个涉及人的变革过程，都包括解冻、改变和固结三个过程。

解冻就是要促使人们改变他们原有的态度和观念并消除那些支持这些态度或行为的因素，灌输给他们一些新观念。任何一个组织内部都存在着力图保持现状、抵制变革的势力。因为人们在一个熟悉的环境中会感到舒适，受到的压力也相对较小。而变革意味着有些人将会失去这种舒适感和预知感，所以他们要进行抵制。因此，就要有一个解冻的过程作为实施变革的前奏，使人们认识到现实总是有缺点的、是可以改进的，原有的某些观念随着环境的变化是应该更新的，不能满足于现状。使人们对变革有所准备，将阻碍变革的因素减至最少，鼓励人们接受新的观念，乐意接受变革。

人们在经历了解冻过程、对变革做好了准备之后，具体的变革活动才开始实施。改革必须包含一个由现行的行为方式和组织结构向新行为方式和组织结构转变的过程。变革正是在这个过程中进行的。人们往往认为变动的过程就是变革，但如果我们把变革视为一个三阶段的过程，就会认识到根本性的变革只有在前有一个解冻过程、后有一个固结过程的条件下才能完成。

变革发生后，人和组织都有一种回归到原有习惯和行为模式之中的趋势。为了避免这种情况，必须保证新的行为模式和组织结构不断得到加强和巩固。这种巩固和加强新的行为模式的过程称为固结。没有这一过程，变革对组织和成员就只能有短期的影响。

变革的过程可分为以下六个步骤：

1. 发现问题征兆、认识变革的必要

组织不变革则难以生存。管理者不能只看到成绩和机遇，过分地留恋过去，而应更多地看到问题和挑战，积极地面向未来。要有紧迫感、危机感和预见性，以变图兴，把握和创造未来。管理者想要发现问题征兆、获得变革的信息，一方面要从反映外部环境变动的一般信息中发现对自己有利和不利的因素；另一方面要从组织内部日常活动的反馈信息中发现异常情况，如利润、销售额、市场占有率的下降，就表明了企业竞争能力的减弱，需要及早诊治并采取措施进行变革。

一般来说，企业中的组织变革是一项“软任务”，即有时候组织结构不改变，企业仿佛也能运转下去，但如果要等到企业无法运转时再进行组织结构的变革就为时已晚了。因此，企业管理者必须抓住组织变革的征兆，及时进行组织变革。

组织结构需要变革的征兆包括：

（1）企业经营成绩的下降，如市场占有率下降，产品质量下降，消耗和浪费严重，企业资金周转不灵等。

（2）企业生产经营缺乏创新，如企业缺乏新的战略和适应性措施，缺乏新的产品和技术更新，没有新的管理办法或新的管理办法推行困难等。

（3）组织机构本身病症的显露，如决策迟缓、指挥不灵、信息交流不畅、机构臃肿、职责重叠、管理幅度过大、扯皮增多、人事纠纷增多、管理效率下降等。

（4）职工士气低落，不满情绪增加，如管理人员离职率增加，员工旷工率和病、事假率增加等。

当一个企业出现以上征兆时，应及时进行组织诊断，以判定企业组织结构是否有变革的必要。

2. 诊断问题

发现问题的征兆是比较容易的，但透过征兆诊断出问题的根源却是困难的。如果不能正确地认识问题根源，就不可能提出正确的变革措施从而达到解决问题的目的。为此，在诊断问题时，必须回答什么是有别于征兆的真正问题、改变什么可以解决这些问题、改变的结果是什么、如何衡量这些目标达成情况等问题。诊断问题是整个变革过程正确进行的关键环节，此阶段必须将变革的目标具体化，目标可以以财务和生产数据表示，如利润、市场占有率、销售量、生产率、废品率等，也可以用对组织成员有意义的个人发展目标来表示，这目标必须明确、易懂、有挑战性。

3. 选择变革的方法

变革的方式可分为人员变革、技术变革和结构变革三种方式：

在人员变革方式中，管理人员首先致力于改变人员的态度、价值观念和需求的种类与层次，通过改变人员的工作态度促使人们修正自己的行为，从而达到改进工作绩效的目的。这种方式费时较多，变革成本较高，所以有人认为不如先改变组织结构和技术环境，再借以改变人的行为来得更为快捷。

在技术变革方式中，管理人员通过改变从原料的转变成为产品的整个过程所使用的技术，促使人们的工作内容、工作顺序、工艺程序等发生改变，以达到影响人的行为、提高工作绩效的目的。

相对地，结构变革方式则不侧重人员态度的转变，它是通过改变组织结构、沟通渠道、奖惩制度、管理政策、工作环境等来使人们自动地修正其行为。变革推动者可以对组织设计中的一个或多个关键因素加以改变。如合并部门职责，精简纵向层次，拓宽控制跨度，从而使组织结构更为扁平，官僚性更少。此外，为了提高标准化的程度，可以实施更多的规则和程序。分权程度的提高可以加快决策速度。变革推动者还可以在现有结构的设计上做出重大变动，如从一个简单的结构转变为以工作团队为基础的结构或一个矩阵结构。变革推动者也可以考虑重新设计工作安排，如修订工作说明书、丰富工作内容、实行弹性工作制、改变组织的报酬制度（例如通过引进绩效奖金或利润分成计划提高激励水平）等。

物理环境变革则是一种辅助性的手段。工作空间的布局不应该是随意的。一般来说，管理者对空间结构、内部设计、设备安置及其他事项作出决策之前，总会认真考虑工作需要、正常的交往需要和社会需要等这些因素。例如，推倒墙壁和隔板，采用开放的办公室设计，会使员工之间更容易交流。同样，管理者还可以改变光线的亮度，颜色的冷暖度，噪音的大小和种类，工作场所的清洁程度以及家具、装饰和配色等内部设计达到辅助变革的效果。有证据表明，仅物理环境本身的改变并不能对组织或个人的绩效产生实质性影响，但它能使员工的某些行为更为容易或更为困难，也就是说，员工和组织的行为可以因此而得到增强或减弱。

对变革方法的选择，应根据诊断出的问题的性质，有针对性地进行选择。三种方法虽然各有侧重，但也不是互不相干、彼此独立的，现实中的组织变革往往采用综合的方法，针对问题，抓住重点，相辅相成，配合进行。

4. 变革的限制条件

一项变革是否容易取得成功，除了正确地诊断问题、选择变革的方法外，还要分析变革受到哪些条件的制约。对此，我们将在后面专门进行分析。管理者只有对可能遇到的困难和阻力有充分的认识和准备，提前采取必要措施，争取各方面的支持，才能未雨绸缪，保证变革的顺利进行。

5. 正确地选择推行变革的方式和策略

推行变革的策略有以下三种分类方法。

（1）根据下级参与变革决策的程度可将策略分为命令式、参与式和分权式。命令式是指由领导做出变革决策，自上而下地发布命令，说明所要进行变革的内容和下级在贯彻这些变革中的职责。参与式是指让下级在不同的程度上参与讨论、分析与选择变革的方案，吸取众人的智慧。分权式是指将决策权力交给下级，由下级对自身的问题进行讨论，自行提出解决问题的方案，并对方案负责。

（2）按变革所解决问题的深度可将策略分为计划性的变革和改良式的变革。计划性的变革是指对问题进行系统、广泛的研究，统筹全局，做出规划，然后有计划、有步骤地实施，将变革和政策、工作制度、管理方式的改进、人员的培训同时进行，让职工有充分的思想准备。改良式的改革是针对问题进行小改小变，这是组织中经常采用的一种变革方式，优点是变革阻力较小，比较稳妥。缺点是缺乏整体和长远规划，“头痛医头、脚痛医脚”，带有随机权宜的性质。

（3）按变革进行的步调可将策略分为激进式变革和渐进式变革。激进式变革能够以较快的速度达到目的，其中一个典型实践形式是“全员下岗、竞争上岗”。因为这种变革模式对组织进行的调整是大幅度的、全面的，可谓超调量大，所以变革过程就会较快；与此同时，超调量大会导致组织的平稳性差，严重的时候会导致组织崩溃。这就是为什么许多企业的组织变革反而加速了企业灭亡的原因。与之相反，渐进式变革依靠持续的、小幅度变革来达到目的，通过局部的修补和调整来实现，即超调量小，但波动次数多，变革持续的时间长，这样有利于维持组织的稳定性。两种模式各有利弊，也都有着丰富的实践，企业应当根据组织的承受能力来选择企业组织变革模式。

以上几种变革方式的不同，表明推行变革的策略中有速度、广度、参与度的选定问题。至于具体选择哪种变革策略，要依问题的性质、参与者以及其他组织因素而定。一般说来，对重大问题的变革，下级的态度对变革的成功至关重要，因而应当把支持和合作扩大到最大限度，把抵制降低到最小；非属紧急情况和确有把握，不要采用突变式和命令式；由于干部的水平和素质所限，一般在基层也很少采用分权式；通常情况下多采用计划式和参与式的变革。但这个结论也不是绝对的。至于变革的进度，应力求抓住有利时机，既不可操之过急，又不要过分缓慢和拖延。

6. 实施变革计划

实施变革计划要恰当地选择发起变革的时间和范围。除非情况紧急、问题关系组织存亡应立即予以实施，否则一般不宜选在业务繁忙的月份。至于实施的范围，既可以在整个组织范围内贯彻，使其在很短的时间内成为既成事实，也可以在组织内逐级、逐部门、分阶段地进行。往往成功的变革都采用分阶段、限制变革的范围以先积累经验再逐步推开的做法。

任何变革方案都不可能尽善尽美，组织变革在实施中必然遇到来自各个方面的阻力。要使变革取得成功，就需要设法疏导，力求将变革的阻力降至最小，赢得绝大多数人的支持。具体的方法有：

（1）进行理念宣传，使更多的人正确了解变革的动因和目的及其可能产生的绩效和好处。

（2）组织相关人员参与变革方案的设计。当变革的问题重要、复杂、涉及面广、仅靠变革推动者能制订出理想的变革方案时，一定要吸收相关部门和人员参与变革方案的设计，以便集思广益，使变革的方案切实可行、行之有效。

（3）对变革的有利因素和不利因素进行认真的分析，权衡利弊，对变革可能出现的新问题，事先作妥善的处理，争取绝大多数人对变革的同情和支持。一般情况下，只有得到多数人同情和支持的变革才能取得成功。

（4）充分磋商与协调。当变革方案可能影响到某些部门和群体的利益时，应事先找有关方面进行磋商与协调，尽可能使变革方案兼顾各方利益。不要只追求理想的变革方案，现实的变革方案应是多数人能够接受的方案，让所有人都满意是不可能的。

（5）正确选择变革的方式与策略，避免操之过急。要妥善处理变革与稳定的关系，不要不停顿地进行变革，应该在巩固一项变革的成果后再展开另一项变革。

（6）实施变革时要及时收集可以衡量变革效果的指标信息。对变革效果的衡量，有时可用已有的指标系统，有时则需另行设计新的指标。要根据收集到的信息评估和确定变革的发展趋势。衡量一项变革的效果，不能仅从某一个时间点来考虑，有的变革开始时效果甚为明显，但很快就可能恢复常态；有的开始无效果，甚至会出现负效果，但一段时间后效果会逐步上升。要对实际成果与预期成果进行比较，及时对偏差采取纠正行动。

资料链接

部分国家公立医院推行组织变革

第二次世界大战结束后，欧洲很多国家为解决医疗市场失灵的问题，提高公民医疗服务的公平，都建立了公立医院。但各个国家的公立医院运行几十年后，纷纷出现了以下三个方面的问题：一是服务差，就医手续烦琐，医务人员服务态度未达到患者期望，信息封锁；二是忽视成本意识，效率较低；三是资源向大城市大型医院集中。

1. 德国公立医院组织变革

德国的公立医院数量占全国的87%，在医疗服务系统中起到主导作用。德国是世界上医疗技术水平比较高和医疗保障制度比较完善的国家。与私立医院不同的是，公立医院很少纳税，有利润就上缴。这导致公立医院效率低下，床位数过多，费用过高。因此，国内主张对公立医院进行改革以提高效率的呼声日益高涨。

21世纪初，德国公立医院借鉴了现代企业特点，采用集团化管理模式。对公立医院的组织结构进行改组，实现企业法人治理结构。医院组织结构有行政、医疗、护理三个相对独立的管理体系，医院与科室实行二级管理。而医院的管理人员一般不是医生担任，都是由从事管理专业的人员担任，他们不会去干涉科主任的医疗决策及业务工作。两方面人员既互相配合又各自有不同的工作侧重点，医院管理井然有序。

2. 英国公立医院组织变革

英国的公立医院数量占全国医院数量的90%以上，当然英国的公立医院改革是极富争议的。英国公立医院 1991 年开始引进竞争机制，促进服务效率的提高，对降低医院成本有一定的效果，但公平性有所下降，英国公民普遍对医疗的公平性不满意。于是，国家将分散的医院组织起来，组建医院托拉斯，特别是将医疗集团与社区卫生组织进行整合。英国政府在公立医院改革中以“管医院”替代“办医院”，由提供服务转型为购买服务，角色逐渐转变。这样，政府部门能有更多的精力去关注及实现社会医疗的公平性。在医院托拉斯里，董事会是最高权力机关，董事会中有政府卫生管理部门委托的代表，参与董事会的工作，参与医院托拉斯的决策，体现社会公众的利益。英国医院的管理体制是董事会领导下的院长负责制，医院在服务内容、人事管理、设备投入、资金筹措等方面拥有更大的自主权。其特点是管理体制健全，领导分工明确，职责与权力清晰，重视管理人员的培养和提高，注重质量管理的科学性和可行性，注重工作效率，注重医院同社会的联系。

3. 中国大型公立医院组织变革

我国各地纷纷对大型公立医院宏观体制改革进行试点工作，依据“政事分开、管办分开”的原则，进行改革探索。目前主要形成了四种模式：① 宿迁模式：医院以企业性质私有化自主经营，由卫生行政部门进行行业监管；② 苏州模式：卫生局不再管理医院的日常运作和内部管理，4 个医院管理中心管理医院运营；③ 上海模式：成立投资人，进行集团化改造，实现国有资产管理和保值增值是其突出特征；④ 无锡模式：实行管办分离。

资料来源：钱峰. 部分国家公立医院组织变革比较研究[J]. 医院管理论坛，2014(4)：8-9.

四、组织变革的阻力与影响因素

几乎没有任何变革是能够一帆风顺的，变革总会遇到这样或那样的阻力，组织变革也是一样。但有阻力并不完全是坏事，从某种意义上说，这还有积极的一面。它使行为具有一定的稳定性和可预见性；如果没有什么阻力的话，组织行为会变得随意而混乱。阻力的存在还有助于变革方案的优化，因为它能引起对已有方案优缺点的讨论，从而使变革方案更加完善。当然，变革阻力的缺点也是显而易见的，它阻碍了组织的发展和进步。

（一）变革阻力的来源

变革的影响有许多种，其中有的是公开的，有的是潜在的；有的是直接的，有的是滞后的。根据阻力的来源，对阻力可从个体、群体、组织与领导者三个方面来加以分析。

1. 来自个体对变革的阻力

变革的实施最终总是通过组织中的单个人即个体来完成的，它必然要给个体带来影响，因而也必然会遇到来自组织中个体的阻力。这种阻力主要有以下七个方面。

（1）经济利益。组织变革常常会引起经济利益的调整，如果这种调整能给个体带来收益的增加和生活的改善的话，就能得到个体的赞成、理解和支持；反之，如果变革直接或间接降低了某些人的经济收入，那么这些人就会阻挠、抵制变革。

（2）安全。变革一般都是做以前没有做过的事，采用过去没有采用过的方法，这些新的方案和做法会对现有人员形成威胁，有些组织成员为了维护自身工作的安全，就会抵制变革的实施。例如，当一家公司宣布要裁员或者要引进新的、自动化程度更高的设备时，有些员工就会因为感到自己的工作受到威胁而反对这种变革。

（3）求稳心理。所谓心理上的求稳，其实就是心理上的惰性。这种惰性主要表现为顽强的守旧心理定势，对新事物、新经验反应冷淡，甚至加以抵制和反抗。具有稳态性的人死守住那些不适合实际生活的固定观念，总是“求稳、怕乱”，试图以不变应万变，与变革中出现的新观念、新方法格格不入。

（4）求全心理。所谓心理上的求全性，是指人们在心理上有一种自然的倾向，即追求完美，要求对象始终处在“十全十美”“万无一失”的状态之中。求全心理深藏于人们无意识的心理层次中，对人们的认识取向和评价取向产生重大的影响。某些人在这种心理支配下，看到组织变革中出现的问题，就惊慌失措、横加指责，他们总希望整个变革以完美无缺的方式来进行。但是，组织变革是一个巨大的系统工程，是一种探索性的和指向未来的活动，而且是牵一发而动全身的活动，要求人们以完美无缺的方式进行变革，实际上就是在阻止变革、取消变革。

（5）保守心理。保守心理苟安现状，迷恋旧的章程、秩序和习惯。具有保守心理的人往往以各种借口去反对变革。鲁迅先生曾尖锐地刻画了这种保守心理：“保存现状，连在屋子开一个窗也不肯，还有种种不可开的理由，但倘若有人要来连黑屋顶也掀掉它，他这才魂飞魄散，设法调节，折中之后，许开一个窗，但总在伺机把它塞起来。”

（6）习惯。人们通常是按自己的习惯对外部环境的刺激做出反应，也就是我们常说的“习惯成自然”。而这种习惯性却成为组织变革的一大阻力。人们在组织中较长时间从事某种活动，遵循某种办法，就会逐渐形成习惯，时间越长，习惯性也就越强。组织变革要改变人们原来熟悉的那种活动和办法，就会使人们从心理上、行为上不适应而产生不快或抵触情绪。例如，许多单位长期以来习惯于吃“大锅饭”、搞平均主义，对按贡献大小论功行赏的做法就很不习惯。

（7）对未知的恐惧。变革是一种带有探索性的创新，其未来总包含着未知因素。因此，人们在变革面前常常会心中无底，对变革没有把握，对变革的前途担忧，从而表现为左顾右盼、犹豫不决、提心吊胆，这种心理必然会影响到变革的顺利进行。

2. 来自群体对组织变革的阻力

组织中的个人往往是组合成群体的，而组织变革会对群体原有的规范产生冲突，会威胁群体原有的人际关系，从而对组织变革产生阻力。

（1）群体规范冲突所造成的阻力。一个凝聚力强又有一定历史的群体，在工作方法、劳动定额、相互关系方面，有自己一套成文或不成文的特殊规范。变革前的企业或任何一种单位中的正式组织和非正式组织之间的行为规范，一般处于相容状态。而变革后，正式组织的目标、准则、行为要求发生变化，当这种变化与原有规范不相容时，就会与非正式群体发生冲突，在这种情况下，非正式群体为维护自身利益、保持群体的稳定，有可能联合群体成员，强化原有规范，对正式组织所实施的变革措施采取不合作的态度和抵制行为，如故意限制产量、压低定额、破坏机器设备等。

（2）人际关系变化所造成的阻力。组织变革可能破坏组织中已经形成的人际关系，组织成员为维护原有的人际关系，可能对变革采取消极的抵制态度。

3. 来自组织与领导方面的阻力

（1）结构惯性。组织有其固有的机制保持其稳定性。例如，通过甄选系统选择符合组织要求的人员进入组织，通过培训塑造和引导组织成员的行为使他们符合特定的角色，通过职务说明书、规章制度等实现组织的规范化等。这种维持稳定的结构惯性，在组织变革时，就会在一定程度上成为阻碍变革的反作用力。

（2）变革范围的有限性。组织由一系列相互依赖的子系统组成。我们不可能只对一个子系统实施变革而不影响到其他的子系统。例如，如果只改变技术工艺而不同时改变组织结构与之匹配，技术变革就有很大可能不被接受。所以子系统中的有限变革很可能因为更大系统的问题而变得无效。

（3）对已有的权力关系的威胁。组织变革常常涉及机构精简、权力的重新分配，从而威胁到组织已有的权力关系。例如，在组织中引入参与决策或自我管理的工作团队的变革，就常常被基层主管和中层管理人员视为一种威胁。

（4）对已有的资源分配的威胁。组织中控制一定数量资源的群体常常视变革为威胁，他们倾向于对事情的原本状态感到满意，变革会使他们担心自己控制的人、财、物资源的减少。那些最能从现有资源分配中获利的群体常常会对可能影响未来资源分配的变革感到忧虑。

（二）变革阻力的克服

变革推动者在处理变革阻力方面提出了六种策略，简要概括如下：

1. 教育与沟通

通过与员工进行沟通，帮助他们了解变革的理由，会使变革的阻力减少。这种策略的基本假设是，产生阻力的原因在于信息失真或沟通不畅。如果员工了解了全部事实并消除了所有误解的话，阻力就会自然消失。沟通可以通过个别交谈、小组讨论、备忘录或报告来实现。这种策略能否奏效？当变革的阻力确实来自于沟通不良，并且劳资关系以相互信任为特征时，它便是有效的；如果这些条件不具备，它就不可能成功。

2. 参与与投入

个体很难抵御他们自己参与做出的变革决定。在变革决策之前，应把持有反对意见的人吸引到决策过程中来。如果参与者具有一定的专业知识，能为决策做出有意义的贡献，那么他们的参与就可以减少阻力，获得承诺，并提高决策的质量。事实证明，人们对某事的参与程度越大，就会更多的承担工作责任，支持工作的进程。但是，这种策略也有不足之处，即可能带来劣等的决策，并且这种方法比较费时。

3. 促进与支持

变革推动者可以通过提供一系列支持性措施来减少阻力。当员工十分恐惧和忧虑时，给员工提供心理咨询和治疗、新技术培训或短期的带薪休假，有利于他们的调整。这个策略的不足之处是不仅费时，实施起来花费也较大，并且没有成功的把握。

4. 商议与谈判

变革推动者处理变革的潜在阻力的另一个方法是，以某些有价值的东西换取阻力的减小。当变革的阻力非常强大时，谈判可能是一种必要的策略。但其潜在的高成本是不应该忽视的。另外，这种方式也有一定的风险，一旦变革推动者为了避免阻力而对一方做出让步，他就可能面临着其他权威个体的勒索。

5. 操纵与收买

操纵是指隐含的影响力。这方面的例子有：歪曲事实使事件显得更有吸引力，封锁不受欢迎的信息，制造舆论使员工接受变革。如果工厂的管理说，员工要是不接受全面的工资削减方案，工厂就可能关门，而实际上并无这种打算的话，管理层使用的就是操纵手段。收买是一种包括了操纵与参与的形式。它通过让某个变革阻力群体的领导者在变革决策中承担重要角色来收买他们。之所以征求这些领导者的意见，并不是为寻求更完善的决策，而是为了取得他们的承诺。相对而言，操纵和收买的成本都比较低，并且易于获得反对派的支持。但如果对象意识到自己被欺骗和被利用，这种策略会产生适得其反的结果，一旦被识破，变革推动者就会因此而信誉扫地。

6. 强制

最后一项策略是强制，即直接对抵制者实施威胁和压力。如果员工不同意削减工资，而企业管理者真的下决心要关闭工厂时，那么这种变革策略就会具有一定的强制色彩。其他例子还有威胁调职，不予提拔，消极的绩效评估和提供不友善的推荐信等。强制的优缺点与操纵和收买相似。

（三）变革的政治

因为变革无疑会威胁到现状，因此它隐含着政治活动。

内部变革推动者往往都在组织中位居要职，会在变革中失去很多利益。实际上，他们通过开发有利于组织的技术和行为模式才升迁到这个权力位置上，但变革会威胁到这些技术和行为模式。如果这些技术和行为模式不再为组织所重视又会怎样呢？这就为组织中的其他人提供了获得权力的机会，这种机会又是以一部分成员的牺牲为代价的。

政治意味着变革的推动力更有可能来自于组织中的新来者（和对现状投资不多的人）或是那些不处于主要权力结构中的经营人员。那些把毕生精力都投入到一个组织中并最终在管理层中获得了高级职务的管理者常常是变革的障碍。变革对他们的地位和职务造成了真正的威胁。但他们也可能希望实施变革以证明自己不仅仅是个暂时的代理人。通过扮演变革推动者的角色，他们可以向各方人士——股东、供应商、员工、顾客——象征性地传递如下信息：他们完全控制了问题，并已在适应动荡不安的环境。当然你应该预期到，当被迫实行变革时，这些长期掌权者会倾向于实行渐进式变革，因为突破式变革（激进式变革）的危险性太大。

组织内的权力斗争在很大程度上会决定变革的速度和程度。我们可以预期，长期任职的经营人员会成为变革的阻力。这一点可以解释为什么当董事们认识到要迅速实施突破式变革时，往往要从外部候选人中挑选新的领导人。

第二节 人力资源管理

一、人力资源管理的含义及重要性

人力资源管理（Human Resources Management，HRM）是根据组织结构系统图和职务说明书对企业各类人员进行恰当而有效的选择、使用、考评和培养，以合适的人员去充实组织结构中所规定的各项职务，从而保证企业正常运转并实现预定目标的职能活动。在企业管理过程中，合理配置人力资源对促进整个经营管理的有效运行具有极为重要的作用。

1. 充分开发企业人力资源

在管理过程中，通过适当提拔、配备和使用人员，可以充分挖掘每个员工的内在潜力，实现人员与工作任务的协调匹配，做到适才适能、人尽其才，从而使人力资源得到高度开发。

2. 有效发挥组织结构功能

企业在划分管理层次和部门、确立了一定形式的组织结构之后，要使职务安排和设计的目的得以实现，必须把具备不同素质、能力和特长的人员分别安排在适当的岗位上。

3. 提高群体质量，形成最佳工作组合

通过人力资源管理，将群体成员合理组合，形成群体内部最佳的知识结构、能力结构、性格结构等，可以极大地提高群体质量，促进成员关系的协调一致，发挥互补优势，减少或避免因互斥而造成的损耗，增强群体的活动效率。

4. 强化管理职能，完善企业管理系统

合理选择、任用和培养管理人员，把素质好、能力强、能胜任管理工作的人配备到各级管理岗位上，进而形成一支强有力的管理人才队伍，可以促进管理职能的有效实施，不断提高管理效率，推动企业管理系统的持续和稳定运行。

二、人力资源管理关键要素

人力资源管理的关键要素可以概括为八个活动单元或称八项步骤，即战略人力资源计划、招聘和减员、甄选、定向、培训及人员开发、绩效评估、薪酬福利、安全及健康保障。具体关系如图 7.2 所示。

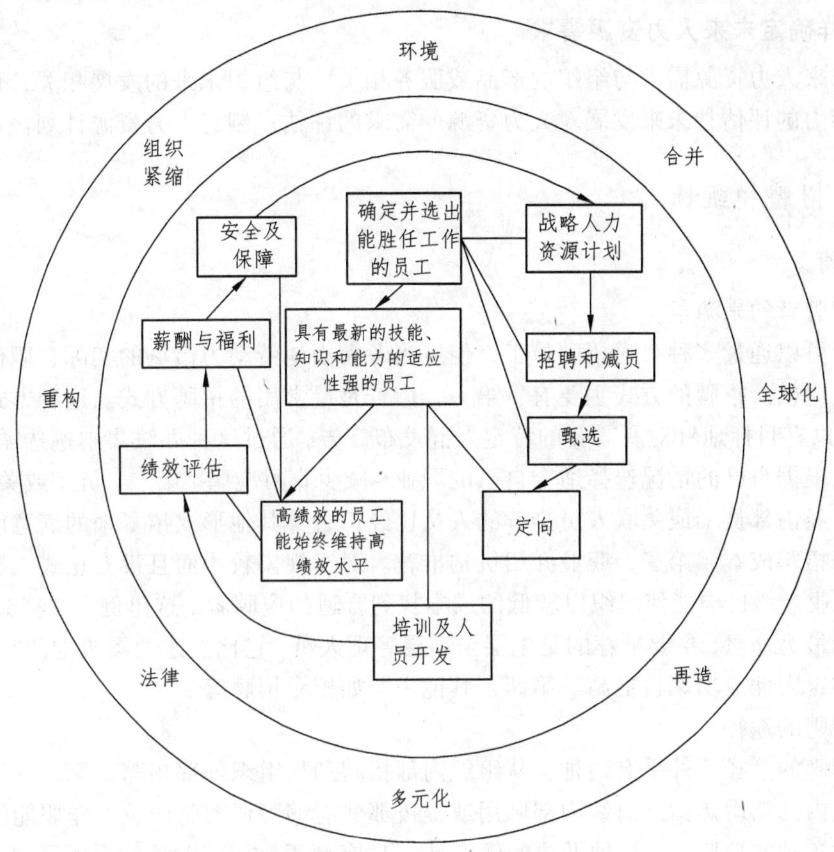

图 7.2　人力资源管理关键要素

（一）人力资源计划

编制人力资源计划是人力资源管理过程的第一步，其目的是在适当的时间、适当的地点，获取适当的数量和适当种类的员工，以实现组织整体目标。

1. 如何评估现有人力资源状况

（1）考察现有人力资源的状况，编制人力资源核查报告。内容包括员工姓名、教育程度、培训和工作经历、特长等。

（2）工作分析。工作分析是指对完成某项工作所需的技能、知识和能力种类的评估。工作分析是对工作流程的分析并确定完成工作的能力需求，是人力资源管理的一项基础性工作。工作分析是制定或修改“工作说明书”和“工作规范书”的依据。

（3）“工作说明书”和“工作规范书”。“工作说明书”是关于员工做什么、如何做以及为什么要这样做的书面描述。内容包括工作的内容、条件以及员工所处的环境。

“工作规范书”是员工成功完成工作所应具备的基本资格。它确定了完成工作所必需的知识、技能和态度。“工作说明书”和“工作规范书”是招聘员工时的两份重要文件。例如，“工作说明书”可以用来向应聘者说明岗位具体的工作内容；“工作规范书”则使管理者关注员工完成工作所必需的资格并确定应聘者符合要求。

2. 怎样确定未来人力资源需求

确定未来人力资源需求与组织的产品或服务相关，与组织未来的发展相关，包括三个步骤：现有能力的评估；未来发展对人力资源的需求的评估；制订人力资源计划。

（二）招聘和甄选

1. 招聘

（1）应聘者的来源。

管理者可以通过多种渠道招聘员工，但应当考虑当地劳动力市场的实际、职位类型和级别以及组织规模。招聘的方式主要有：第一，广告是最常用的招聘方式。这种方式辐射范围广，组织可以有目标地针对所需要的特定人群发布广告，通过这种办法集中挑选需要的人员。应聘者可以根据自己的情况选择适合自己的职业，减少盲目应聘。第二，员工或关联人推荐。研究表明，经内部员工或关联人员推荐的人员比经广告等其他形式招募来的满意度高，也可以省去部分招聘成本。第三，职业介绍机构推荐。对于规模较小而且没有正式人事机构的组织而言，职业介绍机构能使组织以较低的成本找到合适的应聘者。这里例举“猎头公司”，这种公司收费最为昂贵，主要推荐的是中层至高层管理人员，它比上述两类机构的服务更周全、信息更完整，因此成功率也更高。第四，其他来源如校园招聘等。

（2）招聘的途径。

人员招聘的途径不外乎有两种：从组织内部招聘和从组织外部招聘。

从组织内部招聘是指从组织内部聘用或提拔那些能够胜任招聘岗位工作职能的人员来充实组织中的各种空缺职位。这种做法的优点是：① 有利于对招聘对象的全面了解，更好地保证招聘工作的准确性；② 有利于鼓舞士气，激励组织成员上进，调动组织成员的积极性；③ 有利于被聘者迅速开展工作和胜任工作；④ 可使组织对其成员的培训投资得到回报。内部招聘的缺点有：① 人员来源有较大的局限性，有时会妨碍获得一流人才；② 容易造成“近亲繁殖”，不利于创新；③ 会引起部分员工的不满情绪，造成内部矛盾。

从组织外部招聘是根据一定的标准和程序，从组织外部的众多候选人中选拔符合空缺职位要求的人员。外部招聘的好处是：① 人员来源广泛，有利于聘到优秀人才；② 能给组织带来新思想、新方法，防止组织的僵化和停滞；③ 可平息和缓和内部竞争者之间的紧张关系；④ 外部人才是“现成的”，可节省培训时间和费用。其缺点有：① 外聘人员不熟悉组织内部情况，缺乏人事基础，需要有一个了解和适应的过程；② 组织对应聘者的情况无法深入了解；③ 如果高级职位从外部招聘还会影响内部员工的积极性。

（3）招聘的程序和方法。

不论是内部招聘还是外部招聘，为了保证新任管理人员符合工作的要求，往往需要把竞争机制引入人力资源管理工作。

通过竞争方式招聘管理人员的程序和方法如下：

① 制订并落实招聘计划。当要进行人员招聘工作时，首先要成立招聘工作委员会或招聘工作小组。招聘工作机构以一定的形式，通过适当的媒介，公布待聘职位的数量、性质以及对候选人的要求等信息，向组织内外公开“招聘”，鼓励那些符合条件的候选人积极应聘。

② 对应聘者进行筛选。如果应聘者较多，就需要根据报名者的背景情况进行筛选。

③ 对初选合格者进行知识与能力的考核。对通过粗选的数量相对有限的应聘者，要进行全面细致的考核和评价，具体可采用的考核方式有智力与知识测验、竞聘演讲与答辩、案例分析与实际能力考核等。

④ 选定和录用员工。在上述各项工作完成的基础上，综合考虑每个候选人的知识、智力和能力情况，并根据待聘职位的类型和具体要求决定取舍。

⑤ 评价招聘效果。最后要对整个选聘工作的程度进行全面的检查和评价，并且要对录用的员工进行追踪分析，通过对他们的评价检查原有招聘工作的成效，总结招聘工作中的得与失，以便改进和修正今后的选聘工作。

2. 裁员

当组织紧缩时，需要减少员工，即需要裁员。裁员的方式有多种，组织可以直接开除某些员工，但其他的方式可能对组织会更有利。以下是一些常见的裁员方式：

（1）解雇。是指永久性、非自愿地终止合同。

（2）暂时解雇。指临时性、非自愿性地终止合同，时间可长可短。

（3）自然减员。对自愿辞职或正常退休形成的职位空缺不予填补。

（4）调换岗位。横向或下向调换员工岗位，通常不会降低成本，但可以减缓组织内的劳动力供求不平衡。

（5）缩短周工作时数。让员工每周工作少一些时间，或进行工作分担，或以临时身份做此类工作。

（6）提前退休。为年龄大、资历深的员工提供激励，使其在正常退休期限前提前退离工作岗位。

（7）工作分享。一项全职工作由两位兼职人员分时合作完成。

3. 甄选

甄选是指审查应聘者，保证雇佣到合适人员的过程。甄选是一个预测过程，需要对应聘者的未来的工作状况做出预测。甄选手段主要有申请表、笔试、绩效模拟测试、面试等。

申请表是指依据应聘者所递交的申请表和组织的招聘计划进行甄选。笔试方法使用更为广泛，它能够预测出应试者的智力水平。绩效模拟测试则是按照现实中的工作内容进行模拟测试，如让应聘秘书的求职者写一篇文章或文件。最著名的绩效模拟测试是“工作抽样法”和“评估中心法”，工作抽样法是对实际工作进行缩微式模拟操作，而评估中心法则是模拟在工作中遇到的实际问题，前者适合于常规工作的应聘者，后者适合于甄选管理人员。面试可能是一种较为可信和有效的方法，如果面试经过了结构化安排和精心组织，并且面试所提问题确与工作密切相关，其有效性会很高。但是，如果不具备这些条件，就会造成无效面试。

（三）培训开发

人的素质的提高，一方面要靠个人在工作中的学习、钻研和探索，另一方面，要靠组织有计划的培训。培训可以为组织带来收益。员工培训包括改变员工的技能、知识、态度或行为方式等。其目的主要有：① 补充新知识，提炼新技能。② 全面发展能力，提高竞争力。③ 转变观念，提升素质。④ 交流信息，加强协作。⑤ 稳定队伍。

人员培训的方式有在职培训和脱产培训两种。

在职培训也称不脱产培训。工作轮换和实习是两种最常见的在职培训。工作轮换是指让员工在横向层级上进行工作调整，其目的是让员工学习、掌握多种工作技术，使他们对于各种工作之间的依存性和整个组织的活动有更深的体验和更加开阔的视野。而实习是让新员工向优秀的老员工学习以提升自己知识与技能的一种培训方式。在生产和技术领域，这种培训方式通常称为学徒制度，而在商务领域，则称为实习制度。实习生的工作必须在优秀的老员工带领和监督下进行，老员工有义务和责任帮助实习生克服困难，顺利成长。

脱产培训是指为了让员工适应新的工作岗位要求而让员工离开工作岗位一段时间专心于一些职外培训。常见的脱产培训方式包括教室教学、影片教学、模拟演练等。

那么，组织什么时候需要进行员工培训呢？一般来说，当组织绩效下降、产量减少、品质下降、事故频发、返货拒货现象较多时，或当工作场所变化、工作内容再设计以及采用创新技术成果时，组织应该进行员工培训。

资料链接

宝洁公司的培训

宝洁公司的培训体系在业内很有名。培训包括入职培训、语言培训、管理技能和商业知识培训、专业技术的在职培训。其特点是：① 全员性。公司所有雇员都有机会参加各种培训。② 全程性。内部提升制客观上要求当一个人到了更高的阶段，需要相应的培训来帮助其成功和发展。③ 针对性。公司根据雇员的能力强弱和工作需要来提供不同的培训。

（四）绩效评估

1. 绩效评估的定义

绩效评估又称业绩考评，是指按员工所从事的职务要求，据以鉴定其成绩和资格的过程。从员工进入本组织起，他们的上司就有责任对其工作业绩、工作能力和工作态度进行评价，以确保符合组织标准。绩效评估是人事调整决策的重要依据；绩效评估为组织的人员培训提出了直接的要求；绩效评估是确定合理劳动报酬的基础。

2. 绩效评估的方法

常用的绩效评估方法主要有以下七种：

（1）排序法。

排序法指按照某一标准，对一定范围的员工进行由高到低进行排列的方法。具体有三种排序方式：一是直接排序法，即根据某一标准，将被评人按照由高到低的顺序依次排序。二是交替排序法，即从被评人中先挑出最好的和最差的员工，然后在剩下的员工中再挑选出最好的和最差的。依此类推，直到所有被评估的员工按一定顺序排列出来。这种方法十分方便，但评估标准的主观性较大。三是两两比较法，即将被评估员工两两进行比较，从而使每个员工都与其他员工进行一次比较，得出最终结果。这种方法工作量较大，但结果比较客观、准确。

（2）强制分配法。

强制分配法是由评估人员事先制定一些类别，并强制每个员工按其实际绩效归入某一类。

（3）关键事件法。

绩效评估的关键事件法是依据工作分析中的关键事件分析方法之上的。通过工作分析确定了工作者应在岗位上完成的关键事件（指影响工作目标达成与否的行为）。在评估期内，上级管理人员对下级员工的各种杰出表现或者不良行为都需记录在案。评估时应引述具体的行为，而非记载笼统的个性特征。这样，每个员工都有一张关键事件表，在考评时能提供丰富的事例，指出哪些是符合要求的行为，哪些是不理想的行为。关键事件法强调评定人的注意力应集中在关键或主要的行为上，以区分有效的或无效的工作绩效。

（4）描述法。

这是比较常见的以一篇简短的书面鉴定来进行评估的方法。评估的内容、格式、篇幅、重点等多种多样，完全由评估者自由掌握的，尽量提供以后改进工作的指导，而不是对个人的批评。因此，以管理人员作适当的培训将有助于他们提高鉴定面谈的效果。

（5）行为定位评分法。

这是近年来较多运用的绩效评估方法。它是把关键事件法和图尺度法的长处结合在一起的方法。评定人员将根据能反映员工绩效的具体工作行为作鉴定，而不是从一般化的特征描述来评价一个人。此法需具体限定一些看得见、可衡量的工作行为。应能反映有效行为和无效行为的实际情况，然后对各行为按其表现程度的差异，定出不同等级的分值加以衡量。

（6）目标管理法。

根据目标管理的办法，让员工根据组织目标来制定自己的绩效目标。由于上下级共同确定目标和达到目标的进度，在计划期末时，上下级之间再评估目标的完成情况。这种方法可以避免上级单方面建立评价基准的缺陷。

（7）360 度评估法。

这是当今世界一种非常盛行的评估方法，评估者需要从员工的老板、领导、同事、顾客及供应商等多渠道获得绩效反馈信息。360 度评估法是 20 世纪 80 年代由美国学者在一些企业组织中不断研究发展形成绩效评价方法，“360 度绩效反馈”，即指包括上述全部以及外部工作关联者的考评与反馈，它与传统考核方式最大的不同在于它提供了更为完整、正确、客观与有效的考评结果，它不但容易为本部门成员所接受，更是改进人力资源管理绩效的基础所在。

总之，上述几种绩效考评方法，各有各的优点，也有各自的缺陷和不足，我们在实际的绩效考评过程中，可以以一种方法为主，同时兼顾其他方法（表 7.1）。

表 7.1　各种绩效评估法的优缺点

方法	优点	缺点
关键指标法	重点突出	关键事件、指标难以量化
360 度评价法	全面，完整、正确、客观	耗时，不易为部门内接受
书面描述法	简单易行，内容、格式多样	考的是写作能力
评分表法	定量数据，省时	没有工作方面详细信息
行为定位法	侧重具体、可衡量的行为	耗时，使用难度大
比较法	员工之间比较	员工数量大时，操作不便
目标管理法	侧重于目标、结果导向	耗时

（五）薪酬福利

1. 薪酬管理

薪酬的内容十分广泛，既包括物质方面的报酬，如工资、奖金等，也包括社会、心理方面的报酬，如工作自主权、对决策的影响力、组织荣誉、和谐的工作氛围等。

内部报酬是员工从自身得到的报酬，这多半是员工对自己的工作比较满意的结果。通过工作丰富化或重新设计工作来增强员工在工作中的个人价值感、成就感，可能会使工作的内部报酬感增强。外部报酬包括直接报酬、间接报酬和非金钱报酬。当然，员工总会期望得到某些形式的直接报酬，如基本工资、加班费、假期津贴、绩效奖金、利润分红、公司股票购买权等。员工一般希望自己的直接报酬与自己对群体和组织的贡献相一致。另外，他们也期望可以与那些能力、绩效与自己相近的员工的直接报酬进行比较。

组织还为员工提供间接报酬：保险、非工作日工资、各类服务、额外津贴等。一般来说，无论绩效如何，这些报酬对于同一工作水平的所有员工来说都是可以获得的，因此，它们不是激励性报酬。不过，如果由管理人员来控制间接报酬，并用来奖励绩效，它就可以成为激励性报酬。

薪酬管理应体现公平的原则。行业类型、工作环境、地理位置、员工绩效水平、资历等会影响报酬水平。一般地，岗位对技能、知识和能力要求越高，职责和职权越大，报酬水平也就越高。

2. 员工福利

所谓员工福利，是指用于改善员工生活条件的非货币奖励，如社会保险、在岗补贴、失业救济、带薪休假、寿险等。一种较好的选择是灵活福利政策。

灵活福利允许员工从众多福利项目中选择，允许每个员工选择一组适合其需要和情况的福利，它改变了传统的“一种福利计划适用于所有人”的现象。灵活福利方案的基本做法是：组织为每个员工建立一个灵活的、通常以其工资的一定百分比为基础的消费账目，并为每种福利标明价格。选择项目可能包括便宜医疗方案，承保项目较少；昂贵医疗方案，承保项目较多；假期选择；一系列的储蓄和养老金方案；生活保险；延长的假期等。然后员工自主选择福利项目，直到其账户中的钱用完为止。灵活福利通过允许员工选择最能满足其当前需要的报酬组合使报酬个体化，从而把传统的单一福利方案转变为激励因素。灵活福利的优点是很明显的。首先其灵活性对员工具有吸引力，因为他们可根据自身需要确定福利的种类和覆盖范围；第二，从组织角度看，灵活福利可带来节约。许多组织通过实行灵活福利增加保险费。而且一旦实行了，成本的增加要求员工必须基本接受。灵活福利的主要缺陷也有两点：从员工角度看是个人福利的成本经常上涨，所能购买的福利总量减少；对组织来说其不足之处是增加了管理部门的控制难度，而且实施费用常常很高。

思考与练习

1. 你怎样看待组织的变革？
2. 哪些因素会影响组织变革？请结合身边的社会现象进行解释。

3. 如何克服组织变革的阻力？谈谈管理者如何运用权力和影响力来减少和化解变革的阻力。

4. 简述人力资源管理的要素。

5. 讨论：孔子提出“因材施教”，这句话对人力资源管理有什么启示？

案例分析

医院组织结构变革困局

送完一拨又一拨汇报工作或者反映问题的临床科室主任、行政部门负责人，赵院长长长舒了一口气。自从早上8:00进到办公室到现在，近3个小时过去了，他连口水也没顾上喝。从医疗业务骨干晋升为院长以来，赵院长感受到了压力和不适应。作为拥有60多年历史的某三级甲等医院新任院长，赵院长几乎每天都在极度繁忙中度过，得不到片刻的喘息与放松。“接不完的电话、听不完的汇报、开不完的会、管不完的人”，成了他升任院长一年多来每天工作生活的真实写照。

事实上，同样感到工作繁忙和压力沉重的还有各临床科室的主任。他们不仅要忙碌于自身的业务和科室管理，还要忙着落实来自诸如人事部门、科教部门下达的各项指令，最让他们头疼的是还有冷不丁冒出来的医患纠纷，处理起来往往棘手又牵扯精力。最近，有不少科主任向赵院长抱怨，再这样下去，真是不堪重负了。

上任不久，赵院长就发现了这些现象背后的实质：运营效率低下。于是，他决定根据医院的发展战略，从组织结构上做出调整，以提高组织运营效率，降低运营成本。

9月初，赵院长召集各分管副院长、各科室主任、人力资源处处长及相关职能部门召开会议，共同探讨解决问题之道。“虽然医院这两年一直处于良性发展态势，但和其他几家大医院比较，感觉咱们在很多方面还是落后了。我越来越感觉到医院组织结构需要改一改了，几十年的组织结构一成不变，可是科室越设越多，专业越分越细，各个科室配合性差，有的科室病床紧张，走廊里都加满了床位，有的科室病床却闲置得厉害，很多时候，我倒成了裁判纠纷的‘法官’，这说明我们确实有问题了。如果大家每天都陷于琐碎的事务性工作之中，没有时间思考医院未来或者科室发展问题，最终我们将难以适应新形势的发展，落后是要挨打的！今天召集大家过来，就是要请大家一起来思考、探讨这些问题。”

赵院长话音一落，主管后勤的郑副院长接着说道：“现在我们医院机构设置确实有臃肿之嫌。之前设置岗位，有时是为了缓解或回避矛盾，并非完全按照因人设事、因事设岗执行的。现在，医院的职能工作越分越细，部门越来越多，管事的‘婆婆’也多起来，构成目前这种等级森严、层次分明的链式组织结构，使得医院的管理往往流于形式，职能部门之间的纵向和横向之间均缺乏信息沟通与反馈的渠道。信息流通不畅，必然导致执行力下降。这不只增加了组织本身的运行成本，同时也加大了工作中的扯皮现象，降低了医院的运营效率。”

主管医疗的孙副院长也接过话茬继续说道：“刚才赵院长和郑院长说得非常有道理，我们这么多年来，确实没有制定过详细的医院发展计划，现有的组织结构设置已经无法适应医院的发展趋势了。医院虽然技术水平在不断提高，业务量也在不断增长，并且也新增了一些科室，有的专科在国内拥有一定的知名度，但在组织运营上，却还在沿用传统的惯性运转，比如，面对激烈的市场竞争，医院没有市场营销部门去研究、开发市场，只是抱着‘酒香不怕巷子深’的理念，坐等其成。很显然，这种做法只能使自己处于劣势。”

外科主任孟某说:“业务部门确实存在分科过细的问题,这导致了部门内部组织体系僵化、庞大，不能满足患者个性化服务需求，甚至让患者不知道自己究竟该到哪个科室就诊，患者满意度自然就会降低。而且，我们医院从来没有做过岗位分析，没有职责描述与工作任务说明，只是凭经验确定哪些工作应该谁负责，这就造成很多人对自己的岗位职责不清楚，对科室业务发展没有起到应有的作用，员工的积极性和主动性也大打折扣。还有，其他医院，已经通过建立患者健康数据库、个性化服务等方式，在争夺客户资源了，但我们在这方面却没有合适的部门和专门的人员来从事这项工作。”

听完大家的讨论，赵院长决定让人力资源部门去做一次广泛的调研，并结合医院本身特点，以及战略化、专业化、制度化的组织设计原则，重新考虑设置新的医院组织结构。

赵院长总结时说：“如何变革医院组织结构，对于我们管理者、对于医院管理都有好处。希望大家高度重视这项工作，会议结束后，大家要好好思考，一起磋商，共同啃下这块硬骨头。”

资料来源：医院组织结构变革困局[J]. 中国卫生人才，2011（10）.

问题：

1. 该医院众院长“一致认同”的医院组织结构变革，是否是目前解决医院面临问题的有效方法，为什么？

2. 若该医院决定进行组织结构变革，应如何变革？你认为需要注意哪些问题？

第八章　领导

【学习目标与重点】

- 了解领导的含义，作用
- 理解领导与管理的关系
- 了解领导类型、理解领导的影响力
- 了解领导权力的构成和来源
- 培养提高自身权威和有效运用权力的能力
- 理解并运用领导理论的能力

【案例 8.1】

管理者的困境

并不是每家公司都有一位首席领导官。埃森哲公司设置了这个职位，而坐镇伦敦的阿德里安·洛伊陶（Adrian Latasha）占据了该职位。那么，首席领导官的确切工作是什么？作为世界上最大的咨询公司，埃森哲需要精心地培养领导者，使他们拥有必要的技能和能力来帮助公司更好地应对未来市场环境。洛伊陶负责使之实现。

在首席领导官这个职位上，洛伊陶承当四项主要职责：① 领导开发和继任规划；② 人力资本战略，这需要精心思考公司的未来及其对企业文化、领导和员工的意义；③ 所有的融合和多样性计划；④ 企业公民。

要想考察这些行动的重要性，你需要做的就是看看埃森哲公司在中国、印度等市场上的增长。这些国家急需来自本国的组织领导者。埃森哲公司在上述国家以及俄罗斯、墨西哥、韩国等国启动了许多高潜力计划，以“识别那些我们认为五年后将成为领导者的人员”。这样的计划要求领导者与追随者之间存在牢固的信任。洛伊陶如何继续创建这种信任？

你认为该怎么做？

第一节　领导概述

一、领导的内涵

“什么是领导”“如何才能成为一名出色的领导”等问题一直困扰着人们。柏拉图、斯隆以及中国古代的圣贤都试图找寻答案。截至目前，有关领导的定义，中西方专家和学者并未达成一致的结论。美国哈罗德·孔茨认为，领导是一种影响人们，使之跟随去完成某种共同目标，促使部属充满信心，满怀热情地完成他们的任务的艺术。杜布林指出，领导是在不使用强力和压制的情况下，影响他人达到一定目的的过程。我国管理学泰斗周三多先生认为，所谓领导就是指挥、带领、引导和鼓励部下为实现目标而努力的过程。传统理论认为领导是组织赋予领导者的职位和权力，领导者通过运用这些法定的权力带领下级完成组织任务，实现组织目的。新兴的管理心理学理论则认为，领导是一种行为和影响力，不是指个人的职位，领导就是领导者运用这种影响力引导和带领下级在一定条件下向组织目标迈进的行为过程。其实，传统管理理论和新兴管理心理学理论对领导的解释并不矛盾，前者强调的是领导的形式，即领导必须运用职位和权力。这一点管理心理学也不否认，因为职位和权力是领导者影响力的重要来源。后者强调的是领导的实质，即领导虽然离不开职位和权力，但不能将职位和权力与领导简单地画等号，仅有职位和权力并不一定能做好领导工作。

综合而言，我们认为，领导（leadership）是指管理人员采取指挥、引领、协调和激励下属为实现目标而共同努力的过程。该定义包括三个要素：一是领导应该有自己的部下。二是领导通过自身的影响力来指挥、引领和激励部下。这包含了组织赋予领导的职位权力，以及个人的权威等影响力。三是领导的目的是通过下属共同努力实现目标。这个目标主要是指组织目标，当然也不否定个人目标。领导工作实质上是主管人员根据组织的目标和要求，在管理过程中运用有关理论和方法，通过沟通联络、激励等手段，对被领导者施加影响，使之适应环境的变化，以统一意志、统一行动，保证组织目标的实现。在整个管理过程中，领导职能是联结计划、组织以及控制等各个管理职能的纽带，是实现组织目标的关键。

领导是组织的核心，领导的主要作用有四个方面。首先是指挥作用。领导要高瞻远瞩、能够站在全局的战略角度上分析问题、处理问题并作出科学的决策，以指导自己的下属去实施。其次是引领作用。俗话说，榜样的力量是无穷的。领导只有以身作则、身体力行，在下属面前发挥模范带头作用，才能带领大家前进。这个时候最忌讳的是领导“说一套，做一套”；对下属严格要求，而放松对自己的约束。再次是协调作用。组织是由人、财、物、技术、信息等多种要素共同组成的，要使组织的一切工作都能够配合适当，就需要领导来协调组织内外各种人际关系的活动，协调部门之间的资金、人力、设备等资源。另外，由于组织中每个人的才能、理论能力、工作态度、进取精神、性格、作风、地位等不同，加上外部各种因素的干扰，人们之间难免产生分歧、行动上偏离目标，这时候需要领导来协调人们之间的关系和活动，化解分歧、团结协作，实现共同的目标。最后是激励作用。在复杂的环境和现实生活中，企业的员工都有不同的经历和遭遇，每个人的理想和愿景也不尽相同。那么，如何调动他们的工作积极性呢？这就需要有通情达理、关心群众的领导来为他们排忧解难、激发和鼓舞斗志，发掘、充实和加强他们积极进取的动力，并通过科学有效的奖惩制度，提高各种绩效。一个好的领导必须要能够把每个组织成员的作用发挥到最大并把整个组织的效率聚合起来发挥到最大。

二、领导与管理的关系

管理学中对领导最普遍的定义为：领导就是指导、带领、引导和激励下属（或追随者）

为实现目标而努力的过程。管理是指通过信息获取、决策、计划、组织、领导、控制和创新等职能的发挥来分配、协调包括人力资源在内的一切可以调用的资源，以实现单独的个人无法完成的目标。那么领导与管理之间又有怎样的关系呢?

(一) 领导与管理的联系

首先，从两者的定义来看。领导与管理有着不可分割的联系，领导是管理的几大职能之一，但管理的其他职能如计划、组织、控制等不属于领导，从这个角度看，所有的管理者应当都是领导者。

其次，从两者的目标来看。不论是管理者还是领导者都是通过一系列的努力最终来实现组织目标的。他们的活动都与组织的目标、资源的配置和可行的方法有关，都是通过下属(或追随者)活动来实现的。

(二) 领导与管理的区别

但是随着管理科学的发展，领导被当作一个独立的活动进行研究和应用越来越普遍。现代社会的领导和管理在实践中各有侧重，也有一定的区别。那么，领导与管理究竟有哪些主要区别呢?

1. 基础不同

管理是建立在合法的、有报酬的和强制性的权力基础上的，而领导更多的是建立在个人影响力和专长权以及模范作用的基础之上的。所以，一个人可能既是管理者，又是领导者(既有职务权力，又有个人影响力方面的权威)；可能是管理者，但不是领导者(虽有职务权力，但由于个人影响力方面的权威缺失，没有主动自愿追随的下属)；可能是领导者，但并不是管理者(虽没有职务权力，但由于个人影响力方面的权威，在非正式组织中有主动自愿追随者)。

2. 任务不同

领导的主要任务是给组织指引前进方向，为组织确定奋斗的目标；管理的任务在于贯彻落实领导提出的路线、方针和政策，促使目标的达成，推动组织向既定的方向前进。韦尔奇曾指出:“把梯子正确地靠在墙上是管理的职责，领导的作用在于保证梯子靠在正确的墙上。”这种描述十分形象的揭示了领导与管理之间的差异，两者缺一不可。

3. 着眼点不同

由于领导与管理的任务不同，两者的着眼点也就有所区别。领导着眼长远，管理着眼于短期。同时由于领导要统帅全局，因此更加关注宏观性问题，而管理则注重微观问题。

4. 侧重点不同

领导侧重于“人”的工作，通过选人、用人、育人、留人，打造一支具有凝聚力、创造力和战斗力的团队；领导强调激励、授权和训练，通过发挥领导者的非权力性影响力去激发和调动下属的积极性与创造性。管理则侧重于“事”的工作，通过将企业各类事务标准化、制度化、规范化和程序化，建立稳定而连续的企业经营秩序；管理则强调指挥、控制和监督，通过发挥权力性影响力去规范下属的行为。

5. 结果不同

领导的结果是引起变革，通常是剧烈的变革，并形成非常积极的变革潜力。而管理的结果是在一定程度上实现预期计划、维持秩序，使企业能正常的运转。约翰·科特曾作了一个极为精辟的比喻来阐明领导行为与管理行为的区别及其各自对变革的影响：在和平时期，军队需要管理来让他们能井井有条，但到了战争时期，军队上上下下都必须要有领导才能，没有人能够管理一支军队上战场，军队必须是被领导。

总之，对于领导与管理这两个不同的但又相交的圆，我们既要认清他们的交集，知道他们的联系，又要全面的对待他们的并集，防止以偏概全，才能更好地发挥领导与管理的作用。毕竟在日趋复杂、变化无常的商业环境中，这两者都是取得成功的必备条件。真正的挑战是，如何把卓越的领导能力和超强的管理能力巧妙结合并协调发展。

三、领导方式

领导方式又称领导模式，是指领导者与被领导者之间发生影响和作用的方式。目前有关领导方式有不同的分类标准，大体来说，有以下三种分类方法。

（一）按权力集中程度来分

按照权力集中的程度，可以将领导方式分为集权型、分权型、集权与分权相结合型三种。

1. 集权型领导

在这种模式中，领导者一般是总揽一切权力，对下属授权少，运用权力推行工作，这种领导模式的优点是令行禁止，缺点是不利于调动下属的主动性和积极性。

2. 分权型领导

在这种模式中，领导者对下属授权甚多，下属能在授权范围内自主地开展工作，领导者只是保留对下属工作加以检查和控制的权力。这种模式的优点是能充分调动下属的积极性，缺点是如果分权不当，容易造成权力失控。

3. 集权与分权相结合的领导

在这种模式中，领导者依据权责相符的原则，合理授权，实行大权总揽、小权分散，既能保证统一领导，又使下属有一定自主权，如能掌握好集权与分权的结合程度，这种领导模式是较为理想的。

（二）按领导者的态度来分

按领导者的态度可分为体谅型和严厉型两种。

1. 体谅型领导

体谅型领导对部属十分关注，关心其生活困难，注意建立互相依赖、互相支持的友谊，注意赞赏部属的工作成绩，提高其工作水平。

2. 严厉型领导

严厉型领导则对部属十分严厉，重组织、轻个人，要求部属牺牲个人利益服从组织利益，严格执行纪律，重视监督和考核。

（三）按领导者所关心的重点来分

按领导者所关心的重点，可分为贫乏型、乡村俱乐部型、任务型、协调型和中间型五种。

1. 贫乏型领导

在这种领导模式中，领导者对组织的任务和组织内的人际关系都不太关心，人际关系不融洽，生产任务难以完成。

2. 乡村俱乐部型领导

这种领导模式中，领导者力求建立起一种乡村俱乐部式的组织氛围，领导者深切关怀职工，注重组织内的人际关系，领导者人缘好，但不关心任务的完成。

3. 任务型领导

在这种模式中，领导者只关心如何完成任务，不关心员工，组织内人际关系较差。

4. 协调型领导

在这种领导模式中，领导者对组织的员工和任务都须关心，组织内的人际关系好，任务也完成得好。

5. 中间型领导

在这种领导模式中，领导者力求保持一般化的人际关系和对任务的关系，任务完成过得去，组织内人际关系不特别好，但也不特别差，领导者比较安于现状，缺乏进取精神。

（四）按领导者的工作作风来分

按领导者的工作作风，可分为压迫式、专制式、商量型、参与式四种。

1. 压迫式领导

在这种模式中，领导者对下属不信任，下属没有同上级讨论工作的自由，领导者在解决问题时很少获得下属的意见和办法，下属的工作意识靠恐吓、威胁、惩罚以及偶尔的奖赏激发，机构中下层人员的责任感很少，在这种领导模式中，上级与下级容易形成对立。

2. 专制式领导

在这种模式中，领导者把对下属的信任当作是对下属的恩赐，下属并不能自由地同上级讨论工作。工作意识主要依奖赏或惩罚的威吓取得，下属对完成任务有一定的责任感，交流以下达为主，上报信息往往有投上级所好的倾向。

3. 商量型领导

在这种模式中，领导者对下属有较大但并不是充分的信任，下层觉得能比较自由地同上级讨论工作，领导者经常听取下层的意见并尽量想办法采纳，员工的工作意识通过奖赏、偶尔的惩罚和参与来激发，相当一部分机构人员具有责任感，信息交流较多，下达的命令容易为下属接受。

4. 参与式领导

在这种领导模式中，上下级之间具有充分地信任，下属在同上级讨论工作时觉得有充分地自由，领导者经常征求下属的意见和想法并尽量积极采纳。工作意识通过奖励来激发。机构中各级人员对组织的目标都有责任感并力争实现目标。组织内信息交流量大，除有上行和下行的信息流动外，还有横向的信息流动。下达的命令容易为下属接受。但有时会受到公开的质问，组织内充满和谐的气氛。

最后需要说明一点：所有这些模式在具体运用时，也要讲求“随机制宜”，不能照搬模式，如果照搬模式则就不能体现领导的艺术性，也势必要影响领导效率。

第二节　领导权力

领导和权力有着不可分割的密切关系。权力是管理者行使领导职能最重要的条件和基础，管理者凭借权力与个人影响力进行有效的指挥和协调。

一、领导权力概述

所谓领导权力（leadership），从广义上讲包括两个方面：一是管理者的组织性权力即岗位权力（职权）。这由组织授予，随着职位的变化而变化，是不以个人的意志为转移的，包括法定权力、奖励权力和强制权力。二是管理者的个人权力，主要是指管理者的权威、知识、才能和情感等产生的影响力。这种权力来自领导者本身，靠领导者自身的素质及行为获得。狭义上的领导权力，仅指组织授予的权力（职权）。

二、领导权力的类型

法国学者瑞文将权力划分为强制权、奖赏权、法定权、专家权和参照权五类。目前很多学者大多以在此基础上对领导权力的分类进行补充和修正。综合专家和学者的研究观点，本书将领导权力划分为决策权、组织权、指挥权、人事权、奖惩权、调控权六种类型。

（一）决策权

从某种意义上说，领导的过程就是制定和实施决策的过程，或者说“领导就是决策”。所以，决策权是领导者最重要和最基本的职权。

（二）组织权

根据组织发展的需要，领导者对机构设置、权力分配、岗位分工和人员配备等有权做出安排。这是领导意图得以实现的组织保证。这方面安排是否科学合理，关键在于能否形成一个能够实现总体目标，而又卓有成效的有机体系。

（三）指挥权

领导者为实施其决策，完成任务，实现既定的总体目标，对其下属（人员或机构）下达命令或指示等，指挥其下属工作的权力叫作指挥权。

（四）人事权

领导者根据下属人员的水平、能力、业绩和表现的优劣，对其下属成员有选拔、录用、培养、调配、升降、任免等权力，称为人事权。必须指出，行使人事权关系着下属的切身利益，政策性很强，务必公平公正，不可滥用，否则可能形成消极因素，损害自己的威信，甚至使自己陷入被动。

（五）奖惩权

领导者根据下属的功过表现，对其进行相应的奖励或惩罚的权力叫做奖惩权。这是领导者扬善抑邪，对其下属的一种有效统辖手段。尤其在市场经济条件下，如果运用得当，可以非常有效地调动下属的积极性；如果运用不当，也可能事与愿违，关键在于公正适度、以奖为主。

（六）调控权

领导者根据全局实际情况的需要，对其下属机构设置、物质条件（人、财、物等）配置、工作部署等进行适时的调整控制，这种权力称为调控权。任何事物的发展总是由不平衡到平衡再到新的不平衡又达到新的平衡，这样循环往复不断发展的。领导者的责任就在于运用调控权，不断地使不平衡达到新的平衡。

（七）其他权

其他诸如对下属工作的监督权、对不同意见的集中权、对是非争执的裁决权、对公有财物的调配权等，均属领导者的权力范围。如前所述，领导者所拥有的这一切权力，都取决于工作的需要，具有强制性和法定性质。所以使用时必须出于公心，有利于公司的发展，切不可随心所欲、忘乎所以，更不允许用来谋求私利或达到其他任何个人目的。否则，难免自毁形象，要承担相应的行为责任甚至法律责任。

三、领导影响力

谈到领导影响力，不得不提及权力。影响力和权力是有差异的，很多专家和学者进行了阐述。但是在某种程度上，影响力与权力也有着不可分割的联系。

（一）领导影响力的内涵

影响力（influence power）是指一个人在与他人交往中，用以影响和改变他人心理和行为的能力。领导影响力就是领导者在领导过程中，有效改变和影响他人心理和行为的一种能力或力量。任何领导活动都是在领导者与被领导者的相互作用中进行的。由于领导在组织中起着至关重要的作用，因此，领导影响力有着非常重要的意义。领导影响力一般可以分为权力影响力和非权力影响力。

虽然不同学派和不同的研究者对影响力的范围与界定在认识上存在着一定的差异，但他们都认为领导者的行为对单个或成组的追随者的心理反应有着最直接的影响。追随者的态度、情感、感受、动机和期望都会随着领导者的表现而改变。追随者对组织和工作的满意度、组织忠诚度、工作动机、工作压力以及团队凝聚力，都与领导者影响力水平的高低密切相关。

（二）领导影响力的构成

从影响力与权力的区别出发，国内外学者认为，领导影响力分为权力影响力和非权力影响力（实质是领导权力的二维分类）。其中，权力影响力是由社会赋予个人的职务、地位和权力而形成的，带有法定性、强制性和不可抗拒性，为领导者所仅有。

决定领导影响力的因素多种多样，主要包括以下方面：① 传统。由于传统因素，让人对领导产生服从感。② 职位权力。在此权力大体相当于权力影响力，是影响追随者的强有力的手段。③ 个人影响力。包括品格、才能、知识、感情、资历和声望等因素。这种个人权威是指与职位权力以外的自然影响力，它虽然没有法律的支持，却有着非常广泛的产生基础。领导者的个人影响力因此不带有强迫性，它取决于领导者本人的素质和修养，这种权力具有巨大的影响力。④ 动机。从某种意义上讲，影响力是一个社会交换过程，领导者要影响追随者，必须首先了解追随者的动机。⑤ 利益。社会交换主要是一种利益交换，追随者对领导者的追随通常是有条件的，这些条件就是各种利益（包括物质利益和精神利益）。⑥ 关系。如果领导者与追随者之间建立了某种相互认可的关系，那么追随者就会调整自己的态度和目标。如前所述的情感就是领导者影响追随者的一种主要手段。⑦ 沟通。影响的实质就是沟通，沟通是通过领导者与追随者的交流来实现影响的过程。

一般来说，领导的非权力影响力主要表现在以下方面：① 确立方向，主要指领导者具有实现目标的远见与策略；② 凝聚组织成员，即根据组织目标，通过沟通来调整组织成员的行为以确保成员间的合作；③ 激励与鼓舞，即基于员工基本的人性需求、价值观念与情感对员工进行激励。

（三）提升领导个人影响力的技巧

为了提升影响力，在具体的组织实践中领导者必须具备五项领导技巧：

（1）善于理性地说服别人。以理性说服取代命令、以平等相待取代居高临下，成为领导与下属沟通的主要方式。

（2）善于利用交换策略。平等交换、互惠互利是领导与下属关系的基调，而交换策略是组织成员组织承诺与心理契约的基础。领导通过各种正向激励手段，特别是授权来强化组织成员的承诺。

（3）对下属提出合理的要求。基于理性说服和平等交换的宗旨，领导应按照组织制定的规则、政策和惯例在领导职权范围之内对下属提出要求。

（4）给下属一定的压力。倡导平等、开放、人性化的领导风格并不意味着让下属毫无压力。相反，由于领导能够充分激发组织成员的积极性，发挥下属的潜能，因此组织成员能够承受的压力反而更大。同时，对于不能按合理要求完成工作的组织成员应做出相应的惩罚。

（5）利用领导者的个人吸引力。在权力弱化的组织背景下，领导者个性特征以及领导风格在领导中的作用不断提升，共同的理想信念、志趣爱好以及个性互补等都有助于领导实现领导目标。个人吸引力较强的领导往往能够取得更好的领导成效。

四、领导权力的影响

领导权力作为推动组织发展的根本动力，触及到组织运转的各个环节。我们从“领导者”和“下属”这两个权力互动主体出发讨论领导权力的影响。一是领导权力对领导者的影响。当前很多研究结合心理学理论以及具体的组织情境，从微观层面关注领导者的权力状态（类型、高低和稳定程度）对其认知、决策以及人际互动等方面的影响。有研究表明，领导者对权力的感受会影响团队开放程度和团队绩效。权力感受越强，领导者越倾向在团队讨论中表现出打断行为，轻视其他团队成员的信息共享，从而降低团队的开放性氛围和绩效。这种负面影响在非领导者身上表现得并不明显；而提前对领导者进行工具性意识的唤醒，会遏制此类情况的发生。虽然大部分时间里领导者的行为方式会与组织目标保持一致，但当他们的权力由于组织层级不稳定等原因受到威胁时，领导者就会追求权力的巩固，排斥有能力的组织成员。二是领导权力对下属的影响。组织中领导权力对下属的影响，主要涉及领导者的权力运用对下属心理、行为等方面的影响。总之，为了有效地实现组织目标，领导者除了运用组织赋予的权力施加影响外，还要实施个人影响力，以及领导与组织成员间的相互作用和影响。

资料链接

“人走茶凉”新解

- 人走茶凉，词语，比喻世态炎凉，人情淡漠。出自京剧《沙家浜》，是著名作家汪曾祺先生自创的语言，为阿庆嫂的唱腔写的词。
- 本义：一杯茶，人走开了，自然慢慢地就凉了，冷了。
- 寓意：现在表示世态炎凉，当权的人离开岗位以后，对别人没有利用价值，人家就忽视他了。
- 论争：有人说，人走茶凉是自然现象，不用大惊小怪；有人说，世风日下，人心不古；也有人说，应该辩证地看。
- 你的看法呢？

第三节　领导理论

【案例 8.2】

新任经理跌倒了

拉弗蒂·戈德斯通是布沃克证券公司的明星销售员，但他一心渴望有机会进入管理层，实践自己的管理理念：像要求自己一样要求销售代表。毕竟，他了解销售和布沃克的产品线，熟悉销售代表的工作。对担任管理职位来说，他认为这些就够了。于是，当得知自己将被提拔去东海岸担任分公司经理时，他感到兴奋不已。

在戈德斯通正式就任新职之前，他和其他一些新任经理参加了一个为期 5 天的经理入职培训。他们像是又回到了大学，学习厚厚 300 页的管理理论教材：战略分析、产品定位、绩效评估，等。另外，为了提高和改进服务，布沃克公司要重新进行定位。一位营销人员在培训课上告诉他们，公司期待他们能够推广新的投资产品，如“保障基金”，以及最重要的“增值服务客户”产品等。

上任后，戈德斯通收到老上司麦金利寄来的一张明信片，上面写着：“祝你好运，戈德斯通。我的信条是：以 50% 的精力致力于人员培养，以 30% 的精力创造销售和产品领先，以 30% 的精力来遵守规章制度。对，我们要投入 110% 的精力。”当时，戈德斯通一头雾水，不知道他要说什么。

不久，戈德斯通召开了第一次销售会议，希望展示一下自己的主管风采。谁料却遭到了手下最优秀的销售代表斯克洛的挑战。后者对公司政策不满，不希望公司把销售“增值服务客户”产品的任务强加给他们。戈德斯通不知所措。

而其他销售人员同样也让戈德斯通感到头痛。德基为人很好，对产品也很熟悉，但是却卖不出产品。新手帕克特不领会销售的要旨，找戈德斯通出主意。戈德斯通却替她给客户打了电话，获得了订单，让帕克特感到非常愤怒，认为戈德斯通轻视了自己的能力，于是一走了之。戈德斯通从对手公司又挖了一个优秀销售人员过来，给了他很高的待遇，却引起老销售人员的不满……

另外，戈德斯通不仅没有能够按时向总部提交费用预算，而且也没有能够完成首个季度的销售指标。当他向地区总监勒德洛抱怨，销售代表们不喜欢“增值服务客户”产品时，勒德洛却说：“你的销售代表是你的事，而你的销售指标却是我的事。”

在第二个季度临近尾声的时候，戈德斯通和勒德洛一起飞往公司总部进行述职。他原想趁这个机会同公司人事主管谈谈手下员工的事，听听他的建议，同时也向财务部门解释一下首个季度的销售数据。可万万没想到，他却被公司领导质问了一通：为了让你的部下全力以赴投入工作，你都做了些什么？市场规模会如何发展？你希望获得多大的市场份额？

勒德洛让戈德斯通在一周时间内找出改进工作的方法。戈德斯通打电话求助麦金利。后者给他制订了一个计划：每周花 2 小时改善与旧金山方面的关系；再花 2 小时与波士顿地区的其他人员定期进行交流。但是戈德斯通已经精疲力竭了。

资料来源：《哈佛商业评论》2008 年 5 月。

问题：戈德斯通是怎样陷入这个困境的？这到底是谁的错？事情还有挽回的余地吗？

领导理论是研究领导有效性的理论，是管理学理论研究的热点之一。影响领导有效性的因素以及如何提高领导的有效性是领导理论研究的核心。自20世纪40年代以来，西方组织行为学家、心理学家从不同角度，对领导问题进行了大量研究。这些研究经历了几十年的演进，成为当今西方领导理论的主流。从理论上说，所有的管理者都应该是领导者。但是，未必所有的领导者都必须具备有效管理者应具备的能力或技能，也就是说，没有必要所有的领导者同时也是管理者。关于领导方式的研究，目前总体有三种观点：领导特质理论、领导行为理论和领导权变理论。上述三种领导方式各有怎样的特点和内容呢？

一、领导特质理论

特质理论是 20 世纪最流行的领导理论，也是最早对领导活动和行为进行系统研究的尝试。其研究依据和方法是从优秀的人物身上寻找共同点。人们希望了解：为什么他们能够成为领导？什么是领导力的决定因素？领导者区别于普通人的到底是什么？但是20世纪中期，领导特质理论受到质疑。有专家指出，领导者与非领导者在特质方面的差异，在各种场合中并非固定不变的。

领导者的特质指那些能够把领导者从非领导者中区分出来的个性特点。与有效的领导有关的特质有7项，包括内在驱动力、领导愿望、诚实与正直、自信、智慧、工作相关知识和外向性（表8.1）。

表 8.1　与领导力有关的七项特质

特质	行为风格
内在驱动力	领导者非常努力，有着较高的成就愿望。他们进取心强、精力充沛，对自己所从事的活动坚持不懈、永不放弃，并有高度的主动性
领导愿望	领导者有强烈的愿望去影响和统帅别人，他们乐于承担责任
诚实与正直	领导者通过真诚无欺和言行一致在他们与下属之间建立相互信赖的关系
自信	下属觉得领导者从没有怀疑过自己。为了让下属相信自己的目标和决策的正确性，管理者必须表现出高度的自信
智慧	领导者需要具备足够的智慧来收集、整理和解释大量信息，并能够确立目标、解决问题和作出正确决策
工作相关知识	有效的领导者对有关企业、行业和技术的知识十分熟悉，广博的知识能够使他们做出睿智的决策，并能够认识到这些决策的意义
外向性	领导者是精力充沛、充满活力的人。他们善于交际、坚定果断，而且很少沉默寡言或孤僻离群

资料来源：S A KIRKPATRICK, E A LOCKE. Leadership: do traits really matter? [J]. Academy of Management Executive, May 1991:48-60；T A JUDGE, J E BONO, R FLIES, etal. Personality and leadership:a quantitative[J]. Journal of Applied Psychology, August 2002:765-780.

如果领导特质理论是对的，则应选择“正确”的人来承担组织中的正式领导职位。但仅仅依靠特质并不能充分解释有效的领导，完全基于特质的解释忽视了领导者与下属的相互关系以及情境因素。具备恰当的特质只能是个体更有可能成为有效的领导人。因此，20 世纪 40 年代末至 60 年代中叶，有关领导的研究集中在探讨领导者偏好的行为风格上。

二、领导行为理论

行为理论研究的真正萌芽开始于 19 世纪 40 年代。为了寻求最佳的领导行为，许多机构对此进行过大量的研究。结果发现，领导者在领导过程中的领导行为与他们的领导效率之间有密切的关系。研究者对行为理论（behavioral theories）寄予很大希望，不仅希望他能给领导本质提供更明确的答案；而且，如果行为观点得到检验，还能带来与特质论截然不同的实际意义。进一步，如果行为研究找到了决定领导力的关键行为因素，企业就可以把人们培养成为领导者。有关领导者行为的研究主要有四种，表 8.2 对主要的领导者行为维度及各研究结果进行了总结。

这些研究主要集中在两个方面：一是领导者关注的重点，是工作绩效还是群体维系；二是领导者的决策方式，即下属参与的程度。

表 8.2　领导的行为理论

	行为维度	结论
艾奥瓦大学	民主型风格：考虑员工的利益、实施授权管理。独裁型风格命令式的工作方法、集权管理、限制员工参与。放任型风格：给群体充分自由作出决策和完成工作	最初研究表明民主型领导风格鼓励员工参与，最为有效。但而后的研究出现了不一致的结果
俄亥俄州立大学	关怀维度：关心下属的想法和情感。定规维度：构造工作和工作关系以实现工作目标	高—高型领导者（高关怀和高定规）使下属的工作绩效和满意度更高。但并非所有情境中均如此
密歇根大学	员工导向：重视人际关系，关怀下属的需要。生产导向：强调工作的技术和任务方面	员工导向型领导者与高群体生产率和高工作满意感正相关
管理方格	关心人：测量领导者对下属的关怀，用 1~9（由低到高）标度。关心生产：测量领导者对工作状况的关心，用 1~9（由低到高）标度	9,9 型风格的领导者（对员工和生产均高度重视）工作效果最佳

（一）艾奥瓦大学的研究

艾奥瓦大学的研究探索了三种领导维度：

（1）独裁型风格（autocratic style）的领导者倾向于集权管理，采用命令方式告知下属使用什么样的工作方法，作出单边决策，限制员工参与。

（2）民主型风格（democratic style）的领导者倾向于在决策时考虑员工的利益，实施授权管理，鼓励员工参与有关工作方法与工作目标的决策，把反馈当做指导员工工作的机会。

（3）放任型风格（marseillaise style）的领导者给群体充分的自由，让他们自己作出决策，并按照他们认为合适的做法完成工作。

研究表明，有时民主型风格比专制型风格会带来更高的工作绩效，但有时民主型风格导致的工作绩效更低或两者之间差别不大。不过，如果使用下属的工作满意感作为测量指标，得到的结果更趋于一致。总体来说，相比专制型领导者，民主型领导者所领导的群体中，下属有更高的满意感。

现在领导者面临一个两难困境。他们是应该关注于取得更高的工作业绩，还是应该关心员工更高的满意度？这反映了领导者行为中的两个基本特征：关心工作的完成（任务）与关心群体成员（人），这两个特征也是其他早期行为研究的核心内容。

（二）俄亥俄州立大学的研究

俄亥俄州立大学的研究确定了领导者行为当中的两个重要维度。研究者从 1000 多个行为维度着手，最终归纳出两大类，并证明这两个维度是群体成员对领导行为描述最多的方面。

（1）定规维度（initiating structure），指的是为了实现目标，领导者界定和构造自己与下属角色的程度。包括那些试图规划工作、界定任务关系和明确目标的行为。

（2）关怀维度（consideration structure），指的是管理者在工作中尊重下属的看法与情感并与下属建立相互信任的程度。高关怀特点的领导者帮助下属解决个人问题，友善而平易近人，平等地对待每一个成员，关怀下属的生活、健康、地位和满意程度等。

研究发现，一个在定规和关怀方面均评价较高的领导者（高—高型领导者）常常比其他三种类型的领导者（低定规、低关怀或两者均低）更能使下属达到高绩效和高满意度。不过，高—高风格也并不总能产生积极的效果。研究者发现了足够的例外情况表明在领导理论中还需加入情境因素。

（三）密歇根大学的研究

在俄亥俄州立大学的研究同期，密歇根大学调查研究中心也进行着相似性质的研究：确定与高工作绩效相关的领导者行为特点。

密歇根大学的研究群体将领导行为分为两个维度：员工导向和生产导向。员工导向的领导者重视人际关系，总会考虑下属的需要，并接纳群体成员的个人差异；而生产导向的领导者倾向于强调工作岗位的技术和任务，主要关心的是群体工作任务的完成情况，并把群体成员视为达到目标的手段与工具。

研究发现，员工导向的领导者与高群体生产率和高工作满意度正相关。而生产导向的领导者则与低群体生产率和低工作满意度联系在一起。

（四）管理方格

早期领导行为研究得出的这些行为维度，为评价领导风格的二维方格理论的发展奠定了基础。管理方格（Managerial Grid）使用“关心人”和“关心生产”两个行为维度，关于领导者对这些行为的使用进行了评估，在坐标轴上从 1 ~ 9（由低到高）予以标度它们。方格（图 8.1）中有 81 个小格，而且领导者的行为风格可能落在任意一格上，其中五种重点类型是贫乏型管理（1,1）；任务型管理（9,1）；中庸之道型管理（5,5）；乡村俱乐部型管理（1,9）；团队型管理（9,9）。

在五种风格中，团队型管理者工作效果最佳。需要注意的是，管理方格只是对领导风格这一概念提供了框架，并未回答如何使管理者成为有效的领导者这一问题。并且，也没有研究证据支持团队型管理风格在所有情境下都是最有效的。

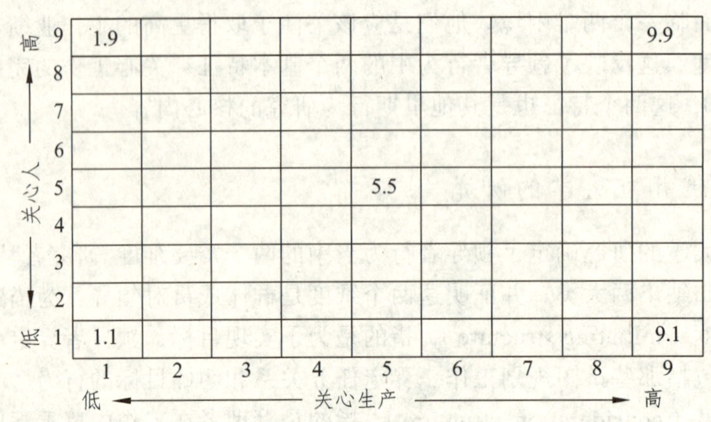

图 8.1 管理方格图

可以看出,对领导成功与否的预测要比仅仅分离出一些领导者特质和行为偏好更为复杂。由于这些方面的研究缺乏一致性的结果，使得人们开始注意情境因素的影响。领导风格与有效性之间的关系表明，x 风格在 a 条件下恰当可行，y 风格则更适合于条件 b，z 风格适合于条件 c。这些情景到底是什么呢？领导的有效性取决于情境因素只是问题的一个方面，问题的另一方面是，还要能分离出这些情境条件、确定权变变量。

三、领导权变理论

目前，领导权变理论主要包括费德勒模型、赫塞-布兰查德的情境理论、领导者参与模型、路径—目标理论、领导生命周期理论等。

（一）费德勒的模型

费雷德 · 费德勒（Fred Dawdler）提出了有关领导的第一个综合的权变模型。费德勒的权变模型（Dawdler Contingency Model）指出，有效的群体绩效取决于两个方面的恰当匹配：一是与下属发生相互作用的领导者风格；二是领导者能够控制和影响情境的程度。

该模型基于这样的前提假设：在不同类型的情境中，总有某种领导风格最为有效。费德勒认为，影响领导成功与否的关键因素之一是个体的基本领导风格，而个体风格属于两类之一：任务取向或关系取向。为了测量领导者的风格，费德勒开发了“最难共事者”问卷（least-preferred coworker questionnaire，LPC）。这一问卷包括 16 组对照形容词，例如快乐—不快乐、冷漠—热心、枯燥—有趣、友爱—不友爱。费德勒让作者回想一下自己共过事的所有同事，并找出一个最难共事者，在 16 组形容词中按 1 ~ 8 级（8 代表积极一端，1 指向消极一端）对其进行评估。费德勒相信，在 LPC 问卷的回答基础上，可以判断出人们最基本的领导风格。

费德勒相信如果领导者能以相对积极的词汇来描述最难共事者（即 LPC 得分高，见图 8.2），说明回答者乐于与同事形成友好的人际关系。也就是说，如果你对最难共事的同事用一些较为接纳和喜欢的词来描述，那么你属于关系取向型。相反，如果你对最难共事者都用贬义词描述（即 LPC 得分低），你的领导风格可能以关心生产为主，也就是说，你是任务取向型。费德勒承认有一小部分人介于两者之间，因而很难勾勒出这些人的人格特点。

需注意的是，费德勒认为一个人的领导风格是固定不变的，也就是说，如果你是关系型领导，你永远如此；任务型领导也是同样。

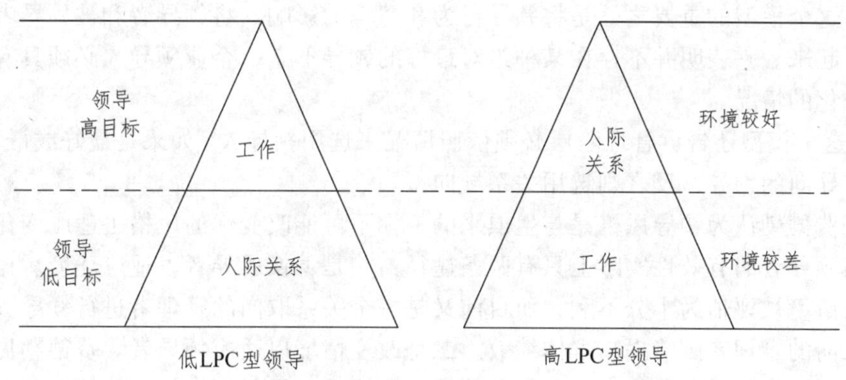

图 8.2　LPC 领导方式

用 LPC 问卷评估了个体的基本领导风格之后，接下来需要评估情境，并将领导者与情境进行匹配。费德勒的研究揭示了确定情境因素的三项权变维度，它们是：

（1）领导者—成员关系（leader-member relations）：领导者对下属信任、信赖和尊重的程度。评估为好或差。

（2）任务结构（task structure）：工作任务的规范化和程序化程度。评价为高或低。

（3）职位权力（position power）：领导者运用权力活动（诸如雇佣、解雇、处分、晋升和加薪）施加影响的程度。评价为强或弱。

费德勒根据这三项权变变量对每一种领导情境进行评估。把三项变量汇总起来得到八种可能的情境具体如表 8.3 所示，每个领导者都可以从中找到自己所处的情境。其中Ⅰ、Ⅱ、Ⅲ类情境对领导者非常有利；Ⅳ、Ⅴ、Ⅵ类情境在一定程度上对领导者有利；Ⅶ与Ⅷ情境对领导者十分不利。

表 8.3　费德勒权变领导方式对应表

人际关系	好	好	好	好	差	差	差	差
工作结构	简单	简单	复杂	复杂	简单	简单	复杂	复杂
职位权力	强	弱	强	弱	强	弱	强	弱
环境	Ⅰ	Ⅱ	Ⅲ	Ⅳ	Ⅴ	Ⅵ	Ⅶ	Ⅷ
领导目标	高			不明确			低	
低 LPC 领导	人际关系			不明确			工作	
高 LPC 领导	工作			不明确			人际关系	
最有效方式	低 LPC			高 LPC			低 LPC	

为了确定领导效果的具体权变情况，费德勒研究了1 200个工作群体，针对八种情境类型对比了关系取向和任务取向两种领导风格。结果发现：任务去向的领导者在非常有利的情境下和非常不利的情境下效果更好，关系取向的领导者则在中间情境下，即Ⅳ、Ⅴ、Ⅵ型的情境中干得更好。

对费德勒模型研究的意义，主要表现在：

首先，这个模型特别强调效果，强调为了领导有效需要采取什么样的领导行为，而不是从领导人的素质出发强调应当具有什么样的领导行为，这为研究领导行为提供了新方向。

其次，这个模型的重要之处是将领导行为和情境的影响、将领导者和被领导者之间关系的影响联系起来。它表明并不存在某种绝对最好的领导形态，企业领导人必须具有适应力，自行适应变化的情况。

再次，这个模型还告诉管理阶层必须依照情况来选用领导人。如果是最好或最坏的情况，应选用任务导向的领导，反之则选用关系导向型。

最后，费德勒认为领导风格是与生俱来的，你不可能改变你的风格去适应变化的情境。因此，提高领导者的有效性实际上只有两条途径：一是替换领导者以适应环境。比如，如果群体所处的情境被评估为十分不利，而目前又是一个关系取向的管理者进行领导，那么替换一个任务取向的管理者则能提高群体绩效。二是改变情境以适应领导者。费德勒提出了一些改变领导者与成员关系、职位权力和任务结构的建议。领导与下属之间的关系可以通过改组下属组成加以改善，使下属的经历、文化水平和技术专长更为合适；任务结构可通过详细布置工作内容而使其更加定型化，也可以对工作只作一般性指示而使其非程序化，领导职位权力可以通过变更职位、充分授权，或明确宣布职权而增加其权威性。

（二）赫塞-布兰查德的情境领导理论

在管理开发顾问当中，保罗·赫塞（Paul Hersey）和肯·布兰查德（Ken Blanchard）开发的情境领导理论（Stuational Leadership Theory，SLT）受到极大推崇，该理论是一个关注下属准备状态的权变理论领导关注下属的原因在于：下属可能接纳也可能拒绝领导者。无论领导者怎么做，其效果都取决于下属的活动。然而这一重要维度的价值却被众多领导理论所忽视或低估。赫塞和布兰查德认为，成功的领导是通过选择恰当的领导方式而实现的，选择的过程根据下属的成熟度水平而定。

情境领导理论使用的两个领导维度与费德勒的分类相同：任务行为和关系行为。不过，赫塞和布兰查德更向前迈进了一步，他们认为每一维度有低和高两个水平，从而组合成四种领导风格，具体描述如下：

（1）告知（高任务低关系）：领导者界定角色，明确告诉下属具体该干什么、怎么干以及何时何地去干。

（2）推销（高任务高关系）：领导者同时提供指示性行为与支持性行为。

（3）参与（低任务高关系）：领导者与下属共同决策，领导者的主要角色是提供便利条件与沟通渠道。

（4）授权（低任务低关系）：领导者提供极少的指示性行为或支持性行为。

模型中下属的成熟度指个体能够并愿意完成某项具体任务的程度，有四个阶段：

R1：这些人对于承担某种工作任务既无能力又不情愿。他们既不胜任工作又不能被信任。

R2：这些人缺乏能力，却愿意从事必要的工作任务。他们有积极性，但目前尚缺乏足够的技能。

R3：这些人有能力却不愿意做领导者希望他们做的工作。

R4：这些人既有能力又愿意做领导者希望他们做的工作。

情境领导理论着重强调的是，当下属的成熟度越来越高时，领导者不仅要不断降低对他们活动的控制，还要不断减少关系行为。情境领导理论指出，如果下属既无能力又不愿意承担一项任务，领导者需要提供清晰和具体的指令（告知）；如果下属没有能力但有意愿，则领导者既要表现出高度的任务取向以弥补下属能力的缺乏，又要表现出高关系取向以使下属“领会”领导者的意图（推销）；如果下属有能力但无意愿，则领导者需要运用支持与参与风格（参与）；如果下属既意愿又有能力，则领导者不需要做太多的工作（授权）。

情境领导理论具有一种直觉上的感染力。它承认下属的重要性，而且“领导者可以弥补下属能力和动机方面的缺欠”的观点也有其逻辑基础，但也存在内在的模糊性和不一致性。

（三）领导者参与模型

维克多·费罗姆（Victor Broom）和菲利普·耶顿（Phillip Yet）开发的领导者参与模型（Leader Participation Model, LPM）反映了决策如何作出以及由谁作出的过程，指出了领导行为和决策参与之间的关系，提出领导者的行为必须加以调整以适应任务的结构。任务的结构可能是常规的、非常规的，或介于两者之间的某种形式。该模型十分规范，根据不同的情境类型，给领导者提供了一系列应该遵循的规则或规范，以确定领导者在决策中的参与类型和参与程度。模型的权变因素有：决策的显著性、承诺的重要性、领导者的专业化、承诺的可能性、群体的支持性、群体的专业化、团队的实力。这些因素在具体情境中可能表现出来也可能没有表现出来。表 8.4 描述了新版领导者参与模型中的一种——时间驱动模型，该模型为短时取向，强调在最低成本基础上作出有效的决策。应用这一模型时，领导者需要从左到右审核每一个权变因素以确定其水平是高还是低。在具体情境中对每一个权变因素评估之后，模型的最右端就可以得出最有效的领导风格。另一种模型——发展驱动模型，与时间驱动模型结构相同，但它强调在最大化员工发展的基础上作出有效决策，而不考虑时间因素。

表 8.4　费罗姆的领导参与模型中的领导风格

裁决： 领导者独自作出决策，以宣布或说服的方式告知群体成员。
个别磋商： 领导者与个别群体成员交流问题所在，获得他们的建议，并在此基础上作出决策。
推动和促进： 领导者通过会议形式向群体告知问题所在，领导者扮演助推器的作用，明确具体的问题并规定决策的范围。
授权： 领导者让群体作出决策，但要求在规定的限制条件内完成。

（四）路径—目标模型

罗伯特·豪斯（Robert House）开发的路径—目标理论（Path-Goal Theory）从激励的期望理论中吸收了关键要素，已经成为在理解领导方面最受推崇的观点之一。该理论指出，领导者的工作是帮助下属达到他们的目标；领导者要提供必要的指导和支持，确保下属各自的目标与群体或组织的总目标保持一致。"路径—目标"的概念来自于这种理论，即相信有效的领导者通过指明道路与途径可以帮助下属实现他们的工作目标，并通过为下属清理路程中的各种障碍和危险使下属的目标达成更为容易。

路径—目标理论认为，如果下属在某种程度上将领导者的行为视为获得当前满足的源泉或是获得未来满足的手段时，则领导者的行为就是可接受的。在以下条件下，领导者的行为具有激励作用：① 它使得下属需要的满足取决于有效的工作绩效；② 它提供了获得有效业绩所必需的辅助、指导、支持和奖励。为了检验这些陈述，豪斯确定了四种领导行为：

指示型领导者：他们让下属知道对他的期望是什么，以及完成工作的时间安排，并对如何完成任务给予具体指令。

支持型领导者：他们十分友善，表现出对下属各种需要的关怀。

参与型领导者：他们与下属共同磋商，并在决策之前充分考虑他们的建议。

成就取向型领导者：他们设置富有挑战性的任务目标，并期望下属实现自己的最佳水平。

费德勒认为领导者无法改变自己的行为，然而，豪斯则认为领导者是弹性灵活的。换句话说，路径—目标理论假定，同一领导者可以根据不同的情境表现出任何一种领导风格。

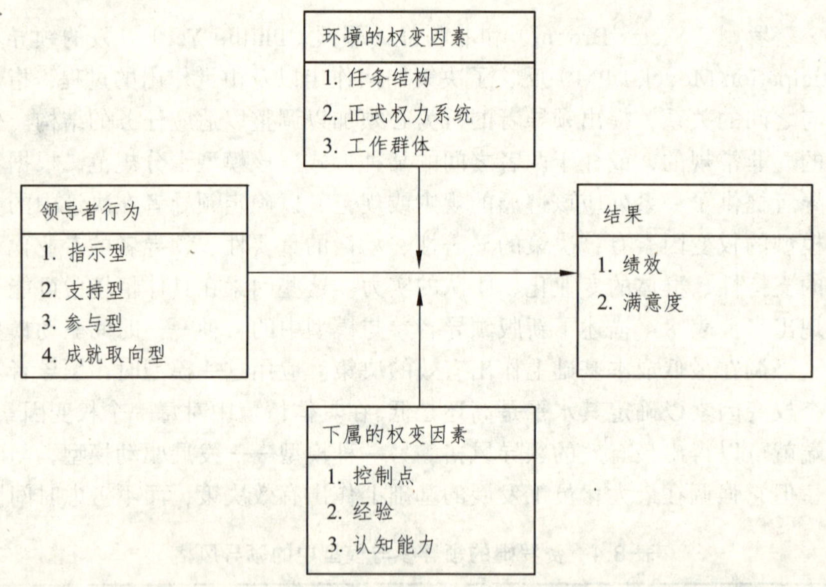

图 8.3　路径—目标理论

如图 8.3 所示，路径—目标理论提出了两大类情境（或权变）变量作为影响领导行为和结果之间关系的中间变量：一是下属可控范围之外的环境（包括任务结构、正式职权系统、工作群体等因素）；二是下属个人特点中的一部分内容（包括控制点、过去经验、知觉能力等）。要使下属的产出最大化，环境因素决定了需要什么样的领导行为类型，下属的个人特点决定了个体对于环境和领导者行为如何解释。路径—目标理论指出，当环境内容与领导者行为彼此重复时，或领导者行为与下属特点不一致时，领导行为的效果均不佳。在路径—目标理论基础上可以引申出以下假设：

（1）与高结构化和设计规范的任务相比，当任务不明或压力过大时，指示型领导会带来更高的满意度。

（2）当下属从事结构化任务时，支持型领导会导致高工作绩效和高满意度。

（3）对高智力或经验丰富的下属来说，指示型领导可能被视为累赘多余。

（4）组织中的正式职权关系越明确、越官僚化，领导者越应展现支持型行为，降低指示型行为。

（5）当工作群体内部存在着实质的冲突时，指示型领导会带来更高的员工满意度。

（6）内控型下属对参与型风格更为满意；外控型下属对指示型风格更为满意。

当任务结构不明时，成就取向型领导风格将会提高下属的预期水平，使他们相信通过努力可以提高绩效水平。

对这些假设进行检验的大多数研究支持了该理论背后的逻辑基础，也就是说，当领导者可以弥补员工或工作环境方面的不足时，领导行为会对员工的工作绩效和满意度产生积极的影响。但是，当任务本身已经十分明确或员工已经具备能力和经验处理它们时，若领导者还要花时间进行解释和说明，则下属会把这种指示性行为视为累赘多余甚至侵犯。

（五）领导生命周期理论

1. 领导生命周期理论的提出

领导生命周期理论由科曼首先提出，后由保罗·赫西和肯尼斯·布兰查德丰富和发展，也称情景领导理论，这是一个重视下属的权变理论。赫西和布兰查德认为，依据下属的成熟度，选择正确的领导风格，就会取得领导的成功。之所以要重视下属在领导效果方面的作用，是因为下属可以接纳或拒绝领导者的命令，领导者的领导效果经常取决于下属的行为和活动。

赫西和布兰查德将成熟度定义为：个体对自己的直接行为负责任的能力和意愿。它包括两项要素：工作成熟度与心理成熟度。前者包括一个人的知识和技能，工作成熟度高的个体拥有足够的知识、能力和经验完成他们的工作任务而不需要他人的指导。后者指的是一个人做某事的意愿和动机，心理成熟度高的个体不需要太多的外部激励，他们主要靠内部动机激励。

2. 四种领导方式

从工作行为和关系行为两个维度考察，有四种具体的领导风格（如图 8.4）：

（1）命令型领导方式（高工作—低关系）。在这种领导方式下，由领导者进行角色分类，并告知人们该做什么，如何做，何时以及何地去完成不同的任务。它强调指导性行为，通常采用单向沟通方式。

（2）说服型领导方式（高工作—高关系）。在这种领导方式下，领导者既提供指导性行为，又提供支持性行为。领导者除向下属布置任务外，还与下属共同商讨工作的进行，比较重视双向沟通。

（3）参与型领导方式（低工作—高关系）。在这种领导方式下，领导者极少进行命令，而是与下属共同进行决策。领导者的主要作用就是促进工作的进行和保持有效沟通。

（4）授权型领导方式（低工作—低关系）。在这种领导方式下，领导者几乎不提供指导或支持，通过授权鼓励下属自主做好工作。

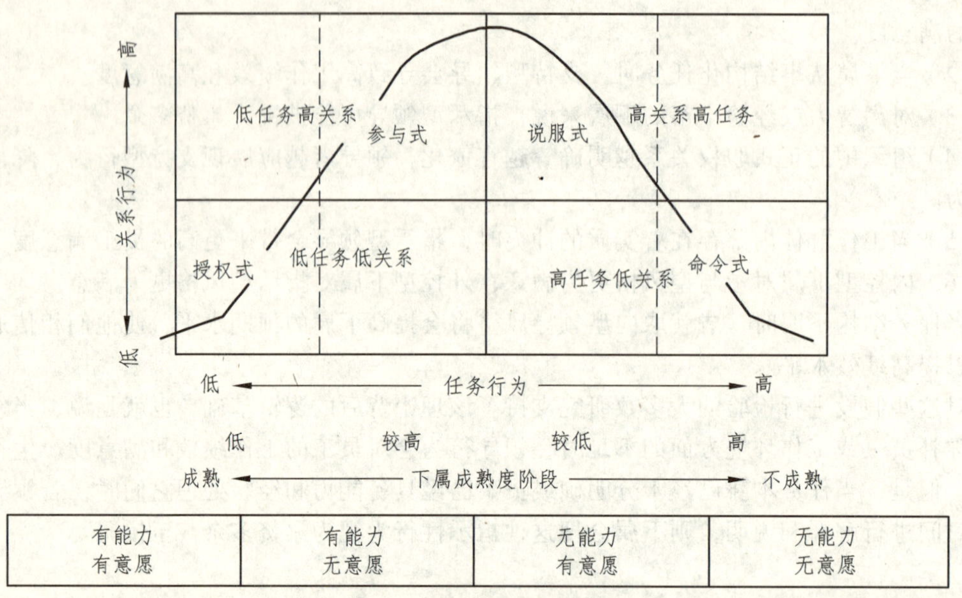

图 8.4　领导生命周期理论

3. 下属成熟度

第一阶段（不成熟）：下属对于执行某任务既无能力又不情愿。他们既不胜任工作又不能被信任。

第二阶段（初步成熟）：下属缺乏能力，但愿意执行必要的工作任务。他们有积极性，但目前尚缺足够的技能。

第三阶段（比较成熟）：下属有能力，却不愿意干领导者希望他们做的工作。

第四阶段（成熟）：下属既有能力又愿意干让他们做的工作。

4. 有效领导方式的选择

当下属成熟程度为第一阶段时，选择命令型领导方式；当下属成熟程度为第二阶段时，选择说服型领导方式；当下属成熟程度为第三阶段时，选择参与型领导方式；当下属成熟程度为第四阶段时，选择授权型领导方式。

四、现代领导理论

现代有关领导的理论主要有事务型领导与变革型领导、领袖魅力的领导与愿景规划的领导、团队领导。

（一）事务型领导与变革型领导

上述的大多数理论都针对于事务型领导者（transactional leader）。这些领导者通过澄清工作角色与任务要求，指导并激励下属向着既定目标的方向前进。不过，还有另一种领导者，即变革型领导者（transformational leader），他们关注每一位下属的兴趣所在与发展需要，帮助下属用新视角看待老问题从而改变了下属对问题的看法，激励下属为实现群体目标付出更大的努力，鼓励下属为了组织利益而超越自身的利益，并能对下属产生超乎寻常的深远影响。变革型领导采用新观点、新视角来解决问题，因而更具有领袖魅力。与事务型领导相比，变革型领导与低离职率、高生产率和高员工满意度的关系更强。也就是说，变革型领导可导致下属更高的努力水平和绩效水平。

（二）领袖魅力的领导与愿景规划的领导

领袖魅力型领导者（charismatic leader）是指热情而自信的领导者，其人格魅力和活动能力影响着人们以某种特定方式活动。领袖魅力型领导有五种特点：有一个愿景目标；能够清晰生动的描述这个目标；愿意为实现这个目标而勇敢前进不惧失败；对环境限制及下属需要十分敏感；其行为表现常常超乎常规。

研究表明，领袖气质的领导与下属的高绩效和高满意度之间有着十分显著的关系。

大多数学者和专家认为，培训可以使个体展现出领袖魅力的行为。比如，研究者通过指导曾经成功地使一些本科生"成为"领袖魅力者。他们指导学生表现出这样的行为：清晰生动地阐述一个宏伟目标，向下属传递高绩效的期望，对下属有能力达到这些目标表现出强烈的信心，重视下属的需要。学生们通过练习表现出坚定、自信和活跃的形象，并使用富有魅力的语调进行交流。研究者还进一步培训学生使用富有领袖魅力的非言语行为，如在沟通时身体前倾、保持目光接触、展现放松的身体姿态和生动的面部表情。进一步的研究发现，他们的下属比无领袖魅力的领导者的下属表现出更高的工作绩效，对任务更好的适应性，以及对领导和群体更好的适应性。

需要注意的是，对于员工的高绩效水平来说，领袖魅力的领导方式并不总是必需的。当下属的工作任务中包含意识形态方面的转化，或当下属处于高压与不确定环境中时，这种领导方式最有效。这一点可以解释为什么具有领袖魅力的领导者更多的在以下环境中存在：政治、宗教活动中，战争时期，在企业处于创业阶段或生死存亡之时。富兰克林·罗斯福运用他的领袖魅力在经济大萧条时期为这个国家指出了光明的前景；马丁·路德·金有着不屈不挠的愿望，那就是通过和平手段建立社会平等；斯蒂夫·乔伯斯在20世纪70年代末80年代初提出了个人电脑必将极大改变人们日常生活的宏伟蓝图，从而赢得了苹果公司技术人员坚定的忠诚和承诺。

与领袖魅力的领导相关的是愿景规划的领导。愿景规划的领导（visionary leaders）比领袖魅力的领导走得更远，它能够设计一个现实的、可信的、有吸引力的愿景，并向人们清晰明确地指出，这种前景目标建立在当前条件基础上，人们只要经过努力就会实现。人们一旦有效地确定和实施这种愿景，则会产生巨大动力。"它通过聚集各方技能、才干和资源而推动人们奔向未来。"

愿景具有引人注目的鲜明形象，它撞击着人们的情感、鼓舞着人们的热情、激发着人们的能量，去实现组织目标。它提供新的做事途径，它鼓舞人心，它指引组织不同寻常并走向卓越。如果这种未来前景不能给组织或成员带来更多优势，则没有意义和价值。理想的愿景要符合时机与环境，并要反映出组织的独特特点。组织成员还要相信这种愿景完全可以实现，也就是说，它具有挑战性但肯定可以达到。清晰明确并具有生动形象的愿景，很容易抓住人心并被人接受。例如，迈克尔·戴尔（戴尔公司创始人）设计的企业愿景是：八天之内把一台组装好的个人电脑直接销售并送到顾客手中。杰夫·贝佐斯为亚马逊公司构建的愿景规划是：成为互联网上最大的零售商。玫琳凯公司的目标对象设定为那些身为创业者的女性，向她们销售产品以美化女性的自我形象，这成为玫琳凯化妆品有限公司的有效推动力。

愿景规划的领导者要具备哪些技能品质？确立了愿景之后，这些领导者还应表现出三种品质，这些品质与愿景能否起到有效作用息息相关。第一个品质是向他人解释愿景的能力。他们需要使愿景清晰明确，通过口头和书面沟通使人们知道要达到什么目标和要付出什么行动。第二个品质是不但通过言语还要通过行动表达愿景的能力。他要求领导者不断地向人们传递并强化愿景。例如，西南航空公司的赫布·凯莱赫（Herb Kelley）与他的顾客服务承诺“同呼吸共命运”。在公司中无论任何时候，只要需要他就会跳出来帮助乘客检票、搬运行李箱、顶替空中乘务员、做任何让顾客感到舒适愉快并印象深刻的事情。愿景规划的领导者需要具备的第三个品质是在不同领导情境中施展并运用愿景的能力。

（三）团队领导

随着更多的组织使用工作团队，带领团队工作的领导者其作用也显得越来越重要了。而团队领导角色与传统的领导角色十分不同。有效的团队领导者应耐心地分享信息，信任他人并放弃自己的职权，明白在什么时候对员工进行干预，即要掌握平衡之道：要了解什么时候让团队独立做事，什么时候参与进来和团队一起完成。

在那些实施结构调整、重组为员工团队模式的组织，团队领导者都需要承担一些共同的责任，包括辅导、推动、处理处分、评估团队和个体绩效、培训、沟通。虽然这些责任中的大部分适用于任何管理者，但团队领导者重点关注两个方面：① 对团队外部事务的管理；② 对团队进程的推动。这两个方面可以进一步分解为四种具体的领导角色，如图 8.5 所示。

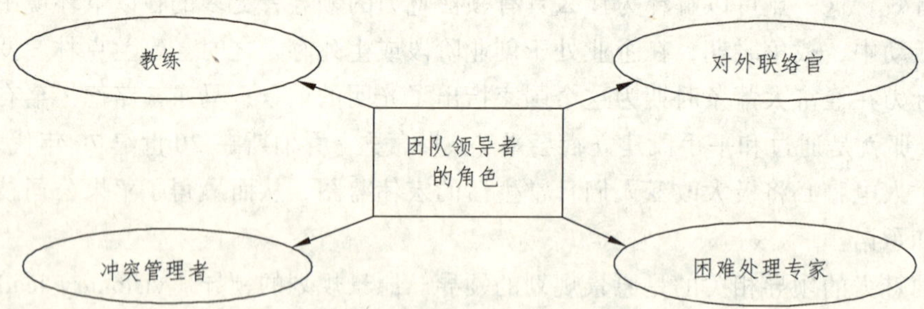

图 8.5　团队领导的具体角色

1. 团队领导者是对外联络官

这些外在机构包括上级管理层、组织中的其他工作团队、客户、供应商。领导者对外代表着工作团队，他们保护必要的资源，澄清其他人对团队的期望，从外界收集信息，并与团队成员分享这些信息。

2. 团队领导者是困难处理专家

当团队遇到困难并寻求帮助时，领导者会出现并帮助他们解决问题。团队领导者处理的难题很少针对技术或操作层面，因为团队成员一般都比领导者更了解如何完成具体任务。问题越尖锐领导者的作用可能越大，他们帮助员工针对困难进行交流，并获得解决困难所必需的资源。

3. 团队领导者是冲突管理者

当出现意见不一致时，团队领导者帮助解决冲突。他们帮助人们明确问题所在，例如冲突的来源是什么？谁卷入了冲突？冲突问题的本质是什么？可能的解决方案有哪些？每种方案的优势和劣势是什么？通过这些方式使团队成员针对问题本身进行处理，从而把团队内部冲突的破坏性降到最低程度。

4. 团队领导者是教练

他们明确期望和角色，提供教育与支持，为成员的成功喝彩。他们尽一切努力帮助团队成员保持高水平的工作业绩。

【案例 8.3】

主人和指挥官

美国军队因为其领导者和领导培训而广为人知。情况确实如此。就军事部门、团队和小组面临的各种复杂情景而言，至关重要的一点就是他们拥有强有力的领导者，在决定需要采取什么措施时能够理解情景并掌控全局的领导者。但是，领导者的风格元素来自哪里？领导者如何形成自己的领导风格？情景的独特性质是否决定了军事领导者必须坚忍顽强、严肃僵化甚至简单粗暴？

霍利·格拉芙（Holly Frag）是美国海军第一位巡洋舰女舰长，其父亲是一名美国海军上校。自从在康涅狄格州念高中开始，格拉芙就一直梦想着从事这份工作。1985 年格拉芙从美国海军学院毕业之后，同僚们就感到她处在一条通往领导层的快车道上。她的工作履历非常全面——从跟随一艘驱逐舰供给船、一艘轻护卫舰和一艘驱逐舰在国外巡航，到在五角大楼从事后勤工作，再到成为维拉瓦诺大学的海军教师。不过，在格拉芙被任命为柯蒂斯·威尔伯驱逐舰的执行官（副指挥）后，她的阴暗面开始显露。有人（现在已经退役）说，格拉芙经常痛斥该船员，这导致他提出申诉，但是申诉犹如石沉大海，毫无效果。几年之后，格拉芙创造了美国海军的历史，成为第一位驱逐舰女舰长。这艘驱逐舰是温斯顿·丘吉尔号导弹驱逐舰。一位美国海军随军牧师回忆自己在这艘驱逐舰上的经历时声称，那是他自己在职业生涯中 200 多次类似参观中最为奇怪的经历。在自己见过的所有舰只中，它的船员士气最低。他设法向格拉芙告知他从船员以及中低层官员那里听到的抱怨。但是她打断了他的谈话，并且说自己不想和他讨论这个问题。于是，格拉芙的职业生涯开始蒙上了一层阴影。

2003 年伊拉克战争前夕，温斯顿·丘吉尔号导弹驱逐舰离开西西里岛的一个海港。当它正在清除该海港的防波堤时，这艘重达 9000 舰只突然在毫无预警的情况下剧烈震动起来。很快，这艘长达 511 英尺的舰只失去了动力。舰长格拉芙抓住全身发抖的领航员，把他推到一边并朝他吼叫："你让我的舰触礁了？"但是就在这一片混乱和嘈杂声中，海军随军牧师说："接来下听到的声音更加令人震惊。位于舰尾的船员们怀疑舰只已经触礁——这意味着格拉芙的职业生涯将立即终结——于是响起欢快的歌声，'叮咚，女巫婆死掉了！'"这位牧师简直不敢相信知道耳朵。美国海军士兵公开痛斥一位舰长。即使到了今天，那位牧师也无法理解。但是这次事故并没有终结格拉芙的职业生涯。

格拉芙接下来被任命为考彭斯号导弹巡洋舰的舰长。不过，这也是她最后的职务。将近两年之后，她因为“粗暴和虐待”自己的船员而在2010年1月被解雇。美国海军检察长的报告说道：“拥有职权的人员不得实施专横、反复无常的行为或者滥用语言来伤害下属。”但是格拉芙在担任舰长期间很少遵循任何指导条例，恶毒的言语来对下属实施侮辱、羞辱、公开贬低和言语攻击……，从而明显违反了这一条规定。

资料来源：斯蒂芬·罗宾斯. 管理学[M]. 11版. 北京：中国人民大学出版社，2012.

问题：

1. 根据案例的描述，你如何看待格拉芙舰长的领导风格？你认为格拉芙舰长是否可以称为一名领导者？为什么？

2. 你认为格拉芙在担任舰长时使用了哪几种类型的权力？请解释你的选择。

3. 格拉芙事件深深震动了美国海军，因为它让美国海军甄选、晋升和监督其“明星”领导者的方式蒙羞。你认为美国海军在领导培训和开发方面需要实施哪些变革？

第四节　领导艺术

一、领导艺术概述

领导艺术是领导者个人素质的综合反映，是因人而异的。黑格尔说过：“世界上没有完全相同的两片叶子”同样也没有完全相同的两个人，没有完全相同的领导者和领导模式。有多少个领导者就有多少种领导模式。钱锦国认为，任何一种管理模式的运用，不可能是要求下属们依葫芦画瓢就可以了，而是需要自上而下使每位负有不同管理职责的人都能对该管理模式融会贯通、在不同环境下为同一个目标而因时制宜、不断改善。

所谓领导艺术，就是领导者在其知识、经验、才能和气质等因素的基础上形成的，巧妙地运用各种领导条件、领导原则和领导方法的基本技能。领导艺术作为一种灵活运用领导方式、方法的技巧、技能，与领导实践和领导经验密切相关，是在领导实践中依据经验的积累而达到的对领导科学的纯熟地和创造性地运用；这种运用的技巧又与领导者个人的知识、经验、才干、能力、气质和修养等因素有着密切的关系；与领导者能否正确地认识和把握领导活动的客观规律并遵循一定的科学原则是分不开的。因此，领导艺术不仅具有技术运用的艺术性，而且具有符合规律的可以认识的科学性，是领导活动中艺术性和科学性的完整统一。

领导艺术是指在领导的方式方法上表现出的创造性和有效性。一方面是创造性，是真善美在领导活动中的自由创造性。“真”是把握规律，在规律中创造升华，升华到艺术境界；“善”就是要符合政治理念；“美”是指领导使人愉悦、舒畅。另一方面是有效性，领导实践活动是检验领导艺术的唯一标准。戈尔巴乔夫领导苏联解体不能说是成功的领导，霸王别姬也不能说是成功的领导艺术。

二、领导艺术的内容

领导艺术主要表现在灵活性、协调性、创造性、形象性等方面，其具体内容主要有决策艺术、用人艺术、用权艺术、协调艺术、激励艺术、运时艺术、人际关系艺术、沟通艺术、主持会议艺术等，下面我们选择几个进行介绍。

（一）领导的决策艺术

决策是人们为了解决当前或未来可能发生的问题而选择可行的或最佳方案的过程。决策艺术是领导艺术的重要组成部分，领导者决策是否合理、及时、有艺术，不仅关系到全局的方向、方针和整个部署，也关系到领导质量的好坏。领导的决策艺术表现在谋和断这两个过程中，多谋善断是领导决策艺术的基本要素。所谓多谋，就是指处理事情、解决问题的主意多、点子多、办法多。所谓善断，就是指能够从多种主意中选择出最好的主意，能够从多种办法中选择出最佳办法，并且能够当机立断、坚决果断地实行它。多谋善断是领导智慧和责任感的产物。多谋，就要掌握充分而可靠的信息资料，只有掌握了丰富、及时、准确、适用的信息，才有可能作出成功的决策。善断，就要熟练地运用各种决策方法，制订多种可供选择的方案，如果只是一种方法或一种方案，便不能比较，择优也无从进行，便无艺术性可言。

领导决策的艺术最终体现在决断的艺术上。决断就是拍板定案，决断的阶段充分显示领导的决策能力，是领导决策艺术最突出、最集中的表现。领导要提高决策的艺术性，在决断阶段要做到四个保持：第一，保持超常的态度。第二，保持适度的动机。我们反对动机强度过高造成欲速则不达的结果，也反对动机强度低、漠然视之而贻误时机的后果。第三，保持果决意志。领导良好的果决性意志品质不仅要善于当机立断，还要善于等待时机。第四，保持迥异风格。领导应善于根据环境、对象、自觉地对决策进行组合和调整，以适应客观决策的需要。

总之，领导决策艺术应该做到以下几点：一是要有决策意识。明白决策是领导者要做的主要工作，决策失误可能带来的损失和危害。二是注重调查。领导者在决策前务必要多做些调查研究，搞清各种情况，尤其是要把企业目标和员工的发展需要作为决策的第一信号。三是注意民主。领导者在决策中要充分发扬民主，优选决策方案，尤其碰到一些非常规性决策。应懂得按照“利利相交取其大、弊弊相交取其小、利弊相交取其利”的原则，适时进行决策，不能未谋乱断，不能错失决策良机。四是狠抓落实。决策一旦定下来，就要认真抓好实施，做到言必信、信必果，决不能朝令夕改。

（二）领导的用人艺术

知人善任是一个领导者是否成熟的标志，也是用人艺术之精华。人是事业之本，它关系到社会进步、国家兴衰，关系到我国现代化建设的成败。古人有“治国之道，唯在用人”之说，如何最大限度地调动人的积极性和创造性，对于今日领导而言同样如此。汉高祖刘邦打败楚霸王项羽，谈到部下的贡献时说：“夫运筹策帷帐之中，决胜于千里之外，吾不如子房。镇国家，抚百姓，给馈响，不绝粮道，吾不如萧何。连百万之军，战必胜，攻必取，吾不如韩信。此三者，皆人杰也，吾能用之，此吾所以取天下也。”美国钢铁大王卡内基也曾说过，将其所有的工厂、设备、市场、资金全部夺去，但只要保留他的组织人员，四年之后，他仍将崛起，仍将是一位钢铁大王。随着社会的飞速发展，人才的价值显得越来越重要。现代社会的竞争，归根到底是人才的竞争。领导用人是一个系统过程，主要是人才的“入”和“出”两个方面，具体说来，有制定人才规划和标准、选拔人才、使用人才、培养人才和留住人才几个方面。

1. 制定人才规划和标准

所谓人才规划也叫人才计划，是指为实施企业的发展战略，完成企业的生产经营目标，根据企业内外部环境、条件的变化，通过对企业未来人力资源的需要和供给状况进行分析与评估，运用科学的方法进行组织设计，对人力资源的获取、配置、使用、保护等各个环节进行职能性规划，制定企业人力资源供需平衡计划，以确保组织在需要的时间和需要的岗位上，获得各种必需的人力资源，保证事（岗位）得其人、人尽其才，从而实现人力资源与其他资源的合理配置，有效激励、开发员工的规划。

人才选拔标准是建立在职务分析的基础上的，是用人单位决定录用什么样的人的基本条件，是一个人完成工作所必备的特性。一般来说职务说明书主要说明什么类型的人能够胜任工作，列出了该职业所需的技能和资格条件。

2. 选拔人才

选拔人才应遵循的原则有：

（1）德才兼备原则。有德而无才，或有才而无德，都无法为社会作出有益的贡献，都不能真正称得上人才。德才兼备，以德为本，历来是选拔人才的一个基本要求。

（2）实践性原则。真正的人才要经得住实践的考验，要在实际工作中发挥作用。任何单位，要想得到优秀人才，就必须在工作实践中进行观察了解，然后才能做出正确判断。一个闭目塞听，不深入实际的官僚主义者，很难物色到真正的人才。

（3）不拘一格原则。不拘一格原则指的是选拔人才不能局限于某一规格，不能用某一个死框框来套人。重文凭而不唯文凭，重资历而不唯资历。因为文凭不等于水平，资历也不等于能力。要着重看德才、看成绩、看实效，不图虚名，不能道听途说，不搞论资排辈。“金无足赤，人无完人”，看人要看主流、看一贯，不能对大的方面视而不见，而对小的“过节”抓住不放。要做到“赦小过，奉贤才”（《论语·子路》）。

（4）任人唯贤原则。

（5）比较择优原则。可以通过纵向与横向比较、定量与定性结合、个人与整体评判，选拔人才。

3. 使用人才

选拔人才是为了使用人才，使之发挥应有的作用。合理地使用人才是现代领导用人之道的中心环节。因此，我们必须掌握以下使用人才的要领：

（1）尊重人才，礼贤下士。尊重人才，就是以礼相待、尊重他人意见、重视他人权利。使别人感到你不仅是一位领导，更是一位可以依赖的朋友、可以托付的知己。而不是像有些领导者那样“话难听、脸难看、事难办”，居高临下，以权凌人，主观臆断，乱作决定，并强令下属绝对服从。

（2）因事用人，贵在精干。因事用人，就是先根据工作任务确定不同的工作岗位，然后针对这些岗位选用合适的人选。只有对“人”和“事”了如指掌，才知道有什么事，用什么人，有多少事，用多少人，才能对“人”和“事”有一恰当的安排，使“人”和“事”形成合理的对应关系。

（3）用人所长，人尽其才。明朝人吕楠在《径野子》中讲了这样一个故事：某人有五个儿子，一个木呆呆，一个鬼精灵，一个瞎眼睛，一个驼背，一个瘸子。于是老父亲就让木呆呆去务农，面朝黄土背朝天，踏踏实实把田种好；让鬼精灵去做买卖，只占便宜不吃亏；让瞎眼睛老三去算卦，打扮起来蛮像样；让驼背老四去搓麻绳，低头弯腰背不疼；让瘸腿老五纺线织布，坐在织机前不用动。他这样安排五个儿子各得其所，都能安身立命，一家人吃穿不愁。故事中的“老父亲”知道凭势而择人，他从每个孩子的特殊性出发，巧妙地将短处变成长处，使几个儿子各尽其才，各得其所。正如一首古诗中所说：“骏马能历险，犁田不如牛；坚车能载重，渡河不如舟”，这与我们平常所说的“尺有所短，寸有所长；物有所不足，智有所不明”，有异曲同工之妙。

（4）用人不疑，疑人不用。领导者一旦选择和任用某个人，就要给予充分信任，明确其职责权限，放手加以使用，激励他大胆地、独立地、富有创造性地开展工作，从而最大限度地发挥人才潜能，提高领导成效。如果领导者对某一个人既使用又怀疑，这必然会使下属失去安全感、认同感、归属感和责任感，导致双方相互猜疑、互不信任。这样既破坏了和谐气氛，又影响了工作大局。

（5）严格要求，关心指导。领导者对下属，对各类人才放手使用，特别是领导者在授权之后，事务性工作减少了，但监督、协调、控制的职能却增加了。下属的工作方法、途径和步骤是否与总的目标要求保持一致，需要经常加以关注。领导者要经常深入工作第一线，主动检查，及时指导。还要定期听取下属汇报，交换意见，商讨问题。

4. 培养人才

“重视培养、养用结合”是使用人才的一条重要原则。要培养教育他们，给他们学习、培训、考察和调研的机会，不断提高其思想认识、知识水平和工作能力，以适应时代和环境变化的趋势，适应工作的客观要求。

5. 留住人才

（1）待遇留人。领导要适当提升员工薪酬福利，使员工的待遇有一定竞争力。毕竟待遇是一种很现实的东西，企业想让员工卖命干活，却又不想付出合理薪水待遇的话，恐怕是难以实现的。

（2）感情留人。人人都有感情。尤其在中国这个人情味很浓的国家里，领导从感情的角度入手，在企业创造一种让员工有家的感觉，往往会起到事半功倍的效果。

（3）以人为本。加强人性化管理，提高员工福利；严格控制加班，保证员工每月至少休息两天；注重员工在职培训，建立人才培养机制，帮助员工做好职业生涯规划。

（4）事业留人。让员工成为企业的主人翁。领导要善于授权，给人才创造施展才能和价值的环境，同时有条件的组织，可针对关键管理人员和核心员工进行配股，让他们成为企业的股东，使他们把自己的命运与企业的命运紧密联系在一起，从而使他们稳定下来。

（5）文化留人。培养良好的企业文化，提高领导者、员工、团队、组织的有机融合。

（三）领导的用权艺术

权力是领导者的标志，是组织实现其目标的保障。一般来说，职位的高低与权力的大小成正比，不同的职位就有不同的权力。运用权力是实施领导的基本条件，善于运用权力是领导者的一项重要的领导艺术，运用权力的艺术包括运用权力的技巧、授权的技巧、树立权威的技巧内容。

1. 用权的技巧

虽然领导权力的行使受制于许多因素，但是常常较多的带有个人色彩。因此，要注意用权的方法技巧，以提高用权的效能。

（1）严格遵守法定权限，不越权。领导者要严格遵守法定的权限，不能向上越权、向下侵权，不属于自己职责范围内的事不要随意表态做主，以免引起领导者之间相互猜疑，导致关系紧张。领导者，特别是主要领导者，要处理好个人权力与集体权力的关系，既要突出决策的地位，又要尊重领导集体中的其他成员，实行集体领导。

（2）既要注重实效，又要考虑后果。用权不等于生硬地下命令、发指示，而是要看大家是否心悦诚服地接受指挥，是否自觉自愿地服从领导，看看权力是否起到了应有的作用，达到了应有的效果。权力一旦使用，就会产生一定影响。因而要把握好用权的分寸和尺度，考虑用权后果。

（3）用好各种权力。领导者对工作进行领导，确立发展规划，制定规章制度，下达工作任务，考核工作成绩，纠正工作偏差等，都要用到决策指挥权，这是领导者在领导工作中使用最多、最普遍、最经常的一种权力。但是强制权力宁可备而不用，也不要轻易向员工示威，否则会失去其应有的作用。使用什么权力，有什么作用，其积极意义是什么，是否会有负面影响，这是领导者应明白的。领导者还应明白：在什么情况下用什么样的权力，对谁用权，用多大权，怎样才能做到几种权力的协调统一，综合使用。这些基本问题搞清楚了，才能够灵活恰当地运用好各种权力。

（4）运用权力要合法、合情、合理。领导者在运用权力的时候要做到有法可依，有法必依，照章办事，恪守职权；要讲道理，坚持以理服人；要重视感情因素，坚持以情动人。

（5）通过组织用权。领导者要健全组织机构，强化处室职能，完善规章制度，通过组织行使职权。

（6）以威望取胜。领导者不断提高自身素质，加强各方面修养。在运用权力时，要公正廉洁，赏罚分明，恰当灵活，取信于人，以形成崇高威望。

2. 授权的技巧

授权是指领导者将自己职责范围内的若干工作任务委派给下属，并赋予其相应的权力责任，使下属有权有责地完成领导交给的任务。有效的授权可以使领导者减轻工作负担，摆脱繁杂的事务，集中时间和精力研究重大的、全局性的重要问题。也可以发挥下属专长，增加下属的责任心和荣誉感，调动其工作积极性和创造性，促使他们尽快地成熟和发展起来，从而造就一批能独立工作的、善于领导的领导储备人员。同时也有利于上下级之间的沟通关系，协调一致。

根据不同的标准，可以将授权分为不同的种类和形式，主要包括：一般授权与特定授权，正式授权与非正式授权，口头授权与书面授权，刚性授权、柔性授权、惰性授权与模糊授权等。

授权要讲究以下技巧：

（1）因事择人，视能授权。领导者授权就是根据工作任务的性质、特点来选择适当的人担任相应的工作岗位上的职务，并赋予其一定的权力和责任，使下属的才能与所承担的职权相适宜。不可因人设事，也不可将职权授予无能的人。否则会给领导工作造成损失。

（2）疑者不授，授者不疑。如果对下属不信任或者存有疑虑，那就不要授权；一旦将权力交给下属，就应充分地信任他。如果授权后领导者还过多插手，四处干涉，阻挠下属履行他职责范围内的权力，那就是虚假授权，势必会挫伤下属的工作积极性和创造性。

（3）授予小权，保留核心权。领导者授权的一个主要目的是集中精力研究主要问题，从事重要工作。因此，领导者应把一些次要的工作任务交由下属完成，将零碎的小权授出，保留属于自己职责范围内的核心权力。为了保证对领导工作进行有效控制，领导者应亲自掌握整个领导工作的指挥权、事关组织前途的决策权、人事任免权、对下属的监督控制权等。

（4）明确权责，监督控制。领导者在授权时要向下属明确其工作目标、职务、责任和权限，如果向两个或两个以上的人授权，还应注意明确主要负责人。事先明确权责，不仅可以使授权者接受并理解自己的职责权限范围，充分调动其主观能动性和创造性，圆满完成领导者交给自己的工作任务，而且可以避免出现权责不清、推卸责任、争功诿过等许多麻烦。授权之后，不能撒手不管，还要监督、检查、考核、评比，进行有效控制。要及时获取各方面的最新信息，指导下属工作，对于积极履行其职权者，要给予关心、支持、帮助；对于滥用职权，不负责任，不能胜任本职工作者，要及时进行批评、纠正，或者收回权力，重新安排人选。

（5）邻级授权，保持难度。邻级授权又叫直接授权，就是指领导向自己的直接下属授权。这是应当遵循的原则之一。如果置自己的直接下属不顾，进行越级授权，这会给下属的工作增添麻烦，也会导致组织系统的混乱。

3. 树立权威的技巧

《中国百科全书》将权威界定为："在社会生活中靠人们所公认的威望和影响而形成的支配力量。"领导者的权威的实质是影响力。一种是来自领导者的职务和权力，具有强制性特点，被称为权力性影响力；另一种是非权力性影响力，它来自于领导者的自身素质，如品格、才能、知识、情感等因素，具有广泛而浓厚的感召力。权威有助于协调组织内的人际关系，对提高领导工作的成效有着重要的意义。

（四）领导的协调艺术

领导是通过人与人之间的交往来实现的，因而在领导过程中，必然存在着纵横交错的人际关系。融洽的人际关系，有利于减少摩擦，消除分歧，降低内耗，提高效率，使大家齐心协力，步调一致，以最佳的力量组合，争取最佳的工作效绩。人际关系不和谐，会使人心涣散，纪律松弛，矛盾重重，影响工作，它常常是造成领导成效不高的原因之一。因此，如何协调人际关系，是领导者认真研究的一个问题，也是体现组织领导艺术的一个重要方面。

1. 协调关系的方式

在领导过程中，经常使用的协调方式有口头、书面和开会三种。口头方式快捷、灵活，但要做到心平气和，态度诚恳，考虑到表达准确。否则，有可能事与愿违，还会产生新的误解和矛盾。书面方式有严肃性、稳定性与可靠性的一面，因而要言简意明，谨慎采用。开会方式可以发挥集体作用，广泛沟通信息，统一认识，协调行动；缺点是需要受时间、场地、人数等客观条件的限制，方式不太灵活。总之在领导实践中，三种方式都要经常使用，至于具体采用什么方式，要视情况而定。

2. 协调关系的技巧

协调关系是领导者协调人际关系的主要组成部分。它包括：

（1）与上级的关系。处理好与上级之间的关系，赢得上级的理解和信任，得到上级的支持与帮助，是领导者顺利开展工作、圆满完成任务的一个必要条件。上级领导有自己的权力，同时也承担着相应的责任。由于其所处的地位特殊，因而具有希望得到下属理解、支持与爱戴的心理特征。所以，处理好与上级领导者的关系，必须做到：第一，主动请示汇报。作为下级，对工作的安排部署要主动请示；对工作的进展情况，对工作中存在的困难和问题，要主动汇报；对工作中的设想和创见，要积极建议。第二，干好本职工作。领导者的职责是上级领导者职责的一个组成部分，因而干好本职工作，就是在行动上为上级领导者分忧解难、承担责任，使其满意并且放心地使用自己。第三，服从命令。上级的决议和文件就是命令，具有权威性，因而必须执行，不得采用“上有政策，下有对策”的办法对付上级。当然服从不等于盲从，服从是有原则和限度的，当命令错误、命令不符合客观实际或者对命令存有疑虑时，可以研究、请示，也可以边执行边请示。第四，关心、爱戴上级。关心、爱戴不等于察言观色投其所好。上级领导者也有其难办之事、难言之苦。对上级工作中的难处，要多加体谅，对上级生活中的难处，要多加关心，在下属面前还要尽力维护上级的威望。不能自持高明，傲视上级。久而久之，自然会加深上下级之间的感情。

（2）与下级的关系。下属是领导工作的主要力量，领导者能否引导和影响下属去实现组织目标、完成工作任务，取得显著领导成效，在很大程度上取决于领导与下属之间的关系如何。那么，领导者怎样与下属搞好关系呢？首先，最重要的一条是领导者要从学识、才能、作风、品质等方面加强自身修养。一个热爱教育、学识渊博、多谋善断、勇于开拓、能力不凡、政绩突出、公平民主、廉洁无私的组织领导者，自然会产生强大的影响力和感召力，赢得大家的信赖和敬佩。这是搞好干群关系至关重要的一步。其次，不当“官老爷”，不能有“坐轿意识”，不能“高高在上，以权势压人”，要树立为人民服务的思想，保持公仆本色，“想群众之所想，急群众之所急”。最后，多交流，多沟通，多结友，少树敌，以加强同广大员工的思想感情联系。

（3）与领导者班子内部成员的关系。判断一个领导班子是否坚强有力，重要的一点就是看其内部成员之间关系是否融洽，相处是否和谐，是团结一心、肝胆相照，还是各自为政、一盘散沙。如果其成员之间相互扯皮，那么其领导效能肯定会大打折扣。处理好与领导班子内部成员关系，要做到以下几点：一是识大体，顾大局。考虑问题，处理事情从整体出发，而不是只从眼前利益、局部利益和个人利益出发。在此前提下，领导者之间可以进行目标协调、权利协调、时间协调、物质协调。二是互通情报，加强联系。彼此之间要经常进行信息沟通、心理沟通。三是发扬无私风格，做到矛盾不结，困难不让，责任不推，利益不争。

3. 调解矛盾的技巧

在组织内，人和人相处，会产生认识上的分歧、利益上的冲突、工作上的矛盾以及其他方面的纠纷。如何处理这些问题，已成为领导者协调人际关系的一个重要组成部分。这些问题处理得好，会化干戈为玉帛，变消极因素为积极因素，有利于工作、学习和生活。这些问题解决不好，会激化矛盾，影响团结，产生不良后果。所以，组织领导者在工作实践中一定要摸索出一套行之有效的方法，来调和人们之间的纠纷和矛盾，常见的方法有：

（1）即评即判，纠正错误。对于是非问题和原则性问题，领导者要态度明确，立场坚定。可以马上查清原因，即刻作出评判。对正确的一方，或表扬或认同，具体视情况而定；对错误一方，批评或处分，具体也要视其情节轻重而定，以促其承认错误，改正缺点，回到正确的轨道上来。

（2）求同存异，和平共处。通过耐心细致的思想工作，使矛盾双方都作出让步，接受调停，达成谅解，求大同存小异，实现和平共处。

（3）接受一个事实，改变一种观点，往往需要一个过程。因此，对于有一些矛盾和纠纷，不可操之过急，搞“热处理”，那样有时容易激化矛盾，加剧纠纷，结果事与愿违。有效的办法是，暂时搁置争议，让那些矛盾和纠纷逐步化解，让双方在时间的流逝和环境的变换中达到认识上的一致和情感上的默契。

（4）模糊处理，消化矛盾。在某些特定条件下，对于个别非原则性的矛盾和纠纷，可以含糊其辞，不作明确表态，不作认真处理，以淡化之而有利于工作。事实上，有些矛盾会不调自解。如果将小事情上升到一定高度或抱着严肃认真的态度去处理，只会加剧矛盾，扩大纠纷，给工作带来不良影响。

（五）领导的激励艺术

一个聪明的领导者要善于表扬下属。这种“零成本”激励，往往会“夸”出很多愿意为你效劳的好下属。激励注意因人而异，领导者在激励下属时，一定要区别对待。在激励下属之前，要搞清被激励者最喜欢什么？最讨厌什么？最忌讳什么？尽可能“投其所好”，否则就有可能好心办坏事。

1. 激励时机要及时

激励时机的选择直接影响效果。美国前总统里根曾说：“对下属给予适时的表扬和激励，这会帮助他们成为一个特殊的人。”激励是为了满足需要、激发动机，把握恰当的激励时机是实现激励目标的前提。及时激励，就会极大地激发下属的热情，事半功倍。在下属的行为闪光点、问题暴露点等情况下，就是实施激励的最佳时机。这样下属的心理、行为也许达到并超过领导的期望。适时激励下属并做到赏罚严明，体现出领导的可信度，有利于形成良好的组织氛围。激励不及时，效果就会大打折扣，特别是迟到的激励可能会让下属觉得自己的工作可有可无，失去了激励的意义。

2. 激励力度要合适

激励量大小也会对激励效果产生重要影响。激励量大小要视情况而定，如激励力度偏大，给予过分优厚的奖赏，下属就容易产生满足感，甚至丧失继续前进的动力；过分的惩罚，会使下属信心受到打击，对事业丧失信心。激励在量的把握上，要做到大小适中，恰如其分，通过激励达到使先进更先进、后进变先进的目的。

3. 激励频率要适度

激励次数与激励效果并不完全是正相关关系：不是激励的频率越大效果越好。领导干部在激励时一定要慎重，不可随意发挥；切实做到随"机""景""时""意"进行激励。激励频率选择要考虑综合因素，如任务难易、工序简繁、下属素质高低、条件和环境等。对于任务较重、目标较高、较长时期才可见成果的工作，激励频率要适当高些；对于任务较轻、要求不高、短期可见成果的工作，激励频率则相应降低。通常情况下应综合各种情况，因人、因事、因地确定恰当的激励频率。

4. 激励方法多管齐下

激励的方式方法很多，有目标激励、榜样激励、责任激励、竞赛激励、关怀激励、许诺激励、金钱激励等，但从大的方面来划分主要可包括精神激励和物质激励两大类。领导者在进行激励时。要以精神激励为主，以物质激励为辅，只有这样的激励机制才是一种有效的激励机制、一种长效的激励机制。

【案例 8.4】

唐僧是管理者还是领导者?

很多人看过《西游记》，但真正喜欢唐僧的却很少。因为唐僧的形象，和大英雄实在相差太远。他没什么武艺，碰到危险时，只会叫徒儿来搭救；他常常是非不分，对妖魔鬼怪存恻隐之心而对孙悟空却十分严厉；他固执、古板，身上没有什么传奇色彩。可就是这样一个唐僧，他领导了四个本事十分高强的徒弟，经历九九八十一难，终于西天取经成功。

大徒弟孙悟空，有七十二般变化。曾在花果山自立为王，也做过齐天大圣，本事十分了得；最后被如来佛降服，压在五行山下。二徒弟猪八戒，曾经是掌管天庭水师的天蓬元帅（海军司令），因为酒后对嫦娥姐姐进行性骚扰惹怒了玉帝，流放到人间。三徒弟沙和尚，当初是玉帝身边的卷帘大将（皇家警卫队的高级军官），因为失手打碎了玉帝心爱的琉璃灯，被放逐到流沙河。四徒弟小龙马，是西海龙王的三太子（官二代），因为忤逆不孝，犯了天条，遂被流放。

问题：唐僧为什么能够领导团队取得成功，他究竟是管理者还是领导者。请解释你的理由。

思考与练习

1. 写出你认为是有效领导者的三个人物。你认为他们表现出来的什么特征使得他们成为有效的领导者?

2. 有人说：领导是科学，也是艺术。谈谈你对领导艺术的理解。

3. 什么是领导特质？有关领导的研究告诉了我们特质的哪些信息？

4. 根据费德勒的模型分析：（1）什么时候任务取向的领导者更有效？（2）什么时候关系取向的领导者更有效？

5. 领导者的权力有哪些来源？

6. 著名医史学家西格里斯曾经说过："每一个医学行动始终涉及两类当事人：医师和病员。"请结合领导生命周期理论，谈谈你对医生的领导方式与患者的成熟度之间关系的理解。

案例分析

院长的领导策略：一位医院院长经营策略的自述（节选）

导读：医院经营涵盖了医院管理的每个环节，可以说无处不在。一家医院经营的好坏，院长起决定性作用。

山东某二级民营综合性医院，由当地某私营企业投资，开放床位200张，设内、外、妇、儿、五官、中医、放射、检验等30多个科室。医院占地30亩，建筑面积2.3万平方米，员工230多人。地处地市级城市的城乡结合部。于2000年开业，开业之初主要科室均引进当地市级医院专家作为学科带头人，加上城乡结合部有较大的医疗市场需求，前5年经营业绩逐年递增，每年业务收入都保持30%以上增长。但2005年开始管理问题不断显现，家族式管理导致职业院长流失、学科带头人流失。特别是2006年下半年国家新农合政策实施，该医院未被纳入新农合定点医院，导致该院业务量持续下滑，员工工资、奖金、福利得不到及时发放，2007年、2008年度又相继流失医护人员60余人。经过两年的业务下滑，到2008年年底医院业务严重亏损，入不敷出，员工工资拖欠严重，人心不稳；人浮于事，推诿病人情况十分严重，医院处于倒闭边缘。医院投资人经朋友介绍找到我，恳请我出任医院院长，我于2008年年底接手该医院管理工作。接手医院管理后，我做了如下工作：

（1）分别和副院长、科主任、业务骨干单独召开座谈会，了解他们思想动态，摸清医院存在问题，找出医院内部经营管理问题所在。

（2）根据当地医疗市场需求，确立医院重点发展方向，以心脑血管病、骨伤骨病、急诊急救、妇产、儿科为重点学科，以点带面，促进医院全面发展。

（3）召开医院全院职工大会，转变思想观念，树立信心，制定医院、科室经营目标、工作计划、激励员工。

（4）说服投资人，尽快补发拖欠工资及员工福利，重新设计绩效考核政策，调整不合理制度，首先做到合理的制度管理。

（5）带领医院行政职能部门，推行服务于临床一线员工的走动式管理，切实解决临床一线的工作困难。

（6）与北京、济南部分三甲医院建立技术合作关系，重点学科均有专家定期出诊、查房、带教手术及学术讲座。大力引进专家，推广新技术、新知识。

（7）大力推行满意感动式服务，切实推行看一个病人交一个朋友的思想理念，推广朱恒鑫教授的一对一营销策略，树立良好的口碑式营销。

（8）全力推行医院人文管理，关心员工生活，让员工找到归属感，制订员工个人职业发展规划，确保骨干以上员工招得来，留得住，用得好。

通过对该医院整体的经营管理梳理，结合本地的实际情况，通过4个月的时间，该医院实现了业务收入翻倍，医院员工思想稳定，工作积极性高涨，医院步入良性发展轨道。

资料来源："医学界产业报道"http://www.aiweibang.com/yuedu/51769235.html。

问题：

1. 案例中的院长为什么能够让处于倒闭边缘的医院枯木逢春？

2. 优秀的领导者应该具备怎样的素质和能力？

第九章 沟通

【学习目标与重点】

- 理解沟通的含义、特征以及认识沟通的重要性
- 掌握的沟通类型以及沟通的过程
- 识别有效沟通的障碍
- 熟练掌握有效沟通的策略

【案例 9.1】

房地产公司汪总的一天

上午：

7:00 起床、洗漱完毕，早餐过程中阅读《信息时报》了解最新时事。

8:00 出门前顺便查看手机上的新闻了解最新的时事信息。

8:15 司机小龙在楼下等候。上车后，跟进昨天在建委召开的黄村拆迁户的协调会议的后续资料，给市建委开发处范处长打了个电话。

8:23 华南大学读 MBA 的天地公司胡总电话邀请汪总到天地公司讲授“管理沟通”课程。汪总请他将邀请函及企业简略情况和培训目标学员的基本情况介绍发到他的电子信箱，并许诺根据自己的时间安排给予答复。

8:30 在办公室通过 Outlook 收取公司内部邮件。首先查阅了公司财务部提交的每周现金流量统计表，之后审阅了 4 月份管理费用预算执行情况表。对于个别费用预算超支问题，打电话要求财务经理到办公室解释，并强调费用控制的原则。

9:00 通过 Foxmail 查收 Sohu、163 等多个邮箱的邮件。汪总发现广告与垃圾邮件居多，尤其是经常购书的网站发了三封邮件，其中两封是新书广告、一封要求他对一个月前购买的多本书进行点评。好久没有联系的本科同学王彤从加拿大发来了邮件。他在中国人同学网上看到了大学毕业班级主页后，给每位能够联系的同学发送了邮件，并想明年毕业 20 周年搞一次同学聚会。另外一份邮件是确定在华南大学 MBA 秋季学期授课的课表，汪总回邮件只同意接一个班，并要求在周末上课。

9:30 根据周一例会内容确定的日程，应与公司法律顾问讨论羊城项目拆迁纠纷案件的诉讼问题。

10:30 到羊城项目工地主持召开现场会议。

12:30 安排了与项目销售营销代理公司的工作餐。

下午：

2:00 30 分钟午休后，刚刚坐下喝了口茶，就接到了儿子班主任的短信，邀请他在下次

家长会上给各位家长介绍一下育儿经验，他只好答应参加。

2:30　按计划召集综合部经理以及各位副总召开了一次协调会，主要讨论个别人员的薪酬调整问题。

4:00　与事先约好的工程部经理进行面谈，讨论他在工作过程中出现的情绪问题。

5:00　预约集团公司陈董事长汇报房产公司最近经营情况。

晚上：

6:30　在远洋大厦邀请了省会各大报社房地产专刊的主笔记者聚会。

8:30　建设银行王行长洽谈好运项目快速贷款事项。

11:00　回到家中，洗漱完毕后、上床睡觉前，拿出计划行事录，检讨一遍当天的计划编排，再梳理一下明天的安排。

明天又是新的一天……

如果把我们自己每一天的沟通事件列出来，可能发现比汪总列的还要多。但是这些沟通是否达到了预定的目标呢？应该如何评价与改进？

资料来源：http://www.doc88.com/p-75239124994.html，有删改。

第一节　沟通概述

一、沟通的定义

沟通（communication）一词，源于拉丁语的动词 communis，意为分享、传递共同的信息。《大英百科全书》认为，沟通就是用任何方法，彼此交换信息，即指一个人与另一个人之间用视觉、符号、电话、电报、收音机、电视或其他工具为媒介，所从事交换信息的方法。《新编汉语词典》有关“沟通”的词条解释是：使两方能通连。桑德拉·黑贝尔斯（Saundra. Hybels）强调沟通的行为性，认为沟通使人们分享信息、思想和情感的任何过程。孔茨则把沟通解释为：“信息从发送者转移到接收者那里，并使后者理解该项信息的含义。”这个解释不仅关注信息的发送者、信息的传递和信息的接收者问题，而且，还注意到了干扰正常沟通的“噪声”和如何有助于沟通的反馈等问题。

据美国威斯康辛大学丹斯教授统计，关于“沟通”的定义有一百多种。虽然专家学者对沟通的解释不尽相同，但可以看出无论如何解释都涉及以下三个基本内容：① 沟通的主体必须至少涉及两个人；② 沟通必须有一定的沟通客体，即沟通的信息；③ 沟通必须具有一定的信息传递渠道。因此，本书将沟通定义为：沟通是指传送者为了达到特定目的，通过一定的渠道将信息、思想和情感传递给接收者，并获得其反应和反馈的全过程。

二、沟通的作用

沟通是执行管理各项职能不可缺少的部分，也是组织和其他一切管理者最为重要的职责之一。沟通的作用主要有以下几点。

1. 收集资料与分享信息

由于外部环境永远处于变化之中，组织为了生存就必须适应这种变化，这就要求组织不断地与外界保持持久的沟通，获得有关的各种信息与情报，从而降低交易成本，实现资源有效配置，提高组织的竞争力。

2. 建立和谐的人际关系

沟通是人们的一种重要心理需要，它可以解除人们内心的紧张与怨恨，使人感到舒畅。组织内部的沟通，可以使成员在互相沟通中产生共鸣和同情，加深彼此了解，从而友好相处，彼此和平尊重，建立相互信任、融洽的工作关系。

3. 调动员工参与管理的积极性

沟通是组织的凝聚剂、催化剂和润滑剂，它可以改善组织内的工作关系，充分调动下属的积极性。沟通可以了解员工的愿望，满足员工的需要；沟通也可以让员工了解组织，调动广大员工参与管理的积极性，增强主人翁责任感，增强企业的凝聚力。

4. 激发员工的创新意识，使决策更加合理与有效

随着管理的民主化的发展，许多组织展开全方位的沟通活动，让员工进行跨部门的讨论、思考、探索，而这些过程往往潜藏着无限的创意。科学决策的确定与组织沟通范围、方式、时间、渠道是密不可分的。

三、沟通的意义

沟通是人类组织的基本特征和活动之一。没有沟通，就不可能形成组织和人类社会。家庭、企业、国家都是十分典型的人类组织形态。沟通是维系组织存在，保持和加强组织纽带，创造和维护组织文化，提高组织效率、效益，支持、促进组织不断进步发展的主要途径。

有效的沟通让我们高效率地把一件事情办好，让我们享受更美好的生活。善于沟通的人懂得如何维持和改善相互关系，更好地展示自我需要、发现他人需要，最终赢得更好的人际关系和成功的事业。

有效沟通的意义可以总结为以下几点：

（1）满足人们彼此交流的需要。

（2）使人们达成共识、更多的合作。

（3）降低工作的代理成本，提高办事效率。

（4）能获得有价值的信息，并使个人办事更加井井有条。

（5）使人进行清晰的思考，有效把握所做的事。

四、沟通的特征

尽管人们对沟通的理解和认识多种多样，但是对沟通特征的认识基本一致，概括起来，沟通有如下四点特征。

1. 沟通的社会性

人是一切社会关系的总和，人是一个社会的存在，换言之，生活在这个世界上，就必须与人打交道，打交道的过程就是沟通的过程。沟通是人的沟通，而人是具有社会性的，这就从本质上赋予沟通以社会性的特征。

2. 沟通的目的性

沟通是人与人之间进行信息传递的一个过程，也就是说，在沟通产生之前，必须存在一个意图，可以是知识或信息的传递，也可以是思想、情感和观点的交流。如果没有这个意图的存在，也就不会产生沟通。

3. 沟通的双向性

沟通是信息发送者与接收者之间的信息传递和理解。有一种观点认为“告知即沟通”，认为只要告诉对方了，就完成了沟通，至于对方是否理解其中的意思，产生什么样的想法和结果，都与之无关。事实上，沟通不是单向的，而是双向的，只有当信息接收者正确理解了信息并恰当反馈的时候，才是真正意义上的沟通。

4. 沟通的技巧性

同样是一句话，用不同的方式表达出来，可能产生不同的效果。例如，在请人帮忙拿书的时候，使用敬语，对方多会欣然为之；否则同样的意思，不同的语气或表达，可能会让对方心怀不快，进而拒绝帮忙，即使勉强为之，也必定不是十分乐意。因此，沟通是一门技巧性很强的学问。

五、沟通的过程

当人们之间需要沟通时，沟通的过程就开始了。人与人之间的交流是通过信息的互相传递及了解而进行的，因此人际沟通实际上就是互相之间的信息沟通。信息是发送者传递给接收者的经过编码的信号。沟通过程就是信息经发送者发出，经过一定的渠道，到接收者的全过程，如图 9.1 所示。一个完整的沟通过程一般由七个基本要素组成。

1. 信息源

信息源，又称信息沟通的发送者，是指发出信息的人，也称信息的来源。在沟通过程中，总有一方是信息的主动发送者。信息源把头脑中的想法进行编码而生成了信息，这里所说的信息包括很广，诸如想法、观点、资料等。被编码的信息受到四个条件的影响：技能、态度、知识和社会文化系统。

2. 信息

信息是指信息发出希望传达的思想、感情、意见和观点等。信息包括语言和非语言的行为，以及这些行为所传递的所有影响语言使用的音调、身体语言，如面部表情、姿势、手势、抚摸、眼神等，都是发出信息的组成部分。信息受到三个因素的影响：用于传递意义的编码或信号群；信息本身的内容；我们对编码和内容的选择和安排。

3. 编码

发送者需将信息做成接收者能够理解的一系列符号，这就是编码。为了有效地沟通，这些符号必须符合所采用媒体的要求。例如，如果媒体是书面报告，符号的形式应选择文字、图表、照片。

4. 通道

通道是指传送信息的媒介物，通常根据信息源进行选择。信息源必须确定何种通道是正式的，何种通道是非正式的。正式渠道由组织建立，它传递那些与工作相关活动信息，并遵循着组织中的权力；另一种信息形式，如个人或社会的信息，在组织中通过非正式渠道传递。

5. 接收者

接收者是信息指向的客体。

6. 解码

在信息被接收之前，接收者必须先将通道中加载的信息翻译成接收者可以理解的形式，这就是对信息的解码。与编码相同，被解码的信息同样受到自己的技能、态度、知识和社会化系统的限制。信息源应该擅长于写或说，接收者则应擅长于读或听，而且两者均应具备逻辑推理能力。一个人的知识、态度和文化背景不仅影响着他传递信息的能力，同样也影响着他接收信息的能力。

7. 反馈

沟通过程的最后一环是反馈。如果有信息被解码最后返回到信息源处，这就意味着反馈。反馈对信息的传送是否以及传送的信息与否符合原本意图进行核实，它可以确定信息是否被理解了。

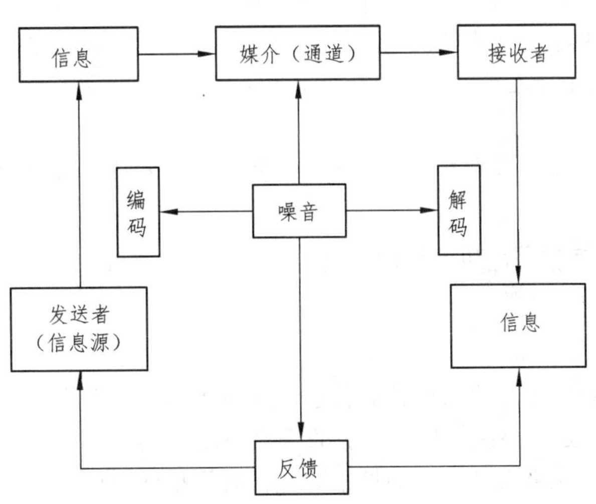

图 9.1　沟通的过程

第二节　沟通的类型

一、按沟通是否具有正式的组织系统分类

1. 正式沟通

正式沟通指通过正式组织的沟通网络，如组织层次联系横向协作关系进行的沟通。正式沟通是组织内部信息传递的主要方式。大量的信息是通过正式沟通网络传递的。正式沟通的优点是：沟通效果好、严肃可靠、约束力强、易于保密、沟通信息量大，并且具有权威性；缺点是：因靠组织层次系统层层传递，沟通速度一般较慢。

2. 非正式沟通

非正式沟通指在正式沟通网络之外进行的信息沟通。非正式沟通是正式沟通不可缺少的补充，也是一个正式组织中不可能消除的沟通方式。

非正式沟通具有迅速、交互性强、反馈直接、有创造力、开放、流动性强、较灵活等特点，可以提供正式沟通难以获得的“内幕信息”。其缺点是沟通难以控制，传递信息不确切，容易失真，而且还有可能导致小集团、小圈子的滋生，影响组织的凝聚力和向心力。

【案例 9.2】

旁敲侧击

宋朝时，宋太祖对一个大臣说：“鉴于你对国家做出的杰出贡献，我决定升你做司徒（古代官名）。”这个大臣等了好几个月也不见任命下来，可是又不能当面向皇帝询问，因为这会伤及皇帝的颜面，但如果不问，升官的事情就可能告吹了，怎么办呢？

大臣有一天故意骑了一匹奇瘦的马从宋太祖面前经过，并惊慌下马向皇帝请安。宋太祖就问：“你的马为什么如此之瘦？”那个大臣回答：“我答应给它一天三斗粮，可是实际我却没有给它吃这么多。”

宋太祖马上明白了这个大臣的意思，第二天就下旨任命这个大臣为司徒。

二、按沟通中信息流动的方向分类

1. 上行沟通

上行沟通指自下级向上级进行的信息传递，如各种报告、汇报等。上行沟通是领导了解实际情况的重要手段，是掌握决策执行情况的重要的途径。所以，领导不仅要鼓励上行沟通，还要注意上行沟通的信息真实性、全面性；防止报喜不报忧的现象。

2. 下行沟通

下行沟通指自上级向下级进行的信息传递，如企业管理者将计划、决策、制度规范等向

下级传达。下行沟通是组织中最重要的沟通方式。下行沟通可以使下级明确组织的计划、任务、工作方针、程序和步骤。

3. 平行沟通

平行沟通指正式组织中同级部门之间的信息传递。平行沟通是在分工基础上产生的，是协作的前提。做好平行沟通，在规模较大、层次较多的组织中尤为重要，它有利于及时协调各部门之间的工作，减少矛盾。

4. 斜向沟通

斜向沟通是指处于不同层次的、没有直接隶属关系的成员之间的沟通。这种沟通方式有利于加速信息的流动，促进相互理解，并为实现组织的目标而协调各方面的努力。

管理中四种沟通方式缺一不可。纵向的上行沟通、下行沟通应尽量缩短沟通渠道长度，以保证信息传递的快速与准确；横向的平行沟通应尽量做到广泛和及时，以保证协调一致和人际和谐；同时，为加速信息流动可灵活运用斜向沟通。

三、按沟通所借助的中介或手段分类

1. 口头沟通

口头沟通指采用口头语言进行的信息传递，是最常用的沟通方式。其优点在于沟通过程中，信息发送者与信息接收者当面接触，有亲切感，并且可以运用一定的体语、手势 、表情和语气、语调等增强沟通的效果，使信息接收者能更好地理解、接收所沟通的信息。口头沟通通常还可以即时获得反馈意见，具有双向沟通的优点。但口头沟通也存在一些不足之处，一是沟通范围有限；二是沟通过程受时间限制，沟通完成后缺乏反复性；同时对信息传递者的口头表达能力要求比较大。

语言可以帮助你去获得他人的理解，并使与他人的沟通变成了可能。你对语言的驾驭使他人对你产生印象——你所处的状态和接受的教育。

资料链接

中西方语言与思维方式

西方人和中国人的思维方式有很大的不同，这与双方使用的语言系统可能有较大的关系。汉语是二维空间，比英语大一个量级，具有抽象的逻辑性。西方的拼音文字，比如英语，是一维线型的。如果西方人对你说，明天我请你吃饭，你基本就可以等他明天请你了。如果一个中国人说了同样的话，可能仅仅是客气的场面话。因为我们是二维空间的动物，在X轴上说“我请你吃饭”，同时在Y轴上说“No”。

2. 书面沟通

书面沟通包括信函、各种出版物、传真、平面广告、浏览网页、电子邮件、即时通信、备忘录、报告和报表等任何传递书面文字或符号的手段。

选择书面沟通是因为它有形而且可以核实。书面沟通比较容易保存，使沟通的双方都拥有沟通记录，沟通的信息就可以无限期地保存下去。如果对信息的内容有疑问，可以查询记录。对于复杂或长期的沟通来说，这一点尤为重要。

书面沟通还可使人更周密地思考。书面的形式往往会更为严谨、逻辑性强，而且条理清晰。一个新产品的市场推广策划可能需要好几个月的长期工作，书面记录下来，可以使计划的构思者在整个计划的发展过程中得以不断参考、修正。

资料链接

请养成书面沟通的习惯

ISO 9001:2000 的要求中第 4.2.4 条，关于“记录控制”的要求是应建立并保持记录，以提供符合要求和质量管理体系有效运行的证据。记录应保持清晰、易于识别和检索。应编制形成文件的程序，以规定记录的标识、储存、保护、检索、保存期限和处置所需的控制。ISO 内审员资格培训很重要的一句话是“没有记录等于没有发生”。这句话绝大部分有企业管理经验的人都知道，但是，真正在意这句话对于企业管理的影响的人却并不多。

一些成长型的企业中存在执行力不强的原因就是信息沟通不顺畅，而导致信息沟通不顺畅的原因多是没有养成书面语言沟通的习惯。

当然，书面沟通也有缺陷。书面沟通虽然更为精确，但也非常耗费时间。同样是 1 小时的测验，通过面试交谈向考官传递的信息远比同样时间内通过笔试传递的内容要多。事实上，花费 1 个小时写出的东西只需 10 至 15 分钟就能说完。缺乏反馈是书面沟通的另一个缺陷。口头沟通能使解说者对于自己听到的信息及时回应，而书面沟通则不具备这种内在的反馈机制。

3. 书面口头混合沟通

书面口头混合沟通指在沟通过程中，既有书面表达的信息，又以口头沟通的方式加以阐述、强调，以使信息接收者加强理解。如一些重要会议中报告人的报告既以书面形式印发给与会者，又亲自作口头报告，同时还召开由报告人参加的座谈会，以加强信息沟通。这种方式兼顾了口头沟通与书面沟通的优点。其不足之处是沟通费用较高，只有一些特别重要的信息，才采用这种沟通方式。

4. 非口头沟通

根据美国加州大学洛杉矶分院（UCLA）研究者发现，在面谈中，信息的 55% 来自于身体语言，38% 来自于语调，而仅有 7% 来自于真正的语言内容。在影响他人时，本身也不断地从外界接收信息，渠道包括：眼神 83% 、听觉 11% 、味觉 1% 、嗅觉 3.5% 、触觉 1.5% ，视觉是接收信息最多的渠道。

可见，表达能力绝不只是你的“口才”，非语言表达方式和语言同样重要，甚至有时作用更加明显。正如德鲁克所说，人无法只靠一句话来沟通，总是要靠整个人来沟通。通过非语言沟通，人们可以更直观、更形象地判断你的为人、做事的能力，看出你的自信和热情，从而获得十分重要的“第一印象”。人们常说：耳朵听不见为失聪，眼睛看不见为失明。聪明就是耳聪目明，聪明的人能看出别人没有看出的内容，能听出对方的言外之意。人们控制要说的话比较容易，而控制身体语言却不容易，身体语言会将人的思想暴露无遗。

【案例 9.3】

无赖吃饭

一个人走进饭店要了酒菜，吃罢摸摸口袋发现忘了带钱，便对店老板说："店家，今日忘了带钱，改日送来。"店老板连声说"不碍事，不碍事"并恭敬地把他送出了门。

这个过程被一个无赖看到了，他也进饭店要了酒菜，吃完后摸了一下口袋，对店老板说："店家，今日忘了带钱，改日送来。"

谁知店老板脸色一变，揪住他，非扒他衣服不可。

无赖不服，说："为什么刚才那人可以赊账，我就不行？"

店家说："人家吃菜，筷子在桌子上找齐，喝酒一盅盅地筛，斯斯文文，吃罢掏出手绢揩嘴，是个有德行的人，岂能赖我几个钱？你呢？筷子往胸前找齐，狼吞虎咽，吃上瘾来，脚踏上条凳，端起酒壶直往嘴里灌，吃罢用袖子揩嘴，分明是个居无定室、食无定餐的无赖之徒，我岂能饶你？"

一席话说得无赖哑口无言，只得留下外衣，狼狈而去。

在现实生活中大量存在非语言沟通，如一个眼神、一个细小的动作、一个简单的身体姿态、一件衣服、一个特别的位置、一件物体等，都代表了特定的沟通含义。非语言沟通中最为人熟知的领域是身体语言和语调，包括人的仪表、举止、语气、声调和表情等。看到学生的眼神无精打采或者是有人在翻阅校报时，大学老师无须言语就可以知道，学生已经厌倦了；同样，当纸张沙沙作响、笔记本开始合上时，信息也十分明确，下课时间快要到了；一个人所用的办公室和办公桌的大小、一个人的穿着打扮都向别人传递着某种特定信息。

5. 电子媒介沟通

电子媒介沟通指在沟通中依赖各种各样的复杂的电子媒介来传递信息。除了常见媒介（如电话、邮政等）之外，我们还拥有电视、计算机、复印机、传真机等一系列电子设备。将这些设备与言语和纸张结合起来就产生来了更有效的沟通方式。

四、按沟通过程中信息发送者与接收者的地位是否变化分类

1. 单向沟通

单向沟通指信息的发送者地位不改变的沟通。在这种沟通中，一方只发送信息，另一方只接收信息，也就是说，接收信息一方对信息不进行反馈。正式沟通中多为单向沟通，这种沟通方式适合于紧急布置的工作任务、工作指示、做报告等。其优点是信息发送者不会受到信息接收者的询问，能保持发送者的尊严，信息沟通比较有秩序，速度较快；不足之处是信息接收者不能进行信息反馈，没有理解的信息只能是囫囵吞枣地强行接收。这样，容易降低沟通效果，严重时甚至可能产生对抗心理，使下属无法在沟通中得到心理满足。只有在比较特殊的情况下，特别是时间紧迫，不允许采用耗时较多的双向沟通时才会选择采取单向沟通。

2. **双向沟通**

双向沟通指在信息沟通过程中，发送者和接收者的位置不断交替变化。接收者获取发送者的信息后，通过自身的理解，把意见反馈给源发送者，这时，双方的位置正好交换，这样一直延续到沟通活动的结束。一般来说，双向沟通才具有信息反馈的特征，具有反馈到情感信息的沟通。非正式沟通大部分都是双向沟通，因为没有反馈就很难达到情感信息的沟通。双向沟通信息传递准确性高，接收者有反馈意见的机会，有参与感，有助于双方建立情感。团体在处理陌生、复杂的问题或做重要决策时都适宜采用双向沟通。双向沟通对于组织内部沟通很重要，它比单向沟通有效得多。但双向沟通一般费时较多，速度就慢，易受干扰信息影响。如果时间允许，为了保证信息传递的准确性，提高沟通效果，应尽量采取双向沟通的方式。然而，要达到真正有效的双向沟通也不是太容易，反馈障碍的存在是造成双向沟通困难的原因。

双向沟通与单向沟通的模型如图 9.2 所示，两者比较如表 9.1 所示。

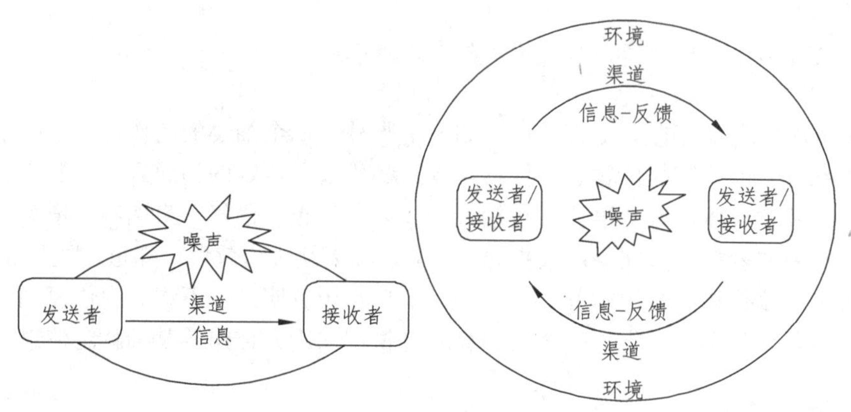

图 9.2 双向沟通与单向沟通的模型

表 9.1 双向沟通与单向沟通的比较

项　目	比　较
时间	双向沟通比单向沟通耗费更多的时间
信息准确度	双向沟通中，信息发送与接收的准确性大大提高
沟通者的自信度	双向沟通的接收者产生平等感和参与感，增加自信心和责任心，双方都比较相信自己对信息的理解
满意度	双向沟通的双方对沟通过的满意度一般更高
噪声	双向沟通中与主题无关的信息较易进入沟通过程，双向沟通的噪声比单向沟通要大得多

五、根据沟通中参与者类型分类

自我沟通是人们自身内在的沟通，包括思想、情感、自我认知方式；人际沟通是一对一的沟通；群体沟通是少数人聚在一起解决某个问题。这三种沟通根据反馈机会的多少、结构性的不同、噪声的多少，对沟通渠道和环境的选择也往往不同。

1. 自我沟通

自我沟通是指人的思想、情感以及自我认知的方式。你是唯一的发送者和接收者，信息由思想和情感构成，大脑是渠道，使所思所想时刻发生改变。在自我沟通中，你不用直接与他人接触，自己的经验会决定自己如何与自己“交谈”。

资料链接

求爱表白前的自我沟通

小王爱上漂亮迷人的小李姑娘，他在向她表白自己的爱意之前，必然在自己内心进行一次自我沟通：首先评估自己的优势与劣势，然后分析小李旁边是否有强力的竞争对手，最后评估一下自己表白后成功的概率。在内心中得到一定成数成功评估结果的前提下，自己又要自我沟通表白的方式：当面表白还是书面表白；直接表白还是通过第三人间接表白等。

2. 人际沟通

人际沟通是指人和人之间所进行的信息和情感的交流与传递。它提供心理上、社会上和决策性的功能。心理上人们为了满足社会性需求和维持自我感觉而沟通；人们也为了发展和维持关系而沟通；在决策中，人们为了分享资讯和影响他人而沟通。人际沟通在形成组织规范、协调人际关系、实现组织目标和加强组织领导方面是一个举足轻重的因素。

3. 群体沟通

群体沟通指的是组织中两个或两个以上相互作用、相互依赖的个体，为了达到基于其各自目的的群体特定目标而组成的集合体，并在此集合体中进行交流的过程。

群体是两个或两个以上的人，为了达到共同的目标，以一定的方式联系在一起进行活动的人群。群体有其自身的特点：成员有共同的目标；成员对群体有认同感和归属感；群体内有结构、有共同的价值观等。群体具有生产性功能和维持性功能。群体的价值和力量在于其成员思想和行为上的一致性，而这种一致性取决于群体规范的特殊性和标准化的程度。群体规范具有维持群体、评价和导向成员思想和行为以及限制成员思想与行为的功能。

【案例 9.4】

5—15 报告

如果一个企业的人员在同一个地方工作，员工们总会在咖啡厅或饮水器前进行一些信息交流。然而，当同事分布在不同的地区，不能经常见面，这种交流机会也就大大减少。在这种情况下，应该如何保证企业内部的群体沟通与联系呢？

麦克尼利斯集团行政总裁麦克尼利斯采用了一种“5—15 报告”的工作程序。其方法是：每位职员每周须提交一份报告，报告必须能在 15 分钟内写完，能够让读报告的人在 5 分钟内读完。报告共分三个部分：

（1）简要叙述本人一周以来的工作情况；

（2）坦率地叙述本人的精神面貌及周围同事的士气；

（3）一条针对本人、本部门或公司工作的改进建议。

“在一个像我们这样人员分散的企业中，这个工作方法大有裨益。”麦克尼利斯说，“从我得到的信息反馈看，实施‘5—15’报告程序后，我们的许多驻外人员都觉得和公司更加形同一体。对于全职人员，报告每周一份；对于兼职人员和咨询顾问，报告每月一份。报告不仅在内部传阅，还把它们抄送给了公司的主要业务单位、合资企业和重要客户，作为加强联系的一种办法。”

“5—15 报告”中主要汇报客户中出现的情况、正在起草中的提案、可圈可点的会议、出现的问题和新的计划等。这种报告为员工提供了一个平台，可以在这里分享成功经验、对同事表示慰问、寻求帮助、提出建议、发泄愤怒或传递一些大家感兴趣的信息。

麦克尼利斯集团的内部报告中还包括员工的个人生活，诸如孩子出生、亲属去世、同事结婚等。由于这种内容每周都有，而且人人均可阅读。麦克尼利斯注意到这种报告常常能够促使员工进行深层次的个人交流。他补充道：“我非常仔细地阅读了这些报告，尤其是有关精神面貌的部分。我经常会对报告中的某些内容作出批示，然后发还给报告提交人，这样就形成了一个快速高效的反馈循环。”

资料来源：PAUL HAWKEN. Growing a business[M]. New York: Simon & Schuster Press, 1998.

第三节　沟通的障碍

在实际生活中，从信息发送者到信息接收沟通过程存在各种干扰源，即沟通要素中的噪声，因此沟通过程中并不是畅通无阻的，其结果也不总是如人所愿。从管理学的意义上，沟通包括逐层递进的三个层次：自我沟通、人际沟通和组织沟通。因此，沟通障碍主要来自个体与组织，同时还有部分来源于各种噪声和环境。下面我们来分析影响沟通的主要障碍。

一、个体沟通的障碍

在个体沟通过程中，常会出现一些障碍，这些障碍往往会降低沟通效果，使之达不到预期效果，严重时甚至可能使沟通过程中断。因此，认识沟通障碍、防备和排除沟通障碍就十分重要了。个体沟通的障碍主要表现在以下三个方面。

（一）来自发送者方面的障碍

1. 信息扭曲

在沟通中，信息的发送者或传递者可能在有意或无意间对信息进行过滤及粉饰。例如，人们偏向于“报喜不报忧”，因而下属在向上级汇报工作时，可能会刻意隐瞒或过滤某些对自己不利的信息，有些信息的传递可能根据自己的喜好在原有信息的基础上进行删减。因此所传递的信息往往在经过层层“过滤”后变得面目全非。

2. 目的不明

发送者不清楚自己要说什么，对自己沟通的目的不明确。这是沟通过程中经常会遇到的障碍。连信息发送者自己都不知所云，接收者又怎能很好地理解呢？

3. 选择不当

如果发送者对信息沟通渠道选择失误，会导致信息无法顺利传递。针对比较紧急的信息，我们多采用电话、传真或者互联网等现代化信息传递方式，而不会通过信件等较为缓慢的传递方式。若发送者对发送信息的时机或地点选择不当，沟通的有效性就会大打折扣。

4. 表现失调

发送者采用各种语言方式传递信息时，大多会利用肢体语言来加强表达，如果表现协调，口语讯息与非言辞提示一致，那么两者互有强化作用。如果彼此不一致，则会造成沟通障碍。

（二）来自接收者方面的障碍

1. 选择性知觉

选择性知觉是接收者在沟通过程中，会基于个人的需求、动机、经验、背景以及其他的人格特征，选择性地接收某些信息。

2. 心理障碍

由于接收者曾经在信息交流过程中受到过伤害或者有过不愉快的经历，造成“一朝被蛇咬十年怕井绳”的心理。出于内心恐惧，对发送者怀有戒心，接收者就很难主动地接收并理解所传递的信息，甚至拒绝参与沟通。

（三）发送者和接收者双方都可能存在障碍

1. 语言障碍

人与人之间的沟通主要依赖于语言。但人们使用的语言和文字会受到年龄、文化、教育等多方面的影响。

2. 个体差异

沟通双方，即信息发送者与接收者在生理、心理、社会地位、知识水平、人生经历、沟通技巧、思维方式和沟通目标等方面的差异会直接影响到沟通的效果。如果有些人不喜欢口头交流，或有些人不善于倾听，都会影响沟通的效果。又比如沟通双方的一些个人因素，包括发送者在发送信息时的情绪与个人心理状态，或接收者在接收信息时的情绪或心理状态，都会造成沟通的障碍。好的情绪会让沟通变得更加流畅，而不佳的心理状态或情绪则会使沟通过程磕磕碰碰，特别是当沟通双方处于一种极端情绪中，往往容易冲动，而阻碍理性和客观的思维，使得沟通变得低效、无效甚至产生副作用。

3. 信息超载

信息超载是常见的沟通障碍之一。发送者时间和精力毕竟有限，如果一次发送过多量的信息，则会影响信息发送的准确性。同样，如果一次传递给接收者过多的信息，也容易造成信息接收不良，形成信息的曲解和断章取义。

4. 信任缺失

有一项研究发现，在面对面的沟通中，65% 是以非语言信息如眼神、姿态等传递的，而这些非语言的信息恰恰代表了人的本能，可以反映一个人的真实想法。而在缺乏诚意的沟通中，可能会出现语言信息与非语言信息不一致、说话的语气音调令人不安等现象。相互信任是良好的人际关系的一个重要前提，如果双方无法相互信任或者尊重，那么良好的人际关系也就无从谈起，进而会影响沟通的效果。因此，上述这些问题都会成为有效沟通的障碍。

5. 外部干扰

除了一些主观因素的干扰外，沟通环境的干扰还包括一些客观因素。例如沟通方的服装打扮或仪表特征等，可能会给对方造成一种错误印象，从而影响沟通的效果。另外，沟通时突然被他人打断、电话的进入或紧急事件的切入，都会造成沟通的中断，进而形成沟通障碍。

二、组织沟通的障碍

组织中的每个成员接受的文化训练不同，因此，往往会有不同的观念和思考逻辑，以致沟通上出现障碍。从其构成的行为要素来看，主要有两方面。

1. 组织规模与空间距离

组织规模对沟通的影响在于：企业中的管理层次随着企业规模加大而增多，因而影响了信息传递的质量和速度。信息传递过程中经过的环节、层次越多，信息失真的可能性就越大。同时企业规模会带来一定的空间距离，由空间位置造成的生疏必然会反映到沟通效果上来。此外，主管与下级之间的空间距离减少了他们面对面的沟通，会导致误解或不能理解所传递的信息，还会使得主管和下级之间的误解不易澄清。

2. 组织结构的影响和沟通缺口

合理的组织结构有利于信息沟通。如果组织机构过于庞杂，不仅容易使信息传递失真，还会影响信息传递的及时性，最终影响工作效率。对一个组织而言，当一个下级的职责不明确时，他们就会找替罪羊或者搪塞责任，导致职责和作用的含糊。这就是组织结构设计方面的原因。沟通缺口指沟通的正式“网络”中所存在的缺陷或漏洞。正式沟通网络是沿着组织的权责路线建立的，随着组织的增长和扩大，这些“网络”便倾向于变得大而复杂，同时又没有很多的计划工作，在这种情况下，沟通“网络”中便开始出现缺陷。过分依赖正式沟通而不利用其他来源和方法，导致沟通系统产生缺口。

第四节　有效沟通的方法

一、有效沟通的标准

什么是有效沟通？如何判断沟通是否有效？对于这个问题，有学者提出了有效沟通的 7 个“C”准则包括：可依赖性、一致性、内容、明确性、持续性与连贯性、渠道、被沟通者的接受能力。

1. **可依赖性**（credibility）

沟通的发送者与接收者之间建立彼此信任的关系。沟通应该在彼此信任的气氛中开始。这种气氛应该由作为沟通方的组织创造，这反映了他们是否具有真诚地满足被沟通者愿望的要求。被沟通者应该相信沟通者传递的信息并相信沟通者在解决他们共同关心的问题上具有足够的能力。

2. **一致性**（context）

沟通的方式与组织内外环境相一致。沟通计划必须与组织的环境要求一致，必须建立在对环境充分调查研究的基础之上。

3. **内容**（content）

信息的内容必须对接收者具有意义，必须与接收者原有价值观具有同质性，必须与接收者所处的环境相关。一般来说，人们只接收那些能给他们带来重大回赠的信息，信息的内容决定了公众的态度。

4. **明确性**（clarity）

所有言语或语词都是双方共同认可的，应避免模棱两可、含糊不清、容易产生歧义的言语。信息必须用简明的言语表达，所用词汇对沟通者和被沟通者来说都代表同一含义。复杂的内容要用列出标题的形式，使其明确与简化。信息需要传递的环节愈多，愈应该简单明确。一个组织对公众讲话的口径要保持一致，不能有多种口径。

5. **持续性与连贯性**（continuity and consistency）

通过反馈机制，重复与强化传送的内容。沟通是一个没有重点的过程，要达到渗透的目的必须要对信息进行重复，但又必须在重复中不断补充新的内容，这是一个持续沟通的过程。

6. **渠道**（chanel）

选择能够充分提高沟通目的和效率的渠道。沟通者应该利用现实社会生活中已经存在的信息传递渠道，并且，这些渠道还应是沟通者日常使用和习惯使用的渠道。要建立新的渠道是很困难的。在信息传播过程中，对不同的目标公众传播信息的作用不同，人们的社会地位和社会背景不相同，对各种渠道也都有自己的评价和认知，这一点沟通者在选择渠道时应该牢记。

7. 被沟通者的接受能力（capability of audience）

沟通必须考虑被沟通者的接受能力。用来沟通的材料对被沟通者的能力要求愈小，也就是沟通信息最容易被沟通者接受，沟通成功的可能性也就愈大。被沟通者的接受能力，主要包括他们接受信息的习惯、阅读能力与知识水平等。

二、有效沟通的技巧

正如上文所述，组织中总会存在着阻碍有效沟通的各种因素。一些因素来自于发送者，而另一些因素则可能源于接收者。凡此种种，都可能使沟通变得无效率。为了克服这些障碍因素，进行卓有成效的沟通，组织中的各位成员，尤其是对管理者而言，都需要了解和掌握一定的沟通技巧，来增进其沟通的效果。这些技巧各有侧重，有的对信息发送者更有效些，有的则更倾向于面对信息的接收者。因为管理者在沟通过程中会扮演信息发送者或接收者，或者会同时扮演这两个角色。

（一）作为信息发送者的沟通技巧

正如我们在前文指出的那样，信息发送者的技巧水平在沟通过程中会起到至关重要的作用。换言之，组织沟通的效率在很大程度上依赖于管理者能够有效地向其他成员高质量地发送出信息。下面的这些技巧可能是非常有帮助的。

1. 明确沟通的目的

沟通不应是漫无边际或漫无目的的，这就要求信息的发送者必须对他想要传递的信息有清晰的想法。所以沟通的第一步应当是阐明信息传递的目的，并制订实现预期目的的计划。一般而言，沟通者在沟通之前要明了沟通的“5W1H”，即清楚知道为什么要沟通（Why），沟通什么（What），和谁沟通（Who/Whom），什么时候沟通（When），什么地点沟通（Where）以及怎么沟通（How）。

主管人员必须清楚，做这个沟通的目的是什么（要下级人员理解什么）。确定了沟通的目标，沟通就容易规划了。上级能够更容易地给出合适的信息，也能够更容易地接收信息，并对信息做出适当的反应。表达要精确，要言行一致，要把上级人员的想法精确地表达出来，而且要使接收者充分理解。同时，以自己的行动支撑自己的说法，最有效的沟通是行重于言。

2. 确保自己发出完整和清晰的信息

当管理者作为信息发送者时，需要学习如何发出清楚而完整的信息。所谓清晰，是指能让信息接收者理解和领会。所谓完整，是指沟通过程中包含了发送者和接收者达成共识所需的全部信息。为了使信息既清楚又完整，管理者必须考虑接收者如何接收信息，如何对信息进行矫正以消除误会、避免混淆。此外，完整和清晰的信息可以在很大程度上消除错误信息或谣言。

要做到这一点，管理者应当具备沟通的理论知识、概念、操作性技艺。主要包括沟通的涵义、种类、沟通网络、沟通可利用的各种媒介以及一些最新研究成果和最新观念等，并有能力把这些沟通原理运用到实践中去。

3. 信息的编码应让接收者容易理解

有效的沟通需要使用信息发送者和接收者都熟悉的编码、解码信号。所以，管理者在将信息进行编码时，必须使用接收者能够理解的符号或语言。管理者（还有参谋人员）应当重视这一点，即在沟通时应当避免使用不必要的术语或行话，这些术语或行语可能只有专家才会懂，它们是同一职业、群体或组织的成员方便沟通的特殊语言，不能用来与非同一职业、群体、组织的成员进行沟通。例如，在全球化时代的跨国公司中，当你用英语给母语是非英语者发送信息时，要尽量使用常见的词汇，避免用一些冷僻词汇，以免在翻译时不知所云。

【案例 9.5】

医生如何和病人解释问题

经常有急诊的患者来找我，问检查结果为什么要等半个小时才能出来："你们就不能快点吗？"我这样跟他们解释："这就好比种庄稼，一定要等庄稼都成熟了才能收割，不能拔苗助长；又像是煮饭，明明要半个小时才能煮熟，你如果强行在 15 分钟就把电源给拔了，那肯定是一锅夹生饭。所以，我们一定要按时间精确操作，这样出来的检查结果才真实、可靠。"

4. 简化语言

由于语言可能成为沟通障碍，因此管理者应该选择措辞并组织信息，以使信息清楚明确，易于接受。管理者不仅需要简化语言，还要考虑到信息所指向的听众，以使所用的语言适合于接收者。需要着重指出的一点是，有效的沟通不仅需要信息被接收，而且需要信息被理解。通过简化语言并注意使用与听众一致的语言方式可以提高理解效果。在传递重要信息时，为了使语言造成的不利影响降到最低，可以先把信息告诉不熟悉这一内容的人以判断信息表达的有效性。比如，在正式沟通之前让接收阅读演讲词是一种十分有效的手段，这有助于发现含糊的术语、不清楚的假设或不连续的逻辑思维。或者使用对方易懂的语言，表达要明确，条理要清楚，不能模棱两可；语言要精练，针对性要强。有些沟通问题可以通过使用简单直接的语言加以解决。

5. 选择适当的沟通渠道

当使用语言沟通时，管理者可以从许多的沟通渠道中加以选择，包括面对面沟通、书面信函、便笺、简报、电话交谈、电子邮件、声音邮件和电视会议等。在选择这些媒介时，管理者要考虑所需的信息充裕程度、时间限制、书面或电子记录。在选择沟通渠道时主要要考虑的是信息的性质：它是否是私人性质的、重要程度如何、是否非常规、是否会引起误解、是否需要作进一步澄清？如果是，则面对面沟通是最有效的，其他情况则可相机选择。

另一个在渠道方面所要考虑的因素是发送者所选择的媒介，是否是接收者关注的媒介或是否能引起接收者的关注。许多管理者在发送信息时，往往选择他们自己常用或最方便的媒介，而忽略了接收者的偏好，这样做的结果是常常会导致无效的沟通。因此，无论管理者多么喜欢使用电子邮件,但如果将信息通过电子邮件发送给从不检查邮件的接收者则是无用的。知道哪个管理者喜欢书面沟通、哪个喜欢面对面沟通，然后选择合适的渠道媒介，有助于接收真正接收到并注意这些信息。具体有效的沟通渠道包括：① 定期提交书面报告。② 提出议题，引发沟通。这种方法能及时了解下级的期望和要求，倾听团队成员的意见和关注点。③ 随时随地自然沟通，在午饭和咖啡厅休息时间里，在超市或街道上，以非正式的方式自然进入话题。④ 在沟通中保持互动，对上级或下级提出的要求、意见和建议及时反馈、及时答复等。

最后一个在沟通媒介方面的选择是要考虑接收者是否有某种习惯性的偏好或残疾性障碍，这会限制到他对某些信息的解码能力。如对一个盲人来说，书面信息是无法被阅读的，除非是盲文，但有多少管理者懂得盲文呢？在员工队伍越来越多元化的今天，组织的管理者应该保证残疾员工与他人之间的有效沟通。

6. 注意非言语提示

我们说行动比言语更明确，因此很重要的一点是注意你的行动，确保它们和语言相匹配并起到强化语言的作用。非言语信息在沟通中占很大比重，因此有效的沟通者应注意自己的非言语提示，保证它们也同样传达了所期望的信息。

有一种说法称音调组成音乐。同理，沟通中的声音、语调、措辞、讲话内容和讲话方式之间的和谐一致等都会影响信息接收者所做出的反应。一个作风专制的管理者命令属下的监督管理员实行参与或管理，这会造成难以克服的信用差距。

【案例 9.6】

如何巧妙使用非言语（体态语言）

患者入院时我们面带微笑迎上前去热情主动地将病人送入病房，一迎一送表现出热情。

然后对病人说：“您的床位在这里。放好东西，随我来测体重。我再给您介绍环境。另外，为了保持环境安静和患者休息，请家属在外面稍等。”而另外一种是面无表情机械地指指病床说：“就是这张床！东西放好，跟我来过秤，家属都出去！”同样的意思，不同的说话方式，效果截然不同。所以，医生要多说关怀的话，多说激励的话，激励提高士气；多说感谢的话，感谢拉近距离；多说商量的话，商量建立信任。少说消极的话，消极令人沮丧；少说对抗的话，对抗引起冲突；少说偏激的话，偏激招来反感；少说攻击的话，攻击形成对立。

7. 避免信息过滤和信息曲解

当信息发送者错误地认为接收者不需要某信息或不想接收某信息时，发送者会保留部分信息，这样就导致了信息过滤。信息过滤会发生在组织的各个层次以及垂直和水平沟通中。而当信息在经过一系列的发送者和接收者后，便可能产生了意思的改变，我们称之为信息曲解。由于错误地编码和解码或缺乏反馈，产生了一些偶然的信息曲解。但也有一些信息曲解可能是故意的，发送者可能会选择一些信息，使他们自己或他们所在的群体看起来很好，以便得到特殊性待遇。

管理者应当避免信息过滤和信息曲解。做到这一点的最好途径是在组织中建立信任，信任自己的下属相信自己不会因超出自己控制能力的事受到责备，并依然会受到公平对待。信任下属的管理者不会保留信息，会向下属提供清楚、完整的信息。

8. 与他人建立和睦的关系

组织内的任何一个员工都可能成为你的沟通对象从而成为你的信息接收者，与他人建立和睦的关系是有效沟通的关键。例如，你不能强迫别人与你搞好关系，但你可以改善自己的态度，来使和睦的关系更容易建立。如果你的行为表现出对别人尊重和周到的考虑，你就会自然而然地发现自己与越来越多的人关系良好。建立和睦关系的回报是巨大的，巩固了进行其他方面沟通的基础，从而使你的工作会更加轻松和充满乐趣。此外，对沟通过程的细致考虑也会促进沟通效果的改善。如考虑沟通时的环境情况，包括沟通的背景、社会环境、人的环境以及过去沟通的状况等，以便使沟通的信息得以匹配环境状况。

9. 注重运用反馈机制

只有信息传递而没有沟通的情况屡见鲜，这是因为信息只有被接收者所理解了，沟通才算完成。除非发送者得到反馈，否则他就无法知道信息是否被正确地理解。反馈对于实现有效沟通来说是相当必要的。信息传递后必须设法取得积极的、建设性的反馈，以弄清下级是否已确切了解、是否愿意遵循、是否采取了相应的行动等。当发出信息时，管理者需要在沟通过程中建立一个反馈机制。管理者可以在信息中提出反馈的要求，也可以表明何时或通过何种方式了解信息已被收到或已被理解。管理者可以通过提问、去信询问以及鼓励信息接收者对信息有所反应等方式来取得反馈,也可以要求对方通过发传真或打电话等方式做出回复。通过在沟通中建立这样的反馈机制，管理者才能确保自己的信息被接收和正确理解。

10. 要考虑接收者的需要

这意味着我们应当沟通必要的信息，这对于任何信息来说都是适用的，或在短期内，或在较远的未来。沟通的内容对于接收者都应当有价值，有些短期内会影响员工的不受欢迎的措施；如果能从长远来看对他们有利的话，也比较容易被他们所接受。例如，只要公司明确表明这一措施在长期内将增强公司的竞争地位和不解雇员工的话，那么缩短一周工时可能更容易为员工所接受。关键的是这些用来沟通的信息能转换成为接收者的需要。现代社会变化迅速，主管人员应从大量信息中实施选择，只把与下级人员工作密切相关的信息提供给他们，避免他们信息负担过重。

11. 制订切合实际上的沟通计划

管理者必须认识到，不能脱离实际来制订沟通计划。相反，应当同别人协商并通过鼓励人参与来收集事实，分析信息，并选用最合适的媒介。例如，在你把信息传递到组织中去之前，不妨请同事读一读这份重要的记录。信息的内容应该同信息接收者的知识水平和组织气氛相适应。管理者在计划沟通内容时应与他人商议，这样既可以获得更深入的看法，也容易获得别人的支持。并且，沟通时不仅要着眼于现在，还应该着眼未来。大多数的沟通，要切合当前的实际需要，但又不能忽视同长远目标的配合。

（二）作为信息接收者的沟通技巧

为什么“一千人眼中有一千个哈姆雷特”？其原因主要在于对同一个信息，接收者们由于自身因素或其他的种种原因，在解码后接收到的信息是不尽相同甚至大不相同的。这些现象影响了沟通过程中信息的传递质量，进而影响到了沟通的有效性。这同时也表明，信息接收者的接收能力与技巧在沟通过程中也是很重要的。而作为信息接收者的管理者，更是需要掌握一些必要的接收技巧。

1. **抑制情绪**

作为信息接收者，管理者如果认为信息发送者总是以完全理性化的方式进行沟通，那就太天真了。如果真是这样，就可能使管理者在接收信息过程中不能很好地控制自己的情绪，而我们知道情绪能使信息的传递严重受阻和失真。当管理者对某件事十分失望时，他就很可能对所接收的信息产生误解，从而在解码过程中无法做到清晰和准确。所以，在沟通过程能够较好地控制情绪是非常重要的。当你确实对某些发送者有了负面情绪时，最好的方法之一就是暂停沟通，直到情绪恢复正常。

2. **集中注意力**

管理者在组织中的角色很多，使得其往往会同时承担多种任务。在沟通过程中，管理者自然不可避免地产生超负荷沟通的障碍，或者他被迫同时思考多个事情。因为要应付不同的事情，管理者有时对接收到的信息没有足够的注意。要进行有效的管理，无论多忙，管理者都要对收到的信息有足够的注意。当和下属讨论方案时，管理者的注意力应该放在方案上，而不是“身在曹营心在汉”的将注意力放在马上要与自己上司召开的会议上。只有专心专意，才能明白对方说些什么。同样，当管理者阅读书面材料时，应该集中注意力去理解所读内容，而不是分神同时考虑其他的事情。

3. **积极倾听——信息接收的关键**

正如管理学大师斯蒂芬·罗宾斯所说的那样，“当别人说话时，我们在听，但很多情况下我们并不是在倾听。”倾听是对信息进行积极主动的搜寻，而单纯的听则是被动的。在倾听时，接收者和发送者都在思考。

管理者像其他人一样，喜欢听自己讲，而不听别人讲。然而，成为良好沟通者的一个重要部分是要成为好的倾听者，也是作为信息接收者的管理者在面对面和电话沟通中的基本技巧。

我们中的不少人并不是好听众。因为要做到这一点很困难，而且常常需要个体有主动性时才会做得更为有效。事实上，积极倾听常常比说话更容易引起疲劳，因为它要求脑力的投入，要求集中全部注意力。我们说话的速度是平均每分钟150个词汇，而倾听的能力则是每分钟可接收将近1 000个词汇。两者之间的差值显然留给了大脑足够的时间，使其有机会神游四方。

学会倾听，沟通就成功了一半。有人曾对管理者的沟通情况作过统计分析，发现一天中用于沟通的时间占70%左右。在沟通中，书写占9%，阅读占16%，言谈占30%，听占45%。全部沟通中近一半的时间要用在“听”上，但遗憾的是，不少管理者“听”的效率仅有25%。倾听要探寻对方讲话中的含义，是一种主动行为，管理者应告诫自己在沟通中即使不发一言也要保持最佳的主动状态——认真倾听。

能倾听他人，他人才能倾听我们。倾听是一门艺术，它是满足人们自我表现意识的最好方法，倾听所带来的益处是在组织内激发更高的士气，并使组织关系更为融洽。例如，美国联邦快递公司采用“开门政策”，鼓励雇员直接与管理层交流意见，反映他们的问题以及对公司和行业的评论。公司不断重申公正对待每个快递邮送员，确保公司倾听雇员对公司的任何抱怨和意见。

一个忙忙碌碌、从不倾听他人意见的管理者，很少掌握有关组织运行状况的客观看法。而要成为一名好的倾听者，管理者需要掌握以下几点倾听技能：① 与讲话者保持眼神接触，使讲话者知道你在认真地听。这样做也有助于管理者减少分心的可能性，关注所听的事情。② 不要随便打断别人说话，这样讲话者不会经常被打断思路。管理者也不要因为信息的不完全而得出错误结论。所以，在你做出反应之前先让说话者讲完自己的想法。有说话者说时不要猜测他的想法，当他说完时再进行提问。③ 学会运用复述，即用自己的话复述说话者讲的内容。管理者应当用自己的语言解释、重复部分信息内容，指出讲话者认为重要的、复杂的或者可以换一种解释的地方。④ 作一个批判的倾听者。在接收信息后，管理者要对模糊不清的或混淆的地方要提出疑问，以保证其对该信息的充分了解。

此外，基思·戴维斯和约翰·纽斯特龙提出了改进倾听的十条建议，具体内容如下：① 自己不再讲话；② 让谈话者无拘束；③ 向讲话者显示你是要倾听他的讲话；④ 克服心不在焉的现象；⑤ 以设身处地的同情态度对待谈话者；⑥ 要有耐心；⑦ 不要发火；⑧ 与人争辩或批评他人时要平和宽容；⑨ 提出问题；⑩ 自己不再讲话。第一条和第十条是最重要的，即在我们能够倾听意见之前必须自己不再讲话。

4. 移情

当你试图从信息发送者的感觉和描述中理解信息，而不只是从自己的观点理解信息时，接收者便成功做到了移情。通过与发送者的移情，也就是让自己处于发送者的位置，可以提高积极倾听的效果。不同的发送者在态度、兴趣、需求和期望等方面各有不同，因此移情更易于理解信息的真正内涵。一个移情的听众并不急于对信息的内容进行判定，而是先认真聆听他人所说。这使得信息不会因为过早而不成熟的判断或理解失真，从而提高了自己获得信息完整意义的能力。从另一个角度来审视移情时，它某种程度上也包含着在沟通过程中对发送者投入感情。

5. 了解语言风格

语言学家多伯赫·坦能（Deborah Tennen）将语言风格（Linguistic Style）描述为人们讲话时特有的方式，包括声调、语速、音量、停顿、率直或含蓄、遣词造句、提问方式、笑话和其他的语言方式。当语言风格不同，而人们又没有了解这些差异时，会导致无效的沟通。所以，管理者应当了解语言风格进而将之视为一种沟通技巧。

在跨文化环境中，语言风格的差别更多也更大。比如，日本的管理者在与较高层管理者或地位较高的人交谈时，显得比美国管理者更正式、更尊重上级。当他们感到进一步交谈可能不利时，日本的管理者不会介意交谈中的长时间停顿。相反，美国管理者会感觉到停顿时间太长，气氛似乎不协调，而被迫选择讲话、打破沉默。又如，在进行商务谈判时，谈话者与聆听者之间要保持适当的身体距离。在美国，交谈者之间的距离要比在巴西或者沙特阿拉伯更大。不同国家的居民在沟通中特点不同，有的率直，有的含蓄，对为个人成就而取得荣誉的态度也有不同。在日本，倡导的是集体主义和群体主义，其语言风格倾向于鼓励与强调群体成绩，而在美国则恰恰相反。

管理者不应该期望和试图改变人们的语言风格，而应该了解这种差异性。例如，知道一些妇女不愿在会议上讲话，并不表示她们没什么可说，而是因为语言风格存在差异，那么管理者就应确保她们拥有讲话的机会。

思考与练习

1. 回顾沟通的基本特征，你能比较准确地描述出什么是沟通吗？
2. 根据不同的分类标准，你能试着列出几种不同类型的沟通，并举例说明吗？
3. 简述沟通的功能与作用，并试着举几个你在实践中所碰到的沟通的例子。
4. 请从个人和组织两个方面描述沟通的障碍。
5. 有效沟通的技巧主要类型有哪些？ 请从医患沟通的角度举例说明。

案例分析

“共同决策”医患沟通案例

（复发的精神分裂症患者，入院接受系统的抗精神分裂症药物治疗 4 周后，病情改善、稳定。此次医生和患者交谈的主题是“对未来出院后的治疗方案进行讨论并达成共识”）

【案例背景介绍】

患者赵某，男性，28 岁，外企销售人员，经常出差。2011 年春患者开始出现情绪不稳定、多疑，经常与妻子吵架，怀疑妻子和同事联合起来害自己，并怀疑妻子在饭中投毒，感觉身体不适，跟踪、监听妻子；无法正常工作，甚至影响到妻子的正常工作。于 2012 年 3 月被妻子送至医院，诊断为“精神分裂症”。予以口服帕利哌酮并安排系统住院治疗 6 周，最高剂量 9mg/d，病情临床痊愈出院。出院后一段时间能坚持服药，病情基本稳定，继续从事原来的工作。2013 年开春以来开始出现闹情绪、睡眠不好等症状，妻子怀疑其未坚持服药并进行督促；因患者经常出差，无法天天跟进。9 月以来无明显诱因出现失眠，自言自语，说单位里的同事在背后议论自己，认为妻子联合前男友谋害自己，大吵大闹，并去公安局报案。妻子遂送其到医院，在收拾屋子时发现床底下有许多几个月前开的药未服用。患者个性要强，好面子，人际关系一般。

既往病史、体格和神经系统检查正常，无家族史，阴性。

入院精神检查：接触被动，欠合作。存在言语性幻听，经常听见有人说：“你的领导怕你超过他，故意不表扬你，你要小心他”；有被害妄想，认为妻子有外遇，并共同谋害自己；情绪易被激怒，紧张、愤恨，情感反应较平淡，自知力不存在，否认有精神病。

治疗：考虑患者说出治疗帕利哌酮效果良好，此次治疗仍使用上次的方案：予以帕利哌酮缓释片 6 mg/d 起始治疗，1 周加到 9 mg/d 治疗，无明显不适，病情好转，紧张情绪、幻听、妄想症状减轻，与医生、护士接触较好，开始参与病房活动。住院 4 周后症状基本消失，交流顺畅，并认识到是上次的病情反复了。

【场景】

今日医生请小赵来到办公室，与其一同探讨未来的治疗方案，沟通内容见表 9.2。

表 9.2　"共同决策"医患沟通表

步骤	要素	医生在演练过程中的注意事项		患者（场景要点）
		技能	知识	
步骤一 建立信任 发起交谈	1.【共情】 医生在与患者交流过程中需了解对方的观点，体会患者的情感	倾听对方的谈话 认同对方的感受 反馈自己的感受 解读对话的话外之音	共情是 SDM 的最重要的元素，贯穿了四个步骤	
	2.【明确角色】 患者在决策过程中担当的角色	介绍此次谈话的主题和目标 明确患者在谈话中的角色和权力 A. 对自己的疾病和治疗可以发表意见 B. 有决定权 C. 要承担后果	提前了解患者现状 对患者现状进行评估：疗效、安全性、依从性、家庭支持等方面	场景 A：医生主导此次谈话，患者扮演者配合即可。 场景 B：患者主动找医生，希望能早日出院。此时，患者扮演者可有更多的诉求
步骤二 交流病情 引发动机	3.【了解动机】 了解患者的生活和治疗目的，并激发其改变的愿望	探寻患者就诊的真实目的 分析患者目标与医生理想治疗目标的差距 激发患者追求更高治疗目标/结局	对目前患者疾病状态达成共识 肯定药物治疗的效果，明确药物所起的作用，如药物能消除你之前听到的那些声音，改善症状 复发的危害：A 加重大脑器质性损伤；B 使患者症状持续存在，导致功能受损 复发的主要因素 50% 以上是中断药物治疗，即使中断 1~10 天再入院风险也会提高一倍，30 天以上复发风险提高 3 倍。导致治疗不依从的原因，如：对疾病认识不足 探询出患者此次中断治疗的真实原因 长期治疗的重要性	患者对自己的疾病有一定的认识，知道了此次复发是由于不吃药导致的，但又不愿长期吃药，认为断药几天或一个月应该不会有影响。再加上担心出差时吃药会被别人发现，就不想吃药。实际上患者对复发还是很担心的。如： 1. 我出院后还要吃多长时间药？ 2. 我怎样才可能不复发？ 3. 大夫我病已经好了，药物可不可以减量啊？减到多少可以呀

续表

步骤	要素	医生在演练过程中的注意事项		患者（场景要点）
		技能	知识	
步骤三 提供方案 阐明利弊	4.【提供方案】 经过评估的、适合患者的方案选择 5.【确认理解】 明确患者对治疗方案的理解	告诉患者目前适合他的治疗方案： A. 每个方案的利和弊 B. 每个方案的不确定性 C. 这些方案之间的区别 医生表达自己的偏好或倾向 确认患者对以上方案的了解	口服药物的疗效、安全性、长效针剂的疗效、安全性 口服和针剂的区别： A. 疗效相当 B. 安全性：针剂 AE 发生率降低，针剂的体重、泌乳素发生率较口服减少 C. 长效针剂的再入院发生次数减少 40%，总住院天数减少 60%，再住院率降低 8%（较新型口服药），减少住院时间 50%，能更好地预防复发	患者在了解到要复发的危害后希望了解到现在有哪些治疗方案，这是方案是否可以解决自己的顾虑。如： 1. 医生，像我这种情况，现在有哪些治疗方法？ 2. 这些方法之间有什么区别？（疗效、副作用、方便性等） 3. 为什么一针能管一个月？ 4. 打针了是不是就不复发了
步骤四 患者意愿 共同决策	6.【患者意愿】 患者对这些方案的倾向和偏好是什么？ 7.【达成共识】 医生和患者在此次对话中达成的结果	鼓励患者对方案进行选择 了解患者选择的原因 确认患者对所选方案的无异议 执行方案 预约下次就诊	确定方案后接下来确定具体治疗方法、步骤、注意事项 提供患者除药物之外的支持：预约下次就诊、治疗联盟活动、定期心理访谈等	患者觉得针剂可能会更适合自己，不用担心忘服或漏服药了。但心里仍不能确定，针剂是否真正适合自己，以及针剂的使用方法和注意事项等。如： 1. 医生，你来帮我选择吧，我自己不能确定？ 2. 这个针剂的使用方法和注意事项是什么？ 3. 除了打针外，我还需要注意什么吗

问题：

1. 本案例的场景设定中，避免了哪些沟通障碍？

2. 本案例中，使用了哪些有效沟通的技巧？

第十章　激励

【学习目标与重点】

- 理解激励的概念
- 理解激励与动机、需要和行为之间的关系
- 理解主要的激励理论
- 了解激励的作用
- 了解激励的原则
- 学会激励理论与实践的运用

【案例 10.1】

曲折的股权激励之路

泸州老窖股份有限公司（股票代码：000568）是中国久负盛名的浓香型白酒生产企业之一。自公元 1573 年明代万历年间起，已有 400 余年的历史。泸州老窖品牌驰名中外。自在美国旧金山获巴拿马太平洋万国博览会金奖以来，共获得重大国际金牌 17 枚。2006 年“世界文化遗产名录预备名录”将其收入册中，同时“泸州老窖酒传统酿制技术”也入选了“国家级非物质文化遗产名录”，成为唯一拥有双国宝殊荣的白酒品牌。“泸州”牌注册商标是中国首届十大驰名商标之一。在世界品牌价值实验室编制的《2014 年中国品牌 500 强》名单中，泸州老窖列第 70 位，品牌价值达到 375.21 亿元。

伴随着我国白酒行业十年的黄金发展期，泸州老窖规模不断扩大，开始涉及金融等多个产业，进行多元化发展。然而，随着经营环境的改变，白酒行业竞争也日趋激烈，公司在开展多元化经营之后，内部的治理矛盾日益突显。为此，公司借鉴国内外先进的管理理念，采取一系列的措施。首先，在公司治理结构上，建立了股东大会、董事会和监事会。其次，在激励机制上，公司管理层和普通员工的薪资由固定工资逐步发展为基本工资、奖金和福利相结合的多元薪酬体系。但奖金的激励作用仍显不足，原因在于奖金是针对过去业绩的奖励，属短期激励。2006 年 1 月我国证监会颁布了《上市公司股权激励管理办法（试行）》，标志着股权激励制度正式引入中国。泸州老窖也采用股权激励的方式，但历经曲折，前后耗时近四年之久。

泸州老窝股份有限公司在 2006 年 6 月 6 日公布了股权激励计划的草案,同年 8 月 1 日公司股东大会批准了决案。但是，根据同年 9 月国资委颁布《国有控股上市公司（境内）实施股权激励试行办法》，泸州老窖先前通过的草案部分条款需要重新修订，导致股权激励计划搁浅。两年后，泸州老窖再次启动股权激励计划，但最终开始实施已经到 2010 年。对比泸州老

窖2010年和2006年的股权激励方案，公司对相关条款进行了大幅的修订，这也引起了业内大量争议。普遍认为，在国有企业薪酬管制的背景下，泸州老窖的股权激励兼具激励、福利和奖励三种性质。而这种性质的混杂性最终导致国有企业的股权激励陷入定位困境，无法发挥应有的激励效果。

我国医疗服务机构大多属于事业单位，如何对管理层和员工进行有效激励一直是阻碍医疗体制改革的难题。作为管理者，你应该怎么做?

资料来源：《会计研究》，2012（6）：67-75，有删改。

第一节　激励概述

一、激励的概念

（一）激励的定义及内容

在管理学上，激励（motivation）是指企业根据绩效考评和职位评价的结果，设计科学合理的薪酬管理系统，采取一定的行为规范和惩罚性措施，借助信息沟通，来规范、引导和激发企业员工的行为，以有效实现企业及其员工个人目标的系统活动，使之产生有利于组织目标实现的特定行为过程。这一定义包含的内容有以下五个方面：

（1）激励的出发点是满足企业员工的各种需要。具体来说，就是通过系统的设计适当的外部奖酬形式、提供适宜的工作环境，来满足企业员工内在性需要和外在性需要。

（2）科学有效的激励需要奖励和惩罚并举，既要对符合企业期望的员工行为进行奖励，又要对不符合期望的员工行为进行惩罚。

（3）赫兹伯格认为，激励员工需要锲而不舍。这说明，激励需要贯穿于企业员工工作的全过程，包括了解员工的个人需要、把握员工的个性、控制员工的行为过程和评价员工的行为结果等。因此，激励工作需要耐心。

（4）信息沟通贯穿于激励工作的全过程，从宣传激励制度、了解企业员工个人，到控制员工行为过程和评价员工行为结果等，都依赖于有效的信息沟通。企业组织中信息沟通是否通畅、准确、及时、全面，直接影响着激励措施的实施效果和激励工作的运行成本。

（5）激励的最终目的和理想结果是在实现企业预期目标的同时，也能让企业员工实现其个人目标，即达到企业目标和员工个人目标在客观上的统一。

（二）激励的要素

激励由以下五个要素组成：

（1）激励主体，指施加激励的企业或个人。

（2）激励客体，指被激励的对象。

（3）激励目标，指激励主体期望激励客体的行为所能实现的结果。

（4）激励因素，又称激励诱导物或激励手段，是指能够导致激励客体去进行工作的物质和精神的东西。激励因素反映员工的各种欲望。

（5）激励环境，是能够影响激励的环境因素。

二、动机与激励

在管理中，激励是指激发和鼓励员工朝着企业所期望的目标表现出积极主动的、符合要求的工作行为。激发员工动机的心理过程是：需要引起动机，动机引起行为，行为又指向一定的目标。有效的激励会点燃员工的激情，促使他们的工作动机更加强烈，让他们产生超越自我和他人的欲望，并将潜在的巨大的内驱力释放出来，为企业的远景目标奉献自己的热情。需要、内驱力、动机关系如图 10.1 所示。

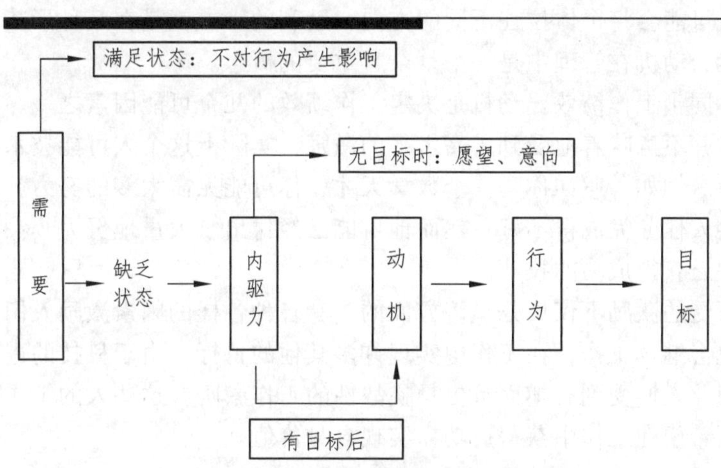

图 10.1 需要、内驱力、动机关系示意图

激励通常是和动机联系在一起的。动机是激发并维持一个人的活动以达到一定目的内在动力。引起动机必须有内在条件和外在条件。引起动机的内在条件是需要，动机是在需要的基础上产生的，是需要的表现。当人的需要在强度上达到一定水平，并且有满足需要的对象存在时，就会引起人的动机。

驱使人产生一定行为的外部条件称为诱因。它是引起动机的另一个重要因素。诱因可以是物质形式，也可以是精神形式。诱因分为正诱因和负诱因。能够引起个体趋向或接受的诱因是正诱因；反之，驱使个体逃离或躲避的诱因是负诱因。需要和诱因是形成动机的两个必要条件。只有存在某种需要，并在有诱因的条件下，人才会产生从事活动的动机。

动机包括唤起、指向和维持三个组成要素。

唤起与行动的驱力或能量有关。例如，人们的行为可能受到这些方面的影响：给人留下良好的印象，做有意义的工作，有所作为等。实现这些动机的兴趣刺激人们按照已设计好的行为模式去实现这些动机。

动机同时与人们做出的选择、行为的指向有关。例如，有意给主管人员留下好印象的员工可能会做出许多不同的事情，诸如称赞上司工作出色、去帮个忙、在一项重要计划中特别卖力地工作。在这些选择之中每一个都可能被认为是一条有助于实现员工目标的道路。

人们会坚持多长时间来尝试实现他们的目标？这就涉及维持要素的问题。在一个目标实现之前放弃，就意味着没有满足第一阶段中刺激那种行为产生的需要。显而易见，没有坚持到底实现其目标的人不能称其受到高水平的激励。

总之，动机需要具备目标指导行为的所有三个要素：唤起、指向与维持。假如，想象你正驾车行驶在回家的路上，动机的唤起部分就像是由汽车发动机所产生的能量；指向这一要素就像方向盘，带领着你走向前进的道路；最后维持就是你的坚持，它使你继续前进直至到家，即实现你的目标为止。

正确理解动机的概念，还需注意以下三个方面：

（1）动机是多方面的。人们可能会同时产生几种不同的动机，有时这些动机可能会相互冲突。例如，一个住院医生可能因为受到激励而尽可能提高效率，努力去取悦他的科室主任。然而就是由于效率太高，可能会引起同事们的敌意，因为害怕相比之下自己被看作是差的。结果是两种动机可能会将个体拉往不同的方向，胜利的一方就是在某种形势中处于强有力地位的一方。显然，动机在管理中是一个复杂且重要的概念。

（2）动机不同于工作绩效。动机是决定工作绩效的几个可能因素之一。某人完成了一项非常出色的任务并不意味着他受到了高水平的激励，实际上这个人可能技术熟练但根本没有付出太多的努力。例如，假如你是一个数学天才，你可能无需太多的努力就能轻松地通过微积分考试。有些人任务完成得不好，然而他可能已经付出了大量地努力。没有达到希望的目标，是因为他缺乏获得成功的技巧。

（3）人们所受的激励不仅仅是经济方面的，有各种各样的因素激励人们去工作。一些人即使不需要钱也会继续工作，在工作中实现许多其他的目标。由于科技的进步，许多工作不再枯燥无味，因此人们受到有趣而且更具挑战性的工作激励。这些人的工作不仅仅是为了得到高薪，他们更希望在工作中获得成功，实现自身价值。

资料链接

激励的过程涉及需要、动机、行为和目标

行为一般从未满足的需要开始，以需要的满足结束。当出现新的需要时，又会产生新的行为。这是激励发挥作用的心理机制，也是人类行为的一般模式。该模式被称为激励过程的第一模式（图 10.2）。

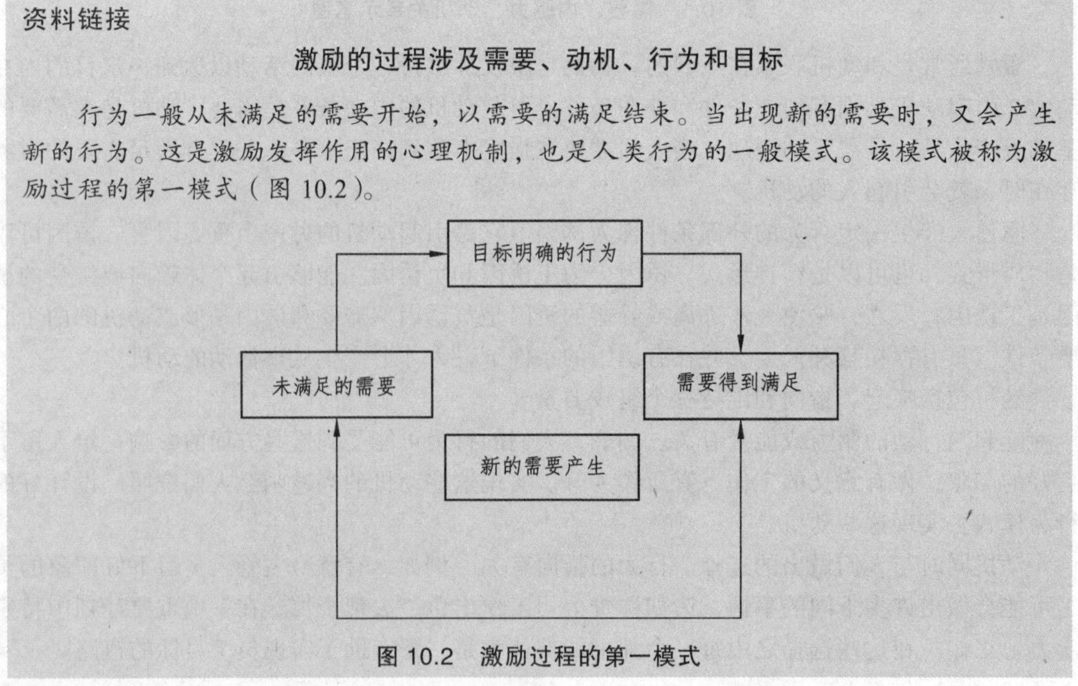

图 10.2　激励过程的第一模式

需要会引起动机，导致生理或心理的紧张状态。动机支配行为，行为的方向是达到目标以满足需要，解除紧张。但是并不是所有的未满足需要都会引发行为，也并非所有的行为最后都能达到目标，满足需要。而且，当行为达到目标，需要得到满足，可能会进一步产生新的需要。另外，当行为未能达到目标、遭受挫折时，人们可能会采取积极行为，也可能采取消极行为，这时重新又回到未满足需要的状态。该过程构成行为激励的第二模式（图 10.3）。

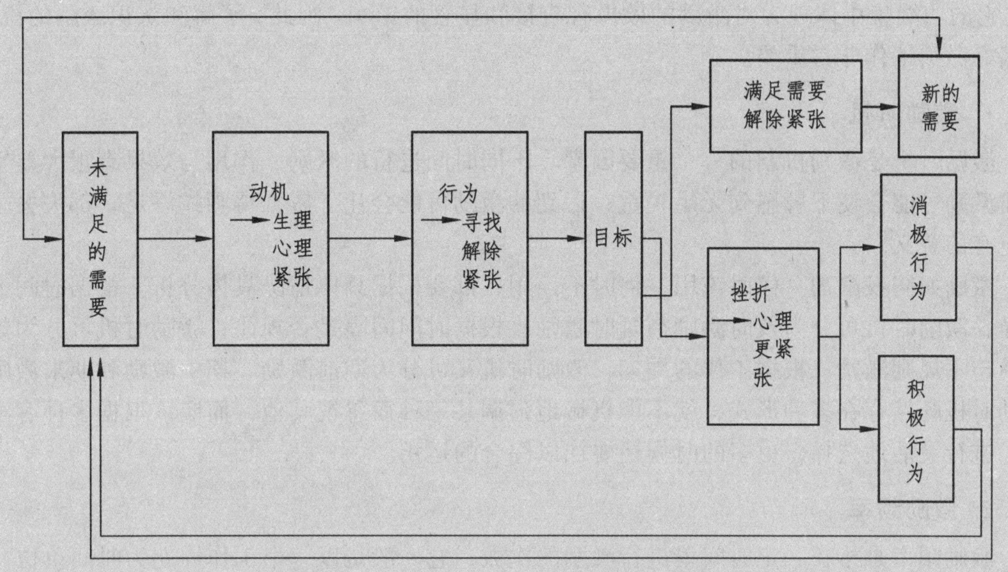

图 10.3　激励过程的第二模式

激励过程与目标高度相关。当员工达成目标后，绩效评价和奖惩对员工的行为会产生重要影响。员工对绩效评价和奖惩的感受产生满足感，并调整自身的行为。此过程是激励的第三模式（图 10.4）。

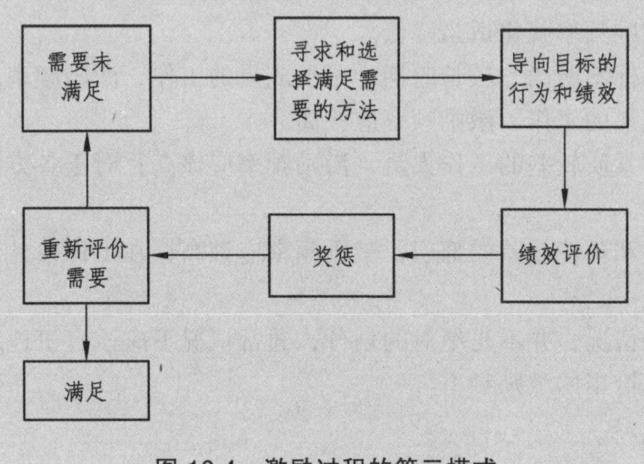

图 10.4　激励过程的第三模式

三、激励的机制及其作用

（一）激励的机制

激励机制就是在激励中一些起关键性作用的因素，由时机、频率、程度、方向等因素构成。它的功能集中体现为对激励的效果有直接和显著的影响。因此，了解和认识激励的机制，对搞好激励工作非常重要。

1. 激励时机

激励时机是激励机制的一个重要因素。不同时间进行的激励，作用与效果有很大差别。超前激励可能会使下属感到无足轻重；迟到的激励可能会让下属觉得画蛇添足，都失去了激励应有的意义。

激励如同发酵剂，何时该用、何时不该用，都要根据具体情况具体分析。根据时间上的差异，激励时机可分为及时激励与延时激励；根据时间间隔是否规律，激励时机可分为规则激励与不规则激励；根据工作的周期，激励时机又可分为期前激励、期中激励和期末激励。激励时机既然存在多种形式，就不能机械地强调某一种而忽视其他，而应该根据多种客观条件，进行灵活地选择，更多的时候还要加以综合的运用。

2. 激励频率

激励频率是指在一定时间里进行激励的次数，它一般是以一个工作周期为时间单位。激励频率的高低是由一个工作周期里激励次数的多少所决定的，激励频率与激励效果之间并不完全是简单的正相关关系。

激励频率的选择受多种客观因素的制约，这些客观因素包括工作的内容和性质、任务目标的明确程度、激励对象的素质情况、劳动条件和人事环境等。一般来说有下列几种情形：

（1）对于工作复杂性强，比较难以完成的任务，激励频率应当高；对于工作比较简单、容易完成的任务，激励频率就应适当降低。

（2）对于任务目标不明确、较长时期才可见成果的工作，激励频率应该低；对于任务目标明确、短期可见成果的工作，激励频率应该高。

（3）对于各方面素质较差的工作人员，激励频率应该高；对于各方面素质较好的工作人员，激励频率应该低。

（4）在工作条件和环境较差的部门，激励频率应该高；在工作条件和环境较好的部门，激励频率应该低。

当然，上述几种情况，并不是绝对的划分，通常情况下应该有机地综合考虑，因人、因事、因地制宜地确定恰当的激励频率。

3. 激励程度

激励程度是指激励量的大小，即奖赏或惩罚标准的高低。它是激励机制的重要因素之一，与激励效果有着极为密切的联系。能否恰当地掌握激励程度，直接影响激励作用的发挥。超量激励和欠量激励不但起不到激励的真正作用，有时甚至还会起反作用。比如，过分优厚的奖赏，会使人感到“得来全不费功夫”，丧失了发挥潜力的积极性；过分苛刻的惩罚，可能会导致人的摔破罐心理，挫伤下属改善工作的信心；过于吝啬的奖赏，会使人感到得不偿失，多干不如少干；过于轻微的惩罚，可能导致人的无所谓心理，不但不改掉毛病，反而会变本加厉。

所以，从量上把握激励，一定要做到恰如其分，激励程度不能过高也不能过低。激励程度并不是越高越好，超出了这一限度，就无激励作用可言了，正所谓“过犹不及”。

4. **激励方向**

激励方向是指激励的针对性，即针对什么样的内容来实施激励，它对激励效果也有显著影响。马斯洛的需要层次理论有力地表明，激励方向的选择与激励作用的发挥之间关系非常密切。当某一层次的优势需要基本上得到满足时，应该调整激励方向，将其转移到满足更高层次的优先需要，这样才能更有效地达到激励的目的。比如对一个具有强烈自我表现欲望的员工来说，如果要对他所取得的成绩予以奖励，奖给他奖金和实物不如为他创造一次能充分表现自己才能的机会，使他从中得到更大的鼓励。需要指出的是，激励方向的选择是以优先需要的发现为其前提条件的，所以及时发现下属的优先需要是经理人实施正确激励的关键。

（二）激励的作用

激励的目的是调动员工的积极性和创造性，使员工努力去完成组织的任务，实现组织的目标，要把员工们的动机有效地统一引导到组织的目标上去，企业实现科学的激励方法至少需要具备以下四点要素。

1. **调动员工积极性，开发员工的潜在能力**

美国著名企业家艾尔索普说：“企业管理首先要调动起员工的工作积极性，也正是激励员工的主要功能。”美国哈佛大学心理学家威·詹姆斯（W. James）教授在针对员工激励的研究中发现，一般情况下企业职员要保住自身的职位（以按时计酬的分配制度），仅能发挥员工自身能力的 20% 到 30%，而受到企业激励的职员则可以惊人的发挥其能力的 80% 到 90%，两组数据存在着 60% 的差距，这同时也表明受到企业充分激励后的职员所发挥的能力相当于受激励前的 3 至 4 倍。

2. **增强员工的责任感和创造性**

人由于受到激励而处于积极状态时，具体表现在思维的灵动性以及求知欲的增强上。对履行责任表现良好的员工，要给予相应程度的奖励，对履行责任不好的员工，也要给予责任追究。员工在这种积极的心理状态的催化下，就会产生强烈的求知欲望于责任心，能克服种种困难主动地进行创造性的工作，久而久之，就可能产生新方法、新工艺、新方案。

3. **营造良性的竞争环境**

通过使用各种的激励手段，达到相对科学的激励制度，比如在方向上对员工进行引导，在方法上运用表彰先进者、激励后进者的方法，从而营造良好的学习氛围和竞争环境，进而形成良性的竞争机制。只有这样才能够使企业的员工素质得以不断提高。西方科学家经研究得出这样的一个结论：“在具有竞争性的环境中，组织成员会受到环境的压力，这种压力将转变为员工努力工作的动力。”正如美国著名的行为科学家道格拉斯·麦格雷戈（Douglas M. McGregor）提到的：“人与人之间的相互竞争，也是激励的主要来源之一。”这里营造一个良性的竞争环境无疑成为了形成员工的工作动力、影响员工积极性的一个重要因素。

4. 吸引并留住优秀人才

在发达国家的许多企业中，特别是那些竞争力强、实力雄厚的企业，通过各种优惠政策、丰厚的福利待遇、快捷的晋升途径来吸引企业需要的人才。人才已经成为知识经济时代中的最有价值的资源，企业拥有并且使用好优秀的人才就能抓住企业的核心竞争力在市场竞争中立于不败之地。企业需从核心竞争力培育中的地位和作用采取一些有效的措施来吸引、留住优秀人才。

【案例 10.2】

激励的重要性

杰克·韦尔奇（Jack Welch）是通用电气（GE）董事长兼 CEO。短短的 20 年间，这位商界传奇人物使 GE 的市值由 130 亿美元上升到了 4800 亿美元，盈利能力从全美上市公司排名第十名跃升全球第一，GE 也因此成为世界第二的世界级大公司。韦尔奇被誉为“最受尊敬的 CEO”“全球第一 CEO”“美国当代最成功最伟大的企业家”。他所推行的“六西格玛”标准、电子商务和全球化概念，几乎重新定义了现代企业。

在韦尔奇的字典里，激励是出现频率非常高的一个词。那么，为什么激励会如此重要呢？这与他童年的经历有关。童年时期的韦尔奇有一点口吃，讲话讲得不好，演讲时经常结结巴巴。但他的母亲告诉他：“Jack，你之所以会口吃，是因为你脑子转得太快了，舌头跟不上脑子的节奏。”母亲把缺点变成一种激励，教会韦尔奇正确看待自己的缺陷。自此，韦尔奇也不以口吃为耻，反而充满了自信。

奇尔奇认为，“商业就是一场游戏”，要让身边的员工去享受，才能迸发激情。他说：“对于一个经理来讲，或者是母亲、父亲和家中其他的成员，要做的很重要的事情就是让人充满自信，让他们觉得自己是很不错的，让他们为自己感到自豪。”在韦尔奇看来，企业家要做的一件重要事情，就是要确保让所有的员工都自我感觉良好，每天都让他们觉得非常自信，让他们愿意做更多的事情，承担更多的风险，做更多的尝试。他用比喻强调了激励的重要性：“公司的员工就像你的种子一样，你给他们鼓励就像灌溉和浇水，他们会不断成长，你在花园中，公司里的花园会长杂草，将他们拔掉，将绩效不好的员工赶出去，他的工作不是吓别人，而是帮助员工不断地发展，就像美丽的植物和花朵一样，能够长得非常漂亮。”

资料来源：《中国经营报》。

四、激励的类型

不同的激励类型对行为过程会产生不同程度的影响，所以激励类型的选择是做好激励工作的先决条件。

（一）物质激励与精神激励

虽然两者的目标是一致的，但是它们的作用对象却是不同的。前者作用于人的生理方面，是对人的物质需要的满足；后者作用于人的心理方面，是对人的精神需要的满足。随着人们物质生活水平的不断提高，人们对精神与情感的需求越来越迫切。比如期望得到爱、尊重、认可、赞美、理解等。

（二）正激励与负激励

正激励，就是当一个人的行为符合组织的需要时，通过奖赏的方式来鼓励这种行为，以达到持续和发扬这种行为的目的。负激励，就是当一个人的行为不符合组织的需要时，通过制裁的方式来抑制这种行为，以达到减少或消除这种行为的目的。

正激励与负激励作为激励的两种不同类型，目的都是要对人的行为进行强化，不同之处在于两者的取向相反。正激励起正强化的作用，是对行为的肯定；负激励起负强化的作用，是对行为的否定。

（三）内激励与外激励

内激励是指由内酬引发的、源自于工作人员内心的激励；外激励是指由外酬引发的、与工作任务本身无直接关系的激励。其中，内酬是指工作任务本身的刺激，即在工作进行过程中所获得的满足感，它与工作任务是同步的。追求成长、锻炼自己、获得认可、自我实现、乐在其中等内酬所引发的内激励，会产生一种持久性的作用。外酬是指工作任务完成之后或在工作场所以外所获得的满足感，它与工作任务不是同步的。如果一项又脏又累、谁都不愿做的工作有一个人做了，那可能是因为完成这项任务，将会得到一定的外酬——奖金或其他额外补贴，一旦外酬消失，他的积极性可能就不存在了。所以，由外酬引发的外激励是难以持久的。

【案例 10.3】

老人和小孩

老人家门口有一片公共草地，老人非常享受安静地在草地上沐浴阳光。可是某一天开始，一群小孩开始来草地上玩，非常吵闹，吵得老人无法休息。老人心里很想把这群小孩赶走，但是这草地毕竟是公共设施。老人知道，越是赶走这些孩子，他们越玩得起劲、玩得开心。怎么办呢？老人想了一个办法，他对这些小孩子说“小朋友们，你们明天继续来玩吧，只要你们来，我就给你们每人一元钱!”小孩子们喜出望外，第二天全都来了。这样几天之后，老人说 “孩子们，明天开始，我只能给你们每人伍角钱了。”孩子们有些不悦，但是也接受了。又过了几天，老人说：“从明天开始，没有钱给你们了。”“不给钱谁还给你喊！”小孩再也不来，也不再喊了。

第二节 激励理论

一、内容型激励理论

自20世纪二三十年代以来，管理学家、社会学家们和心理学家就从不同的角度研究了应怎样激励人的问题，并提出了多种激励理论。这些理论可以归纳为三类：内容型激励理论、过程型激励理论、行为改造型激励理论。

内容型激励理论（content theory）着重以激励的原因与起激励作用因素的具体内容为研究内容。在内容激励理论中，著名的有“需要层次理论”“ERG理论”和“双因素理论”。

（一）需要层次理论

在西方管理学界和心理学界，有很多有关需要的理论。其中最具影响力的需要理论是马斯洛（A. Maslow）的“需要层次理论”（Hierarchy Theory of Needs）。

1943年，马斯洛在其所著的《人的动机理论》一书中提出了需要层次理论。该理论认为个体具有五种需要：生理需要、安全需要、归属和爱的需要、尊重的需要、自我实现需要，这五种需要是由低级到高级进行排列的。

（1）生理需要（physiological need）。作为马斯洛需要层次中最低层次的需要，生理需要的内容包括对食物、水、性、休息等的需要。对大多数人来说，这类需要最容易满足，但也是最强烈的。管理者应该明白，当员工主要被生理所激励时，他（她）并不关心工作本身，而会接受任何满足其生理需要的工作。满足生理需要，在组织环境中包括向员工提供合适的工资、良好的工作环境等。个体在进入更高层次的需要之前，主要集中于满足生理需要。生理需要如果得不到满足，就会妨碍人的活动。

（2）安全需要（safety need）。安全的需要比生理的需要高一级。这类需要包括住宅、工作场地、秩序、安全感、可预言性等。处于这一层次中的人，首要目标是尽量减少生活中的不确定性。这在儿童身上表现得最为明显。如果儿童受到父母离婚等意外事件的干扰，会产生不安定、不可预测和不安全的感觉，这会影响其健康发展。对员工来讲，安全需要是指，工作有保障，有一种合适的养老保险计划、医疗保险制度等。

（3）归属和爱的需要（belongingness and love need）。归属和爱的需要也称为社交的需要，内容包括寻求归属感以及友谊。当生理需要与安全需要得到满足之后，归属需要便会浮现。马斯洛认为，成熟的爱是两个人之间的健康亲密的关系，即彼此尊敬、关心和信任。人类需要爱他人，也需要被爱。这类需要不能满足时，人会感到孤独、空虚。人们有时把归属和爱的需要也称为社交的需要。企业具有良好的企业文化，大家有共同语言，有归属感，感到自己是群体的一分子，社交需要就得到了满足。管理者应该意识到，当归属成为主要的激励来源时，员工们会把工作视为建立温馨、友善的人际关系的契机。那些注重员工归属需要的管理者十分强调同事间的接纳、业余活动（例如组织文艺节目、体育比赛等）以及团队规范的重要性。

(4)尊重需要(esteem need)。尊重的需要包括两个方面：一方面要求别人对自己的重视，相应的产生威信、地位等情感；另一方面要求自尊，与此相对应的是胜任、信心等情感。这两类情感大多来自个人所从事的有益于组织和社会的活动。因此，自尊与别人的尊重是努力的结果。管理者可以通过给予一些外在的成就象征，如晋级、加薪、评定职称等；也可以提供挑战性的工作、机会和责任，从内在的层面满足员工这方面的需要。

(5)自我实现的需要(self-actualization need)。马斯洛需要层次理论的顶部是自我实现的需要，这是只有在所有较低层次需要都满足以后才被激起的需要。自我实现的需要源于自我充实与满足，涉及个人的不断发展，充分发挥自己的潜能，富于创造性和独立精神等。追求自我实现的员工致力于提高解决困难的能力。管理者应采用让员工们进行工作设计的方式，充分发挥其才能，或者采用给予自由安排工作任务的权力等激励方式。

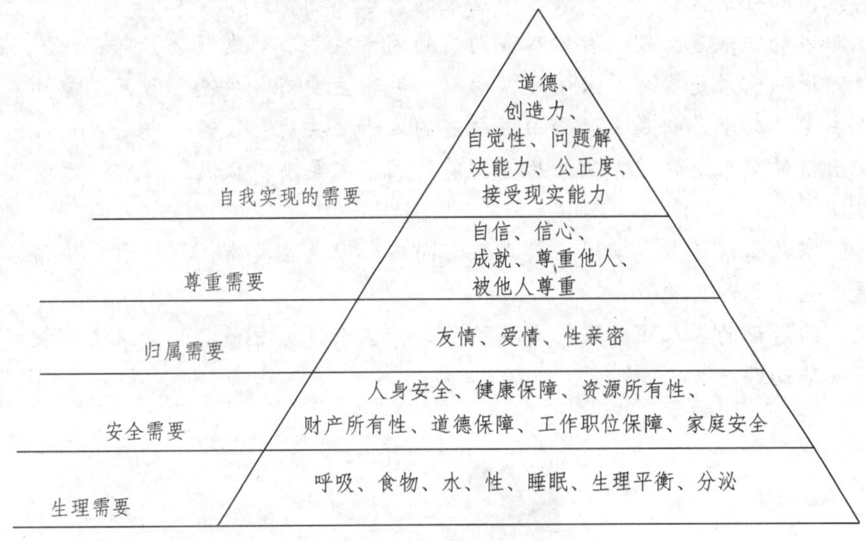

图 10.5 马斯洛需要层次理论

按照马斯洛的观点，在人的发展过程中，必须在低级需要得到满足之后，后一种较高级的需要才会被激发。具体来说：

(1)当一种需要被满足之后，它的激励作用就会下降。随着一种需要被满足，另一种高一级的需要便会逐渐浮现并取而代之，这表明人们始终处于追求满足需要的状态之中。

(2)一般情况下，只有当低层次的需要被满足之后，更高一层次的需要才会被激活并影响个体的行为。

(3)未满足的需要将支配意识并调动有机体的能量去满足。已经满足的需要，就不再是活动的推动力。新的需要会取代已满足的需要而成为未满足的需要。

(4)因为多种需要同时影响着个体的行为，因此需要体系对于多数人而言是很复杂的。

(5)满足低层次需要比满足高层次需要的途径要少。

当然，并非每一低级需要都要完全地满足，较高一级的需要才被激发。个人需要结构的发展过程更多呈现波浪式演进的性质。马斯洛先提出五个需要层次，后来又在尊重需要和自我实现需要之间增加了求知和审美两个需要层次。求知需要包括求知欲、好奇心、探索心理及对事物的认知理解。审美需要指人类由追求匀称、和谐、整齐、美丽等特征而引起的心理上的满足。

马斯洛认为满足了自我实现需要的人会产生高峰体验。高峰体验是自我实现者的特征之一。马斯洛认为，当个体的潜能得到充分发挥时，会带来最大的喜悦，这种体验就是高峰体验。

马斯洛的研究成果受到管理学界和心理学界的极大关注。研究显示，越高层次的管理者就越能有效地满足尊重与自我实现的需要，部分原因在于高层次管理者的工作具有挑战性，从而为其自我实现提供了可能；而员工们则可以通过影响其所在组织或者公司来满足其高层次需要。

资料链接

西游记团队与马斯洛需求层次理论

西游记团队分别代表了马斯洛5个层次的需求（图10.6）。

（1）八戒的需求是生理，激励八戒向前的因素主要有：食物、性等；

（2）沙僧的需求是安全，激励沙僧向前的因素主要有：安全、秩序、自由；

（3）白龙的需求是归属，激励白龙向前的因素主要有：友情、归属；

（4）唐僧的需求是荣誉，激励唐僧向前的因素主要有：成就、尊重、欣赏（当然还有自我欣赏）

（5）悟空的需求是自我实现，激励悟空向前的因素主要有：实现自我价值，包括学习、发展、创造力和自觉性；

结论：西游记的5人团队取得成功的要素，在于针对每个人的需求给予满足，从而激励大家一路向西。

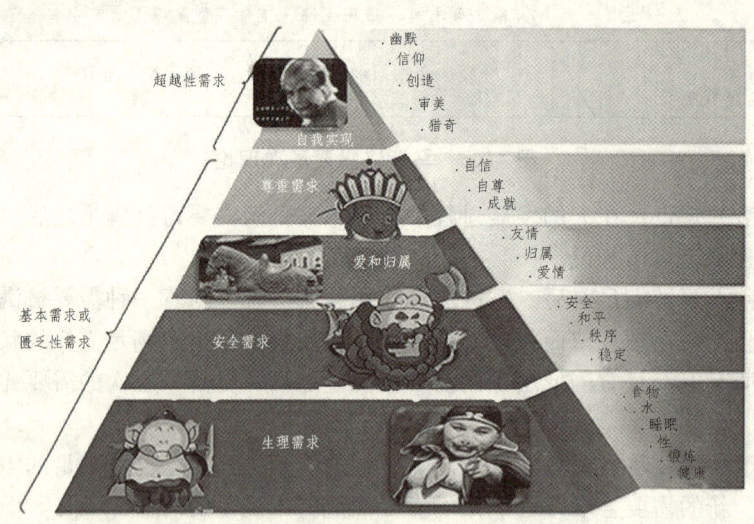

图 10.6　西游记团队与马斯洛需求层次理论

（二）ERG 理论

奥德弗（Clayton Alderfer）于1969年提出了ERG理论。该理论认为，个体的需要可以分为三类：生存需要、关系需要和成长需要。由于这三个词的第一个字母分别是E、R、G，所以称为“ERG 理论”。

（1）生存需要（existence need）。生存需要涉及保证生存的最基本的需要，包括衣着、饮食、住所、工资、津贴、性等，这与马斯洛需要层次理论中的生理需要和物质型的安全需要类似。

（2）关系需要（relatedness need）。关系需要是指维持重要人际关系的需要，包括与上下级、同级、组织等关系的和谐等，这与马斯洛需要层次理论中的人际型的安全需要、社交与尊重的需要相当。

（3）成长需要（growth need）。成长需要包括个人在事业、前途等方面的创造性、发展和成长的努力，这与马斯洛需要层次理论中的自尊与自我实现的需要相当。

ERG 理论认为可以同时存在多种需要，高层次的需要不必以低层次需要的满足为前提，这明显与马斯洛的需要层次理论不同。这表明，在生存和人际关系需要都没有得到满足的情况下，个体也可以为成长而工作。

奥德弗的基本观点包括：① 各个层次的需要获得满足越少，则这种需要越为人们所渴望追求。例如，用于满足生存需要的薪酬越低，人们越是渴望获得更多的薪酬。② 较低层需要越容易得到满足，对高层需要的渴望越大。例如人的人际关系需要满足后，对成长需要的追求就会更强烈。③ 较高层需要越不能满足或者缺乏，则对较低层需要的追求也越多。这就是“挫折—倒退”模式。例如，对事业、理想缺乏追求的人，会更多地追求生存的需要。

（三）成就需要理论

美国哈佛大学的心理学家麦克利兰（David C. McClelland）在 20 世纪 50 年代提出了成就需要理论。该理论认为，人的需求是不断发展的，人在生理需要满足以后，会产生权力、社交和成就三种基本需要。

权力需要是指影响与控制他人的欲望，是管理者成功的基本要素之一。权力有个人权力和社会权力之分。个人的权力发展有依赖他人、相信自己、控制他人、自我隐退等不同阶段。

社交需要是指建立友好亲密的人际关系的愿望。负有全局责任的管理者把这种需要看得比权力更重要。

成就需要是指达到标准、追求卓越、争取成功的需要。

根据成就需要的理论，任何人无论学历如何都需要权力、社交、成就，但是，三种基本需要排列的层次和重要性对不同的人是不一样的。年轻的新经理的权力需要稍减，而成就与社交需要较强。成功的经理强调高成就需要，并且强烈需要高权力和独立自主，而对社交需要则相对较低。

需要状况不同，激励措施也不同。对于高成就需要的员工，管理者应该为他们提供超常的、具有挑战性的、必须经过努力才能完成的工作任务，及时正确地对他们的工作绩效进行反馈，增加承担新任务的员工的责任。对于高权力需要的员工，管理者应该让他们尽可能多地安排和控制他们自身的工作，努力让他们参与决策的制订，尤其是与他们自身相关、影响重大的决策的制订。他们喜欢独自把工作做好，而不愿意作为团队工作的成员。要尽量把一个完整的工作任务交给他们去完成，而不是让他们完成其中的一部分，因为这些人很少愿意为别人做“嫁衣”。对于高社交需要的人，管理者应该确保他们作为团队的一员从事工作，他们更容易从与一起工作的人们那里得到满足，而不是工作本身，应该给予他们更多的表扬和认可，委托他们对新员工进行接待和培训，以便他们成为很好的伙伴。

（四）双因素理论

赫茨伯格（Hertzberg）及其同事于 20 世界 50 年代末采用“半结构面谈法”，在匹兹堡地区对 9 个工业企业中的 203 名工程师和会计进行了工作满意感的调查，调查内容包括“什么时候你对工作特别满意”“什么时候你工作特别不满意”等，要求被调查者详细回答。从调查结果中，他们总结出人们对工作满意因素与对工作不满意因素是不同的。

根据调查结果，赫茨伯格提出了“双因素理论”，该理论有两个独创性的观点：其一，对工作的满意感和不满意感不是连续的两个极端，当中至少包含了两个状态：没有不满意与没有满意。“满意”的对立面是“没有满意”，而“不满意”的对立面是“没有不满意”。其二，有些工作因素能够引起对工作的满意感，称之为“激励因素”，另一些因素则只能防止不满意感的产生，称之为“保健因素”。

保健因素（hygiene factor）只能消除或减少不满情绪，没有激励的作用，主要是外部因素，即公司的政策、工作条件、人际关系、地位以及职务保障等。如果不具备这些条件，就会引起职工的消极情绪与不满。当管理者针对这些因素进行改进时，可以预防与消除员工的不满，但不能直接起激励作用。也就是只能使员工没有不满意，而不会使员工感到满意。赫茨伯格的“保健因素”主要有：公司的政策与管理制度、技术监督、与上级的人际关系、与同级的人际关系、与下级的人际关系、工资、职业保险、个人生活、劳动条件、职位等。

激励因素（motivation factor）是起调动积极性作用的，主要是内部因素，包括成就感、赏识、工作本身、责任、提升与发展。当这些因素缺乏时，员工处于很低或没有工作满意感的状态，但是影响较小；而当这些因素得到改进之后，员工则可获得满意感，进而产生较高的绩效。赫茨伯格的激励因素包括：成就、赏识、晋升、工作本身、发展前途、责任。

保健因素与激励因素对激励员工工作的积极性都很重要。企业为了保持员工已有的积极性，就应该注意完善或保持保健因素；为了提高员工的积极性，则应当注重激励因素提供和改善。只有综合运用激励因素与保健因素，才能全方位调动员工的工作积极性。

（五）四种内容型激励理论的关系

四种内容型激励理论的关系，如图 10.7 所示。ERG 理论将需要层次理论作为理论基础，两者之间具有一定的相似性；自我实现与尊重需要对应于成长需要；归属需要与关系需要相似；安全需要与生理需要则构成生存需要的基础。这两种理论的主要区别是：需要层次理论提出了“满足—上进”原则的静态的需要体系，而 ERG 理论则提出基于“挫折—倒退”原则的灵活的三种需要分类。

双因素理论源于需要层次理论和 ERG 需要理论。如果需要层次论中的安全与生理需要获得满足，则保健因素的要求获得了实现；同样地，如果 ERG 理论中关系与生存需要得到满足，则保健因素的要求也得到满足。而激励因素则强调工作本身以及满足个体更高层次的需要或成长需要。

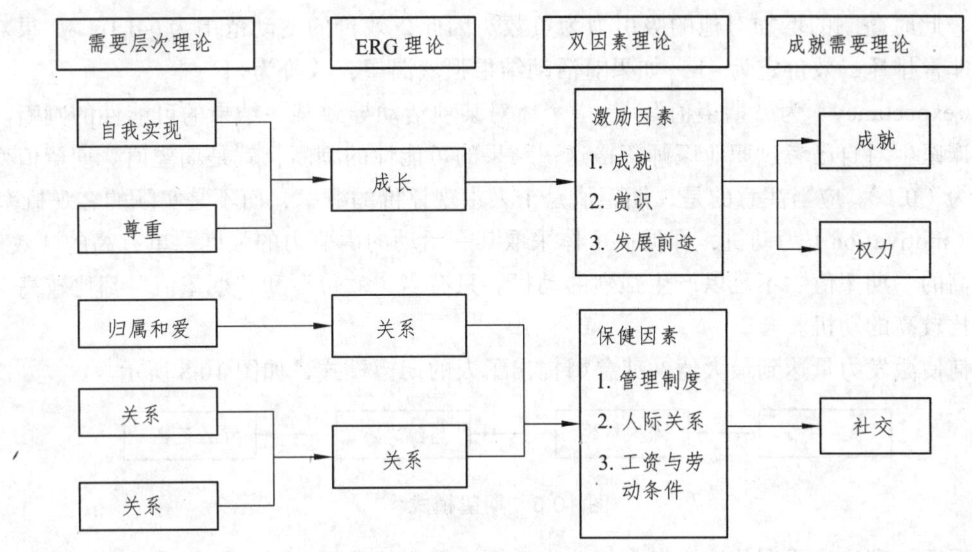

图 10.7 四种内容型激励理论的关系

成就需要理论不承认个体层面的需要。如果个体满足了其工作中的保健因素，则社交需要也得到了满足；如果工作本身具有挑战性以及个体的发展提供了机遇，那么就会产生激励作用。上述条件的满足将会引导个体实现其成就需要。

二、过程型激励理论

内容型激励理论有助于管理者了解那些与工作相关的、激励员工的特殊因素，然而它并没有说明人们为了完成工作目标是如何对行为方式进行选择的。而过程型激励理论正试图解释和描述整个过程，包括动机的形成和行为目标的选择等。比较著名的过程型激励理论包括期望理论、目标设置理论和公平理论。

（一）期望理论

期望理论（Expectancy Theory），又称“过程 E 理论”或“效价—手段—期望理论”，是美国行为学家弗鲁姆（Victor H. Vroom）于 1964 年在《工作与激励》一书中最先提出的。该理论认为，一种行为倾向的强度取决于对这种行为可能带来的结果的期望强度以及这种结果对行为者的吸引力。该理论可以用下列公式表示：

$$M = f(E \cdot V)$$

其中，V（valence）为“效价”，也称“诱力”，是指个体对某项活动可能产生的结果的价值的评价。例如，员工通过直觉和经验得出如下结论：如果在工作上做出优异成绩，薪酬必然增加。薪酬增加就是“结果”，而这种结果具有的吸引力大小以及人们是否喜欢这个“结果”，取决于个体的主观评价。对迫切需要金钱的人来说，吸引力可能很大；而经济很宽裕的人，对金钱无所谓，薪酬对他们的吸引力就很小；也有的人不希望薪酬增加，例如担心与同事关系变僵，此时薪酬的增加对他的吸引力为负数。因此，效价的变动范围为(–1,1)。如果对活动结果非常排斥，效价定为 –1，如果对活动结果强烈渴望，效价为+1。

E（expectancy）为“期望值”，是指个体对某项活动导致某一结果的可能性的判断。例如，临床医生对自己考过职业医师资格这一结果的可能性的判断，就是期望值。期望值变动的范围为（0,1）。应当注意的是，期望值是个人主观评价的概率，而不是实际的客观概率。

M（motivation）为动机，即促使个体采取某一活动的内驱力的强度。单有高的“效价”或单有高的“期望值”不足以产生强烈的动机。只有当“效价”和“期望值”都比较高时才能产生比较高的动机。

如何使激发力量达到最大值？弗鲁姆提出了人的期望模式，如图 10.8 所示。

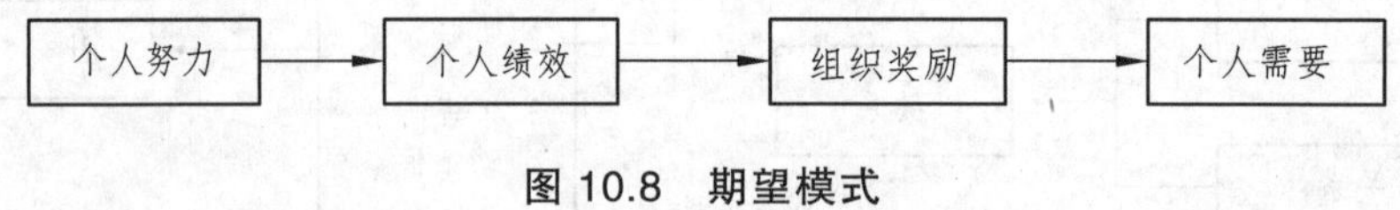

图 10.8　期望模式

根据期望理论，要有效地激发人的工作动机，需要处理好以下三组关系。

1. 努力与成绩（绩效）的关系

个体总是希望通过一定的努力达到预期的目标。如果个体认为通过自己的努力，能够达到预定的目标，即主观上认为达到目标的概率较高，那么，个体就会充满信心，激发出强大的工作力量。反之，当个体总感到要实现的目标虽然可能实现，但难度太大，通过努力也不会有很好的绩效，个体就会失去信心，缺乏动力。同样，如果目标太低，唾手可得，就会认为没有必要去达到此目标，从而失去内部的动力。由此可见，努力与成绩的关系取决于个体对目标的期望值。期望值是个体对目标的主观估价，它既受个体的个性、情感、兴趣、动机等主观因素的影响，也受个体的社会地位、外界环境以及其他人的期望等社会客观因素的影响。

2. 成绩与奖励的关系

个体的工作取得了成绩，总希望得到其他人和社会的承认和赏识。奖励就是对个体或组织工作成绩的报酬和肯定。奖励既包括物质上的，也包括精神上的，是综合的。如果个体认为取得成绩后能得到合理的奖励，就可能产生工作热情，否则就可能没有积极性。组织的目标，如果没有相匹配的、有效的物质和精神奖励来强化，长久以后，组织的全体成员为本组织做出贡献的动机就会逐渐消退。

3. 奖励与满足需要的关系

满足个体的需要是一切工作的出发点和归宿点，奖励作为一种手段必须满足个体的需要。个体需要的多样性，决定了奖励内容和奖励效价的复杂性。每个人在年龄、性别、资历、社会地位和经济条件等方面都存在差异，同一种奖励，对于不同的人所具有的“效价”不同，吸引力也不同。为了提高奖励的“效价”和吸引力，充分激发人的积极性，就必须根据各人的需要，采取多种内容和形式的奖励，以挖掘人的潜力，提高工作效率。

期望理论后来得到了进一步的发展，认为工作绩效取决于以下四个主要成分，即第一水平输出和第二水平输出、期望、工具性和效价。现对这些变量分别进行界定并解释其作用。

（1）第一水平输出和第二水平输出。第一水平输出是指与工作本身相关的行为结果，具体包括工作品质、出勤率以及绩效水平等。第二水平输出则是指由第一水平输出所产生的回报（包括正面的和负面的），具体包括加薪、升职、同事的接纳、上级的认可以及工作安全等。

（2）期望。期望是指个体所认知的关于付出努力后取得成功业绩的可能性。期望既可以认为主观努力水平与客观业绩之间没有任何联系，也可以认为个体特定的努力行为必会产生相应的业绩。期望值是一个在 0 与 1 之间波动的变化的量值，0 表示个体行为不会引发特定的第一水平输出，1 表示个体行为必定会引发特定的第一水平输出。例如，如果一名临床医生所使用的医疗设备太陈旧，那么他会认为努力将导致高绩效水平的期望值非常低。

（3）工具性。工具性是指个体所认知的关于取得成功业绩后得到第二个水平输出的可能性，其量值的变化范围为（－1,1）。－1 表示从第一水平输出所代表的组织成就与第二水平输出所代表的个体目标之间呈负相关。+1 表示第一水平输出与第二水平输出之间呈正相关。假使一名员工努力工作并以高水平完成任务，如果其工作没有得到恰当的回报——即其高水平的完成任务与其得到恰当回报之间没有体现出正向的关联，其工作动机就可能会动摇。例如，一名护理员工已经到达其工资的最高水平，那么她就不大可能再受到激励而努力工作。

（4）效价。效价是指个体对于特定的第二水平输出的偏好与估价。当第二水平输出为个体需要时，则效价为正；当第二水平输出为个体回避时，效价为负；当个体对于第二水平输出持中立场时，效价为 0。引起正的效价的输出包括从事有价值的工作、工作安全感、获得高薪以及赢得朋友和同事的尊重。引起负的效价的输出则是人们所极力避免的，如被解雇、丧失升职机会等。

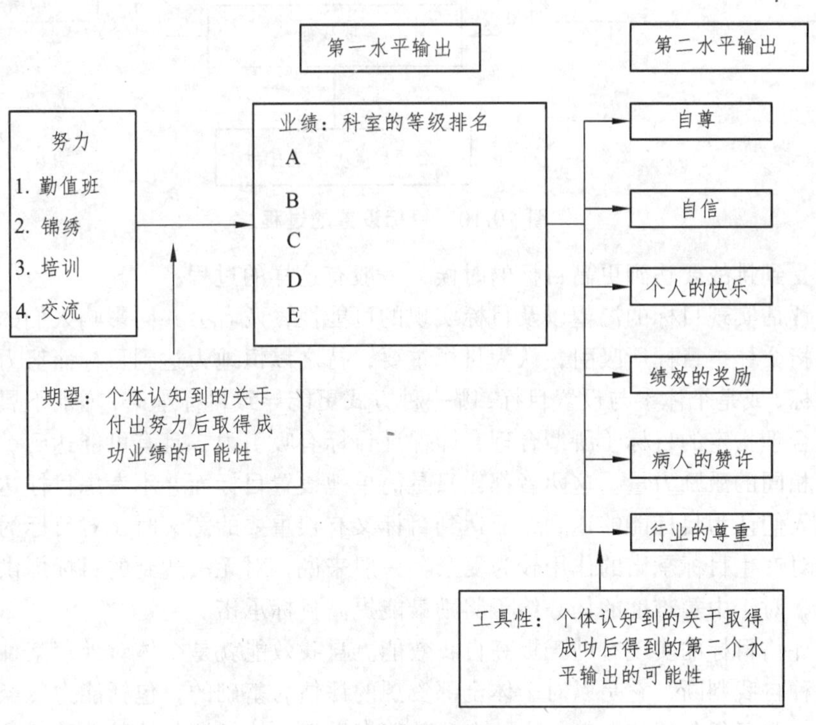

图 10.9　期望理论

（二）目标设置理论

目标设置理论是美国马里兰大学管理学兼心理学教授洛克（Edwin A. Locke）于 1967 年最早提出的。洛克认为外来的刺激（如奖励、监督的压力）都是通过目标来影响动机的。目标能引导活动指向与目标有关的行为，使人们根据难度的大小来调整努力的程度，并影响行为的持久性。目标本身就具有激励作用，目标能把人的需要转变为动机，使人们的行为朝着一定的方向努力，并将自己的行为结果与既定的目标相对照，及时进行调整和修正，从而能够实现目标。这种使需要转化为动机，再由动机支配行动以达到目标的过程就是目标激励。目标设置理论提出以后，许多学者在研究中使用并加以发展，不断对它进行补充完善，现已成为内容丰富、影响越来越大的新的激励理论。

洛克与拉色曼认为，目标之所以能起到激励的作用，是因为它能促使人们对现实能力与达到目标所需要的能力做出比较。如果认为自己与目标有差距的话，就会感到不满意；如果相信能达到目标，就会更加努力地工作，以实现目标。目标成功地实现了，人们就会感到胜任与成功。目标能提高绩效的原因是，目标使期望达到的绩效类型与水平变得明确。目标设置过程如图 10.10 所示。

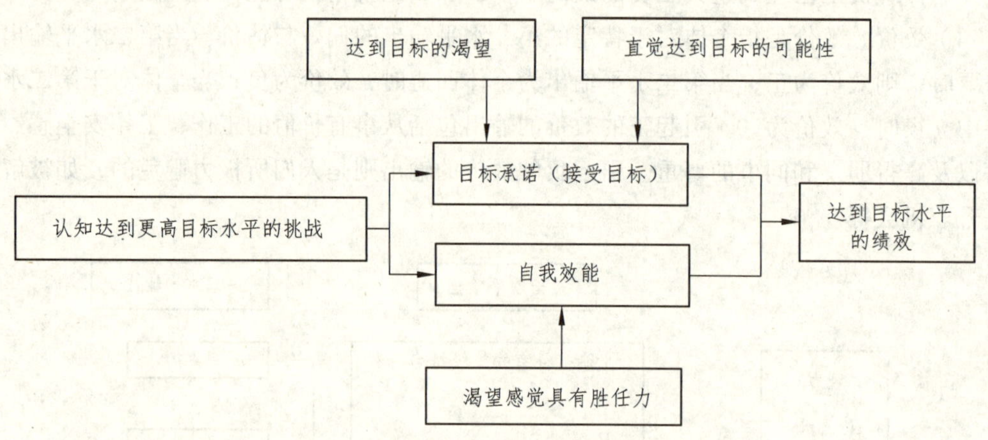

图 10.10　目标设置的过程

当人们受到挑战要达到更高目标的时候，一般有这样的过程：

首先，评估实现目标的渴望以及目标实现的可能性，两者会共同影响人们的目标承诺。目标承诺是指个体被目标所吸引，认为目标重要，持之以恒地为达到目标而努力的程度。由上级指定目标，或是个体参与设置目标，哪一种方式更能导致目标承诺，增加下属的绩效呢？研究发现，合理指定的目标（所谓合理，即保证目标有吸引力，且有可能达到）与参与设置的目标有着相同的激励力量。这两者都比只是简单地设置目标而并不考虑目标达成的合理性更有效。当人们认为目标能够达到，而达到目标又有很重要的意义时，对目标的承诺就加强了。激励物对产生目标承诺的作用较为复杂。一般来说，对无法达到的目标提供奖励只能降低目标承诺；对于中等难度的任务给予奖励最能提高目标承诺。

其次，评估目标的实现有助于提高自我效能。自我效能就是个体对处理某种问题时能做得多好的一种自我判断，它是以对个体全部资源的评估为基础的，包括能力、经验、训练、过去的绩效、关于任务的信息等。高的自我效能有助于个体长期坚持某一种活动，尤其是当这种活动需要克服困难、战胜阻碍时。研究发现，同样告诉被试者他的成绩不好时，高自我效能的人比低自我效能的人坚持努力的时间更长。

当目标承诺与自我效能水平高的时候，人们就会受到激励从而为达到目标的水平去努力工作。

（三）公平理论

公平理论（Equity Theory）是美国心理学家亚当斯（John S. Adams）于1967年提出的。亚当斯认为，一方面员工所得到的绝对报酬（即实际收入）会影响他们的工作积极性，另外一方面，员工的相对报酬（即与其他人相比较的相对收入）也会影响他们的工作积极性。

产出与投入是自己与其他人进行比较是考虑的两个变量。产出是自己从工作中所得到的东西，包括薪酬、福利、声望等。投入是所做的贡献，例如，工作时间的长短、付出的努力以及从事工作的资格。公平理论关注的是人员所感受到的产出与投入，所以不一定很精确。

参照对象（referent）是公平理论中十分重要的变量，它可以划分为三种类型："他人""系统"和"自我"。"他人"包括同一组织中从事类似工作的其他个体，也包括朋友、邻居及同行。人们通过在工作中听到的消息、在报纸杂志上看到的消息，将自己的收入与他人进行比较。"系统"指组织中的薪酬政策与程序，以及这些制度的运作与管理等。组织在薪酬分配方面的所有规定，都构成了这一范畴中的主要内容。"自我"指的是每个员工自己付出与所得的比率。它反映了员工个人的过去经历及交往活动，并受到员工过去的工作标准及家庭负担程度的影响。至于具体选择哪一种参照对象，与员工能得到的有关参照对象的信息以及他们感到自己与参照对象的关系有关。

把自己所付出的劳动与所得的报酬，同他人付出的劳动与所得的报酬相比较，这是横向比较。除了横向比较外，还有个人前后时点的纵向比较，即用现在得到的报酬与过去所得的报酬相比。作为企业的管理者要对员工的工作业绩进行准确考核，在分配方面尽量做到公平。员工面对不公平可能有以下几种反应（表10.1）。

表 10.1 面对不公平的反应

不公平的类型	反应类型	
	心理上	行为上
报酬过低 产生的不公平	说服自己相信别人的投入真的比自己的投入要多 （如认为参照对象更有资格得到更多的产出）	减少自己的投入 （如降低努力程度） 增加自己的产出 （如增加工资）
报酬过高 产生的不公平	说服自己相信产出与投入是等值的（如自己比别人工作更加努力，则能够得到更多报酬）	增加自己的投入 （如更加努力工作） 减少自己的产出 （如带薪假期工作）

资料来源：朱永新. 管理心理学[M]. 2版. 北京：高等教育出版社，2006:173.

组织管理中的不公平感有两种类型，即分配公平和程序公平。分配公平是指员工感觉到的薪酬数额分配的公平性；程序公平则是指员工感觉到的薪酬或其他结果的决定方式的公平性。研究表明，分配公平和程序公平是交互影响的。研究认为，程序公平比分配公平更具有持续效应。格林伯格（Jerald Greenberg）提出，组织的程序公平可以通过四种途径得到增加：

（1）使员工有修正程序和改正差错的机会，在管理政策或措施的实施过程中，如果员工有机会参与修订程序或改正差错，将会体验到程序的公平。

（2）让员工在决策过程中拥有发言权，尤其在诸如薪酬设计、绩效考核标准制定等重要管理措施中有参与的机会。

（3）使管理政策和规章制度保持一贯性，特别是保持奖励政策和薪酬政策稳定，并且建立规范的政策修订制度，这是建立程序公平的关键环节。

（4）使组织减少决策偏差，公平公正地处理部门之间的利益冲突，保证程序的公平。

【案例 10.4】

“模拟转编”

近年来，老百姓的医疗需求显著增加。但是，我国医疗服务单位以国有事业单位为主，编制名额有限。在此情况下，医院不得不大量聘用事业编制外的医务人员，以满足日常用工需求。由于医疗服务的专业性和特殊性，编制内人员和编制外人员从事的工作内容和考核标准几乎完全一致，但在薪酬水平上却存在很大差异，出现“同工不同酬”的现象。编制内的员工工资高，奖金福利多，升迁机会多，捧着“铁饭碗”直到退休。而编制外的员工待遇则相反。这种“同工不同酬”的不公平现象，极大地伤害了编制外员工的工作积极性。为改善这种状态，某 A 医院进行了“模拟转编”的改革。

某 A 医院是为缓解人力资源短缺，从 1998 年开始雇佣合同制员工。由于不属于事业单位编制，合同制员工考核、薪酬等都由医院 A 自行制定标准执行。从 2008 年开始，医院 A 每年从聘用制员工中择优选择 10 名转为正式职工。此举措对调动合同工制员工的积极性有一定的效果。但每年 10 名的名额仅占合同制员工的 1%，考核程序严格，门槛高。而且需要卫生主管部门逐级审批，手续复杂，常常历时 1 年之久。因此，从 2011 年开始，医院 A 对聘用制合用员工进行“模拟转编”，对符合一定条件的合同制员工给予与在编员工的同等待遇。

“模拟转编”的具体操作上，首先，医院 A 规定“模拟转编”的条件，然后符合条件的合同制员工提出申请，人力资源处召集医务处、护理部、监审处等组成考评小组，对申请材料进行复核并院内公示，若公示无异议且申请人所在科室满意度民主测评达到 60% 以上者，给予申请人“模拟转编”资格，享受与在编人员相同的职称晋升、工资等相关待遇。“模拟转编”每年实行一次，无名额限制。

医院 A 实行的“模拟转编”方法，使得合同制员工的待遇得到普遍提高，并具有良好的职业发展前景。从效果上看，“模拟转编”尽管没有解决合同制员工的编制身份问题，但实现了同工同酬。它提升了自我价值感和身份认同感，增加了聘用合同制员工的幸福感和归宿感。从根本上来说，“模拟在编”体现了对劳动者的尊重，彰显了劳动公平。因此，“模拟在编”也被亲切地称为“员工幸福工程”。

目前，我国正在深化公立医院人事制度改革，完善收入分配激励机制。你是如何看待公立医院里面员工之间收入不公平的现象？能够提供一些解决的思路吗？

三、行为改造型激励理论

行为改造型激励理论的重点是研究人的行为怎样转化和改造，如何使人的心理和行为变消极为积极。此类型的激励理论主要有条件反射理论、归因理论等。

（一）条件反射理论

斯金纳（Burrhus F. Skinner）提出了操作性条件反射（Operant Conditioning）的概念，这种条件反射的特点是人或者动物必须通过自身的运动或操作才能得到强化。斯金纳认为，人的行为是受外部环境刺激所调节、控制的，改变外界刺激有助于改变行为。

强化就是对一种行为的肯定或否定（奖励或惩罚），它至少在一定程度上决定了这种行为在今后是否重复发生。根据强化的性质和目的可把强化分为正强化和负强化。在管理上，正强化就是通过奖励组织需要的行为，从而强化这种行为。正强化的方法包括奖金、对成绩的认可、表扬、赏识、改善工作环境和人际关系、晋升、安排担任挑战性的工作、给予学习和成长的机会等。负强化是在个体表现出期望的行为时，撤销个体所厌恶、回避的刺激，以增强所期望的行为。例如，如果员工一个月没有迟到记录，就可以减少下个月上夜班的天数。这样，员工为了减少上夜班的天数，就会努力保持按时上班。

在管理中运用强化法要遵循以下原则：① 要有目标体系，遵循目标强化的原则；② 小步前进，分阶段设立目标，并对目标予以明确的描述和规定，每个小目标都及时给予强化，以增强信心；③ 贯彻及时反馈、及时强化的原则；④ 实行奖惩结合，以奖为主的原则，因为正强化比负强化更有效；⑤ 贯彻精神奖励和物质奖励相结合的原则；⑥ 贯彻公开、公平、公正的原则。

（一）归因理论

归因理论（Attribution Theory）最早是由海德（F. Heider）从关于社会知觉的人际关系认知理论发展而来的。归因理论是说明和推论人的活动的因果关系的理论。有人把归因理论称作认知理论，即通过改变人的自我感觉、自我认知来达到改变人的行为的目的。从最后目标来看，归因理论也是一种行为改造理论。

根据美国心理学家维纳（B. Weiner）1974 年的研究，在现实中，根据内因与外因、稳定与不稳定原因、可控与不可控原因，一般人对行为的成功或者失败常作如下四种归因：① 努力程度；② 能力大小；③ 工作任务难易程度；④ 个人运气与机会的好坏程度。其中，努力程度、个人运气与机会是不稳定因素，能力大小和工作任务难易程度是稳定因素。

归因方式不同，人们的行为反应也不同。

（1）由于能力是自己无法直接控制的稳定的内因，如果行为者把失败归于能力，则不会增强今后的努力程度。因为他认为再努力也起不了作用。

（2）假若把失败归因于自己不够努力，由于努力程度是相对不稳定的但又是可控的内因，这样的归因可能增强今后的努力程度。

（3）假若把失败归因于不稳定的外因，如偶然生病或意外事故等，或者运气不好，没有机会，这就不一定会降低人的行为积极性，行为者仍能保持较高的努力程度。

（4）假若把行为失败归因于工作（学习）任务重、难度大等，由于这些因素是稳定性的外因，则很可能会降低行为者的自信心和行为的努力程度。

总之，假若行为者把失败归因于能力低、任务太重（或难）等稳定因素，行为者就会感到以后如果碰到同样的情况仍然会失败，则会降低对成功的期望，失去信心，结果努力程度就比较低。反之，如果行为者把失败归因于自己不努力或粗心大意等不稳定的因素，行为者就会增强自信心，增加努力程度，争取成功的机会。

第三节　激励实务

一、激励的原则

（一）目标结合原则

在激励机制中，设置目标是一个关键环节。通过 SMART 原则设置目标，诱发员工的动机和行为，以达到调动积极性的目的。管理中，目标设置要适宜，不能太高，也不能太低。过高的目标会降低员工的期望值，影响积极性，而过低的目标会降低激励效果。最后，设置的目标必须同时体现组织目标和员工的需要。

（二）物质激励和精神激励相结合的原则

物质激励是基础，精神激励是根本。在两者结合的基础上，逐渐过渡到以精神激励为主。物质激励和精神激励最终都要通过产生一定的精神作用、心理效应来达到调动员工积极性的目的。因此，运用物质激励要联系精神激励，注重物质激励可能引起精神效应。在实施激励时，需要有机结合物质和精神两种激励手段，因地制宜，因人制宜，因时制宜，引发人的内在动机，注重通过精神激励激发员工的光荣感、自豪感、成就感、自我实现感等，使员工产生持久和深刻的工作动力。

（三）引导性原则

引导性原则是激励过程的内在要求。外在的激励方法能不能达到预期的效果，不仅取决于激励方法本身，还取决于被激励者对激励方法的认知和接受程度。对于被激励者，激励应该是自觉接受而非管理者强行施加的。管理者应设置实现组织目标的具体要求，并确保每位员工都清楚，通过激励将个体成员的积极性集中体现到组织目标上来，实现集体与个体的协调发展。如护士长应以身作则，积极投入工作，以实际行动引导护士热爱护理事业，热爱自己的集体。

（四）合理性原则

激励的合理性原则包括两层含义：其一，激励的措施要适度。要根据所实现目标本身的价值大小确定适当的激励量；其二，奖惩要公平。奖励、惩罚必须做到公平合理，不能因人的地位、家庭背景以及与领导关系的亲疏而区别对待。企业在制定激励制度的过程中，必须坚持客观、民主、公正和科学，力争做到公正，当奖即奖、大功大奖、小功小奖、无功不奖，使员工产生公正感，从而调动工作积极性。

（五）明确性原则

激励的明确性原则包括三层含义：其一，明确。激励的目的是需要做什么和必须怎么做。其二，公开。特别是分配奖金等大量员工关注的问题时，更为重要。其三，直观。实施物质奖励和精神奖励时需要直观地表达它们的指标，总结和授予奖励和惩罚的方式。直观性与激励影响的心理效应成正比。

（六）时效性原则

激励的时机和频率会直接影响激励效果。要注意把握激励的时机，“雪中送炭”和“雨后送伞”的效果是不一样的。激励越及时，越有利于将人们的激情推向高潮，促使使其创造力连续有效地发挥出来。但激励的时机与激励的频率紧密相关，频率过高或过低都会影响激励效果。因此，选择激励的时机和频率需要考虑实际情况。一般认为，对于容易简单的任务，激励频率宜高；对于困难复杂的任务，激励频率宜低；对于周期短的任务，激励频率宜高；对于周期长的任务，激励频率宜低。

（七）正激励与负激励相结合的原则

所谓正激励，就是对员工的符合企业目标的期望行为进行奖励，如发放工资、奖金、津贴、福利等。所谓负激励，就是对员工违背企业目标的非期望行为进行惩罚，如减薪、扣奖金、罚款等。俗话说：“小功不奖则大功不立，小过不戒则大过必生。”正、负激励都是必要而且有效果的，不仅作用于当事人，而且会间接地影响周围其他人。

（八）按需激励原则

激励的起点是满足员工的需要。但员工每个人都是一个独立的个体，每个人的需要是因人而异、因时而异的，并且只有满足最迫切需要（主导需要）的措施效价才高，其激励强度才大。因此，管理者必须进行深入地调查研究，不断了解员工需要层次和需要结构的变化趋势，有针对性地采取激励措施，才能收到实效。总之，按需要激励就是根据员工的需要差异进行个别化的激励。

资料链接

薪酬激励

薪酬是指员工由于存在雇佣关系而获得的各种形式的经济性报酬。薪酬主要有两个主要部分构成，一是直接经济报酬，如薪金、工资、奖金、红利及佣金等；二是间接经济报酬，如带薪休假、保险等形式的经济福利。在世界各国的医疗机构的管理实践中，薪酬激励也是普遍采用的一种激励手段。有效的薪酬激励，能够给医院员工提供可靠的经济支撑，满足其外在和内在的需求、实现其自我价值。如图 10.2 所示。

表 10.2　部分国家和地区公立医院医务人员薪酬激励比较

国家（地区）	薪酬水平	薪酬结构	激励方式
美国	薪酬水平为社会平均工资的 3~8 倍	岗位工资+绩效奖励；薪酬中工资所占比重较大，奖金所占比重较小	薪水不受医院业务收入的影响；注重医院文化建设；注重职业训练和参与意识的培养
英国	薪酬水平为社会平均工资的 2.5~4 倍	全科医生：保障收入+有偿服务+特约服务项目收入+配药报酬；专科医生：基本薪水+额外项目津贴+即时服务津贴+地区津贴+雇佣和附加保持金	允许并鼓励医生从事兼职工作
澳大利亚	医务人员收入较高，为社会平均工资的 2 倍；不同级别医护人员的年收入差别大	工资、福利	允许医生拥有私人业务并按项目付费方式收取病人费用，享受带薪休假、带薪病假以及其他福利
日本	医务人員属于国家公务员，工资由国家统一规定和支付	基本工资+绩效工资+津贴+初任工资特别调整额	重资历，以年龄、工龄和学历决定基本工资；注重生活保障和非经济性薪酬
中国香港	薪酬水平约为社会平均工资的 3 倍	底薪+额外津贴（现金津贴）+特殊津贴	收入不受医院业务收入的影响，没有奖金和灰色收入；薪酬透明，薪酬标准明确

资料来源：刘颖，梁立波，孙宏，等. 公立医院薪酬激励的国际经验及对我国的启示[J]. 中国医院管理，2015（6）：12-15.

二、激励的方式

每个员工的需要都是不同的，即使是同一个员工，在不同的时间阶段或者不同的场合其需要也是动态变化的。因此，管理者对员工的激励方法也应该视具体情况而定。常用的激励方法有以下十四种。

（一）目标激励

目标激励，就是确定适当的目标，诱发人的动机，以调动人的积极性。目标激励的作用通常表现在两个方面。其一，经过努力，目标实现的可能性越大，员工就越感到有信心，激励作用也就越强。因此在管理的实践中，要不断地为员工设立在短时间内经过努力可以实现的目标。其二，目标效价即目标实现后满足个人需要的价值越大，就越能鼓舞人心，激励的作用效果就越强。当人们受到富有挑战性目标的刺激时，就会迸发出高昂的工作热情，特别事业心较强的人，更愿意接受挑战。目标提出来以后，管理者要协助下属制定详细的实施步骤，在工作中引导和帮助下属努力实现目标。

（二）经济激励

目前，人们的物质生活水平已经显著提高，经济利益与激励之间的关系已经弱化。然而，经济利益和物质需要始终是人类的第一需要，是人们从事一切社会活动的基本动因。所以，经济和物质仍然是激励的主要形式。企业除了可以采取工资的形式，还可以采取奖金、优先认股权、公司支付的保险金等形式，对员工的成绩给予奖励。但是经济激励要有一个比较明确的标准，比如做出什么样的贡献可以得到奖金，达到了什么标准可以分得住房等。

（三）工作激励

工作激励是一种直接激励方式，就是让工作过程本身使人感到有兴趣、有吸引力，从而调动职工的工作积极性，增强工作本身的内在意义和挑战性，使员工形成自我实现感。通过丰富工作内容、美化工作环境等方式，提高工作的吸引力。还可以通过员工与岗位的双向选择，使员工对自己的工作有一定的自主选择权。

（四）责任激励

责任激励，就是让员工认识并担负起相应的责任，激发其为所承担的任务而献身的精神，满足其成就感。责任激励可以采用不同的形式，例如，职务和工作任务的委托等。大部分人都愿意承担一定的责任。一个人如果能接到上级交给的、与自己能力相当或略大于自己能力的任务，就会感到上级对自己的重视或重用，从而体会到自身的价值，努力去完成这个任务。管理者就是要帮助下属重视并担负起责任。

（五）事业激励

让员工把个人事业的发展与企业的前途命运紧密地联系在一起，可以充分调动员工的内在潜力。如果企业发展了，个人的事业也能得到发展，员工就会认真地考虑怎样才能把工作做好。如果员工是在为事业而工作，那么就不会对工资报酬过分敏感，而是全身心地投入到工作中去。

（六）培训和发展机会激励

当今社会发展迅速，一方面，知识更新速度不断加快，原有的知识老化的速度也日益加快；另一方面，新的知识领域又在不断地涌现，这些在医疗技术行业体现特别明显。因此，当今社会的学习是终身学习，当今社会的教育是终身教育。员工虽然在实践中不断丰富和积累着知识，但仍然需要进行专业技能培训、进修。这种培训可以充实员工的知识，培养能力，为他们提供进一步发展的机会，提高他们在现代社会中的适应能力和竞争能力，满足其高层次自我实现的需要。

（七）晋升激励

晋升激励就是将素质高、表现更好的员工提拔到高一级的岗位，以进一步调动其工作积极性，这是多数企业普遍使用的一种激励方法。一方面，高层次的岗位需要更强的责任心和事业心；另一方面，晋升可以调动晋升员工的积极性。当然，晋升要掌握一定的标准，只有最符合条件的员工才有机会得到晋升，不能因晋升了一个人，打击了其他人的积极性。

（八）参与激励

现代员工都有参与管理的要求和愿望，创造和提供机会让员工参与管理是调动他们积极性的有效方法。应努力建立员工参与管理、提出合理化建议的制度，培养员工的主人翁意识。让员工参与管理，领导者可以听到更多的关于企业发展的好建议；对职工来说，可以形成对企业的归属感、认同感，进一步满足自我实现的需要。

（九）强化激励

强化激励是指对人们的某种行为给予肯定和奖励；或者撤销个体所厌恶、回避的刺激，使期望的行为得以巩固和加强；或者对某种行为给予否定和惩罚从而使不期望的行为减弱的过程。肯定性的激励方法主要是奖励和表扬。奖励又可以分为物质奖励和精神奖励。在实践中，要掌握适宜的奖励时机。适宜奖励的时机很多，根据奖励时间的快慢差异，可以分为及时奖励和延时奖励；根据奖励时间间隔的有无规律，可以分为规则奖励和不规则奖励。否定性的激励方法主要是批评和惩罚。为了达到良好的效果，批评和惩罚应该讲究艺术。在批评部下时，应先找出他们的长处给予肯定，然后提出批评建议，在友好严肃的气氛中结束批评。这种批评方式较符合人的心理活动的需要，既保全了部下的面子，又有利于培养部下改正错误或缺点的自信心理。惩罚的方式有降级、罚款、降薪、淘汰等。在员工激励中，正面激励的效果远大于负面激励。因此，要注意以表扬和奖励为主，以批评和惩罚为辅。

（十）荣誉激励

荣誉是众人或组织对个体或群体的崇高评价，是满足人们自尊需要、激发人们奋力进取的重要手段。对于一些工作表现比较突出、具有代表性的先进员工，可以采取评比先进、颁发奖状、大会表扬等形式。荣誉激励成本低廉，但效果很好。但在荣誉激励上，存在着评奖过滥等不正确现象。另外，评优中的"轮庄法""抓阄法""以官论级法""老同志优先、体弱病残者优先"等做法，都使荣誉的"含金量"大大降低，企业需要进行纠正。

（十一）情感激励

情感激励就是通过建立良好的情感关系激发员工的士气，从而达到提高工作效率的目的。常见的情感激励方式有生日祝贺礼，员工的子女入托帮助，员工婚丧嫁娶帮助操办，每天早上领导者迎接员工上班，员工生病时前去看望，员工有困难帮助解决，开展送温暖活动等。运用情感激励要求管理者做到三点：一是要真诚，要真正关心和尊重下属，不搞形式主义；二是善于体察人心，及时感觉下属的思想和情感变化，并根据这些变化采取相应的措施；三是善于根据人的不同特点，选择不同的情感交流方式。

（十二）弹性福利计划

福利是薪酬重要的组成部分，管理者应该充分发挥福利的激励作用。在西方企业中，弹性福利计划被视为一种非常有效的激励方式。弹性福利计划又称自助式福利计划，即给予员工一定的福利点数，员工可在点数范围内随意挑选自己喜欢的福利项目，以满足员工的多样化需要。员工一般都希望福利计划具有一定的灵活性。弹性福利计划考虑了员工的不同需要，提高了员工的工作满意度，有效地激励了员工，同时还帮助管理者加强了对福利成本的有效管理。

（十三）职业生涯规划

目前越来越多的人重视职业生涯规划。所谓职业生涯规划，是指企业与个人共同制定的，基于个人和企业两方面的需要，通过对决定个人职业生涯的个人因素、组织因素和社会因素等进行分析进而制定出的人在一生中的事业发展战略与实施计划。组织应在了解员工的个性特点、兴趣、专长和爱好的基础上，协助员工共同制定个人职业生涯规划，使员工和企业共同成长。这对企业来说，员工的成长会给企业带来高绩效；而对于员工来说，则是一种激励，因为企业帮助其制定职业生涯规划将使其感受到企业的关心，产生强烈的归属感。基于一项人力资源高管的调查，影响杰出人才招募的前十位因素中，职业生涯发展排名第一位。由此可见职业生涯规范的重要性。

（十四）股权激励

知名企业苹果、星巴克、可口可乐都向自己的员工提供股票期权计划。根据世界薪酬协会调查，股票期权已经成为激励的员工以及高级管理人员最受欢迎的方法，而且这一调查结果不受行业和企业规模的影响。

股权激励是"用明天的利润激励今天的员工，用社会的财富激励自己的员工"。那么，什么是股票期权？股票期权是授予员工在一定时期内以固定的价格购买一定数量的公司股票的权利。期权所提供的股票价格就是所谓的"公允价格"，通常也是被授予的股票期权的市场价格。被授予股票期权的员工希望股票价格上涨，这样就能低买高卖从而获得现金收入。

传统意义上的股票期权计划是一种用来奖励高管人员或者是企业的重要员工，将他们的利益与企业及股东的利益联系起来的一种方式。现在，企业普遍使用股票期权的方式来吸引、奖励和留住各个级别的员工。股票期权计划是一种与员工分享企业的所有权并获得对组织目标一致承诺的有效方式。

实践中，股票期权计划可以作为员工福利计划的一部分，也可以作为员工的努力与组织绩效相联系的企业文化的一部分。企业相信这一计划是有激励价值的。通过允许员工购买公司的股票，成为企业的合伙人，以提高员工的生产效率，并且最终促使股票价格上升。此外，裁员困境中的企业也会使用股票期权计划，以鼓舞员工士气。

资料链接

新型劳动力的激励

1. 激励专业人员

今天典型的员工形象可能是受过良好训练、拥有大学学历的专业人士，而不是工厂里的蓝领工人。专业人员与非专业人员有一些典型的差异。一是专业人员对自己的专业技术领域有着强烈和持久的承诺，并从他们的工作中获得巨大的内在满足感。二是专业人员更多时候是对自己专业的忠诚，而不是对雇主的忠诚。为了始终跟上这一领域的发展，他们需要不断更新自己的知识，并不会把自己的工作时间限制在一周五天、每天早九晚五的模式中。三是由于收入不薄且热衷于自己的工作，专业人员看重的元素中金钱和晋升通常处于次位，而工作的挑战性常常被排在较高的位置。四是专业人员喜欢寻找办法解决问题。他们在工作中得到的主要奖赏来自工作本身。五是专业人员还十分看重支持与鼓励。他们希望别人觉得自己所做的工作很重要。虽说这一点可能适合于所有员工，但对专业人员来说，他们尤其看重自己的工作，把工作视为生活的核心和乐趣。而非专业人员则通常拥有工作之外的其他兴趣，以补偿从工作中得不到满足的需要。

这表明，激励专业人员时，一是应该不断给他们提供具有挑战性的任务；二是给他们自主权从事自己感兴趣的工作，允许他们按照他们认为有效的方式安排工作；三是奖励他们教育机会，如额外培训、参加会议的机会，使他们始终跟上这一领域的发展水平；四是给他们提供的奖励是对工作的表扬与认可；五是关心他们存在什么问题，或通过其他方式表明你对他们的工作不仅感兴趣而且很看重。

2. 激励应急工

由于机构精简以及其他企业再造工程的活动，使得组织中工作岗位的数目减少，同时兼职工、合同工及其他类短期工的数目增大。这些应急工很少享受到甚至完全享受不到福利待遇，如健康保险、养老保险等，因而不像长期员工那样具有工作安全感和稳定性，也不像长期员工那样认同组织并对组织作出承诺。

对应急工的激励并没有什么简单的方法。在这些员工中有一小部分人喜欢的是这种临时地位的自由性，如学生、全职妈妈、退休人员等，因此对他们来说缺乏稳定性并不成为主要问题。另外对于报酬较高的内科医生、工程师、会计师、财务规划人员来说，短期工作可能更有利，因为他们并不希望受到全职工作的束缚。不过，这些人毕竟是一些特殊情况。大多数时候，临时工并不是主动选择这种“临时”身份的。

哪些因素可以激励这些并非主动愿意“临时”身份的员工呢？一个明显的答案是，提供成为长期工的工作机会。由于长期员工通常是从大量的短期雇员中经过挑选而留下的，因此短期雇员常常工作十分努力以期望成为长期员工。另一个不太明显的答案是，提供培训的机会。短期员工能否找到新工作在很大程度上取决于他们的技能水平。如果员工看到自己目前的工作可以帮助他发展市场看好的技能，则会提高其工作的积极性。从公平理论的角度看，当长期员工与短期雇员在收入方面存在明显差异时，还应该考虑可能出现的后果。如果短期员工与长期员工一起工作，干同样的工作，长期员工不但挣得比他们多而且享受福利待遇，则短期雇员的绩效水平会受到影响。因此，让这些员工分开工作，或对所有员工实行可变工资制或以技能为基础的工资方案，可以使这个问题减至最低限度。

3. 激励缺乏技能、工资最低的员工

就缺乏技能且工资最低的员工而言，其教育背景和技能水平较差；给这些员工基于业绩基础上加薪是不可能的，因为公司根本支付不起。这样，如何激发并维持其绩效水平，是管理者面对的最艰难的挑战之一。而管理者通常会落入这样一个陷阱，即认为激励这些人的只有钱。尽管金钱是十分重要的物质激励，但也并不是说金钱是这些人追求的唯一目标，是管理者可以运用的唯一工具。为了激励这些工资最低的工人，管理者应该考察一下其他有助于激励员工的奖赏办法。

一种做法是对员工的行为予以认可和表彰，如每月、每季度的员工业绩光荣榜，或通过其他方式对业绩突出员工进行祝贺。在不少快餐厅或零售店里，常常可以看到在一个醒目的位置上挂着记事板，上面记录着“本月最佳员工”的名字。这类做法的目的在于，通过对这名员工的重视，表明组织鼓励所有员工都达到这样的工作质量和绩效水平。很多管理者还认为口头表扬很重要。不过，需要确保这些“赞扬与鼓励”是真诚的，而且有正当的理由。

另一种作法是通过给一线员工授权，让他们在解决顾客问题时拥有更大的自主权。如果运用工作特征模型来考察这种方式，则看到这种对工作的重要设计提高了员工的工作积极性，因为员工现在感受到在技能多样化、任务完整性、任务重要性、工作自主性和信息反馈方面的改善。例如，在万豪国际集团中，每一个工作岗位都经过了重新设计，使工人可以有更多的时间与更多的客人接触。这些员工现在可以处理顾客的抱怨和要求，而在过去他们只能把这些内容转达给经理或其他部门。另外，员工工资中应该至少有一部分与顾客的满意度有关，也就是说，绩效水平与奖励（期望理论中的工具性联系）有着明确联系。

资料来源：http://3y.uu456.com/bp-5bkdb26yq26t2p833x61-4.html。

思考与练习

1. 什么是激励？激励的机制是什么？
2. 请对各种激励理论进行简要介绍。
3. 试阐述四种内容型激励理论之间的联系和区别。

4. 激励有哪些有效措施?

5. 请结合股权激励的案例，讨论在当今中国的企业管理中，如何利用股权激励来吸引和留住人才，提升企业绩效?

案例分析

星巴克的激励管理

1971年三位美国人在美国西雅图开设了第一家咖啡豆和香料以星巴克命名的专卖店公司。1982年，霍华德·舒尔茨（Howard Schultz）加入星巴克公司。从此，星巴克也在舒尔茨的带领下，跨越了数座发展里程碑。《商业周刊》2002年对全球100个知名品牌的调查显示，星巴克是成长最快的品牌之一，其股票价格在过去10年增长了2200%，回报率超过了沃尔玛、通用电气和可口可乐等著名公司。

长期以来，星巴克一直致力于向顾客提供最优质的咖啡和服务，营造独特的“星巴克式体验”，使得全球各地的星巴克店成为人们除了生活居所以及工作场所之外舒适温馨的“第三生活空间”。公司的价值主张是，星巴克出售的不是咖啡，而是人们对咖啡的体验。

星巴克要打造的不仅是一家为顾客创造新体验的公司，还是一家高度重视员工情感与员工价值的公司。舒尔茨将公司的成功在很大程度上归功于公司与员工之间的“伙伴关系”。“如果说有一种令我在星巴克感到最自豪的成就，那就是我们在公司工作的员工中间建立起的这种信任和自信的关系。”为了激励员工，公司在1991年开始实施面向全体员工的股票期权方案，也即“咖啡豆股票”计划。该方案使每个员工都持股，都成为公司的合伙人。这样，每个员工与公司的整体业绩联系起来，无论CEO，还是任何一位合伙人，都会采取同样的工作态度。据统计，20世纪90年代，公司员工的跳槽率仅为6%，远远低于快餐行业14%~30%的跳槽率。为吸引和留住本地优秀人才，2006年11月份公司在大中华区也实施“咖啡豆股票”计划。该计划初次实施的比例确定为14%，即有权享受该福利的员工可获得相当于年薪14%价值的公司股票期权。这是迄今为止，外资公司在中国实施的最大范围的股票期权计划。在星巴克公司，员工被称为“合伙人”。这就是说，受雇于星巴克公司，就有可能成为星巴克的股东。星巴克现在遍布全球的合伙人有25 000余人。

为了进一步增强公司与员工之间的“伙伴关系”，星巴克采取了其他措施，包括：

（1）“自选式”的福利：让员工根据自身需求和家庭状况自由搭配薪酬结构，有交通、旅游、子女教育、进修、出国交流等福利和补贴，甚至还根据员工的不同状况给予补助。这些做法会让那些享受福利的员工感到公司的关怀并对此心存感激。

（2）使命评价方案：公司在1990年正式推行使命评价方案。公司放置了大量评论卡，便于员工谈论有关使命评价的问题。员工可以对不支持公司使命的决策填写评论卡。相关的经理一般在两周时间内对员工的问题做出回应。

（3）跨部门的公开论坛：在公开论坛上，一个跨部门的小组深入探讨员工对工作的忧虑，找出解决问题的方法，提交相关报告。这样能够及时掌握员工的动向，既可以使得公司的使命具有生命力，也加强了企业文化的开放性。

（4）公开的沟通方式：公开论坛一年要开好几次，告诉员工公司最近发生的大事，解释财务状况，允许员工向高级管理层提问，这会给管理层带来新的信息。此外，公司定期出版员工来信，这些来信通常是有关公司发展的问题，也有员工福利及股东方案的问题。

（5）管理层培训计划：对员工进行栽培和辅导训练，使他们得到可持续的成长发展空间，是星巴克公司所看重的。管理层培训计划着重训练领导技能、顾客服务及职业发展。星巴克为员工提供了很多核心训练和技巧，希望员工即使离开公司，也能从星巴克的经历中受益。

（6）学习旅程：仅在2001年，星巴克就进行了上百万小时的训练，平均全球每人每天要接受近1小时的训练。培训的内容主要是咖啡知识与制作技能两个主要部分。培训目标是使公司的每个员工都能成为咖啡专家，随时与人们分享咖啡的迷人之处，解答人们关于咖啡的各种问题。

自1987年至今，星巴克仅用了20多年的时间发展成为巨型连锁咖啡集团，飞速发展的传奇让全球瞩目。在星巴克的管理中，其卓有成效的管理方式功不可没。

资料来源：http://3y.uu456.com/bp-9g3h02qor46rota5050q-6.html。

问题：1. 星巴克的激励措施有哪些特点？

2. 星巴克的激励给我们怎样的启示？

第十一章 控制

【学习目的与要求】

- 理解控制的含义、类型、方法
- 掌握控制的要素
- 描述控制的过程和步骤
- 掌握控制的方法

【案例 11.1】

哈勃太空望远镜

经过长达 15 年的精心准备,耗资超过 15 亿美元的哈勃太空望远镜最终在 1990 年 4 月发射升空。但是美国国家航天管理局（NASA）仍然发现望远镜的主镜片存在缺陷。由于直径达 94.5 英寸的主镜片的中心过于平坦，导致成像模糊。因此望远镜对遥远的星体无法像预期的那样清晰地聚焦，结果造成一半以上的实验和许多观察项目无法进行。可悲的是，如果有一点更好的控制，这些是完全可以避免的。

镜片的生产商珀金斯–埃尔默公司（Perkins-Elmer），使用了一个有缺陷的光学模板来生产如此精密的镜片。具体原因是，在镜片生产过程中，进行检测的一种无反射矫正装置没有设置好。矫正装置上的 1.3 mm 的误差导致镜片研磨、抛光成了错误的形状。但是没人发现这个错误。

具有讽刺意味的是与其他许多 NASA 项目所不同的是，这一次没有时间上的压力，而是有足够充分的时间来发现望远镜上的错误。实际上，镜片的粗磨在 1978 年就开始了，直到 1981 年才抛光完毕，此后，由于“挑战者”航天飞机的失事，完工后的望远镜又在地上待了两年。美国国家航天管理局（NASA）中负责哈勃项目的官员，对望远镜制造过程中的细节根本不关心。事后国家航天管理局（NASA）中一个由 6 人组成的调查委员会的负责人说:“至少有三个明显的证据说明问题的存在，但这三次机会都失去了。”

哈勃望远镜的例子说明了在组织机构中，如果缺乏有效的控制会发生什么。

控制是衡量计划执行结果的重要管理职能，是保证各项活动达到预期效果的职能。管理工作过程中，制订计划中进行正确的决策是管理的首要步骤，组织和领导是保证计划顺利实施的手段，控制则是通过对执行结果的分析，发现偏差并采取适当的纠偏措施，以确保计划和目标的实现。

第一节 控制概述

一、控制的涵义

（一）控制的含义

“控制”一词来源于希腊语“掌舵术”，意思是领航者通过发号施令将偏离航线的船舶拉回到正常的航线上来。由此可见，控制的核心就是维持正确的航向，或者说维持实现目标的正确行动路线。因此，从传统意义上看，所谓控制，就是“纠偏”，即按照计划标准衡量所取得的成果，并及时纠正偏差，保证目标的实现。

控制有一般意义上的控制与管理意义上的控制之分。一般意义上的控制就是按规定的目标和条件，对系统及其发展过程进行调查并施加影响的过程。管理意义上的控制就是管理控制，也简称控制。管理控制就是监视各项活动以保证它们按计划进行，并纠正各种偏差的过程。为了确保工作目标以及计划的实现，根据事先确定的目标或拟订的标准，对工作进行衡量、测量和评价，并在出现偏差时进行纠正，以防止偏差继续发展或在今后再度发生；或者，根据组织内外环境的变化和组织的发展需要，在计划的执行过程中，对原计划进行修订或制订新的计划，并调整整个管理工作的过程。

控制工作是每个主管人员的职能。作为一名主管人员，必须有能力按照既定的标准，监督检查本部门和下属计划的执行情况，发现偏差，找出原因，采取措施，进行纠正；还要根据已变化的环境对原计划进行适当调整，以确保组织目标的实现。

（二）控制与计划的关系

控制和计划的关系最为密切，两者之间既有区别又有联系。

1. 计划是控制的前提和基础

计划为控制提供标准，没有计划，控制就缺乏依据，但如果计划确定以后不加以正确地控制，计划的目标就难以顺利实现，计划也就失去了意义。计划越明确、完整、全面，控制的效果就越好。

2. 计划本身也是一种控制

比如，计划中的原则、规则、宗旨、政策、程序等，本身就能约束人们的行为；作为计划表现形式之一的预算，本身就是一种有效的控制工具。

3. 控制是提高计划科学性、合理性的重要手段

通过有效的控制，可以发现计划本身的缺陷，对计划进行修订或修改。

计划与控制是相辅相成、密不可分的。明确、全面、完整的计划，有利于提高控制的效率和效果，而科学、有效的控制是计划的顺利实施的保障。

二、控制的意义

控制的目的，在于保证企业的实际生产经营活动的成效（行为的结果）与预期的目标相吻合，或根据情况的变化，对计划进行调整。

1. 有效控制可以减少环境的不确定性

组织所面临的环境总是不断变化的，变化的环境充满着不确定性。一个组织只有不断地适应变化着的环境，才能更好地生存和发展。计划就是组织为适应环境所作的准备。但由于环境的变化，可能使组织事先所制定的计划不再正确、合理和有效。控制在某种程度上就是防止这种环境变化所带来的不适应性，经常有效的控制能够使组织及时分析环境因素，制定相应的策略以适应环境，从而减少环境的不确定性。

2. 有效的控制是完成计划的重要保障

计划是对未来的设想，是组织要执行的行动规划。由于受各种因素的制约，制订一项行动计划，无论花费多大的代价，也难以达到十全十美的境界。一些不可预测的因素往往会出现在计划的执行过程中，影响计划目标的实现。此外，计划能否顺利实现，除了计划本身要科学、可行之外，还要依靠计划执行人员的努力，计划执行者在执行过程中偏离既定的路线或目标是常见的现象。这些缺陷和偏差，都要靠控制来弥补和纠正。控制对计划的保证作用主要表现在：一方面通过控制纠正计划执行过程中出现的各种偏差，督促计划执行者按计划办事；另一方面对计划中不符合实际情况的内容，根据执行过程中的实际情况，进行必要的修正、调整，使计划更加符合实际。

3. 减少由于员工工作差异带来的效率问题

控制通过“纠偏”，有助于提高人们的工作责任心和工作能力，可以防止类似偏差的再现；此外，通过反馈，有助于提高管理者的决策能力水平。有效的控制能够强化组织的标准化工作，减少由于员工差异带来的效率问题。

三、控制的基本要素

控制的基本要素包括控制标准、偏差信息、纠偏措施三个方面。

1. 控制标准

控制标准是控制的依据，控制标准的可以是计划、组织目标以及具体工作的专业规范，也可以以上述的内容为依据，按照控制要求确定新的控制标准。控制的具体标准包括质量标准、消耗标准、利润标准、时间标准等。

2. 偏差信息

偏差信息记录的是实际工作情况或结果与控制标准之间的偏离情况。只有了解、掌握了偏差信息，才能决定是否应该采取纠正措施以及采取怎样的纠正措施。

3. 纠偏措施

通过对偏差信息和偏差原因的分析，采取的一系列措施，消除偏差，保证计划的顺利进行。纠偏措施应建立在对偏差原因进行正确分析的基础上，并不是一有偏差就立即采取纠正措施，而是偏差超过一定界限时纠偏措施才成为必要。

四、有效控制系统的基本特征

有效控制系统存在着一些共同的特征，组织在进行控制活动时，应该依据自身所处的环境和具体工作的特点，区分哪些特征对正在开展的控制工作重要而有效，能够使控制工作顺利进行。

1. 准确性

一个提供不准确信息的控制系统将会导致管理层无法作出正确决策，或不能“对症下药”。准确的控制系统能够提供可靠而有效的信息。

2. 及时性

信息的及时对控制系统相当重要，即便是最好的信息，如果过时了，也将一文不值。因此，有效的控制系统应能在最合适的时候为管理者提供控制信息，使得管理者在最佳时间予以纠正。

3. 灵活性

控制系统越灵活，就越能适应出现的各种问题、利用新的机会。由于组织环境是在不断变化的，控制系统应该具有足够的灵活性去适应各种情况的变化。

4. 经济性

每一项控制工作都需要付出一定的控制成本，控制系统产生的效益应该大于其发生的成本，管理者应尽量以较少的成本实现较好的控制。基于这个特征，管理者应该对施加的控制数量进行合理规划，使控制效果最优而成本最经济。

5. 简单性

控制系统的复杂程度越高，执行成本也就越高，在控制过程中需要耗费的人力、物力和财力就越多，还可能导致不必要的错误发生，使员工感到难以执行而被忽略。因此，有必要用简单一些的控制来代替复杂的控制方法。

6. 标准的合理性

控制标准必须是合理的并可以达到的，标准过高或过低都起不到有效的激励作用。因此，控制标准应是一套富有挑战性的、能激励员工努力工作的标准，而不是令人沮丧或鼓励欺骗。

7. 重要性

管理者应重点控制那些对组织行为有重大影响的活动和事件，而不是对组织中所有的事件都进行泛泛的、同等程度的控制，因为管理者的精力有限，组织的资源也是有限的，如果对组织的一切事情都进行重点控制，必然是“入不敷出”。

8. 例外性

由于管理者不可能控制组织中的所有活动，因此他们的控制手段应主要关注例外情况的发生。

9. 多重标准性

组织目标常常是多重的，有时不仅要追求产品的数量，还要追求产品质量和完成的时限。因此，控制标准也应是多重的，以便更好地衡量实际工作效果。

10. 纠偏行动

一个有效的控制系统不仅能发现重大偏差，而且能建议如何去纠正这些偏差。也就是说，在指出问题的同时，不是束手无策，而是对症下药，指明解决方法。

【案例 11.2】

美丽公司

美丽公司是马经理创建的一家化妆品公司。近年来，公司效益下滑，马经理决定高薪聘请张先生接替自己的职位，担任公司总经理。张先生上任以后，采取一系列措施，推行马经理为公司制定的进入医疗卫生行业的计划；与此同时，他在全公司内建立了一个严格的控制系统：要求各部门制定出每月的预算报告，要求每个部门在月初都要对本部门的问题提出切实的解决方案，要求每月定期举行一次由各部门经理和顾客参加的管理会议，要求各部门经理在会上提出自己本部门在当月的主要工作目标和经济来往数目。同时他特别注意资本回收率、销售边际及生产成本等经济动向，同时他也注意人事、财务收入和降低成本费用方面的工作。经过一年的工作，公司的效益得到了较大的提高。

第二节　控制的类型和过程

一、控制的类型

控制的种类很多，而且存在许多根据不同分类标准形成的分类方法。

（一）根据控制信息性质划分

管理控制手段可以在行动之前、进行过程中或结束之后进行。第一种称为前馈控制；第二种称为同期控制；第三种称为反馈控制。

1. 前馈控制

前馈控制（feedforward control）发生在实际工作之前，能够防止可能出现的问题，它是具有未来导向的。前馈控制是比较理想的控制类型。例如，组织制定相关规章制度，员工培训，对原材料质量进行入库检查都属于前馈控制等。前馈控制在医疗卫生服务的应用非常广泛，包括医师资格证、诊疗规范、操作规程、治疗方案等。同样，美国洛克希德公司的管理者在政府宣布与该公司签订的大笔军火合同之前就已开始招聘人员，提前雇佣工作人员可以防止潜在的工期延误。又如航空公司推行的定期飞机维护计划，这些计划设计检测并期望防止可能导致航空灾难的结构性损害。

前馈控制的优点：期望用来防止问题的发生而不是当出现问题时再补救，可防患于未然；同时，前馈控制是针对偏差产生的条件进行的控制，并不针对具体的人员，不易造成冲突，易于被员工接受。但前馈控制的实施需要及时和准确的信息，但这些信息的收集和预测是比较困难的。

2. 同期控制

同期控制（concurrent control）发生在活动进行过程中的控制。在活动进行中进行控制，管理者可以在发生重大损失之前及时纠正问题。

最常见的同期控制方式是直接监督。管理者通过直接监督下属的行动，就能及时发现运行过程中的问题并进行纠正。例如，许多计算机系统在程序中就设置了当出现错误时操作人员应采取的行动，当你输入一个错误的命令，程序的同期控制便会拒绝你的要求，有时甚至会告诉你判定为错误的原因。又如，医生每日对住院病人的查房，生产制造过程中对产品的抽查，管理者亲临工作现场进行视察等都属于同期控制。

同期控制具有监督和指导两项职能。监督是按标准检查员工的工作，以保证目标的实现；指导可帮助下属改进工作，有助于提高员工的工作能力和自我控制能力。但同期控制受管理人员时间、精力、业务水平等的制约，只能在关键工作上使用，应用范围较窄；同时，同期控制容易造成管理者与员工的对立情绪，不利于员工发挥工作主动性。

3. 反馈控制

反馈控制（feedback control）是一种最常见的控制类型，控制发生在行动之后，有时候可能在损失已经形成时进行。反馈控制难以消除已经产生的偏差，是“亡羊补牢”式的控制。许多情况下，反馈控制是唯一可用的手段。企业的财务报告是反馈式控制的一个典型事例，当财务报表显示企业的经营状况较不理想时，表明这种现象已经发生，管理者唯一能做的是分析这种状况发生的原因并寻找修正的方法。

与前馈控制和同期控制相比，反馈控制的优点在于：第一，为管理者提供了关于计划的效果的真实信息。如果反馈显示标准与现实之间只有很小的偏差，说明计划的目标是达到了的；如果偏差很大，管理者就应该利用这一信息使新计划制订得更加有效。例如，通过对以往发生的医疗差错或事故进行分析，可以有针对性的采取改进措施，以减少医疗差错或事故的再次发生。第二，反馈控制可以为员工考核提供依据。通过对员工工作结果的分析，使员工了解自己的工作绩效，增强员工的工作积极性。因为人们希望获得评价他们绩效的信息，而反馈正好提供了这样的信息。反馈控制的主要缺点在于：存在时间上的滞后性，只能作为一种事后补救的控制方法。

（二）根据控制手段划分

根据控制手段，控制分为直接控制和间接控制两种类型。

1. **直接控制**

直接控制是控制者与被控制对象直接接触进行控制的形式。在企业的生产过程中，发生偏差的原因可能多种多样，由监控人员直接在现场做出判断有利于及时纠正错误。如工序质量检查，通过自检、互检和他检进行直接控制，使不良品在本工序得以彻底解决，不流入下一道工序，对企业的品质管理具有重要的作用。

2. **间接控制**

间接控制是控制者与被控制对象之间并不直接接触，而是通过中间媒介进行控制的形式。比如，在等级制度下，厂长对各职能科长和车间主任的控制属于直接控制，而对工段长的控制乃是借助于车间主任而进行的间接控制。

（三）根据控制活动性质划分

根据控制活动的性质，控制分为预防性控制和更正性控制。

1. **预防性控制**

采取预防性控制措施是为了防止资金、事件或其他资源的损耗。使用这种控制措施要求对整个运行活动的关键点有比较深刻的理解，能够预见问题。例如，国家制定较详细的法律条文并大力宣传遵法守法，这就是预防性控制措施。

2. **更正性控制**

采用更正性控制往往是由于管理者没有预见问题，或者管理者认为某些事情出现错误之后，更正性控制要比预见问题的预防性控制更容易些。在实际管理工作中更正性控制使用的更为普遍。例如，国家发现某些地区走私现象严重，为了改变这种现象，在交通要道和关口设立了一些检查站，以期减少走私活动。又如，审计制度增加了管理部门采取迅速更正措施的能力，因为定期对企业进行检查，有助于及时发现问题并加以解决。

（四）根据控制来源划分

根据控制来源，控制分为三种类型：正式组织控制、群体控制和自我控制。

1. **正式组织控制**

正式组织控制是通过企业设计和建立的一些机构或规定来进行控制。像规划、预算和审计部门是正式组织控制的典型例子。例如按照规定对在禁止吸烟的地方抽烟的职工进行罚款、对违反操作规程者给予纪律处分等，都属于正式组织控制的范畴。

2. **群体控制**

群体控制基于群体成员们的价值观念和行为准则，其是由非正式组织发展和维持的。非正式组织有自己的一套行为规范。尽管这些规范并没有明文规定，但非正式组织中的成员都十分清楚这些规范的内容，都知道如果自己遵循这些规范可以获得的奖励。这种奖励可能是其他成员的认可，也可能是强化了自己在非正式组织的地位。同样，如果违反这些行为规范就可能遭到惩罚，这种惩罚可能是遭受排挤、讽刺甚至是被驱逐出该组织。例如，建议一个新来的职工自动把产量限制在一个群体可接受的水平，就是群体控制的一个例子。群体控制在某种程度上左右着员工的行为，处理得好有利于达成组织目标；处理不好将会给组织带来很大危害。

3. **自我控制**

个人自我控制是个人有意识地按照某一行为规范进行活动。例如，一个职工不愿意把公家的东西据为己有，可能是由于他具有诚实、廉洁的品质，而不单单是怕被抓住遭惩罚。

自我控制能力取决于个人本身的素质。具有良好修养的人一般自我控制能力较强，顾全大局的人有较强的自我控制能力；具有较高层次需求的人有较强的自我控制能力。

二、控制过程

控制对组织目标的实现非常重要，有效的控制可以使组织按照事先确定的计划和目标前进。基本的控制过程包括三个步骤：① 确立控制标准；② 衡量实际工作；③ 采取纠偏措施，纠正偏差或不适当的控制标准。控制过程如图 11.1 所示。

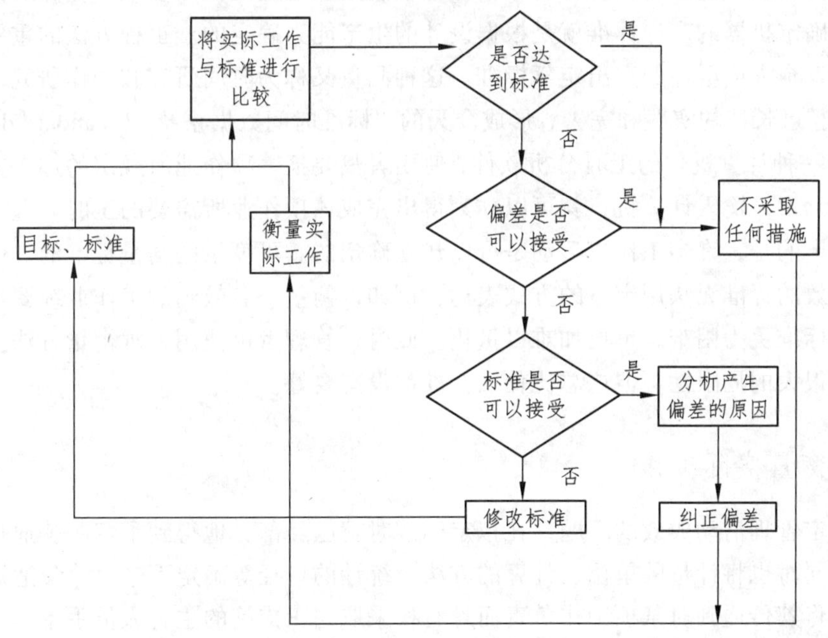

图 11.1　控制过程

（一）确立控制标准

1. **标准**

管理控制过程的第一步是拟定一些具体标准，这些标准是控制工作的依据。由于控制的目的是保证计划和组织目标的实现，所以，控制标准的确定必须以计划和组织目标为依据，但又不能简单地照搬计划目标，而应找出关键指标并进行一定的量化和细化。而且，作为控制标准必须符合简明、适用、稳定、可行、可操作等要求。标准的设立应当具有权威性。标准的类型有多种。常见的包括：

（1）实物量标准，如产量、销量、物资消耗量等。

（2）价值量标准，如销售额、成本、利润、资金标准等。

（3）时间标准，如工期、交货期、工时定额等。

（4）质量标准，如产品合格率、顾客满意率等。

（5）程序标准，如作业规范、业务流程等。

2. 确立控制标准的方法

（1）统计方法，相应的标准称为统计标准，常用的有统计平均值、极大值（或极小值）和指数等。统计方法常用于拟定与企业的经营活动和经济效益有关的标准。

（2）经验估计法，它是由有经验的管理人员凭经验确定的，一般是作为统计方法和工程方法的补充。

（3）工程方法，相应的标准称为工程标准，它是以准确的技术参数和实测的数据为基础的。例如，确定机器的产出标准就是根据设计的生产能力确定的。工程方法的重要应用是用来测量生产者个人或群体的产出定额标准。这种测量又称为时间研究和动作研究，它是由泰勒首创的。经过长期的实践和完善，形成今天的“标准时间数据系统”（standard data system，SDS）。这是一种计算机化的工时分析软件，使用者只要把一项作业所规定的加工方法分解成相应的动作元素，输入计算机，就可以立刻得出完成该项作业所需要的工时。

应该指出的是，许多工作或活动是可以建立确定的、可度量的衡量标准的。但是，也有一些衡量绩效的标准无法用定量的方式表达，例如，衡量一名教师的工作业绩要比衡量一名销售人员的标准更为困难，也更加难以量化。此时，管理者可使用主观衡量方法。当然，主观方法具有很大的局限性，但这总比什么标准都没有要好。

（二）衡量实际工作

如何评定管理活动成效的问题，在拟定标准时就已经部分地得到了解决。通过制定可考核的标准，同时也将计量的单位、计算的方法、统计的口径等确定下来。收集适用的、可靠的信息，并将其传递到对某项工作负责而且有权采取纠正措施的主管人员手中。

那么，应该如何去衡量实际工作呢？有四种信息常被管理者用来衡量实际工作绩效，即个人观察、统计报告、口头汇报和书面报告。常用的衡量实际工作绩效的方法有亲自观察、分析资料、召开会议、抽样调查等。亲自观察就是由控制人员亲临工作现场，通过观察及与工作人员现场交谈，了解工作进展及存在的问题。这种方法的优点是能获得真实的信息。分析资料是对记录工作进展的各种报表、报告等进行分析。这种方法的优点是节省时间、效率较高，但在信息的真实性、全面性等方面的确定对资料的依赖程度很大。召开会议，让各部门各自汇报工作进程及存在的问题，既可以使管理者了解工作情况，又有助于各部门相互沟通与合作，但要注意提高开会效率，尽量避免这种会议一般存在的报喜不报忧现象。抽样调查也能获得真实的信息，但要注意样本的数量及代表性。

四种不同的衡量方法各有其优缺点，管理者在控制活动中往往综合地使用这些方法，以增加信息的来源并提高信息的可信度。

解决了如何衡量的问题，另一个问题则是确定实际工作与标准或目标之间的偏差。实际上是把工作实绩与标准进行比较的过程，这个步骤决定了它们之间的差异程度。在实际的工作中，都可能存在一定的偏差，也就是说偏差是客观存在的。因此，应确定一个偏差范围（图11.2），对超出这个范围的偏差应格外关注、重点监控，同时还应注意偏差的趋势。

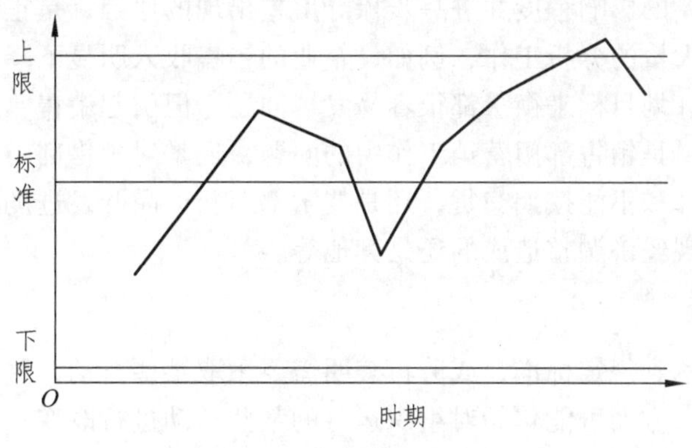

图 11.2 偏差范围

为了能够及时、正确地提供反映偏差的信息，同时又符合控制工作在其他方面的要求，管理者在衡量实际工作时应注意以下方面的问题：

（1）必须深入基层，了解真实情况，切忌只凭下属的汇报作出判断。

（2）建立检查考核工作制度。通过制度建设，管理者可及时、全面地了解计划执行的情况，以便从中发现问题、迅速纠正，尽可能将重大偏差消灭在萌芽状态。

（3）检查衡量的方法应科学，衡量必须与标准直接相关。与公司标准无直接关系的衡量所提供的是无关紧要的信息，这会造成过度衡量并导致浪费。如果是进行抽样检查，则抽取的样本应能代表整体。例如，某一饭店集团在衡量顾客服务质量时，重要的是选择那些能代表全体的饭店和职员作为衡量对象。如果只选择那些表现好的饭店和职员进行调查，管理层就可能忽视其他饭店存在的种种问题。

（4）确定适宜的衡量频度，即间隔多长时间衡量实际工作绩效。是按日、周、月，还是按季、年？是定期，还是不定期？必须根据具体的衡量项目而定。对控制对象的衡量频度过高，不仅会增加控制的费用，而且还可能引起有关人员的不满，影响其工作态度，产生负面影响。如果频度过低，偏差不能及时发现，措施不能及时落实，就会影响控制的效果。

衡量绩效的目的是对计划执行状况做出判断，即判断是否存在偏离计划路线和目标的现象。实际计划执行中的偏差有两种：一种是正偏差，通俗地讲就是超额完成计划的情况。超额完成计划并非都是有利的，有些正偏差会加剧结构失衡。所以，在检查考核中发现存在着正偏差，也必须全面分析、然后再做出结论。另一种是负偏差，即没有完成计划和偏离计划的情况，显然，负偏差是不利的，施控者必须深入分析发生负偏差的原因，并及时采取对策加以纠正。

（三）采取纠偏措施

如果偏差的出现是由于不良的工作造成的，管理者就应采取纠偏措施。

1. 找出偏差出现的原因

偏差反映出了目标或标准与工作实绩之间的差异。偏差出现的原因可能是多样的，有些偏差可能反映出工作过程中的严重问题，但也有一些偏差是偶然的、暂时的，不一定会对组织的最终结果产生重要影响。因此，分析偏差特点及偏差出现的原因，是采取纠偏措施的一个重要步骤，判断偏差的影响程度并进一步探寻偏差出现的原因，是正确纠偏的前提。进一步寻找原因可能需要大量的分析工作，例如，企业的销售收入明显下降，无论是用同期比较的方法，还是用年度计划目标来衡量都很容易发现问题，但引起销售收入下降的原因，却不那么容易一下就找准：是销售部门营销工作中的问题，还是对销售部门新产品授权不够；是制造部门制造质量下降和不能按期交货，还是技术部门新产品开发进度太慢致使产品老化，竞争力下降；由于宏观经济调整造成的还是其他等。

2. 纠正性的措施

如果工作实绩未达到规定标准，或分析表明需要采取某些行动，这一步骤就变得非常必要了。纠正性措施，一方面可能包括对组织运行的某些活动进行改变；另一方面控制过程中也可以发现不适当的标准。在这种情况下，纠正性措施是修订原来的标准，而不是改变组织的行为。控制是一个动态过程，如果管理者没有从头至尾坚持整个控制过程，那么只能算是监督工作表现，而不是实施控制。通常，控制过程的重点在于设计出建设性方法，使实际绩效达到标准，绝非仅仅是找出过去的失误。例如，对某项工作的控制过程中，如果发现下属无效能，就要向他们澄清指令，必要时给予额外培训，考虑是否员工缺乏激励，或者需要重新分配工作等。若克服困难的措施超越了管理的权限，比如，顾客们就是不愿买公司的产品，就必须重新确立目标和计划。从管理的角度看，只有采取必要的纠正行动之后，控制才是有效的。

第三节　控制的技术和方法

【案例 11.3】

电子监控

某家公司办公室安装了电子监控系统，其目的是便于管理者更好地、更直接地进行管理和监控。安装之后有一定的成就，但并没有激发员工更多的热情。有些员工认为，系统固有的电子报告只是不必要地例行公事。因为最好的员工花费了很多时间了解客户，对这种被称为“电子警察”的系统感到很不高兴，而管理者可以对他们所有行动进行监视并通过“遥控”来威胁他们。管理得力的管理者通常是那些在员工和他们自己之间创造信任的人，但是电子监控系统破坏了信任关系。

控制的方法可谓多种多样。管理者除采用亲临现场巡察、监督下属作业、分析工作报表等方式外，常常采用如预算控制、财务比率控制、审计控制、人员控制、作业控制和信息控制等方法。本节侧重于后一部分方法进行叙述。

一、预算控制

预算是政府部门和企业使用最广泛的控制手段。预算就是用数据编制一定时期的计划，也就是用财务数据（如在投资预算和财务预算中）或非财务数据（如在生产预算中）来表明预期的结果，如政府部门通过金额来反映政府财政收支计划，企业通过金额和数量反映企业的各项计划。

预算是一种计划，预算的内容可以简单概括为三个方面：①“多少”——为实现计划目标的各种管理工作的收入（或产出）与支出（或投入）各是多少；②“为什么”——为什么必须收入或产出这么多数量，以及为什么需要支出或投入这么多数量；③“何时”——什么时候实现收入或产出、什么时候支出或投入以实现收入支出平衡。

一个组织可以有整体预算，也可建立部门、单位及个人的预算。从预算的时间来说，虽然也有月度和季度的预算，但一般来说，财务上的预算多为一年期。另外，虽然预算一般都是指财政上的货币，如收入、支出和投资预算等，但是有时也用产品单位数量或时间数量来表示，如直接工时或产量等方面的预算。

预算控制是通过编制预算，然后以编制的预算为基础，来执行和控制组织的各项活动，并比较预算与实际的差异，分析差异产生的原因，然后对差异进行处理。预算的编制过程与控制过程是密切联系的。通过编制预算，可以明确组织及其各部门的目标，协调各部门的工作，评定各个部门的工作业绩，控制企业日常的经营活动。

（一）预算的种类

预算在形式上是一整套预计的财务报表和其他附表。按照不同的内容，可以将预算分为经营预算、投资预算和财务预算三大类。

1. 经营预算

经营预算是指企业日常发生的各项基本活动的预算。它主要包括销售预算、生产预算、直接材料采购预算、制造费用预算、单位生产成本预算、推销及管理费用预算等。

2. 投资预算

投资预算是对企业的固定资产的购置、扩建、改造更新等，在可行性研究的基础上编制的预算。它具体反映在何时进行投资、投资多少、资金从何处取得、何时可获得收益、每年的现金净流量为多少、需要多少时间回收全部投资等。

3. 财务预算

财务预算是指企业在计划期内反映有关预计现金收支、经营成果和财务状况的预算。它主要包括“现金预算”“预计收益表”“预计资产负债表”“预计财务状况变动表”。

必须指出的是，前述的各种经营预算和投资预算中的资料，都可以折算成金额反映在财务预算内。这样，财务预算就成为各项经营业务和投资的整体计划，故亦称“总预算”，主要包括以下四个方面：

（1）现金预算，主要反映计划期间预计的现金收支的详细情况。通过现金预算，反映计划内企业现金流动的情况，控制现金的收支，做到合理理财。

（2）预计收益表，或称预计利润表，用来综合反映企业在计划期间生产经营的计划财务情况，并用作预计企业经营活动最终成果的重要依据，是企业财务预算中最主要的预算表之一。

（3）预计资产负债表，主要用来反映企业在计划期末的计划财务状况。它的编制需以计划期间开始日的资产负债表为基础,然后根据计划期间各项预算的有关资料进行必要的调整。

（4）预计财务状况变动表，是根据前面的预算编制的，用于反映在计划期内资金来源和资金运用及其变化的情况，以及企业理财的情况。

（二）预算制定过程

一般情况下，当管理者得知上级管理部门对下一年的经济预测、销售与利润目标、预算必须在何时编制完毕的时间表以后，就开始着手编制预算。高层管理者提供的预测和目标是管理者编制预算的指导方针。

预算的编制可分为“自上而下”和“自下而上”两种。少数组织采用“自上而下”的预算编制过程，高层管理者几乎不与基层管理者商量，就制定出预算。但是，大多数公司采取“自下而上”的预算编制过程，或者至少开始时是由执行预算的人来制定预算，然后报送高层管理者审批。

自下而上的预算编制过程具有很多优点。首先，基层管理者对他们自己的需要更了解，可以比高层管理者提供更现实的建议，他们不会忽略某些关键性的因素，也不会忽略可能阻碍预算实施的缺陷。其次，基层管理者更愿意接受和实施自己亲自参与形成的预算。最后，当个人积极参与对他们本身有影响的决策时，士气和满意程度都会有所提高；经常努力裁减基层管理者的费用申请或提高其收入目标，将会导致彼此之间的不信任和焦虑，特别是在员工开始怀疑预算将不会满足他们的需要时更是如此。扩大预算制定过程的组织成员参与程度，可以减少这类焦虑反应。当所有的管理者都参与预算制定时，他们更可能会对资源分配感到满意。

（三）编制预算的方法

静态预算一般是以预测的销售量为基础，在一定业务量水平下编制预算。这种方法多为企业采用。但是，企业的环境不断变化，使得企业所预测的销售量比实际的销售量可能更高或更低，原编制的预算就无法使用。弹性预算、滚动预算和零基预算是适应环境变化的预算编制方法。

1. 弹性预算

弹性预算就是在编制费用预算时，考虑到计划期业务量可能发生的变动，编制一套能适应多种业务量的费用预算，以便分别反映各业务量所对应的费用水平。由于这种预算是随着业务量的变化作灵活调整，本身具有弹性，故称为弹性预算。

编制弹性费用时，把所有的费用分为变动费用和固定费用两部分。固定费用在相关范围内不随业务量变动而变动，而变动费用则随业务量变动而变动。因此，在编制弹性预算时，只需要按业务量的变动调整费用总额即可，不需重新编制整个预算。

2. 滚动预算

滚动预算或称永续预算，其特点是，预算在其执行中自动延伸，当原预算中有一个季度的预算已经执行了，只剩下三个季度的预算数，就继续补充一个季度的预算，经常保持一年的预算期，或者是每完成一个月的预算，就再增加一个月的预算，经常保持十二个月的预算期。

滚动预算的优点是根据预算的执行情况，调整下一个阶段的预算，使预算更加切合实际和可行，并且使预算期保持一年，使企业保持一个稳定的短期目标，以免等预算执行完后再编制新的预算。

根据滚动预算的编制原理，企业可以把长远规划与短期目标结合起来，并根据短期目标的完成情况来调整长期规划，使企业的各项活动能够及时反馈，以便及时发现差异，及时处理（见图 11.3）。

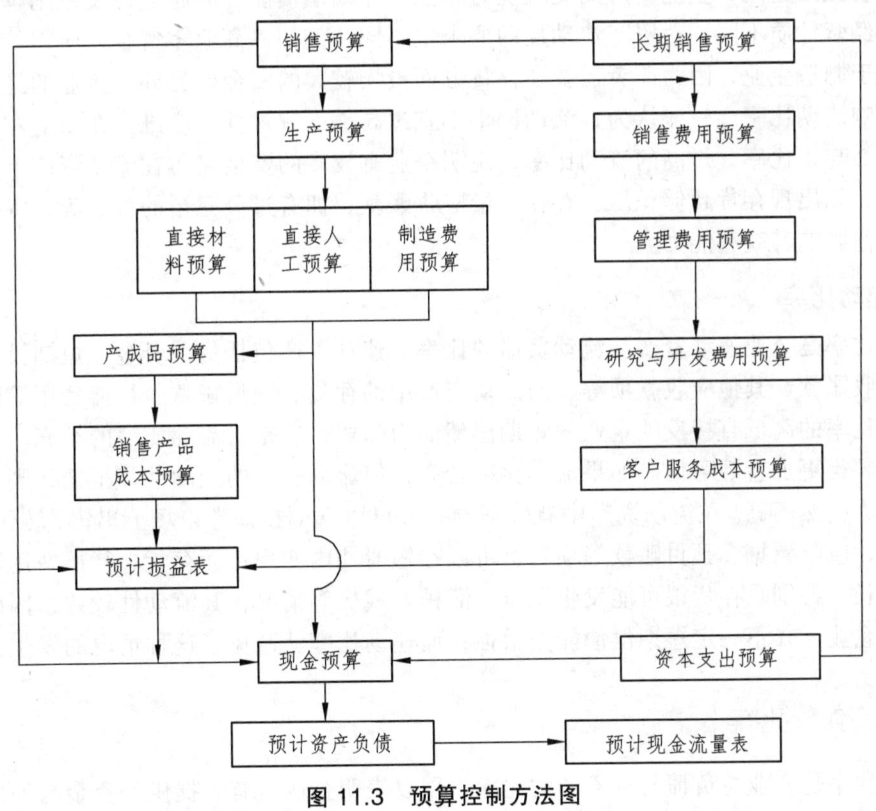

图 11.3 预算控制方法图

注：箭头表示各预算表的信息流向。

资料来源：谭力文，李燕萍．管理学[M]. 4 版．武汉：武汉大学出版社，2014:362.

二、财务比率控制

企业的财务报表为管理者、股东、金融机构、投资分析家及其他与企业利益相关者评估组织的业绩提供了相关的信息，也为管理控制活动提供了各种数据。可以利用财务报表提供的相关项目进行对比，形成一个比率，从而分析和评价企业的经营成果和财务状况。利用财务报表提供的数据，可以计算分析许多比率，常用的财务比率有以下四类：变现能力比率、负债比率、资产管理比率和盈利能力比率。

（一）变现能力比率

变现能力比率主要有流动比率和速动比率。

1. 流动比率

流动比率是企业流动资产与流动负债的比率。流动比率反映了企业短期偿债能力。一般来说，流动比率越高，企业资产的变现能力越强，短期偿债能力亦越强；反之则越弱。由于各行业的经营性质不同，对资产流动性的要求也不同。例如，商业零售企业所需的流动资产往往要高于制造企业，因为前者需要在存货方面投入较大的资金。另外，企业的经营和理财方式也影响流动比率。一般认为，流动比率不宜过高也不宜过低，应维持在 2:1 左右，因而也称之为 2 与 1 比率。过高的流动比率，说明企业有较多的资金滞留在流动资产上未加以更好地运用，如出现存货超储积压、存在大量应收账款、拥有过分充裕的现金等，资金周转可能减慢从而影响其获利能力。

2. 速动比率

速动比率是企业速动资产与流动负债的比率。速动资产包括货币资金、短期投资、应收票据、应收账款、其他应收款项等，而流动资产中的存货、预付账款、待摊费用等则不应计入。速动比率的高低直接反映企业的短期偿债能力强弱，它是对流动比率的补充，并且比流动比率反映得更加直观可信。如果流动比率较高，但流动资产的流动性却很低，则企业的短期偿债能力仍然不高。在流动资产中有价证券一般可以立刻在证券市场上出售，转化为现金；应收账款、应收票据、预付账款等项目，可以在短时期内变现；而存货、待摊费用等项目变现时间较长，特别是存货很可能发生积压、滞销、残次等情况，其流动性较差，因此流动比率较高的企业，并不一定短期偿债能力很强，而速动比率就避免了这种情况的发生。

（二）负债比率

负债比率是企业总负债与总资产的比率，用以表明企业所有者提供的资金与外部债权人提供的资金的比率关系。它反映了企业资产总额中有多大比例是依靠借贷筹集的，也反映了企业利用债权人资金进行经营活动的能力。负债比率越高，企业的债务负担越重，不能偿还的可能性也越大，但较高的负债比率也可能为企业投资人带来较高的投资回报。

分析问题的角度不同，对负债比率高低的看法也不相同。债权人认为，负债比率越低越好，该比率越低，债权人越有保障，贷款风险越小；从股东的角度看，如果能够保证全部资本利润率大于借债利率，则希望该指标越大越好；从经营者角度看，负债过高，则企业难以继续筹资，负债过低，则企业经营缺乏活力。因此从财务管理的角度，企业要在盈利与风险之间做出权衡，确定合理的资本结构。

（三）资产管理比率

1. 存货周转率

存货周转率是衡量和评价企业购入存货、投入生产、销售回收等各环节管理状况的指标。存货周转率是销售成本与存货平均余额之比，也称存货周转次数。用时间表示的存货周转率就是存货周转天数。一般来说，存货周转速度越快，存货的占用水平越低，流动性越强，存货转换为现金或应收账款的速度越快，表明企业存货管理越有效率。提高存货周转率可以提高企业的变现能力。

2. 应收账款周转率

应收账款周转率是企业的赊销收入净额与平均应收账款余额的比率，说明应收账款流动的速度。一般来说，应收账款周转率越高越好。应收账款周转率高，表明企业收账速度快，平均收账期短，坏账损失少，资产流动快，偿债能力强。如果企业的应收账款周转率太低，则表明企业奉行较紧的信用政策，付款条件过于苛刻，这样会限制企业销售量的扩大，特别是当这种限制的代价（机会收益）大于赊销成本时，会影响企业的盈利水平。

3. 总资产周转率

总资产周转率是销售收入与平均资产总额的比值，反映的是资产总额的周转速度。周转率越大，说明总资产周转越快，反映销售能力越强。它是综合评价企业全部资产经营质量和利用效率的重要指标，体现了企业经营期间全部资产从投入到产出的流转速度，反映了企业全部资产的管理质量和利用效率。通过该指标的对比分析，可以反映企业本年度以及以前年度总资产的运营效率和变化，发现企业与同类企业在资产利用上的差距，促进企业挖掘潜力、积极创收、提高产品市场占有率、提高资产利用效率。一般情况下，该数值越高，表明企业总资产周转速度越快，销售能力越强，资产利用效率越高。

（四）盈利能力比率

1. 销售利润率

销售利润率是企业销售净利润与销售总额之间的比率。销售利润率是衡量企业销售收入的获利水平的指标。销售利润率越高，销售获利水平越高。将企业不同产品、不同经营单位在不同时期的销售利润率进行比较分析，能为管理者提供更多的控制信息。

2. 资产净利率

资产净利率是企业净利润与平均资产总额的比率，表明企业资产利用的效果。该指标值越高，表明企业资产利用效率越高，说明企业在增加收入和节约资金使用方面取得了良好效果。该指标是一个综合指标，为了正确评价企业经营效益的高低，挖掘提高利润水平的潜力，可以用该指标与本企业前期、与计划指标、与本行业平均水平和本行业先进水平进行对比分析。产品价格、单位成本、产量、数量、资金占用量等均会影响资产净利率的高低。

表 11.1 常用的财务比率表

目标	比率	计算公式	含义
流动性	流动比率	$\frac{\text{流动资产}}{\text{流动负债}}$	组织偿还短期债务的能力
	酸性测试	$\frac{\text{不包括存货的流动资产}}{\text{流动负债}}$	更准确的流动性测试，由于存货周转慢或很难出售
杠杆	资产负债率	$\frac{\text{总负债}}{\text{总资产}}$	比率越高，组织杠杆性越强
	已获利息倍数	$\frac{\text{息税前收益}}{\text{总利息负担}}$	衡量的是组织能够偿还其利息费用的倍数
活动性	存货周转率	$\frac{\text{销售额}}{\text{存货}}$	比率越高，存货资产应用效率越高
	总资产周转率	$\frac{\text{销售额}}{\text{总资产}}$	用来获取既定销售额的资产越少，组织总资产利用的效率越高
收益率	销售利润率	$\frac{\text{税后净利润}}{\text{总销售额}}$	各种产品产生的利润的确定
	投资回报率	$\frac{\text{税后净利润}}{\text{总资产}}$	资产产生利润的效率的衡量

资料来源：斯蒂芬·罗宾斯. 管理学[M]. 11 版. 北京：中国人民大学出版社，2012:490.

三、审计控制

审计是对反映企业资金运动过程及其结果的会计记录与财务报表进行审核、鉴定，以判断其真实性和可靠性，从而为控制和决策提供依据。根据审查主体和内容的不同，可将其划分为外部审计、内部审计和管理审计三种主要类型。

（一）外部审计

外部审计由外部机构选派的审计人员对企业财务报表及其反映的财务状况进行独立的评估。它包括国家审计和社会审计。国家审计是指独立于政府机关和企事业单位以外的国家审计机构所进行的审计；社会审计是指由经政府有关部门审核批准的社会中介机构进行的审计，其主体是会计事务所。进行外部审计的目的是检查财务报表及其反映的资产与负债的账面情况与企业真实情况是否相符，外部审计人员需要抽查企业的基本财务记录，以验证其真实性和准确性，并分析这些记录是否符合公认的会计准则和记账程序。例如，根据《中华人民共和国审计法》的规定，2015 年 1 月至 3 月，审计署对国家发改委 2014 年度预算执行情况和其他财政收支情况进行了审计，重点审计了发改委本级和所属国家投资项目评审中心、宏观经济研究院、城市和小城镇改革发展中心、培训中心 4 个单位，并对有关事项进行了延伸审计。

外部审计的优点是审计人员与被审计对象不存在行政上的依附关系，不需要看企业经理的眼色行事，只需对国家、社会相应法律负责，因而可以保证审计的独立性和公正性。其缺点是外来审计人员不了解组织的内部情况，在对具体业务的审计过程中可能产生困难。此外，被审计单位的内部组织成员也可能会产生抵触情绪，不愿积极配合，这些因素也可能增加审计工作的难度。

（二）内部审计

内部审计是由企业的内部机构或由财务部门的专职人员来独立进行的审计。它不仅要像外部审计那样核实财务报表的真实性和准确性，还要分析企业的财务结构是否合理；不仅要评估财务资源的利用效率，而且要检查和分析企业控制系统的有效性；不仅要检查目前的经营状况，而且要提供改进这种状况的建议。

内部审计是企业经营控制的一个重要手段，其作用主要表现在以下三个方面：

（1）内部审计提供了检查现有控制程序和方法能否有效地保证达成既定目标和执行既定政策的手段。例如，制造质量完善、性能全面的产品是企业孜孜以求的目标，这不仅要求利用先进的生产工艺、工人提供高质量的工作，而且对构成产品的基础—原材料提出了相应的质量要求。这样，内部审计人员在检查物资采购时，就不仅限于分析采购部门的账目是否齐全、准确，而且要力图测定材料质量是否达到要求。

（2）内部审计有助于改进内部管理。根据对现有控制系统有效性的检查，内部审计人员可以提供有关改进公司政策、工作程序和方法的对策建议，以促使公司政策符合实际，工作程序更加合理，作业方法被正确掌握，从而更有效地实现组织目标。

（3）内部审计有助于推行分权化管理。从表面上来看，内部审计作为一种从财务角度评价各部门工作是否符合既定规则和程序的方法，加强了对下属的控制，似乎更倾向于集权化管理。但实际上，企业的控制系统越完善，控制手段越合理，越有利于分权化管理。因为主管们知道，许多重要的权利授予下属后，自己可以很方便地利用有效的控制系统和手段来检查下属的运用状况，从而可能及时发现下属工作中的问题，并采取相应措施。内部审计不仅评估了企业财务记录是否健全、正确，而且为检查和改进现有控制系统的效能提供了一种重要的手段，因此有利于促进分权化管理的发展。

虽然内部审计为经营控制提供了大量的有用信息，但在使用中也存在不少局限性，主要表现在以下三点上：

（1）内部审计可能需要很多的费用，特别是进行深入、详细的审计成本费用较高。

（2）内部审计不仅要了解事实，而且需要解释事实，并指出事实与计划的偏差。要能很好地完成这些工作，而又不引起被审计部门的不满，需要对审计人员进行充分的技能训练。

（3）即使审计人员具有必要的技能，仍然会有许多员工认为审计是一种“密探”的工作，从而在心理上产生抵触情绪。如果审计过程中不能进行有效的信息和思想沟通，那么可能会对组织活动带来负激励效应。

（三）管理审计

管理审计是由外部或内部的审计人员对企业管理政策及其绩效进行评价。外部审计主要核对企业财务记录的可靠性和真实性；内部审计在此基础上对企业政策、工作程序与计划的遵循程度进行测定，并提出必要的改进企业控制系统的建议；而管理审计的对象和范围则更广，它是一种对企业所有管理工作及其绩效进行全面系统地评价和鉴定的方法。管理审计虽然也可由组织内部的有关部门进行，但为了保证某些敏感领域得到客观的评价，企业通常聘请外部的专家来进行。

管理审计的方法是利用公开记录的信息，从反映企业管理绩效及其影响因素的若干方面将企业与同行业其他企业或其他行业的著名企业进行比较，以判断企业经营与管理的健康程度。从这一点上，管理审计又可称为管理诊断。

四、人员控制

管理控制中最主要的内容就是对人员的行为进行控制，这是因为任何组织中最关键的资源都是人，而且其他几方面的控制都要靠人去实现。然而，由于人的行为是由人的思想、性格、经验、社会背景等多方面因素综合作用的结果，而这些因素本身又很难用精确的方法加以描述，这就使对人员的行为控制成为管理控制中相当复杂和困难的一部分。其中，对员工绩效的考评最为困难。

对人员绩效进行评价之所以如此困难，主要是因为对许多人员来说很难既客观又简明地建立起绩效判断的标准。对于生产物质产品的人，如装配工人、机械加工工人等可以按照他们所生产的产品数量和质量来衡量他们的绩效。但对于生产精神产品的人，如企业的管理人员、大学教师、医院管理人员等有时候就无法对他们的工作规定得十分清楚，因而，相当大的一部分评定过程几乎完全根据评定者的主观判断，这种判断极易产生评定偏差，最后导致人员行为的失控。

对绩效评定的另一个困难，是多数工作都需要有两个或两个以上的标准来衡量。比如一个工人生产的产品数量可能超过了标准，但有些产品质量不合格；大学教师要做三方面的工作：教学、科研和育人。医院院长“双肩挑”，既要做技术专家，又要管理好医院。因此，他们可能在某些方面相当出色，但是由于时间、精力等在其他方面又不太擅长。

面对这些困难，人们还是在实践中总结出了一些绩效考评的方法，常见的绩效评定方法有鉴定式评价法、强选择列等法、成队列等比较法以及偶然事件评价法等。

（一）鉴定式评价法

鉴定式评价法是最简单、最常用的绩效评价办法。具体做法是，评价人写一篇针对被评价者长处和短处的鉴定，管理者根据这种鉴定给予被评价者一个初步的估计，这种方法的基本假设是评价人确切地知道被评价者的优缺点，对他有很好地了解，并且能够客观地撰写鉴定。然而，在实际工作当中，上述基本假设有时并不完全满足。况且，由于鉴定的内容不同，标准也不一致，所以用此种方法只能给人一种初步的估计，完全依赖这种办法往往会造成评价的失误。这种方法通常适用于调换或任免等人事方面的决策工作。

（二）强选择列等法

强选择列等法是为了克服偏见和主观意念，建立比较客观的评价标准。做法是管理者列出一系列有关被评价者的可能情况，然后让评价者在其中选择最适合被评价者的条目，并打上标记。管理者据此加权评分，得分高者就是好的，得分低者就是差的。这种方法比较准确，但它只限于应用在性质类似或标准的工作，超出这个范围其准确性将大为降低。

（三）成队列等比较法

成队列等比较法基本做法是把要评价的人员两两进行比较，即每个人都同所有的人比较一次，然后按照某种评价标准进行选择。比如，被评价的人员一年来对企业的贡献，或在工作中的开拓和进取精神等。在两两比较时，选择较好的一个打上标记。当全部比较完毕，标记最多者就是根据所定标准最出色的一人，而无标记者则是最差的一人。但是，这种方法有一个缺陷，就是比较标准只是单一项。如果要有多种标准进行综合衡量，只能对每种标准都进行一次比较，然后给每个标准一个权数，再进行加权比较来确定次序。这样就使工作量进一步加大，在要被评价的人数较多时更是如此。此外，这种方法是依据主观的判断进行的，有时能产生较大误差，这时最好有几个人同时单独进行评价工作，最好取平均值以减少这种误差。这种方法同强选择列等法都适用于评定工资、奖金等方面的工作。

（四）偶然事件评价法

采用这种方法时，管理人员要持有一份记录表，随时记录职工积极或消极的偶然事件，根据这种记录以便定期对职工的工作绩效进行评价。根据这种偶然事件进行评价比较客观，但关键是能否把职工的所有偶发事项全部记录下来。另外，对职工来说都有各种责任制，如果责任制所规定的工作标准得到职工的赞同，这种方法就能有效地调动职工的积极性，否则职工还会有不公平感。这种方法和目标管理配合起来使用，可以有效地监控职工的工作表现。

五、作业控制

作业管理是任何组织将输入（人、设备和材料）转化成输出（最终产品和服务）过程中的管理。由于转换过程是消耗成本最大的一方面，其效率的高低直接影响收益情况。任何组织都非常重视作业管理，它的好坏也体现了管理的效率和水平。

作业控制是为了保证各项作业计划的顺利进行而作的一系列工作。作业计划，即生产作业计划，是根据顾客需求，在一定的生产技术条件下，亦即在一定的生产能力、工艺流程、平面布置等条件下，安排生产作业活动。作业控制一般包括对采购、库存、质量和成本的控制等。

（一）对供应商的控制

众所周知，供应商为本企业提供进行生产和经营活动所需要的原材料或零部件，同时它们又是本企业的竞争力量之一。供应商供货是否及时、质量的好坏、价格的高低，都对本企业最终产品产生重大影响。因此，可以说对供应商的控制是从企业运营的源头开始抓起，对整个生产控制起着很重要的作用。

为了能够有保障地获得高质量、低价格的原材料，同时也可避免只选择少数几个供应商，目前比较流行的做法是在全球范围内选择供应商。选择的范围太窄，可能对企业构成威胁，因此大型企业大多采用这种方法。

许多企业正在逐步改变与供应商之间的竞争关系，试图建立一种长期、稳定、合作的双赢局势。传统的做法是在十余家甚至数十家供应商中进行比选，鼓励他们互相竞争从中选择能够提供低价格、高质量产品的供应商。现代企业也在更广范围内选择供应商，但是一旦选定两至三家供应商，就和他们建立长远、稳定的联系，并且协助供应商提高原材料的质量、降低成本。这时，企业和供应商就形成了相互倚赖、相互促进的新型关系，双方都降低了风险，提高了效益，实现了双赢。

还有一种控制供应商的方法是持有供应商一部分或全部股份，或由本企业系统内部的某个子企业供货。这常常是跨国公司为了保证货源的及时供应和质量可靠而采用的一种做法，很多日本的大型企业常采用这种方法控制供应商。

（二）库存控制

库存控制是生产管理中一个古老而又热门的话题，是企业运行中不可缺少的重要环节。一方面，要按质、按量、按品种、按时间、成套齐备地供应所需要的各种生产资料，保证生产顺序进行；另一方面，要尽可能地减少资金占用，最大限度地发挥资金的使用效果。库存控制就是从保证供应、节约资金、提高经济效益的基本思想出发，寻找最佳的存货方案。常用的库存控制手段有 ABC 分类法、经济批量订购法和准时生产方式。

1. ABC 分类法

ABC 分类法的基本原理，就是把企业的全部库存物资，按照品种和占用的资金的多少划分为 A、B、C 三大类。

A 类：品种占 10%~15%，资金占 70%~80%；

B 类：品种占 20%~30%，资金占 15%~20%；

C 类：品种占 60%~65%，资金占 5%~10%。

通过分类，对各类物资实行不同的管理方法。A 类物资品种最少而占用的资金最多，是库存控制的重点，应严格控制库存数量、严格盘点，采购的间隔期要尽量短，增加采购的次数，以加速资金的周转；B 类物资的品种和占用资金数均次之，一般适当控制，可延长采购周期或减少采购次数，适当增加库存天数；C 类物资品种繁多，但占用的资金少，在资金使用上可适当放宽控制，采购周期可以长一些，储备天数可以多一些，从而大大简化采购和管理工作，且对资金使用效果影响不大。

2. 经济订购批量法

经济订购批量法，是管理人员经常使用的库存控制方法。这是一种侧重从企业本身经济效益来综合分析物资订购和库存保管费用的库存控制手段，主要研究物资订购费用、保管费用、订购次数和订购数量之间的关系。通过研究它们之间的关系，计算最优订货批量，使所有的费用达到最小。这个模型考虑三种费用：一是订购费用，即每次订购所需要的费用（包括通讯、文件处理、差旅费、行政管理费等）；二是保管费用，即储存原材料或零部件所需要的费用（包括库存、利息、保险、折旧等费用）；三是总费用，即订购费用和保管费用之和。

当企业在一定时期内总需求量或订购量为一定时，用于订购的次数少，用于订购的费用就少，而每次订购的数量会比较多，用于保管的费用就比较多。相反，如果订购次数多，订购费用多，但每次订购批量少，保管费用也少。于是，通过订购批量模型，可以计算出订购量为多大时，总费用（订购费用和保管费用之和）最小。

虽然库存被认为是必需的，但库存给许多企业带来了极大的烦恼。有统计数据表明，许多企业的 60%~80% 的流动资金被压在库存上。人们想方设法降低库存，其中日本丰田汽车公司的准时生产方式在这方面做出了很好的成绩，甚至被称为“无库存生产方式”。

3. 准时生产方式

准时生产方式（just in time，JIT）是一种新的生产方式，它的目标是在需要的时间和地点，生产绝对必须的数量和完美质量的产品。为此，要彻底消除生产过程中的无效劳动和浪费，实现零废品、零库存、零准备时间。这里的“零”，并不是真正意义上的零，而是无限小，永远达不到，但永远都有一个努力的目标。JIT 首先从降低库存着手。

JIT 用“拉动式”的“看板管理”在生产现场控制生产进度，使之达到准时生产的目的。“拉动式”是在根据市场需求制订生产计划之后，只对最后的生产工序工作中心发出生产指令，最后工序工作中心根据需要向它的前道工序工作中心发出指令，前道工序工作中心再向它前面的工作中心发出指令，这样，按反工艺顺序逐级“拉动”，一直“拉动”到第一道工序的工作中心，还可以“拉动”到采购部门，“拉动”到原材料供应商和零部件协作厂。在生产现场，其“拉动”是靠“看板”来实现的，看板有生产看板和运输看板，工人不见生产看板不生产，不见运输看板不运输，而每一张看板代表一定的数量，很容易计算和检查。它实际上是将库存放在现场，由看板数量来确定各零部件的库存数量，每当生产运行平稳之后，就减少一些看板数量，使得生产中的一些问题暴露出来，从而采取措施，加以改进。

JIT 库存控制系统可以减少库存，降低成本，提高效益。但是，这种方法对供应商提出了很高的要求。供应商就必须在规定的时间，按照规定的质量和数量，将原材料和零部件生产出来，并且准确无误地运输到规定的地点。

（三）成本控制

成本控制是企业在生产经营过程中，根据一定的控制标准，对产品成本形成的整个过程进行经常性的监督和控制，从而将各类费用支出和劳动消耗限制在规定的标准范围内，实现企业预定的成本目标。

1. 成本控制要注意的三个基本概念

（1）成本管理。成本管理的对象不是“成本”或“成本项目”，而是“成本管理者”及其承担的“成本责任”。成本管理的主体是负有成本责任的各级各部门的管理者。成本管理的手段是制定成本目标，其目的是通过完成成本责任来提高成本效率。

（2）成本意识。成本管理的核心是管理者的成本意识，即管理者具有的自觉地将生产经营活动与成本、收益进行联合考虑的习惯。

（3）成本责任。各部门的管理者必须承担的成本责任，是根据他们的职务和地位，授予他们在一定范围内选择和使用资源的权力，也是为了提高成本效率而给予他们在选择成本水平上的权力，自然也是一种责任。

2. 成本控制的具体方法

（1）制定控制标准，确定目标成本。确定目标成本的方法有计划法、预算法和定额法等。

（2）根据原始记录，进行资料统计，完成成本核算。成本统计所使用的原始记录是反映核算期人力、物力、财力等支出的全部原始记录，也是进行成本核算和控制最基本的依据。

（3）差异分析。将实际成本与目标成本进行比较，发现差异并找出控制和降低成本的具体措施。差异分析的主要内容有：直接材料费用分析、直接人工费用分析、管理费用分析、销售费用分析。

（4）采取措施，降低成本。一般来说，降低成本可采用的方法有价值工程，严格投入管理；改进产品设计或生产工艺；精简机构等。

（四）质量控制

质量控制是企业生产经营过程控制的重要一环，其目的在于保证本企业所生产的产品或服务达到一定的质量水平，以满足顾客需要。进行质量控制的方法很多，最著名的就是全面质量管理（total quality management，TQM），即一个组织以质量管理为中心，以全员参与为基础，通过让顾客满意、使本组织所有成员及社会普遍受益而达到长期成功的管理途径。

全面质量管理的核心思想是企业的一切活动都围绕着质量进行，是一种综合、全面的经营管理理念。它不仅要求质量管理部门进行质量管理，还要求从企业最高决策者到一般员工均应参与到质量管理过程中。全面质量管理还强调，质量控制活动应包括从市场调研、产品规划、产品开发、制造、检测到售后服务这一产品寿命循环的全过程。可以看出，全面质量管理的基本特点是对象全面管理、全员参与、全过程管理、全面运用各种有效方法、全面控制质量因素、力求全面提高经济效益。

六、信息控制

随着信息时代的到来，信息在管理控制中的作用越来越大。管理者需要信息来完成他们的控制工作，不准确、不完整、不及时或不适量的信息可能阻碍他们的行动。能否建立有效的管理信息系统，及时有效地收集、处理、传递和使用信息，是衡量管理控制系统的标志之一。信息控制就是通过建立管理信息系统来提高控制质量的方法。

管理信息系统（management information system，MIS），有狭义和广义两种理解。狭义的管理信息系统是指那些能从内部和外部收集数据，经过加工处理，形成有用信息，以预定的形式提供给各管理层次（中层为主）使用的信息系统。狭义的管理信息系统的结构原理，如图 11.4 所示。广义的管理信息系统是指所有使用于管理的信息系统，一般地广义管理信息系统包括决策支持系统和专家系统。

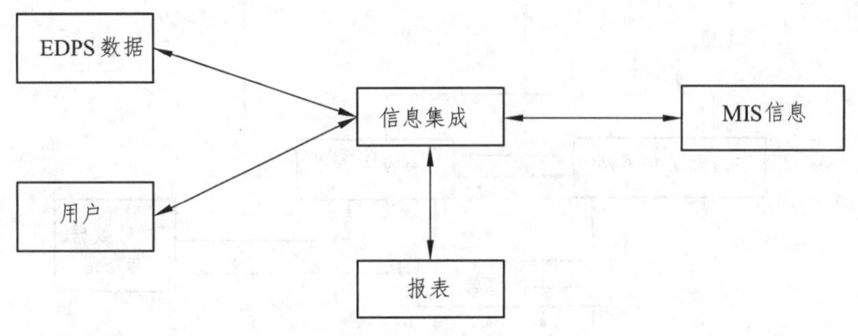

图 11.4 管理信息系统

管理信息系统在任何一个组织中都存在，因为每个组织自身都有一套传输、处理信息的渠道，但传统的管理信息系统是通过手工操作运行，存在一系列的弊端：① 处理速度缓慢，信息常常要等经营结果出来后很久才能得到，如手工编制年度会计报表有时到次年的三月仍无法公布，使得其他工作难以展开；② 不能根据变化迅速调整计划或做出预测；③ 不能得到实时信息；④ 查询工作操作不便，如想查询某项物资的库存情况，要翻看一大堆库存台账，有时由于资料不全无法查到确切信息，不得不重新盘点；⑤ 出错失真的可能性较大；⑥ 有的工作程序不合理，但人们已熟视无睹等。

现代管理信息系统是计算机技术与管理技术的集成，是根据组织的业务流程和信息需要综合构建而成，它以解决组织中面临的问题为目的，使基层办公人员提高工作效率，并能向各级管理部门提供决策判断所需的信息，增强管理人员的决策水平和反应速度。高效率的管理信息系统能大量收集、储存相关信息，并根据要求进行长时间保存；能迅速对信息进行加工处理，使信息更加精炼、准确、集中；能快速传递信息，伴随着计算机网络技术的发展，信息的传递更加迅速，在线服务、“遥控”等成为现实。图 11.5 是管理信息系统内部的运行结构图。

资料链接

长庚医院是台湾的一家综合医院，他们应用电脑安排病床和病人的住院天数，病人住院的天数是比照同类病症的一般需要的治疗时间来确定，如果病人发生了并发症，计算机会自动根据病情适当调整住院天数；如果病人没有在预定的时间内出院，电脑则会要求有关医护人员做出说明，这样使得医院的病床使用率大大提高。原来每个病人的平均住院时间是 20 天，实施电脑管理后，这一数据缩短为 10 天，为医院和病人都带来了好处。大数据技术能够分析大量繁杂的数据集，能够发现疾病和治疗手段之间的有效联系，或将改变传统的治疗方案。美国提出精准医疗的计划，利用大数据的分析，找出个性化的缺陷，真正实现对症下药、因人而异。这个办法帮助乔布斯延长了几年的生命。有了大数据的分析，“看医生”模式正在转变为“被医生看着”——你的可穿戴设备能够做到 24 小时给你“做体检”，这种全数据模式成本很低，效率却很高，几乎所有人都可以使用。精准医疗的长期目标，是每个人的健康管理。

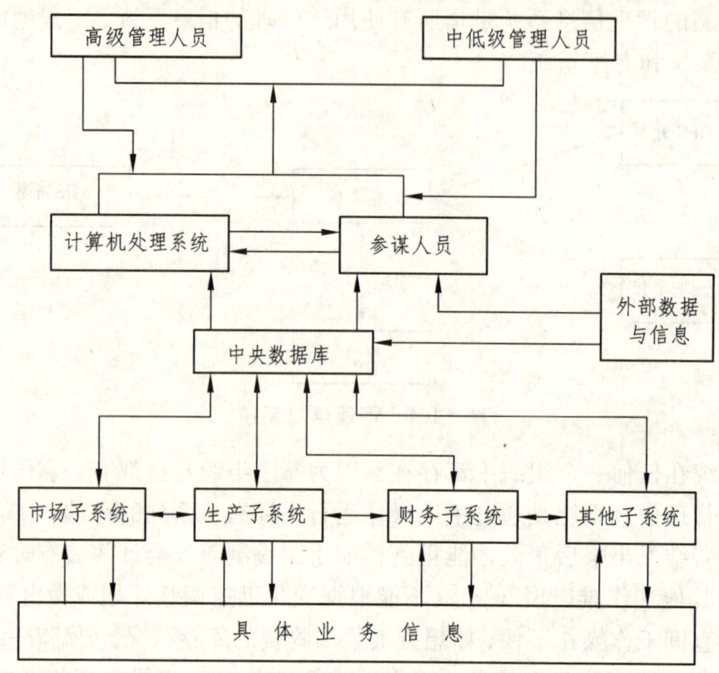

图 11.5　管理信息系统的运行结构图

现代管理信息系统不仅具有信息处理优势，也使管理者的工作发生了一系列的变化。首先是信息的获取渠道有了变化，它可以在信息系统上直接获得大量的一手信息。根据这些信息能够快速作出决策、改变计划，使应变能力增强、控制反馈速度提高；组织的结构可以向扁平化发展，减少管理层次，增加管理幅度，同时保证控制力度不会削弱。此外，现代管理信息系统增加了管理者与下属之间的信息交流，他们不必事事进行面对面地交流，汇报和指令都可以通过该系统双向传送，尤其在双方相隔较远时，可以节省大量时间和金钱。当然，建立管理信息系统需要一笔不小的投资，对管理者及员工的计算机操作水平也有一定的要求，这些在系统运用初期应加以考虑。

思考与练习

1. 什么是控制？管理控制与一般控制有哪些区别？
2. 结合日常生活，谈谈计划与控制的相互关系。
3. 控制过程包括哪些工作和内容？
4. 预算的主要种类有哪些？运用预算时应该防止哪些危害？
5. 库存控制要解决哪些问题？如何解决？在对库存的控制过程中，经济批量如何确定？
6. 现代的管理信息系统会给管理者的工作带来哪些变化？

7. 由于计算机、无限通讯以及视频会议等技术的发展，许多管理者很可能不用到办公室上班了，他们将在家中工作。这种安排所带来的正面和负面影响分别是什么？

案例分析

（一）“问题疫苗”何以未波及上海

据北京青年报报道，2010 年以来，庞某与其医科学校毕业的女儿孙某，从上线疫苗批发企业及其他非法经营者处非法购进 25 种儿童、成人用二类疫苗，未经严格冷链存储运输非法销往全国 18 个省市，涉案金额高达 5.7 亿元。山东非法经营疫苗案的“问题疫苗”销售区域涉及省份之多，令人咋舌。人们发现，作为医疗重镇的上海却幸运地置身于“问题疫苗”之外。

事实上，此次“问题疫苗”遍布全国的网络和渠道下线，长达 5 年的非法贩售而未被发现，不仅是不法分子对市场规则的利用，更暴露了疾控系统相关机构、企业、人员对制度要求的漠视和执行的不力，暴露了相关部门在实际工作中监管的疏漏和责任缺失。

相比之下，上海对于制度的落实、规则的执行更为严谨，更注重细节。这得益于上海长期以来形成的较强的规则意识、契约精神。例如，上海在二类疫苗管理中进行统一采购调拨，确保疫苗采购渠道可靠安全；规范疫苗储存和运输流程，提供安全的冷链保障；对于进入上海的疫苗，无论源头来自何方，大到企业资质、批签发证明，小到疫苗储运途中的温度记录，都有细致的要求，确保了在各个环节都力求风险可控。

据悉，上海的疫苗运输实施联网温度监控，瓶上贴有温度检测卡（VVM），这种热敏感标签能够通过不可逆的颜色变化来反映运输过程中受热损害的情况，以便操作者能一眼就能分辨疫苗是否失效。盯紧源头还要管住使用端口，在运用监管方面，上海的做法同样值得借鉴。对于全市数百家规范的接种点，具备资质的工作人员还要经常接受专业培训、考试，持证上岗；第三方配送机构定期下发疫苗，同时接受疾控中心的专业指导和卫生监督部门的监管。此外，经常进行的定期抽查和不定期暗访，也对疫苗使用环节的质量提供了有力保障。这使得上海对疫苗的运输、储存和使用得以实现全过程、全覆盖、全天候的监测与管理。

正如专家所说，“管得好疫苗”一定程度上也是城市治理水平的检验。无论是事关公共卫生安全的疫苗，还是交通、市容、秩序、信用，都有赖于健全的制度和严格的规章来保障其健康有序。另一方面，再好的规则、再有力的制度，也要人去实施、去执行，需要政府部门切实转变职能，把该承担的责任担起来、管到位。只有软环境与硬约束相得益彰，才能使制度表现出应有的力度，才能使城市有更安全的保障。

资料来源：姜微.“问题疫苗”何以未波及上海[M].新华每日电讯，2016-03-29.

问题：

1. 使上海置身于“问题疫苗”之外的主要控制方法有哪些？
2. 这些方法有什么局限性？

（二）无锡：实现对医保服务精细化智能监控

无锡充分利用有效的监督手段，实现对医疗保险服务行为精细化、科学化的监管，医疗费用从历年 20% 以上的增幅控制到 2015 年度的 8% 以内。具体经验如下：

一是构建完整的医保智能监控框架，实现自律与约束。首先，通过建设医保监控三端，向事中、事前延伸。初步构建了医保监控经办中心端、医院控制端和医生提醒端三个监控平台端口，经办中心端负责事后数据筛选，发现违规数据；医院控制端通过发布的监控规则，实现医院自律；医生提醒端通过医生工作站与监控服务相对接，实现行为自律。其次，以数据作为基础完善监控。要求医疗机构确保上传率 100%，上传标准化率 100%，定期反馈医保结算数据上传的质量情况。在监控系统内开发数据接口，便于采集医疗数据，如病案首页、医生库、临床检验检查等。最后，监控流程分设三方。第三方大病专管员负责利用医保智能监控平台对疑点数据筛查，中心工作人员负责现场检查，监管对象也纳入监控流程内，使三方共同完成发现疑点、检查、申诉和处置的整个流程。

二是建设创新的医保智能监控规则，呈现精准的结果。首先，药品知识库丰富了药品的监控规则，可从用法用量、适应症、限制范围等规范药品的使用。例如，利用麻醉术后止吐药物使用规范，遏制了止吐药物被滥用的现象。其次，有针对性地对特定违规情形进行监控。例如，对门诊统筹突击购药现象，利用相关规则组合重点监控，使当期医疗消费支出较去年同期下降 2 000 万元；对伤残军人违规实施特定场景规则监控，并采取约谈与暂停结算手段，使其年度医疗费用支出下降近 40%。最后，利用本地医疗专家在实施传统病案审核的过程中对病种和费用的审核经验，在监控系统中进行充分借鉴。2015 年通过传统病历专家检查扣款 1 400 余万元，对违规现象和医生实施了专题通报。对部分专家经验进行整理后形成了专家经验规则，利用规则监控使某家医疗机构费用直降 4 000 余万元。

资料来源：无锡：实现对医保服务精细化智能监控[EB/OL].无锡社会保险基金管理中心，2016-03-18.

问题：

1. 无锡市实行的医保服务精细化监控对政府和医疗机构有哪些推动作用？

2. 大数据会给传统的管理控制模式（如前馈控制、同期控制和反馈控制）带来什么样的机遇和挑战？

3. 未来医疗领域大数据的应用还可以表现在哪些方面？

第十二章 创新

【学习目标与重点】

- 认识管理的创新职能
- 理解企业管理的创新过程
- 了解创新的源泉
- 理解创新的类别

【案例 12.1】

大数据入药，每一个人都应该有一朵健康云

2015 年，医院外的医学数据在创新医疗企业的手中变得异常活跃，创新产品层出不穷，并逐步进入到医院内。

以心血管病为例，死亡原因列城乡居民首位。每 5 位死亡者中就有 2 例死于心血管病（见 2014 年中国心血管病报告）。2015 年 9 月，一位王先生在睡觉时佩戴了心电设备“好朋友”进行 24 小时连续心电数据采集，他惊讶地发现自己的心脏曾在凌晨停搏了 3 秒，这在医院定时定点的检查中根本无法发现。心电数据上传到医院后，医生及时采取了干预措施，阻止了病情进一步恶化。同样因为心血管问题带来生命威胁的还有马拉松爱好者。每年，中国因马拉松比赛猝死的就有 10 余人。一款叫做阿甘跑步的创新应用，借助阿里云大数据平台，通过一块创可贴大小的设备，监测运动员日常训练的身体数据，基于一系列陪跑算法，及早发现猝死风险并采取措施。

心电数据库在美国和欧洲已经成为普遍的医学指标，但在中国，尚无完整的心电数据库。好消息是，国家心血管中心正在联合阿里云构建中国人的心电数据库。基于云计算为海量心电数据提供无限扩容储存空间，及其对亿万级数据的并行处理能力，使人们能够主动拥抱健康，而不是听天由命。

不过，对于数据化一个人，这些数据显然是不够的。如何在更长的时间维度上更全面的人体数据，需要更多合作伙伴的努力。U 糖，借助互联网帮助慢病患者管理血糖、血压、体脂等数据；橙意家人，利用云计算快速分析患者睡眠中的连续血氧和脉搏等数据，展示给医生作为判读依据。

更多院外数据流转到院内，可以帮助医院更清晰描绘患者“画像”，加强医疗连续性观测，及时发现问题。患者通过医疗数据分享，减少去医院的次数，加强自我的健康管理；政府卫生部门有更可靠的医疗数据，作为判定更多合理的疾控政策的依据。

西雅图儿童医院通过应用可视化数据分析技术，有效减少了医疗事故，帮助医院节省了

300万美元的供应链成本；谷歌公司利用海量搜索数据，成功预测了2013年美国流感暴发；阿里云帮助中国药品电子监管网，处理超过800亿条药品生产、流通数据，实现药品追溯监管。

资料来源：http://www.zhuaqu.com/news51981.html。

第一节 管理的创新职能

创新具有两个属性，第一个是人类的本质属性。首先，创新是人类的天职，是人类求生存的需要，人类为了解决自己生与死的问题，学会了在创新中生存和发展的本领；其次，创新是改造生活和工作条件的需要，冰箱、手机、彩电、空调都是为了改善生活才出现的，因此，创新是人类本质力量的最高表现；最后，创新是追求美好未来的需要，美好的未来社会是建立在高度精神文明和物质文明之上，而高度文明和发达的生产力，必须依赖人类的不断创新。因此，社会的发展就是创新，未来就是创新。第二个是自然属性。一方面，创新是人类最基本的自然属性，也就是说每个人都具有创新的能力，在尚未形成稳定的创新人格时，它只不过处于一种潜在的状态。另一方面，创新是健康生活的有机部分，它能够促使我们更好地认识世界、改造世界。

一、创新的概念

创新理论的创始者、美国哈佛大学教授约瑟夫·熊彼特从经济发展的角度，将企业创新概括为五种基本情况：

（1）创造一种新的产品，消费者还不熟悉的产品，或者已有产品的一种新特性或新功能。

（2）采用一种新的生产方法，也就是在有关制造部门中尚未通过实验鉴定的方法，这种新的方法不一定非要建立在科学新发现的基础之上，也可能是以新的商业方式来处理某种产品。

（3）开辟一个新的市场，就是将产品或服务推向一个新的区域、领域或新的客户群。

（4）取得或控制原材料或半制成品的新供应源，不论这种供应源是已经存在的或是创造出来的。

（5）创造新的企业组织或重组企业组织形态，创造新的联系方式。

创新具有多个侧面和维度，根据所强调方面的不同，对创新会有不同的定义。有的东西之所以被称为创新，是因为它改善了我们的生活方式和生活质量，有的是因为提高了工作效率或巩固了企业的竞争地位，有的则是对经济具有根本的影响。

企业管理创新，是指创造一种更加有效的企业资源组合方式，这种方式可以是新的有效整合资源以达到企业目标和责任的全过程管理，也可以是具体资源整合及目标制定等方面的新的细节控制方式。它一般包括下列五种情况：

（1）提出一种新的经营思路并加以有效实施。新经营思路如果是切实可行的，就是管理方面的一种创新。这种经营思路可能对一个企业是新的，也可能对所有企业来说都是新的。

（2）创立一个新的组织或重新组合一个组织，并使之有效运转，构成对整个企业或企业某些方面的有效支撑，就是管理组织的一种创新。

（3）提出一种新的管理方法或对原有管理方法的改进，或使生产效率得以提高，或使人际关系更加协调，或能更好地激励员工等。这些都将有助于企业资源整合或使资源得到优化运用。

（4）设计一种新的管理模式。所谓管理模式，是指企业的综合性管理方式。企业管理模式的创新会对整个企业或对企业某类专业管理产生根本性的变革。

（5）不断创造出适应性的管理制度。管理制度是企业资源整合行为的规范，也是维系整个企业运行的有机组成。制度的变革会给企业行为带来巨大的变化。

二、创新的类别

系统内部的创新可以从不同的角度进行考察。

（1）从创新的规模以及创新对系统的影响程度不同出发，创新可分为局部创新和整体创新两类。局部创新是指在系统性质和目标不变的前提下，系统活动的某些内容、某些要素的性质或相互之间的组合方式、系统的社会贡献形式等发生变动；整体创新则往往改变系统的目标和使命，涉及系统的运行目标和运行方式，影响系统的社会贡献的属性。

（2）从创新与环境的关系来分析，创新可分为消极防御型创新与积极攻击型创新。防御型创新是指由于外部环境的变化对系统的存在和运行造成了某种程度的威胁，为了避免威胁或防止由此造成的系统损失进一步扩大，系统在内部开展的局部或全局性调整；攻击型创新是在观察外部世界运动的过程中，敏锐地预测到未来环境可能提供的某种有利机会，从而主动地调整系统战略、技术，以积极地开发和利用有利机会谋求系统的发展。

（3）从创新发生的时期来看，创新可分为系统初建期的创新和运行中的创新。系统的组建本身就是社会的一项创新活动。系统的创建者在一张白纸上绘制系统的目标、结构、运行规划等蓝图。这本身就要求有创新的思想和意识，创造一个全然不同于现有社会（或经济组织）的新系统，寻找最满意的方案，取得最优秀的要素，并以最合理的方式组合，使系统进行活动：但是“创业难，守业更难”，在动荡的环境中“守业”，必然要求积极地“进攻”，要求不断地创新，创新活动更大量地存在于系统组建完毕开始运转以后。系统的管理者要不断地在系统运行的过程中寻找、发现和利用新的创业机会，更新系统的组织活动内容，调整系统的结构，扩展系统的规模。

（4）从创新的组织程度上看，创新可分为自发创新与有组织创新。任何社会经济组织都是在一定环境中运转的开放系统，环境的任何变化都会对系统的存在本身和存在方式产生一定影响，系统内部与外部直接联系的各子系统接受到环境变化的信号以后必然会在其工作内容、工作方式、工作目标等方面进行积极或消极的调整，以应付变化或适应变化的要求。同时，社会经济组织内部的各个组成部分相互联系、相互依存。系统的相关性决定了与外部有联系的子系统根据环境变化的要求自发调整后，必然会对那些与外部没有直接联系的子系统产生影响，从而要求后者也作相应调整。系统内部各部分的自发调整可能产生两种结果：① 各子系统的调整均是正确的，从整体上说是相互协调的，从而给系统带来的总效应是积极的，可使系统各部分的关系实现更高层次的平衡。除非极其偶然，这种情况极少出现。② 各子系统的调整有的是正确的，也有一些是错误的，这是通常可能出现的情况。因此，从整体上来说，调整后各部分的关系不一定协调，给组织带来的总效应既有可能为正，也可能为负（这取决于调整正确与失误的比例），也就是说，系统各部分自发创新的结果是不确定的。

与自发创新相对应的有组织创新，包含两层意思：

其一，系统的管理人员根据创新的客观要求和创新活动本身的客观规律，制度化地研究外部环境状况和内部工作，寻求、利用创新机会，计划、组织创新活动。

其二，在这同时，系统的管理人员要积极地引导和利用各要素的自发创新，使之相互协调并与系统有计划的创新活动相配合，使整个系统内的创新活动有计划、有组织地展开。只有组织的创新，才能给系统带来符合预期的、积极的、比较确定的结果。

鉴于创新的重要性和自发创新结果的不确定性，有效的管理要求主体有组织地进行创新。但是，有组织的创新也有可能失败，因为创新本身意味着打破旧的秩序和原有平衡，因此具有一定的风险。更何况组织所处的社会环境是一个错综复杂的系统，这个系统的任何一次突发性变化都有可能打破组织内部创新的程序。当然，有计划、有目的、有组织的创新取得成功的机会无疑要远大于自发创新。

三、创新职能的基本内容

系统在运行中的创新要涉及许多方面。为了便于分析，我们以企业系统为例来介绍创新的内容。

（一）目标创新

企业是在一定的经济环境中从事经营活动的，特定的环境要求企业按照特定的方式提供特定的产品：一旦环境发生变化，则要求企业的生产方向、经营目标以及企业在生产过程中与其他社会经济组织的关系都要进行相应的调整。在市场经济背景中，企业经营的一般目标是通过满足市场所反映的社会需要来获取利润。至于企业在各个时期的具体经营目标，则需要适时地根据市场环境和消费需求特点及变化趋势加以调整，每一次调整都是一种创新。

（二）技术创新

技术创新是企业创新的主要内容，企业中出现的大量创新活动多是有关技术的，因此有人甚至把技术创新视为企业创新的同义语。

技术水平是反映企业经营实力的一个重要标志。企业要在激烈的市场竞争中处于主动地位，就必须顺应甚至引导社会技术进步潮流，不断进行技术创新。由于一切技术都是依托一定的物质载体，并利用这些载体的方法来体现，因此企业的技术创新主要表现为要素创新、要素组合方法的创新以及作为要素组合结果的产品创新。

1. 要素创新与要素组合创新

要素创新包括材料创新和设备创新两方面。要素组合创新包括生产工艺创新和生产过程创新这两个方面。

2. 产品创新

生产过程中各种要素组合的结果是形成企业向社会贡献的产品。企业是通过生产和提供产品来得到社会承认、证明其存在的价值，也是通过销售产品来补偿生产消耗、取得盈余，实现其社会存在。产品创新包括许多内容，这里主要分析物质产品本身的创新，主要包括品种创新和结构的创新。

（1）品种创新要求企业根据市场需求变化和消费者偏好转移及时地调整企业的生产方向和生产结构，不断开发出用户欢迎的适销的产品。

（2）产品结构的创新，在于不改变原有产品的基本性能，对现在生产的各种产品进行改进和改造，找出更加合理的产品结构，使其生产成本更低、性能更完善、使用更安全，从而更具市场竞争力。

产品创新是企业技术创新的核心内容。它既受制于技术创新的其他方面，又影响到其他技术创新效果的发挥：新的产品、新的产品结构，往往要求企业利用新的机器设备和新的工艺方法；而新设备、新工艺的运用又为产品的创新提供了更优越的物质条件。

（三）制度创新

要素组合的创新主要是从技术角度分析人、机、料各种结合方式的改进和更新，而制度创新则需要从社会经济角度来分析企业各成员间的正式关系的调整和变革，而制度是组织运行方式的原则规定。

1. 产权制度

产权制度是决定企业其他制度的根本性制度，它规定着企业最重要的生产要素的所有者对企业的权利、利益和责任。不同的时期，企业各种生产要素的相对重要性是不一样的。在主流的经济学分析中，生产资料是企业生产的首要因素，而产权制度主要指企业生产资料的所有制。目前存在两大生产资料所有制：私有制和公有制（或更准确地说是社会成员共同所有的“共有制”），这两种所有制在实践中都不是纯粹的。企业产权制度的创新也许应朝向寻求生产资料的社会成员“个人所有”与“共同所有”的最适度组合的方向发展。

2. 经营制度

经营制度是有关经营权的归属及其行使条件、范围、限制等方面的原则规定。它表明了企业的经营方式，确定了谁是经营者，由谁来组织企业生产资料的占有权、使用权和处置权的行使，由谁来确定企业的生产方向、生产内容、生产形式，由谁来保证企业生产资料的完整性及其增值，由谁来向企业生产资料的所有者负责以及负何种责任。经营制度的创新应是不断寻求企业生产资料最有效利用的方式。

3. 管理制度

管理制度是行使经营权、组织企业日常经营的各种具体规则的总称，包括对材料、设备、人员及资金等各种要素的取用规定。在管理制度的众多内容中，分配制度是极重要的内容之一。分配制度涉及如何正确地衡量成员对组织的贡献并在此基础上提供足以维持这种贡献的报酬。由于劳动者是企业诸要素的利用效率的决定性因素，因此提供合理的报酬以激发劳动者的工作热情对企业的经营就有着非常重要的意义。分配制度的创新在于不断地追求和实现报酬与贡献在更高层次上的平衡。

产权制度、经营制度、管理制度这三者之间的关系是错综复杂的（实践中相邻的两种制度之间的区分通常很难界定）。一般来说，一定的产权制度决定相应的经营制度。但是，在产权制度不变的情况下，企业具体的经营方式可以不断进行调整；同样，在经营制度不变时，具体的管理规则和方法也可以不断改进。而管理制度的改进一旦发展到一定程度，则会要求经营制度作相应的调整；经营制度的不断调整，则必然会引起产权制度的革命。反过来，管理制度的变化会反作用于经营制度；经营制度的变化会反作用于产权制度。

企业制度创新的方向是不断调整和优化企业所有者、经营者、劳动者三者之间的关系，使各个方面的权利和利益都得到充分的体现，使组织的各种成员的作用得到充分的发挥。

（四）组织机构和结构的创新

企业系统的正常运行，既要求具有符合企业及其环境特点的运行制度，又要求具有与之相应的运行载体，即合理的组织形式。因此，企业制度创新必然要求组织形式的变革和发展。

从组织理论的角度来考虑，企业系统是由不同的成员担任的不同职务和岗位的结合体。这个结合体可以从结构和机构这两个不同层次去考察。所谓机构，是指企业在构建组织时，根据一定的标准，将那些类似的或为实现同一目标有密切关系的职务或岗位归并到一起，形成不同的管理部门。它主要涉及管理劳动的横向分工问题，即把对企业生产经营业务的管理活动分成不同部门的任务。而结构则与各管理部门之间，特别是与不同层次的管理部门之间的关系有关。它主要涉及管理劳动的纵向分工问题，即所谓的集权和分权（管理权力的集中或分散）问题。不同的机构设置，要求不同的结构形式；组织机构完全相同，但机构之间的关系不一样，也会形成不同的结构形式。

由于机构设置和结构的形成要受到企业活动的内容、特点、规模、环境等因素的影响。因此，不同的企业有不同的组织形式，同一企业在不同的时期，随着经营活动的变化，也要求组织的机构和结构进行不断地调整。组织创新的目的在于更合理地组织管理人员的努力，提高管理劳动的效率。

（五）环境创新

环境是企业经营的土壤，同时也制约着企业的经营发展。企业与环境的关系不是单纯地去适应，而是在适应的同时去改造、引导和创新。环境创新不是指企业为适应外界变化而调整内部结构或活动，而是指通过企业积极的创新活动去改造环境，去引导环境朝着有利于企业经营的方向变化。例如，通过企业的公关活动，影响社区政府政策的制定；通过企业的技术创新，影响社会技术进步的方向等。就企业来说，环境创新的主要内容是市场创新。

市场创新主要是指通过企业的活动去引导消费、创造需求。成功的企业经营不仅要适应消费者已经意识到的市场需求，而且要去开发和满足消费者自己可能还没有意识到的需求。

新产品的开发往往被认为是企业创造市场需求的主要途径。其实，市场创新的更多内容是通过企业的营销活动来进行的，即在产品的材料、结构、性能不变的前提下，或通过市场的物理转移，或通过揭示产品新的使用价值，来寻找新用户，又或通过广告宣传等促销工作，赋予产品一定的心理使用价值，影响人们对某种消费行为的社会评价，从而诱发和强化消费者的购买动机，增加产品的销售量。

资料链接

大众汽车的研发费用

大众汽车每年的科研经费是“30 亿美元”。中国目前没有一家汽车产业有“30 亿美元”的利润。华为年研发投入已逾 40 亿人民币。华为在北京、深圳、上海、南京、西安、成都设立了六大研究所，并在美国达拉斯、印度班加罗尔、瑞典斯德尔摩以及俄罗斯莫斯科等地建立了研究所。从事研发人员超过 1 万多人。

资料链接

全球医药企业的研发费用

全球的医药企业非常重视研发，大力度的资金投入研发。全球研发费用上涨 2.0%，2020 年将达到 1600 亿美元。2014 年，全球研发费用总计 1416 亿美元，较 2012 年上涨 3.1%。2006 年至 2014 年平均增长率 3.4%，预计今后将以每年 2.0% 的速度增长。每个新分子实体（NME）研发、批准间隔 3 年时间。在众多的国际医药企业中，诺华仍然是全球研发投入最高的公司，预计 2020 年将投入 105 亿美元。研发费用最高的 20 家公司当中，巨头新基（Celgene）增长最快，平均每年增加 10%，2020 年将达到 33 亿美元。行业研发费用平均每年上涨 2.0%，2020 年将达到 1598 亿美元。

第二节 企业管理的创新

一、创新的过程

要有效地组织系统的创新活动，就必须研究和揭示创新的规律。创新有无规律可循？对这个问题一直是有争议的。

美国创新活动非常活跃，其国内一字经营成功的 3M 公司的一位常务副总裁在一次讲演中这样开头：“大家必须以一个坚定不移的信念作为出发点，这就是：创新是一个杂乱无章的过程。”创新是对旧事物的否定，是对新事物的探索。对旧事物的否定，创新必定要突破原先的制度，破坏原先的秩序，必须不遵守原先的章程；对新事物的探索，创新者只能在不断地尝试中去寻找新的程序、新的方法，在最终的成果取得之前，可能要经历无数次反复和失败，因此，创新看上去必然是杂乱的。但这种“杂乱无章”是相对于旧制度、旧秩序而言的，是相对个别创新而言的。就创新的总体来说，它们必然依循一定的步骤、程序和规律。

总结众多成功企业的经验，成功的创新要经历“寻找机会、提出构思、迅速行动、忍耐坚持”这样几个阶段的努力。

（一）寻找机会

创新是对原有秩序的破坏、原有秩序之所以要打破。是因为其内部存在着或出现了某种不协调的现象。这些不协调对系统的发展提供了有利的机会或造成了某种不利的威胁。创新活动正是从发现和利用旧秩序内部的这些不协调现象开始的。不协调为创新提供了契机。

旧秩序中的不协调既可存在于系统的内部，也可产生于对系统有影响的外部。

1. 系统内部

就系统的外部说，有可能成为创新契机的变化主要有：

（1）技术的变化。可能影响企业资源的获取，生产设备和产品的技术水平。

（2）人口的变化。可能影响劳动市场的供给和产品销售市场的需求。

（3）宏观经济环境的变化。迅速增长的经济背景可能给企业带来不断扩大的市场，而整个国民经济的萧条则可能降低企业产品需求者的购买能力。

（4）文化与价值观念的转变。可能改变消费者的消费偏好或劳动者对工作及其报酬的态度。

2. 系统外部

就系统内部来说，引发创新的不协调现象主要有：

（1）生产经营中的瓶颈可能影响了劳动生产率的提高或劳动积极性的发挥，因而始终困扰着企业的管理人员。这种卡壳环节、既可能是某种材料的质地不够理想，且始终找不到替代品；也可能是某种工艺加工方法的不完善，再或是某种分配政策的不合理。

（2）派生产品的销售额或利润贡献不声不响、出人预料地超过了企业的主营产品；老产品经过精心整顿改进后，结构更加合理、性能更加完善、质量更加优异，但并未得到预期数量的订单……这些出乎企业预料的成功和失败，往往可以把企业从原先的思维模式中驱赶出来，从而可以成为企业创新的一个重要源泉：企业的创新，往往是从密切地注视、系统地分析社会经济组织在运行过程中出现的不协调现象开始的。

（二）提出构想

敏锐地观察到了不协调现象的产生以后，还要透过现象究其原因，并据此分析和预测不协调现象在未来的变化趋势，估计它们可能给组织带来的积极或消极后果；并在此基础上，努力利用机会，或将威胁转换为机会，采用头脑风暴、德尔菲、畅谈会等方法提出多种解决问题，消除不协调，使系统在更高层次实现平衡的创新构想。

（三）迅速行动

创新成功的秘密主要在于迅速行动。新提出的构想可能还不完善，甚至可能很不完善，但这种并非十全十美的构想必须立即付诸行动才有意义。“没有行动的思想会自生自灭”，这句话对于创新思想的实践成功尤为重要。一味追求完美以减少受讥讽和被攻击的机会，就可能坐失良机，把创新的机会白白地送给自己的竞争对手。2013 年 9 月 3 日，微软和诺基亚正式联合宣布，微软以 71.7 亿美元并购诺基亚手机业务部门，并获得相关的专利授权。这意味着，诺基亚失去了其昔日最为耀眼的明珠，只剩下了地图和网络通信两块非核心业务。诺基亚行动迟缓，错失智能机时机。没有公司能成为常胜将军，模拟机转 2G 手机，诺基亚把摩托罗拉超越，3G 智能机时代的来临，诺基亚应该有可能被超越的警醒，但是它没有。诺基亚坐拥全球手机老大的位置，俯视众手机厂商，2007 年 iPhone 来了，诺基亚嘲讽，乔布斯先得把品牌知名度转化为市场份额，紧接着 Android 手机来了，三星、HTC 都因 Android 系统而快速发展；触摸屏时代来了，诺基亚依然固守 Symbian，固守手机物理按键。如此一来，诺基亚市场占有率从 2008 年的四成以上降到 2011 的 25%，随后被三星超越。创新的构想只有在不断地尝试中才能逐渐完善，企业只有迅速地行动才能有效地利用“不协调”提供的机会。从某种意义上说，面对瞬息万变的市场，创新行动的速度可能比创新方案的完善更为重要。

（四）坚持不懈

构想经过尝试才能成熟，而尝试是有风险的，是不可能“一打就中”的，是可能失败的。创新过程是一个不断尝试、不断失败、不断提高的过程。因此，创新者在开始行动以后，为取得最终的成功，必须坚定不移地继续下去，决不能半途而废，否则便会前功尽弃。要在创新中坚持下去，创新者必须有足够的自信心、强大的忍耐力，能正确对待尝试过程中出现的失败。既为减少失误或消除失误后的影响采取必要的预防或纠正措施，又不把一次“战役”（尝试）的失利看成整个“战争”的失败，要知道创新的成功只能在屡屡失败后才姗姗来迟。伟大的发明家爱迪生说过：“我的成功乃是从一路失败中取得的。”这句话对创新者应该有所启示。创新的成功在很大程度上要归因于“最后五分钟”的坚持。

【案例 12.2】

屠呦呦获得诺贝尔医学奖

2015 年 12 月 12 日，85 岁的屠呦呦一身紫色礼服出席诺贝尔生理学或医学奖颁奖仪式，她的一举一动牵引着国人的目光。曾经人们一直在问，中国医学科学家何时能获得诺贝尔奖，而 10 月 5 日，随着瑞典卡罗林斯卡医学院宣布屠呦呦获得 2015 年诺贝尔生理学或医学奖时，无尽的追问终于在那一刻尘埃落定。

诺贝尔奖评选委员会在颁奖词中如是评价屠呦呦在青蒿素发现中的贡献：“疟疾每年感染的人数接近 2000 万，而青蒿素目前已被广泛用在疟疾横行的地区。结合其他治疗手段，疟疾的致死率整体能够下降超过 20%，在孩童患者身上能够超过 30%。单就非洲而言，这意味着每年有 10 万人的生命被挽救。”

20 世纪六七十年代，在科研条件极为艰苦的环境下，屠呦呦团队与国内其他机构合作，经过艰苦的努力，从《肘后备急方》等中医古典文献中获取灵感，最先发现了青蒿素，开创了疟疾治疗新方法。目前，一种以青蒿素为基础的复方药物已经成为疟疾的标准治疗方案，世界卫生组织将青蒿素和相关药剂列入其“基本药物”目录。

2015 年 12 月 7 日，屠呦呦在卡罗林斯卡医学院，以“青蒿素——中医药给世界的一份礼物”为题发表了演讲。她详细回顾了青蒿素发明的过程，并感谢全国“523”项目单位的通力协作。

资料来源：http://www.zhuaqu.com/news51981.html。

二、创新的源泉

目前，时代发展的脚步已经赶上小跑了，企业不得不加紧脚步，所以创新是必需的。那么怎么创新呢？创新的源泉是什么？有学者认为：“不要总想着颠覆，以建设性的态度与世界合作才是王道。”创新的本源来自于人性的发掘。

企业创新的动力来自于哪里？是竞争还是市场，还是其他？显然，这是一个切入市场营销本质的市场研究活动，如果能够研究透彻这一问题，或许会帮助很多企业走出创新的迷雾。创新的动力来自于市场而不是竞争，更确切地说，创新的本源来自于人性。创新的本源一半来自市场客体人性的洞察，一半来自创新主体人性的光辉。

当然，我们也不会否认由于竞争的存在进一步推动了创新的步伐。调查中发现，很多企业创新的初衷来自于市场竞争的挑衅，简而言之，相当一部分企业创新动议来自于市场竞争。反过来说，如果没有市场竞争，可能很大一部分企业的创新都将会被搁置。我们把由于市场竞争而动议的创新称为竞争式创新。

通常，企业创新包括如下三个步骤：① 竞争式创新的提出往往是出于市场竞争的考虑而提出的创新动议。② 市场式创新的确立。有了动议之后，人们才把目光重新投入到市场当中，去探寻市场机会和趋势，继而确立市场式创新的核心主题。③ 责任式创新的形成。创新者往往因为洞察到市场需求或者空白之后产生出巨大的创新力量和使命，认为这是自己发现的市场给予的重大责任，这时，创新已经成为责无旁贷。

那么，为何将创新的本源归结于人性呢？

其实，仔细分析企业创新的三个步骤不难发现，竞争来自于人性的好斗，需求来自于人性的欲望形成市场，责任来自于人性担当最后形成事业，这三个步骤展示了人性升华的三个层级，也充分说明了个人、企业、事业和人性之间的不可分割的关系。成功的企业家，不管他们的个人动机是什么，他们总是试图创造价值和做出贡献，试图创造出新的、不同的价值，力图把物质转化为资源，或把现有的资源组合成新的更具有生产力的形态。而能为创新提供机会的是变化，所以，有系统的创新就在于对变化进行有目的、有组织的寻找，在于对这类变化进行系统分析，从而抓住一切创新的机会。

通过检查如下七个方面的变化有可能找到创新的机会，这七个方面是创新的源泉。

（一）意外事件

意外事件包括意外的成功、意外的失败和外部意外事件。

意外的成功对组织的创新提供的机会最多，而所冒的风险则相对较少。但是，意外的成功常常会被组织的最高层领导所忽视，因为在多数机构中，最高领导人往往都是从某一职能或某一特定领域起家的，而唯有这个领域是他们感到惬意和熟知的领域。当在新的领域中出现了意料之外的成功，他们所做的反应是惊诧不已，甚至认为是鸠占鹊巢，而拒绝把意外的成功看作是发展的机会。开发、利用意外的成功所提供的创新机会，需要进行分析。意外成功事件作为一个先兆，它究竟代表了什么事情？发生了什么基本变化？是技术因素还是市场原因？唯有这样才能把目前还处于隐蔽状态的创新机会揭示出来。

意外的失败一旦发生是无法抗拒的，但能否把失败看成成功机会的先兆却需要眼光，需要深入调查意外的失败究竟是怎么回事。当了解了事实真相，成功的创新机会就会很容易地出现。面对意外的失败，它要求组织领导走出单位，去多看看、多听听，而不是关起门来做研究分析。组织领导应严肃认真地对待意外的失败，并把它看成是一个创新机会的先兆。

外部意外事件是发生在一个企业或行业所关注的本行业之外的事情，利用这些看起来好像与己无关的事情，尝尝可以拓展、延伸本行业的业务范围，取得意想不到的成功。利用外部意外事件特别适合具有相当规模的公司，它也许是提供给大公司最大机遇和最低风险的创新领域，也许是提供给创业较久的大型企业从事创新的领域，也许是提供给具备重要的专门知识以及调动大量资源的能力且会快速产生最大差异的公司从事创新的领域。

【案例 12.3】

心脏起搏器：一个“粗心错误”导致的伟大发明

我们常常会犯这种错误，从工具箱中不慎拿出了错误的工具。然而，美国布法罗大学助理教授威尔逊·格雷特巴赫上世纪50年代的一次简单失误，却让他阴差阳错地发明了可植入式心脏起搏器，拯救了无数心脏病患者的生命。当时，格雷特巴赫正在测试一个记录心跳的机器原型，他本应将一个1万兆欧的电阻器用在记录器上，可他最后从盒子中拿出来装在记录器上的竟是一个1兆欧的电阻器，结果，记录器电路产生了一个持续1.8毫秒的信号，然后又中断了1秒钟，接着又重复出现了持续1.8毫秒的信号，如此周而复始，节奏如同人体的心跳。

格雷特巴赫立即意识到这种电流能够调节心跳，治疗心脏病患者，1960年，世界上第一个成功的可植入式心脏起搏器被安装在了一名77岁老人的身上，患有严重心脏病的他安装了这一设备后，又幸运地多活了18个月。1985年，格雷特巴赫的“意外发明”被美国国家职业工程师学会评选为过去半世纪全球10个最伟大的工程学发明之一。

（二）不一致性

不一致性是指人们对事物想象的情况或以为应该是什么与现实的事物之间产生的不符与不协调。不一致性也是创新的一个先兆，但它常常为知情者所忽视或熟视无睹。利用不一致性作为创新的机会是相对易行而有效的。不一致性可以表现为多个方面：需求的增长与经济效益的不一致性；假设与现实的不一致性；对顾客价值观以及期望的认识与实际结果的不一致性；流程中存在的节奏与逻辑上的不一致性。

当某一产业、某个市场及某一过程内部发生了变化，往往就潜伏了不一致性。这种不一致性只有在行业中的人或行业附近的人能看清，知情者只有在认准和了解的基础上，才能开发并利用它。

（三）流程的需要

需要是发明之母。流程的需要作为一种特殊需要也为创新提供了巨大的机会。任何一个产业、一项业务、一项服务中都存在着流程需要。流程需要并不以单个事件为起点，而是以所做的工作为开始，完善早已存在的流程。它可以针对流程中的某一薄弱环节加以更换，也可以用新的知识对现行的旧流程进行重新设计。流程需要的创新要取得成功，应注意以下五个基本指标：需要有一个独立完整的流程；需要有一个薄弱或缺损的环节；需要有一个清晰的目标定义；需要有明白地解决办法的具体要求；需有一个更佳方式的共识，即要有高度的可接受性。

流程需要的创新还应按三项条件作检验：是否真正理解需要的是什么；是否已具备了所需的知识，或在目前的技术水平中能否解决这个问题；解决方法是否适宜。

（四）产业结构和市场结构的变化

产业结构和市场结构一旦形成往往比较稳定，但有时又是十分脆弱的。出现产业结构或市场结构变化时，业内的企业如果继续因循守旧，就肯定会遇到困难，甚至被市场所淘汰。然而，产业结构或市场结构的变化也为创新提供了很大的机会。如何知道产业结构将发生根本性的变化呢？一般可从以下四种明显的迹象中找到答案：产业部门的增长显著快于经济或人口增长的增长；产量翻倍；原先互不相关的几种技术出现了互相结合；经营方式迅速发展。当这几种现象发生时，往往预示着产业结构将发生突变。采取简明而有针对性的创新战略，就能大大地增加成功的可能性。

（五）人口的变化

在各种外界的变化中，人口的变化是一个最易预测的因素。人口的变化包括人口的数量、年龄分布以及人口教育程度、劳动工种、收入水平等方面的变化。这些统计数据不仅是可知的，而且是对某些情况的发生有确定的超前期。通过人口统计了解人口结构状况，其重要性不仅在于人口结构对购买力和购买习惯有影响，而且对劳动力规模和劳动力结构也有影响。

由于人口结构具有内在的不稳定性，极易发生突发的剧变，因此，人口结构的变化是决策制定者必须予以分析和全面考虑的首要环境因素。人口变动是唯一能对未来进行有把握预测的因素。通过对人口动态和人口结构中所发生的变化进行分析，可以较准确地预测出市场和用户的购买力、购买习惯、顾客需要等主要趋势。通过现场调查，包括研究人们购买东西的方式、喜欢怎样的环境、如何看待所购买商品的价值，可以发现变动中的结构能成为高度有利可图和极为可靠的创新机会。

【案例 12.4】

老年人智能电子药盒

随着全球老龄化的人口结构的推进，越来越多的老年产品孕育而生，创新层出不穷。针对老年人服药依从性差，经常漏服、错服或者重复服药的问题，科技人员创新出一款智能电子药盒，它能在准确地时间提醒你吃药。智能电子药盒的设计采用了革命性的智能定时原理，药盒上不再有液晶显示屏，也不需要复杂的定时设置操作，只需有一个按键即可。用户在吃药同时按动一下智能电子药盒上的唯一按键，智能电子药盒就自动记住这个时间，以后每天同样的时间它就会响铃、语音说话来提醒用户吃药，每天如此。

智能电子药盒带多个封闭小格，可装多种营养品或药品；同时有一个内部微电脑控制的智能按钮，按一下就能设好定时，以后每一天同样的时间（按下键的那一时刻）药盒就会说话，提醒用户到了吃药的时间，使用简单方便。会说话的智能电子药盒有多个封闭小格，可装多种营养品或药品。到了设定的吃药的时间，就会“嘟嘟”地响以提示用户应该吃药了。

在一天之内，智能电子药盒可以最多记住 8 个这样的时间点，用户也可以根据自己的生活习惯改变已设好定时的时间点，操作都只是按动一下按键，非常简单。同样的原理也适用做各种定时提醒装置，包括营养食品、馈赠礼品的智能盒等，每天可以多次提醒用户注意，可大大增加智能盒内产品的定时、定量使用。

智能电子药盒的设计结构和操作都非常简单，整体体积非常小，成本也非常低，因而可以制造成很小的附件，与现有的药盒、药瓶、营养品盒、礼品盒等结合，成为盒盖、瓶盖的一部分，也可以是一个独立的小挂件，都是起到定时提醒的功能。智能电子药盒定时播报的语音也可以按需要换成其他提醒用语、问候用语、广告用语、流行音乐或歌曲片断、动物叫声等。同时，智能电子药盒也是一种有效的防伪方式。

该药盒独特的简便使用特性，为烦恼繁琐高科技的人、老人、工作忙碌压力大的人等带来了一刻简约生活。这也是全球第一款能够让盲人使用的智能电子药盒。

（六）观念的变化

人们的观念变化往往孕育着重大的创新机会。当人们的观念发生变化时，事实本身并没有改变，改变的只是它们的意义。这种变化绝不是奇异的或者难以捉摸的，它很具体，即它可以被定义、被检测，更重要的是它还可以被利用。利用人们的观念变化的创新有四个要素，即创新性，当机立断的迅速手段，准确判断变化的现象是否具有创新潜力以及基于认知变化创新要始于小而专的领域。

（七）新知识

以科学和技术研究的新知识为基础的创新毋庸置疑是非常重要的，但也是最为困难的。在所有创新中，以新知识为源泉的创新的孕育期最长，而且风险是最大的。它是以多种知识的汇聚与结合为基础的。以新知识为基础的创新有其自身的特殊要求；需要对创新所必需的因素进行仔细的分析，包括还缺少哪些因素，所缺的因素能否自行备齐；要有明确集中的目标，它可以集中于一个完整的系统，或集中于新的市场，或集中于一个有利的战略地位；需要学习并实施企业家型的管理，以减少其风险。

以新知识为基础的创新不仅包括科技方面的创新，还包括社会科学方面的创新。由于其要求高、风险大，因而潜在的回报也就更大。

【案例 12.5】

大数据时代下药物研发的前瞻

从人类诞生到 2003 年人类创造的信息量都比不上今天一天所创造的信息量的总和，随着存储技术和运算速度呈现出几何级数的增长，我们生活在一个前所未有的数据时代，突破了以往“有用才被记录”的观点，今天“一切记录下来的数据”都将有用。数据的不断创造、累计以及通过分析这些数据所得到的结论，使我们前所未有地了解到我们的群体行为学，这种打破了人种界限的分析，势必将使我们更加理性的预测和规划未来，而不是像过去那样凭借着浪漫的想象和良好的运气。

这个时代，我们称之为大数据时代，或者云时代，大量的数据每天都在被产生，记录，每个人的呼吸，血压，心跳甚至每秒钟的神经冲动，这些活性在下一秒就会失去意义的个人行为学，但将它们长时间地按照不同要求进行统计，势必是可以得出某些结论和预测的。就像药品大规模的临床试验一样，没有哪个时代向今天将药品的安全性提高到如此的高度，会招募如此众多的受试者并且跟踪相当长的时间，尽管如此，很多当代新药的长期副作用仍旧无法预测，如某些他丁类降血脂的药物与服用者糖尿病发病风险升高息息相关，抑或类似罗格列酮类药物使服用者罹患膀胱癌的几率增加等。其实这类问题的原因很简单，人体是一个复杂的机器，它的精密程度远远超过了我们的想象，就目前的结论而言，药物出现副作用的原因就是药物和除治疗所需之外的其他靶点发生的不可预测的反应，这个靶点可能是某个蛋白，某种酶，或者是某条基因，它们之间复杂的相互作用让药品的副作用永远都不可能避免，现在没法，将来也没有办法。

新药的研发在这样一个特殊的大背景下需要做出一些勇敢性的变革。每个药物当它被以数字的形式记录下来，它的一切信息都将变得更加简洁。同样对于靶点的分析我们也要建立数组，每年都会有数以千计甚至数以万计的文章去研究靶点–药物之间的相关，尤其是关于靶点的数组构建需要更大计算能力，因为它涉及更多更复杂的结构，将来我们记录数据或认知数据的能力也必须发生变革，将平面的数组形式转化为多维度的数组，这种能力的提升将从根本上改变我们对于药物研发的观点。

在未来，创造将不再是精英的专利，今天那些制药业的巨头，罗氏、辉瑞、强生、赛诺菲等都将受到来自更多类似谷歌、IBM 等公司的挑战，这种挑战源于互联网巨头所掌握的庞大的数据资源和强大的计算能力。2013 年 12 月，nature 报道了谷歌公司和斯坦福大学的研究人员共同利用谷歌的云计算初步解析了 G 蛋白偶联受体的某种亚型的三维结构。这或许是一个开始，当利用传统方法寻找新突破的制药巨头们发现当下搜寻成本逐渐升高时，各种并购和收购案此起彼伏，其实从侧面反映出药物研发已经出现了一个相当大的瓶颈，企业只能通过横向发展来提升自己的市场竞争力和商业价值，从长远意义看，这并不有益于独立的发展。

三、创新的条件

建设创新型国家的关键，就是要建立一大批具有自主创新能力、拥有自主知识产权核心技术与知名品牌、依靠创新实现持续发展的创新型企业。那么建设创新型企业需要具备什么样的创新条件？

（一）创新动力——企业创新的前提条件

企业想要创新、拥有创新的动力成为企业进行创新活动必须具备的基本前提条件。企业创新的根本动力是企业对利润持续增长的需要和自身持续发展的目标，这些需要的满足和目标的实现又来源于企业内部的三个方面的动力要素。

（1）企业创新观念实质上就是企业家的创新精神和创新意识。企业家是企业创新活动的主导者和组织者。企业家的创新精神包括企业家的科学经营观和自主自强观、首创精神和开拓精神、冒险精神和敬业精神、执着的毅力和自我实现的欲望；企业家的创新意识则是对企业创新重要性和必要性的深刻理解、追求可持续发展和走“绿色”创新道路的意识。

（2）创新利益驱动是对企业家和企业员工创新的物质利益驱动，强调的是股权、薪酬、奖励等物质手段和利益机制的驱动作用。

（3）创新文化和团队精神是整个企业的创新价值观和创新协同观。创新文化是全体员工对企业家创新观念和意识普遍认同所形成的企业群体意识和整体价值观。团队精神则是渗透到每个员工心灵深处的集体合作精神和密切协作态度并转化为整个企业团结一致的行为规范。

（二）企业创新的物质基础条件

企业有了创新的欲望和动力，还必须具备创新的物质条件，否则企业是无法开展创新活动的，根本谈不上创新型企业的建设。企业创新的物质条件主要包括以下四个方面的内容。

1. 创新战略

创新战略是企业在创新战略思想指导下对未来较长时间创新活动的总体性谋划和全面性安排。创新战略的主要内容就是创新战略目标和创新战略方案。创新战略目标是企业创新活动所要达到的最终成果；创新战略方案是实现创新战略目标的具体规划。

2. 创新体系

创新体系是企业为了贯彻创新战略思想，充分整合创新资源和创新要素，实现创新战略目标的有机整体。创新体系由创新制度、创新机构、创新人才、研发组织及其管理组织、创新社会沟通网络等组成。

3. **创新能力**

创新能力是企业对生产要素的重新组合的能力包括企业根据市场需求、竞争状况和自身条件，提出新思想、制定新战略、开发新技术、研制新工艺、推出新产品和开拓新市场等一系列活动的能力。而在结构上，创新能力是由创新激励能力、获取生产要素能力和创新实现能力构成的综合能力。

4. **创新资源**

创新资源是企业从事创新活动所需的人、财、物、知识、技术和信息等资源。合理高效地获取、加工、利用这些创新资源是企业实现创新的根本保证。一方面，知识是人们对客观世界的物质形态与运动规律的主观认识和高度概括。企业创新在一定程度上就是企业运用知识的过程。技术是人们在反复实践中积累起来的有关生产、劳动的经验知识和操作技巧。技术既是企业创新的重要手段，又是企业创新的重要结果。信息是客观事物存在形式和运动方式的描述。信息的有效处理和科学利用可以加快企业创新过程、提高创新企业的成功率。作为无形资源的知识、技术和信息都必须以人为最终载体和作用途径。同时，财力资源是用以从事创新活动及其相关投资活动资产的货币表现，也是企业创新资源的一个重要组成部分。物力资源包括企业中的机器、设备、工具、能源、原材料和辅助材料，既是企业创新活动的重要物质基础，又是企业创新管理活动的重要对象。作为有形资源的财力和物力资源也都必须与人力资源相结合才能转化为生产力。可见，人力资源是企业创新资源的核心内容，创新型企业创新的关键在于创新型人才。

（三）企业有效的创新活动

企业具备了创新的物质条件，还必须开展有效的创新活动。没有创新活动或者只有个别方面的创新，仍然达不到企业的创新基本要求。企业的创新必须是系统的创新，系统创新是由以下五个方面创新共同组成的创新内容体系。

1. **管理创新和制度创新是企业创新的保证**

管理创新是通过提出更有效的资源整合来实现企业目标的创新活动和过程。制度创新就是改变原有的企业制度，建立适应现代市场经济体制和社会化大生产要求的以产权明晰、权责明确、政企分开和管理科学为特征的新型企业制度。

2. **观念创新和人才创新是企业创新的根本**

观念创新是企业一切创新活动的前提。观念创新就是要转变观念和更新观念即形成能够更好地适应企业内外环境变化、更有效地利用各种资源、更有利地获取利润和谋求企业进一步发展的新思想新意识。人才创新是企业通过多种有效途径引进各种急需的高级管理和技术人才、提高员工整体素质、形成新的人才的过程。

3. 技术创新和知识创新是企业创新的关键

技术创新是以一个新的技术思想为起点，以新的技术成果首次商业化为终点的过程。知识创新是通过基础研究、应用研究和发展研究获得基础科学知识、技术科学知识和应用科学知识的过程。

4. 产品创新和品牌创新是企业创新的载体

产品创新是企业为了更好地满足顾客需求而向市场推出具有新功能、新结构、新外观的产品的活动。品牌创新是企业为了进一步提高商业竞争力而向市场推出新品牌，塑造和提升品牌形象价值，提高品牌知名度、美誉度和认可度的活动。

5. 市场创新和营销创新是企业创新的实现

市场创新是企业通过实现各种新市场要素的商品化和市场化来开辟新的市场而进行的一系列创新活动。营销创新是企业为了达到经营目标，通过提高营销活动水平来实现市场需求而进行的一系列创新活动。

（四）创新持续——企业创新的根本条件

拥有了非常显著的创新成果、已经具备了创新型企业资格的企业，就一定是真正的创新型企业吗？签字是否定的。这样的企业可能是进行了一次性、一时性或间断性的创新，不能持续不断创新的企业只能属于暂时性创新企业。而真正的创新型企业应当是持续性创新型企业，可从以下两个方面来理解。

1. 创新持续性是创新型企业的基本特征

持续性创新型企业就是通过持续的创新活动，取得显著的创新成果，实现不断发展的创新型企业。持续性创新型企业在持续不断创新的推动下，不但能在顺境中实现发展，而且也能在逆境中求得生存和发展；不仅能在较短的时间内实现发展，而且也能在较长的时期中谋求持续发展。

（1）从系统的创新来讲。在创新型企业中，不仅系统创新本身就包括了涉及到企业内部各层次、各环节和各部分的管理创新和制度创新、观念创新和人才创新、技术创新和知识创新、产品创新和品牌创新、市场创新和营销创新等方面的内容；而且系统创新还涉及到了调查、预测、决策、计划、研究、设计、生产、管理、营销和财务等一系列过程的活动。就是说企业创新也一直都存在于这些内容和活动之中，只要企业不停止运行，创新就会一直持续下去。因此，企业创新本来就是全面而又持续的。

（2）从持续的创新来看。在创新型企业中，创新活动不是可有可无、或多或少、时断时续的活动。创新活动与人们所熟知的日常的生产活动、经营活动、管理活动一样都是企业的基本活动。就创新活动而言，既有专门的人员、机构、制度，也有专门的计划、实施和控制过程；既有人、才、物和信息资源的投入，也有企业知识形态的创新成果的产出。所以，创新本身就是一项持续性的活动。

（3）从创新的持续来说。在创新型企业中，按照创新活动的序列当企业在实现了第一个成功的创新时，就开始依据市场的需求和竞争情况进行第二个创新，并在分析综合信息和预测发展趋势的基础上构思第三个创新。在创新产品和创新技术上企业真正实现了构思创新一代、研究开发一代、生产制造一代和市场销售一代。可见，不仅企业一直处于创新的状态，而且创新也一直处于持续的状态。总之，系统性是创新型企业全面的持续创新，创新性是创新型企业的核心，而持续性是创新型企业的根本。持续创新是创新型企业的本质特征，唯有实现持续创新的企业，才能是真正的创新型企业。

2. 持续创新能力是创新型企业必须具备的基本能力

要实现企业的持续创新，必须使企业具备持续创新的能力。持续创新能力是企业创新进步与效益增长不断相互促进并且形成持续性良性循环的能力。一时的创新不足以维持企业的长期发展，只有具备持续创新能力才能保企业持久永续的发展，才能不愧为“创新型企业”的称号。分析创新能力结构可知，企业从研究开发到产品化再到市场化为止的整个过程中最重要的能力就是持续创新核心能力，包括研究开发能力、生产制造能力和市场营销能力。持续创新核心能力的根本就是企业的研究开发创新能力。

四、创新的方式

不论技术创新的水平和对象为何，企业在技术创新活动的组织中都可以有两种不同的选择：利用自己的力量独立开发，或者与外部的生产、科研机构联合起来共同开发。

（一）独立开发

独立开发与联合研究要求企业具备不同的条件，需要企业投入不同程度的努力，当然也会使企业有不同程度的受益。独立开发，不仅要求企业拥有数量众多、实力雄厚的技术人员，而且要求企业能够调动足够数量的资金。独立开发若能获得成功，企业将在一定时期内垄断性地利用新技术来组织生产，形成其他企业难以模仿的某种竞争优势，从而获得高额的垄断性利润。当然，如果开发不能获得预期的结果，企业也将独自咽下失败的痛苦。

（二）联合开发

企业可以与合作伙伴集中更多的资源条件进行基础性的创新研究，并共同地承担由此而引起的各种风险。开发如果失败，企业将与协作伙伴一同来分担各种损失；当然，开发成功了，企业亦不能独自利用研究成果组织产品或工艺的创新，协作伙伴有权分享共同的成果，也有权从这种成果的利用中分享一份市场创新的收益。

影响企业在开发方式上选择的，不仅是企业自身的资源可支配状况和开发对象的特点要求，对市场经济条件下竞争与合作的必要性认识的不同可能是更深层次的原因。

竞争无疑是市场经济的第一原则。正是竞争促进了社会生产率的提高，带来了整个社会资源的合理配置。在技术创新领域也一样，竞争促使不同企业投入大量的人力和物力资源去竞相开发和采用新的技术、生产新的产品、利用新的材料和设备，以获得市场经营中的某种成本优势或特色优势，占有更多的市场份额，获得更多的利润：不同企业技术水平的提高最终必然会促进整个社会的技术发展，但是不同企业单独地进行所有的技术创新研究，特别是与基础理论有关的技术创新研究，所从事的大部分是重复性的劳动，而创新活动在一定范围内有组织地协调进行，则不仅会带来资源的节约，而且必然会大大加快成果形成的速度，且开发成功后，将在更大的范围内使更多的企业受益，因此为整个社会的技术进步带来更大的贡献。

实际上，合作研究与开发不仅为经营范围限于国内的那些企业所重视，而且是许多国际企业的普遍选择。随着世界经济区域集团化的发展，随着国际市场竞争的加剧，国际企业为了增强建立全球性市场的能力、适应世界全球性公司发展的需要，在多个方面实行战略联盟。这种联盟不仅表现为有形资产投资上的合作。而且表现为无形资产的共同投资。前者如联合兴建新的企业，或相互在对方企业持有一定股份；后者则主要与研究与开发合作或技术转让有关。研究与开发上的合作主要指联盟各方将其资金、技术设备以及各种优势结合起来共同使用，以开发新的产品或生产技术，并在此基础上共同开发国际市场；技术转让则主要指与合作开发相关的联盟内企业间技术资料的相互交换，以共享某些技术开发的成果。

合作开发不仅可使合作各方共同承担巨额的开发费用以及与之相关的开发风险，而且由于优势的互补而开发出独自进行时难以开发出的新技术比如，美国通用电气公司和法国斯奈克马公司合作开发一种新型飞机引擎，其费用需 10 亿到 20 亿美元，时间约需 10 年。显然，这个费用和风险是其中任何一家公司都不愿、且难以承担的。又如，美国商用机器公司（IBM）与苹果公司（Apple）长期以来在电脑行业相互竞争，但为了发展一套完整的计算机操作系统。这两家公司决定共同投入 10 亿美元合资研究和生产新一代个人电脑的硬件、软件和网络。分析家们认为，这种合作将改变销售额高达 900 亿美元的世界个人电脑行业的竞争结构。但正如 APPLE 公司总裁约翰·斯柯利在《商务周刊》中所指出的，“如果没有战略联盟，这种高科技的公司想要生存和发展是不可想象的。”

日本企业在这个问题上的许多做法是值得中国企业借鉴的。日本核心技术局在 2011 年的一份调查表明，在接受调查的 21 家企业中，90% 曾有过和同行业合作研究的经验，接近 70% 的企业和部分对手有共同研究项目。日本机械产业振兴协会则宣布，近年来日本企业作为合作研究成果的联合专利申请的数量呈迅速上升的趋势。

人们可能会认为，联合研究主要涉及通用技术和基础研究领域，因为只有在这些领域进行合作，然后在应用性研究方面进行竞争才会给各个企业带来最大利益。然而日本政府 2009 年的一份调查表明，只有 14% 的合作研究指向基础研究领域，而与此对应，有三分之一的合作研究指向应用研究，更有二分之一以上的项目实际上是产品开发项目。

当然，合作研究的组织进行，不仅需要企业的积极主动，而且更需要政府的推动。在日本，有相当多的合作研究项目与政府有关，特别是与基础研究相关的合作性开发更需要政府的推动。为此，日本政府制定了许多推进民间企业进行合作研究的专门制度与相关政策，比如 2001 年推出了矿业、工业研究组合制度，2006 年推出了大型工业技术研究开发制度，2008 年制定了基础技术研究促进制度等。这些制度导致了技术研究组合等合作研究形式，极大地推动了竞争企业为共同利益而开展合作研究的选择。

日本企业与日本政府在合作研究上的努力对于我国企业技术创新战略的制定提供了许多启示。

五、制度创新

企业的制度创新是优化企业各类管理的基础，是企业管理创新的前提。我国企业体制改革经过多年的试验和探索，最终选择了现代企业制度对产权制度进行改革，使企业真正成为独立的法人实体。建立现代企业制度本身就是制度创新的基本内容，但至今我们还没有完成，还有一系列的具体制度需要在创新中建立和完善，这里的关键是要建立和完善与现代企业制度和企业发展相适应的企业内部领导体制、管理体制、经营机制等，而其中很重要的是企业约束激励机制的建立和创新。

在知识经济条件下，企业要完全按照经济全球化的要求，来完成产权制度创新、经营机制和管理制度创新。

（一）产权制度创新

从我国的实际情况来看，民营企业的产权制度比较容易创新，而国有企业和许多集体企业虽按现代企业制度，建立了股份公司、有限责任公司和股份合作制企业，但总是遇到一些来自多方面因素的困扰。这些困扰在短时期内不会消失，还需国家在长期改革中不断克服。

（二）经营制度或运行机制创新

它主要包括企业的目标机制、激励机制和约束机制的创新。通过创新使企业除了受市场机制约束外，不再受其它约束，逐步增强企业自我变革、自我发展的能力。

（三）管理制度创新

在知识经济时代，管理的重点是知识的生产与开发以及对掌握知识的人的培训。培训的重点是：培育适应知识经济的企业家。只有优秀的企业家才能把“技术人”和“社会人”“经济人”集合在一起，充分发挥科技资源优势，促进社会经济发展。管理制度的创新还表现在管理的柔性化——以人为本上。分配制度的创新，也是管理制度创新的重要内容。根据现代发达国家的一些经验，按业绩分配和按知识要素分配趋于主导地位。所以，在知识经济条件下，我们应借鉴管理创新的国际经验，将以按劳分配为主的管理模式逐步过渡到按知识要素分配和按业绩分配为主。

六、技术创新

技术创新是企业创新的重要内容。任何企业都是利用一定的产品来表现市场存在、进行市场竞争；任何产品都是一定的人借助一定的生产手段加工和组合一定种类的原材料而生产出来的。不论是产品本身，还是生产这些产品的人员、物资设备，或是被加工的原材料以及加工这些原材料的工艺，都以一定的技术水平为基础，并以相应的技术水平为标志。因此，技术创新的进行、技术水平的提高是企业增强自己在市场上竞争力的重要途径。

(一)技术创新的内涵

与企业生产制造有关的技术创新，其内容也是非常丰富的。从生产过程的角度来分析，可以将其分为以下三个方面。

1. 要素创新

从生产的物质条件这个角度来考察，要素创新主要包括材料创新和手段创新。

(1)材料既是产品和物质生产手段的基础，也是生产工艺和加工方法作用的对象。因此，在技术创新的各种类型中，材料创新可能是影响最为广泛、意义最为深远的。材料创新或迟或早会引起整个技术水平的提高。

由于迄今为止作为工业生产基础的材料主要是由大自然提供的，因此材料创新的主要内容是寻找和发现现有材料特别是自然提供的原材料的新用途。以使人类从大自然的恩赐中得到更多的实惠。随着科学的发展，人们对材料的认识渐趋充分，利用新知识和新技术制造的合成材料不断出现，材料创新的内容也正在逐渐地向合成材料的创造这个方向转移。

(2)手段创新主要指生产的物质手段的改造和更新。任何产品的制造都需要借助一定的机器设备等物质生产条件才能完成。生产手段的技术状况是企业生产力水平具有决定性意义的标志。

生产手段的创新主要包括两个方面的内容：① 将先进的科学技术成果用于改造和革新原有的设备。以延长其技术寿命或提高其效能，比如用单板机改装成自动控制的机床，用计算机把老式的织布机改装成计算机控制的织布机等；② 用更先进、更经济的生产手段取代陈旧、落后、过时的机器设备，以使企业生产建立在更加先进的物质基础之上，比如用电视卫星传播系统取代原有的电视地面传播系统等。

2. 产品创新

产品是企业的象征，任何企业都是通过向市场提供不可替代的产品来表现并实现其社会存在，产品在国内和国际市场上的受欢迎程度是企业市场竞争成败的主要标志。

产品创新包括新产品的开发和老产品的改造。这种改造和开发是指对产品的结构、性能、材质、技术特征等一方面或几方面进行改进、提高或独创。它既可以是利用新原理、新技术、新结构，开发出一种全新型产品，也可以是在原有产品的基础上，部分采用新技术而制造出来的适合新用途、满足新需要的换代型新产品，也可以是对原有产品的性能、规格、款式、品种进行完善，但在原理、技术水平和结构上并无突破性的改变。

产品在企业经营中的作用决定了产品创新是技术创新的核心和主要内容，其他创新都是围绕着产品的创新进行的，而且其成果也最终地在产品创新上得到体现。

3. 要素组合方法的创新

利用一定的方式将不同的生产要加以组合，这是形成产品的先决条件。要素的组合包括生产工艺和生产过程的时空组织两个方面。

(1)工艺创新包括生产工艺的改革和操作方法的改进。生产工艺是企业制造产品的总体流程和方法，包括工艺过程、工艺参数工艺配方等；操作方法是劳动者利用生产设备在具体生产环节对原材料、零部件或半成品的加工方法。生产工艺和操作方法的创新既要求在设备创新的基础上，改变产品制造的工艺、过程和具体方法，也要求在不改变现有物质生产条件的同时，不断研究和改进具体的操作技术，调整工艺顺序和工艺配方，使生产过程更加合理，现有设备得到充分的利用，现有材料得到更充分的使用。

（2）生产过程的组织包括设备、工艺装备、在制品以及劳动在空间上的布置和时间上的组合。空间布置不仅影响设备、工艺装备和空间的利用效率，而且影响人机配合，从而直接影响工人的劳动生产率；各生产要素在时空上的组合，不仅影响在制品、设备、工艺装备的占用数量，而且影响产品的生产周期，从而影响生产成本。因此，企业应不断地研究和采用更合理的空间布置和时间组合方式，以提高劳动生产率、缩短生产周期，从而在不增加要素投入的前提下，提高要素的利用效率。

上述几个方面的创新，既是相互区别的，又是相互联系、相互促进的。材料创新不仅会带来产品制造基础的革命，而且会导致产品物质结构的调整；产品的创新不仅是产品功能的增加、完整和完善，而且必然要求产品制造工艺的改革；工艺的创新不仅导致生产方法的更加成熟，而且必然要求生产过程中利用这些新的工艺方法的各种物质生产手段的改进。反过来，机器设备的创新也会带来加工方法的调整或促进产品功能的更加完善；工艺或产品的创新也会对材料的种类、性能、质地等提出更高的要求。各类创新虽然侧重点不同，但任何一种创新的组织都必然会促进整个生产过程的技术改进，从而给企业带来整体技术水平的提高。

（二）技术创新的贡献

从技术创新的内涵分析中不难看出，技术或者依附于物质产品而存在，或者为物质产品的实体形成而服务。因此，不论是何种内容的技术创新，最终都会在一定程度上促进产品竞争力的提高。

产品竞争力、企业竞争力的强弱从根本上来说取决于产品对消费者的吸引力。消费者对某种产品是否感兴趣，不仅受到该产品的功能完整和完善程度的影响，还取决于这种或这些功能的实现所需的费用总和。功能的完整和完善程度决定着消费者能否从该种产品的使用中获得不同于其他产品的满足，功能实现的费用（包括产品的购买费用和使用、维修费用）则决定着消费者为获得此种产品而需付出的代价。因此，产品竞争力主要表现为产品的成本竞争力与产品的特色竞争。

技术创新促进企业竞争力的提高便是通过影响产品的成本或特色而起作用的。材料的创新不仅为企业提供了以数量丰富、价格低廉的原材料去取代价格昂贵的稀缺资源的机会，而且有可能通过材质的改善而促进企业产品质量的提高；产品创新既可使企业为消费者带来新的满足，亦可使企业原先生产的产品表现出新的吸引力；工艺创新既可为产品质量的形成提供更可靠的保证，亦可能降低产品的生产成本；物质生产条件的创新则直接带来劳动强度的下降和劳动生产率的提高，直接促进着产品生产成本的下降和价格竞争力的增强。

综合起来看，技术创新一方面通过降低成本而使企业产品在市场上具备价格竞争优势，另一方面通过增加用途、完善功能、改进质量以及保证使用而使产品对消费者更具特色、吸引力，从而在整体上推动企业竞争力不断提高。

思考与练习

1. 试述创新及其作用。
2. 阐述创新职能的基本内容。
3. 谈谈创新的过程和组织。
4. 阐述创新的类型与特征。
5. 如何理解“管理人员往往是保守的，不愿承担风险”这一观点？

案例分析

百年老店胡庆余堂的创新与发展

胡庆余堂是中医药文化的重要表征，是中药文化的瑰宝。“江南药王”胡雪岩于1874年创办的胡庆余堂坐落于杭州城吴山脚下南宋御街，时至今日已有142年历史。经过不断地现代化整合和改良，胡庆余堂已形成包含药材的种植、饮片的加工、成药的生产、药品的零售以及医疗门诊甚至特色中医药文化旅游为一体的、极具现代化特色的产业链。胡庆余堂是中国传统中药文化的优秀传承者，是中药现代化发展改良的典范，生动地彰显着我国源远流长的中药文化的活力与魅力。

一、百年基业的奠定与传承

当年胡雪岩创办胡庆余堂时，挂着两个字“戒欺”。要多予少取，先予后取。而这两个字，正是胡庆余堂百年基业的根本，历久弥新的神奇答案所在。

“戒欺”反映在生产上就是“采办务真，修制务精”。“采办务真”的“真”，指入药的药材一定要“真”，力求“道地”，从源头就优选药材质地；“修制务精”的“精”是精益求精，其意是员工要敬业，制药精细。

在经营上，“戒欺”的体现是“真不二价”，向顾客正言胡庆余堂的药童叟无欺，只卖一个价。胡雪岩还把“顾客乃养命之源”写入店规，教育员工把顾客当作衣食父母。他的言传身教使得自家员工们同心同德，长年累月地施药积善。晚清年间，战乱频繁，江南一带瘟疫盛行，胡庆余堂免费开仓放药、济世救民，在江南传为美谈。胡庆余堂在100多年前就已经把顾客提到“养命之源”高度来认识。

2003年春夏之交，“非典”袭击杭州，抗“非典”药一天卖出三万余贴，而配方急需的金银花等中药材供应价飞涨。胡庆余堂传承弟子、胡庆余堂掌门人冯根生当即拍板承诺：哪怕原料涨100倍，也决不提价一分。为此，胡庆余堂亏损50多万元。《人民政协报》头版刊登了评论文章《向冯根生致敬》。

百年后的今天，胡庆余堂在“非典”期间的行为，不仅是企业使命的延续，更是实现了对企业文化的期待。

在胡庆余堂的百年发展历程中，形成了一套以“戒欺”“是乃仁术”等为核心的独特文化体系。142年间代代相传、垂范后世，树立了一块百年不倒的金字招牌，无愧于“江南药王”之美誉。

二、现今的发展与创新

1999 年，“大胡庆余堂”概念横空出世。所谓“大”，是一种整合资源的全新思维，其外延广泛却又与药业紧密相关。其中很重要的一个方面，就是深入挖掘企业所代表的中医药文化。

首先胡庆余堂利用在旅游业上的优势形成自己独有方式。依托杭州旅游城市及依西湖而居的地理优势，胡庆余堂发展了一条成功的旅游特色产业。以中药业有关的人文景观为主，加上中药药膳、保健茶沙龙、医疗馆、针灸馆等系列组合，开发出具有中药特色的旅游资源，内容丰富、形式新颖，营造了浓厚的中药文化氛围，不仅借新兴的旅游业创收，无形中还广泛地宣扬了传统中药文化，尤其是吸引了大量外国游客，有利于建立全球性的中药文化，增强中药文化的国际影响力，是改革创新的重要亮点。

2001 年，胡庆余堂率先开设“名医馆”，成立胡庆余堂国药号，提出名店、名医、名药相结合的经营发展之路。此外，胡庆余堂还相继恢复和创建了中药博物馆、国药号（连锁）、药膳厅、针灸推拿馆、足疗馆，以及经过修缮重新开张的千年古店保和堂和老牌药铺叶种德堂等一批象征国药文化的古建筑。

经过不断地现代化整合和改良，胡庆余堂已形成包含药材的种植、饮片的加工极、成药的生产、药品的零售以及医疗门诊，甚至特色中医药文化旅游为一体的、极具现代化特色的产业链。

自“大胡庆余堂”概念后，胡庆余堂又提出一个大胆的构想——走中药全产业链之路。经过几年的精心运作，如今胡庆余堂已经完成了以药材种植、饮片加工、药酒生产、成药制造、药店连锁、医疗科研、药膳保健、中药门诊及养生旅游等为主业的全套产业格局。

从“大胡庆余堂”概念的提出到全产业链的建成，胡庆余堂总共走过了 10 多年时间。与其他企业不同，胡庆余堂并不仅是在做大规模，更是在做大企业的品牌内涵和文化张力。经济数值只能反映企业的当前状态，而创造的价值却可以穿越岁月，永留后世。

2012 年 4 月 20 日，“杭州胡庆余堂医药控股有限公司”在杭州成立，标志着百年老字号胡庆余堂正式整合旗下“医药制造、医疗服务、药品流通、中医药原材料种植”等优质医药产业资源，形成合力，打造新的平台，走向资本市场。

衣钵重转，薪火再续，在秉承“戒欺”等精神文化遗产的基础上，老字号胡庆余堂正在续写新的传奇。

资料来源：http://news.163.com/14/1014/09/A8GN91PP00014AED.html。

问题：阅读案例，请谈谈你对医药行业传承与创新的理解。

参考文献

[1] 朱永新．管理心理学[M]．3 版．北京：高等教育出版社，2015.

[2] 加里．德斯勒．人力资源管理[M]．12 版．北京：中国人民大学出版社，2015.

[3] 斯蒂芬．罗宾斯．管理学[M]．11 版．北京：中国人民大学出版社，2012.

[4] 冯占春，吕军．管理学基础[M]．2 版．北京：人民卫生出版社，2014.

[5] 戴庆苏．国富与民富——亚当·斯密《国富论》研究[D]．南京：南京师范大学，2013.

[6] 邵冲．管理学概论[M]．6 版．广州：中山大学出版社，2012.

[7] 周三多．管理学原理与方法[M]．5 版．上海：复旦大学出版社，2014.

[8] 胡象明．公共部门决策的理论与方法[M]．2 版．北京：高等教育出版社，2003.

[9] 李永采，张志涛．亚当斯密的分工理论及其影响[J]．齐鲁学刊，1993（6）.

[10] 黄中业．论秦国法制建设的三个阶段[J]．松辽学刊，1991（2）.

[11] 张庆勇．商鞅变法和秦国的法教管理试析[J]．陕西职业技术学院学报，2010（6）.

[12] 保罗·斯特拉森．美第奇家族[M]．北京：新星出版社，2007.

[13] 亚当·斯密．国富论[M]．北京：华夏出版社，2005.

[14] 雷恩．管理思想的演变[M]．孙健敏，等，译．北京：中国人民大学出版社，2009.

[15] 周三多，等．管理学——原理与方法[M]．6 版．上海：复旦大学出版社，2015.

[16] 郭界成．论技术创新与企业可持续发展[J]．企业经济，2015（3）.

[17] 王欣欣．论企业管理创新[D]．桂林：广西师范大学，2005.

[18] 郭贤纲．西方管理思想史[M]．3 版．北京：经济管理出版社，2004.

[19] 郭贤纲．西方管理思想史[M]．4 版．北京：经济管理出版社，2010.

[20] 迈克尔·哈默，詹姆斯·钱皮．改革公司——企业革命宣言书[M]．胡毓源，译．上海：上海译文出版社，1998.

[21] 彼得·圣吉．第五项修炼——学习型组织的艺术与实务[M]．上海：上海三联书店，1994.

[22] 邢以群．管理学[M]．2 版．北京：高等教育出版社，2011.

[23] 斯蒂芬·罗宾斯．管理学[M]．4 版．黄卫伟，等，译．北京：中国人民大学出版社，1997.

[24] 邢以群．管理学[M]．2 版．杭州：浙江大学出版社，2007.

[25] 昀熙，罗伯特·欧文．现代人事管理之父[J]．现代企业文化，2012（6）.

[26] 于秀娥．中外管理思想史[M]．北京：中国商业出版社，2011.

[27] 陈传明，周小虎．管理学原理[M]．北京：机械工业出版社，2012.

[28] 威策尔．管理的历史[M]．孔京京，张炳南，译．北京：中信出版社，2002.

[29] 周三多．管理学——原理与方法[M]．4 版．上海：复旦大学出版社，2004.

[30] 丹尼尔·雷思．管理思想的演变[M]．4 版．孔令济，译．北京：中国社会科学出版社，2002.
[31] 杨锡怀，王江．企业战略管理：理论与案例[M]．3 版．北京：高等教育出版社，2006.
[32] 金占明．战略管理：超竞争环境下的选择[M]．2 版．北京：清华大学出版社，2007.
[33] 王超逸．国学与企业文化管理[M]．北京：中国经济出版社，2009.
[34] 楼河．华为哲学概论[M]．南京：江苏文艺出版社，2013.
[35] 王永德．狼性管理在华为[M]．武汉：武汉大学出版社，2012.
[36] 刘世英，彭征．谁认识马云[M]．北京：中信出版社，2008.
[37] 杨艾祥．马云再创造：网商帝国崛起的一千零一夜[M]．北京：中国发展出版社，2008.
[38] 刘世英．马云正传[M]．长沙：湖南文艺出版社，2008.
[39] 赵建．马云传[M]．北京：中国画报出版社，2008.
[40] 王广勇．左手马云　右手唐骏[M]．北京：北京工业大学出版社，2009.
[41] 李文勇．像马云一样创业[M]．北京：中国青年出版社，2009.
[42] 荆林波．阿里巴巴集团考察：阿里巴巴业务模式分析[M]．北京：经济管理出版社，2009.
[43] 马钧．钱途无量——马云[M]．武汉：武汉大学出版社，2011.
[44] 郑作时．阿里巴巴：天下没有难做的生意[M]．2 版．杭州：浙江人民出版社，2007.
[45] 阎涛，孙晓红．管理学[M]．3 版．大连：东北财经大学出版社，2012.
[46] 雷金荣．管理学原理[M]．北京：北京大学出版社，2012.
[47] 刘涛，赵蕾．管理学原理[M]．北京：清华大学出版社，2009.
[48] 李世宗．管理学原理[M]．武汉：华中科技大学出版社，2008.
[49] 岑脉霆．质量管理教程[M]．上海：复旦大学出版社，2008.
[50] 罗宾斯，德森佐，库尔特．管理学：原理与实践[M]．7 版．北京：机械工业出版社，2012.
[51] 黎群，王莉．企业文化[M]．2 版．北京：清华大学出版社，2012.
[52] 陈丽琳．企业文化塑造的理论与方法[M]．成都：西南财经大学出版社，2011.
[53] 刘颖，梁立波，孙宏，等．公立医院薪酬激励的国际经验及对我国的启示[J]．中国医院管理，2015（6）：12-15.
[54] 刘方红，安艳芳，董四平．基于“模拟转编”的医务人员同工同酬改革实践[J]．中国医院管理，2013（2）：55-56.
[55] 单大明，等．管理学[M]．2 版．北京：中国传媒大学出版社，2013.
[56] RICHAID L DAFT，DOROTHY MARCIC. Management: the new workplace[M]．北京：机械工业出版社，2012.
[57] 法约尔．工业管理与一般管理[M]．曹永先，译．北京：团结出版社，2012.
[58] 王同律，王季云．企业技术创新管理[M]．北京：中国标准出版社，2013.
[59] 孟凡臣，郭双元．技术创新型企业的创新体系结构及其营运机制[J]．北京理工大学学报：社科版，2009（3）.
[60] 彼得·德鲁克．企业是什么[J]．商业评论，2005（12）.

[61] 罗志荣. 解读自主创新战略[J]. 企业文明，2006（1）.

[62] 施光耀，王悦. 重庆啤酒乙肝疫苗梦碎的反思[J]. 资本市场，2012（2）.

[63] 姜黎. 探析多元化战略对企业发展前景的影响——以重庆啤酒为案例研究[J]. 中国商贸，2012（18）.

[64] 张继德. 重庆啤酒股价大跌是“黑天鹅”事件吗？[J]. 会计之友，2013（1）.

[65] 倪杰. 管理学原理[M]. 北京：清华大学出版社，2006.

[66] 冯占春，吕军. 管理学基础[M]. 2版. 北京：人民卫生出版社，2014.